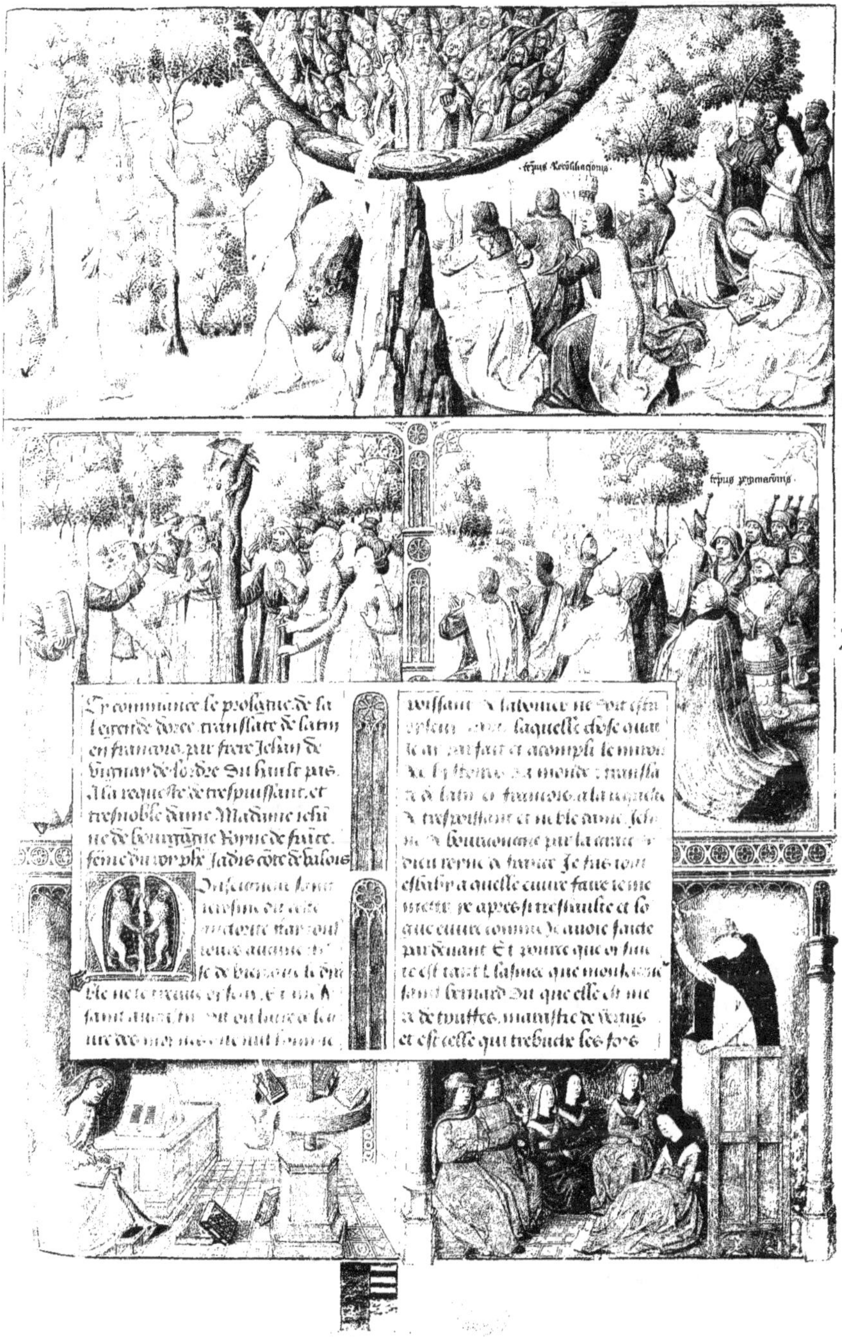

frcpus revocationis

frcpus peregrinationis

Cy commence le prologue de la
legende doree translate de latin
en francois par frere Jehan de
Vignay de lordre du hault pas.
A la requeste de trespuissant et
tresnoble dame Madame Jehan
ne de bourgongne Royne de france.
femme du roy phe jadis conte de valois

[illegible]
[illegible]
[illegible]
[illegible]
[illegible]
[illegible]
[illegible]
[illegible]

[illegible] laquelle chose [illegible]
[illegible] fait et acompli le [illegible]
[illegible] monde [illegible]
[illegible] latin en francois a la requeste
de trespuissant et noble dame [illegible]
[illegible] bourgongne par la grace de
dieu royne de france Je fus tout
[illegible] a quelle euure faire [illegible]
[illegible] apres [illegible] et [illegible]
[illegible] comme je auoie faicte
par deuant Et pource que [illegible]
[illegible] que monseigneur
saint bernard dit que elle [illegible]
de touttes manieres de [illegible]
et est celle qui trebuche les fors

hommes en peche & fait estain
dre vertu et nourrir orgueil & fait
la voye daler en enfer. Et iehan cas
siodore dit que la pensee de celui
qui est oyseux ne pense a autre
chose que aux viandes pour son
ventre. Et monseigneur saint ber
nard dit en une epistre quant il
nous conuendra rendre raison du
temps oyseux. quelle raison en pour
rons nous rendre quant en oysi
uete ne en temps oyseux na cause
de nulle raison. Et prosper mes
mes dit que cil qui vist en oysiue
te de vie. vit en maniere de beste
mue. Et pource que iay veu les
auctoritez qui blasment et des
prisent oysiuete ne vueil plus
estre oyseux mais me vueil met
tre a telle euure faire comme iay
acoustume. Et pource q̃ mons.
saint augustin dit sur vng psel
aume que bonne euure ne doit
pas estre faicte par paour de pei
ne. mais par amour de droictu
re. et que cest vraie & souueraine
franchise. Et pource que il mest
aduis que cest souuerain bien
faire entendre aux gens qui ne
sont pas lettrez la natiuite les
vies les passions & les mors des
sains et aucuns autres faiz no
tables des temps passez me suis
ie mis a translater de latin en
francois la legende des sains.
qui est dicte legende doree. Car
ainsi comme lor est le plus no
ble sur tous les autres metaulx.
Aussi est ceste legende tenue pour
plus noble sur toutes autres.
Si prie le glorieux pere de
paradis que il lui plaise a moi
donner sens temps & espace de par
faire deuement ceste euure com
mencee. Si que ce soit a la louenge
de son glorieux nom et de toute
la court celestiel & au prouffit de
lame de moy et a ledification de
tous ceulx et celles qui ce liure li
ront ou orront.

Cy fine le prologue du transla
teur.

Autre prologue sur la vie des
sains

Tout le temps de ces
te presente vie est deui
se en quatre parties
Cest assauoir en
temps de desuoiement de renou
uellement ou de rapellement de
reconsiliacion et en temps de pe
lerinage. Le temps de desuoie
ment si fut des adam quant
il se fut desuoie de dieu & dura
iusques a moyses. et ce temps re
presente leglise de la septuage
sime iusques a pasques. Et a
donc est leu le liure de genesis
ou quel le desuoiement des pre
miers peres est mis. Le temps de
renouuellement ou de rapellemt
commenca a moyses. et dura ius
ques au temps de la natiuite
nostre seigneur ihesucrist. Ouquel
temps les hommes sont rapellez
a la foy par les prophetes et sont
renouuellez. Et ce temps represente
leglise de laduent nostre seigneur
iusques a la natiuite ihesucrist
Et donc est leu le liure disaie
ouquel il appert ouuertement
de ceste chose. Le temps de recon
siliation est le temps ouquel
nous sommes reconsiliez par

ihesucrist. Et ce temps represente leglise de pasques jusques a penthecouste. Et adonc est leu le livre de lapocalipse la ou le mistere de ceste reconsiliation est plainement monstre. Le temps de pelerinage est le temps de ceste presente vie ou nous sommes tousjours perverins et deboutez. Et ce temps represente leglise des octaves de penthecouste jusques a ladvent de nostreseigneur. et dont est leu le livre des roys et des macabees ou il est monstre de moult de batailles par lesquelles nostre espirituel bataille est signifiee. Et cellui temps qui est de la nativite nostreseigneur jusques a la septuagesime est contenu partie soubz le temps de reconsiliation qui est temps de leesse cest de noel jusques a luitiesme de la typhaine et partie soubz le temps de pelerinage cest de luitiesme de la typhaine jusques a la septuagesime. Et si peut estre prise la variacion de temps en quatre manieres. Premierement selon les divisions des iiii temps. yver soit raporte au premier temps. Ver au second. este au tiers. et autompne au quart. Et la raison de lappropriement appert assez. Secondement il peut estre pris selon les iiii. parties du iour. Si que la nuit soit rapportee au premier Le matin au second. Le midi au tiers. et le vespre au quart. Et jasoit ce que le desvoiement fut avant que le temps de renouvellement si commence mieulx leglise toutes ses offices au temps de renouvellement que elle ne feroit ou temps de desvoiement Cest assavoir en ladvent plus tost que en la septuagesime. Et cest pour deux raisons. Premerement que elle ne soit veue comencier de erreur elle tient la chose. et ne ensuit pas lordre du temps aussi comme les evangelistes font souvent. Secondement pource que en ladvenement de ihesucrist toutes choses sont renouvellees. pour laquelle chose cestui temps est dit. temps de renouvellement. Si comme lapocalipse dit ou xxi. chapitre. Vees ci que je fais toutes choses neufves. Et dont leglise renouvelle devement toutes ses offices en ce temps de renouvellement. Si que lordre du temps devise soit suivi de leglise. Nous ferons premierement des festes qui adviennent dedens le temps de renouvellement lequel temps leglise represente ladvent nostreseigneur jusques a la nativite. Secondement de celles qui escheront dedens le temps qui est contenu en partie soubz le temps de recosiliation et en partie soubz le temps de pelerinage. Lequel temps leglise represente de la nativite nostreseigneur jusques a la septuagesime. Tiercement de celles qui escheent ou temps de desvoiement Lequel temps leglise represente de la septuagesime jusques a pasques. Quartement des festes qui escheent ou temps de reconsiliation. Lequel temps leglise represente de pasques jusques

a lhuitiesme de penthecouste ☙
Quanitement de celles qui eschiet ou temps de pelerinage. lequel temps segle represente de lhuitiesme de penthecouste jusques a ladvent de nostre s. ihucrist

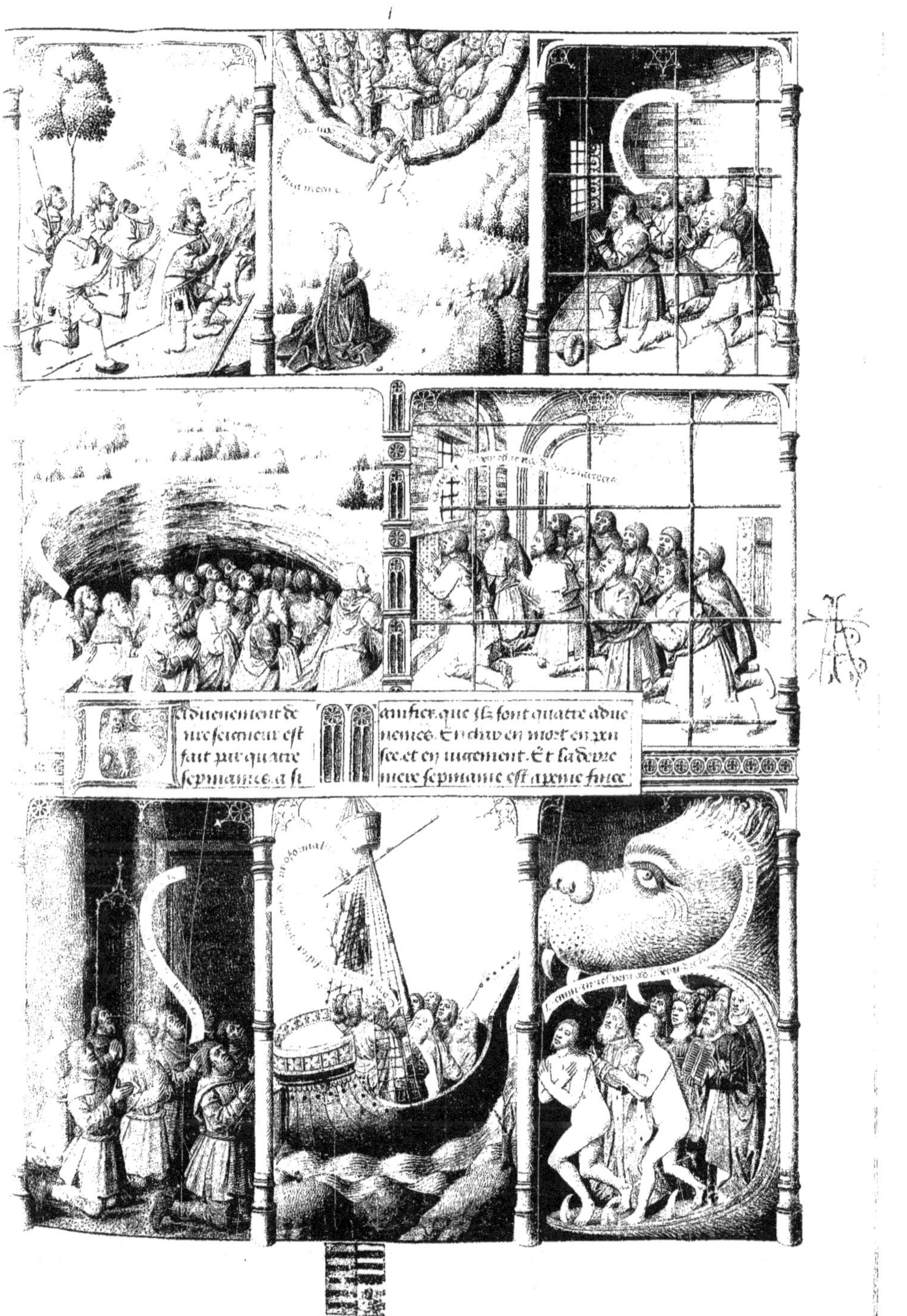
Aduenement de
nre seigneur est
fait par quatre
sepmaines a si
gnifier. que ilz sont quatre adue
nemens. En char en mort en
et en iugement. Et la derre
niere sepmaine est a peine finee

pource que la gloire des sains
qui leur sera donnee ou derre
nier dimenche ne fauldra ja.
Et pource le premier respons
du premier dimenche de ladvent
a compter le gloria patri contient
quatre verses. affin de signifier
les devant ditz quatre advene
mens. Toutesfois especialement
leglise ne fait memoire fors de
deux. Cest assavoir de cellui en
char. et au jugement. sicomme
il est en loffice de cellui temps.
Et pource est il que la jeune de
ladvent est partie de joie partie
de pleur. Car pour ladvenement
en char la jeune est dicte de joie.
Et pour la raison de la venue au
jugement. la jeune est dicte de
pleur. Et a ceste chose demonstrer
leglise chante adonc aucun chant
de joie. et cest pour ladvenement
de misericorde et de craulcement
et en oste aucuns chans. et cest
pour ladvenement de la cruel
justice. cest pleur Et en ladve
nement en char. peuent estre veu
es trois choses. Cest la convena
blete du venir. et la necessite
de la venue et le proffit. La con
venablete du venir est entendue
premierement par la partie de lom
me. qui fut premierement vain
cu en la loy de nature par def
faulte de congnoissance divine
Car adonc il chey en tresmau
vaises erreurs de ydolatrie. Et
pource fut il contraint a dire.
Sur elumine mes yeulx. etc.
Et apres vint la loy comman
dant en laquelle il fut vaincu
de non pouoir comme il avant

cre. Il nest nul qui acomplisse
mais qui commande. Sy est il
tant seulement entroduit mais
il nest pas delivre de peche ne
aidie par aucune grace a bien fai
re. Et pource fut il pourforcie de
ce a muer sa parolle. il nest nul
qui commande mais qui acom
plisse. Et dont le filz dieu vint
convenablement quant lomme
ot este convaincu dignorance et
de non puissance. Car sil feust
venu avant par adventure lom
me eust dit que il eust eu salu
par ses merites. Et pource ne
fut il pas aggreable a la medi
cine. Secondement elle est
entendue par la partie du temps
car il vint en la plente du temps.
Dont lapostre dit aux galathiens
ou iiij.e chapitre. mais la ou la ple
te du temps vint. Et saint au
gustin dit. moult de gens dient
pourquoy ne vint ihesucrist avant
pource que la plente du temps
nestoit pas venue par lattrem
pance de cellui. par qui les temps
sont fais. Et la plente du temps
fut venue il vint a cellui qui nous
delivra du temps. et nous deli
urez du temps. nous sommes
venuz a celle pardurablete ou
il na nul temps. Tiercement
elle est entendue de la partie de
la plaie et de la maladie univer
sel. pource que quant la mala
die estoit universel. ce fut chose
convenable de y mettre medicine
universel. Dont saint augustin
dit que le grant mire vint adonc
quant le grant malade gisoit
par tout le monde. Dont leglise

demonstre en sept antiennes q
sont chantees en ladvent devant
la nativite & demonstre le mo
tiplicement de sa maladie. et a
chun il requiert le remede du
medecin. Et avant ladvenement
du filz dieu en char. nous estions
ignorans & aveuglez et obligez
aux peines pardurables sergens
du deable liez de la mauvaise
coustume enveloppez en tenebres
chacez de nre pays. Et pource
avons nous mestier de docteur
de redempteur de delivreur de
soustraieur de enlumineur & de
sauveur pource que nous estions
ignorans nous avons mestier
destre enseignez. Et pource cri
ons nous en la premiere ātiene
O sapience qui yssis hors de la
bouche du tresthault sire vien q
a nous enseigner la voie de sa
gesse. mais petit proffitast se
nous feussions enseignez et
nous ne feussions rachetez. Et
pource requerons nous a estre
rachetez de lui. quant nous di
sons en la seconde antienne. O.
adonay. dieu de la mesme dis
rael vien a nous racheter en ton
bras estendu. Et que nous pro
fitast estre enseignez & rachetez
se apres le rachet nous feussions
tenuz en chetivete. Et pource re
querons nous estre delivrez qt
nous crions en la tierce antien
ne. O racine de iesse vien a nous
delivrer & ne targe pas. mais
que proffitast il a nous chetifz
se nous feussions rachetez & deli
vrez. & nous ne feussions des
liez de tous liens sique ilz alas
sent franches la ou ilz voulsissent.
Et pource requerons nous estre
ostez de tous liens de peche quant
nous crions en la quarte antie
ne. O clef de david vien a nous
& nous oste qui sommes liez de
la maison de la chartre seans en
tenebres & en umbre de mort. Et
pource que ceulx qui ont este lon
guement en tenebres ont les yeulx
obscurs & ne peuent veoir. pour
ce apres la delivrance de la char
tre requerons nous a estre enlu
minez. si que nous veons ou nous
devons aler. Et pource crions
nous en la quinte antienne. O
orient resplendeur de lumiere
pardurable vien & enlumine les
seans en tenebres et en umbre de
mort. Et se nous estions ensei
gnez rachetez desliez & enluminez
que nous vauldroit il se nous
ne devions estre sauvez. Et
pource requerons nous estre
sauvez en deux antiennes ensui
vans & disons. O roys des gens
vien & nous sauves que tu for
mas du lymon de la terre. O
emanuel dieu & porteur de nre
loy. sire nre dieu vien a nous
sauver. Et le proffit de son ad
venement est assigne de plusiē
sains en plusieurs manieres.
car si comme luc dit ou iiii[e].
chapitre. que nre seigneur fut en
voie & vint pour sept prouffiz
et dist lesperit de nre seigneur
sur moy &c. ou il dist par ordre
quil fut envoye au confort des
povres. a guarir les enfers. a de
livrer les chetifz. a enseigner
les folz. a pardonner les pechiez

a raembre tout humain lignage et a rendre guerredon des desertes. Saint augustin met quatre prouffiz de son aduenement et dit en ce siecle mauuais quelle chose habonde il fors naistre trauailler et mourir. ce sont les marchandises de ceste region. et a telz marchandises cellui descendi. Et pource que tout marchant donne et prent il donne ce quil a. et prent ce quil na pas. Ihesucrist en ceste marchandise se donna et prist. Il prist ce qui en habonde. Cest naistre trauaillier et mourir. Et donna renaistre resusciter et regner pardurablement. Icellui marchant vint a nous prendre note et donner honneur. prendre mort et donner vie. prendre pourete et donner gloire. ¶ Saint gregoire met quatre proffiz ou causes de son aduenement et dit Tous les orgueilleux se estudioient. ceulx qui estoient venus de la lignie adam a auoir les prosperitez de ce siecle et eschiuer les choses contraires fouir reprouchez et suiuir gloire. Et dont vint entreulx nostre sire ne en char conuoitant aduersitez et despisant prosperitez. embracant reprouches et fuiant gloire. Et ihesucrist vint qui estoit attendu et enseigna nouuelles choses et enseignant fist choses merueilleuses. et en faisant merueilles souffri mort de maulx. Saint bernard dit autrement et dit nous trauaillez malement de trois maladies. car nous sommes legiers a deceuoir et foibles a ouurer. et fraelles a contrester Se nous voulons deuiser entre bien et mal. nous sommes deceuz Se nous essaions a bien faire. nous defaillons. se nous nous efforcons contraister au mal nous sommes surmontez. Et pource fut necessaire laduenement du sauueur. si que cellui habitant en nous par foy enlumine noz aueuglete. Et en demourant auec nous aide noz enfermete et soit auec nous et deffende noz fragilite. Et au second auenement. cest au iugement sont a veoir deux choses. Cest assauoir les choses qui seront auant le Jugement Les choses qui feront auant le iugement seront trois premiers signes espouentables et puis les fallaces dantecrist et tresgrant force de feu. ¶ Les espouentables signes qui seront auant le iugement sont mis en lucas. ou xxi.e chapitre. Signes seront ou soleil et en la lune et es estoilles. et encores sera grefment de gens etc. Les trois premiers signes sont determinez en lapocalipse ou vi.e chapitre qui dit. Se le soleil est fait ausi si comme vng sac de haire et la lune est faicte comme sang et les estoilles cherront sur terre et le soleil est dit enobscurcy ou quant a la priuation de sa lumiere. si que il soit ainsi comme veu plorer quant homme mourra ou quant a laide de sa greigneur lumiere. cest de la clarte ihesucrist. ou quant a parler par similitude. Car st augustin dit que la vengance sera si cruelle que soleil ne lo sera regarder. Ou quant a parler a la propre signification. car le soleil de droicture cest ihs crist sera si obscur que nul ne losera confesser. Le ciel aerien et les estoilles qui sont apellees a sub. qui ont similitudes destoilles. et sont dictes les estoilles cheoir du ciel. selon la commune oppinion quant a sub descend

lescripture se conforme a la commune maniere de parler. et dont mesmement sera faicte telle impression que la qualite du feu habondera. et ce sera nre seigneur a lespouentement des pecheurs. ou les estoilles sont dictes cheoir pource que ilz mettront hors flambes de feu ainsi comme comes. ou pource q plusieurs prelatz qui sont veuz estre estoilles de leglise cherront ou pource quilz retrairont leur lumiere quilz ne soient veuz.

Du iiii^e signe que il sera grevance de gent. ce dit saint marc ou xiii^e chapitre. Adonc sera tribulation quelconques ne fut plus grant du commencement du monde. Le quint signe cest la confusion de la mer. Aucuns cuident et dient que la mer perdra a grant fuite de sa premiere qualite. selon lapostre qui dit ou xxi^e chapitre et la mer nest mais. ou selon aucuns autres ce sera pource que elle ne sera pas levee sans grant murmure .xl. coutes sur

les montaignes. et plus sera abaissiee aviere ou plainement a la terre selon gregoire. Adoncques sera faicte neufue mer qui oncques ne fut oyee et sera troublement des undes. Saint ierome trouva es annales des hebreux quinze signes qui seront avant le jugement. Mais a savoir silz seront continuelment ou entrepolement ce ne devise il pas. Et dit que le premier iour la mer seslevera .xl. coutes sur la haultesse des montaignes et sera en son lieu comme ung mur. Le second iour elle descendra tant que a peine sera veue. Le tiers les belues de la mer apperront sur lieu et rairont iusques au ciel. et dieu seul entendra leur mouvement. Le quart la mer et leaue ardra. Le quint les arbres et les herbes donront rosee de sang. Et en ce quint iour aucuns dient que tous les oyseaulx du ciel sassembleront es champs. chascune maniere par soy et ne gousteront de nulle chose mais doubteront le prochain advenement du iuge. Le vi^e iour les edifices trebucheront. Et en ce iour si comme lon dit fouldres de feu ardront et vendront dorient contre la face du firmament et courront iusques en orient. Le vii^e iour les pierres hurteront lune a lautre et rompront en iiii parties. Et chascune partie hurtera lune a lautre et nul homme nentendra leur son.

fors dieu. ¶ Le viii.e iour la terre tremblera generaument et sera si grant mouuement que nulle creature ne se pourra ester et trebuchera tout a terre. ¶ Le ix.e iour les montaignes seront onnies a la terre et tous les tertres deuiendront pouldre. ¶ Le x.e iour les hommes ystront hors des cauernes et iront comme forsenez ne ne pourront parler les vngs aux autres. ¶ Le xi.e iour les os des mors se ressourdront et seront sur leurs sepulchres et tous les sepulchres dorient iusques en occident seront ouuers si que les mors puissent yssir. ¶ Le xii.e iour les estoilles cherront du ciel et toutes celles qui tournent et qui sont establees getteront feu. Et dont sera molt grieues a sub. Et encor dit xii.e iour dit len que toutes les bestes bedront aux champs et mourront et ne gousteront de nulle chose. ¶ Le xiii.e iour toutes choses viuans mourront pour resusciter auec les mors. ¶ Le xiiii.e iour le ciel et la terre ardra. ¶ Le quinziesme iour sera fait ciel neuf et terre nouuelle et tous se ressourdront. ¶ La seconde chose qui sera auant le iugement sera la fallace antecrist. car il sefforcera de deceuoir tous en iiii manieres. Premierement par malicieux amonnestemens ou par faulse exposicion de les escriptures. car il sefforcera de dire et affermer par les escriptures estre messias promis en la loy et destruira la loy ihesucrist et establira la sienne dont dauid dit. Sire establis sur eulx le porteur de la loy. Et la glose dit que cest antecrist qui est porteur de sa mauuaise loy. Et daniel dit il donront abhominacion et desconfort. Et la glose dit antecrist sera ou temps nux seigneurs aussi comme dieu pour oster la loy de dieu. ¶ Secondement il sefforcera de deceuoir par euures de miracles. Daniel dit ou .v.e chapitre duquel laduenement sera selon leuure du diable en toutes paroles et signes et de monstrances mentables. Et lapocalipse dit il fera signe que il fera feu descendre du ciel en la terre. Et la glose dit tout aussi comme le saint esperit fut donne aux apostres en forme de feu aussi donra il en fourme de feu le maling esperit. ¶ Tiercement il deceura par donner largement lapocalipse dit il en donra peste en moult de choses et deuisera la terre a leur gre. Et la glose dit. Antecrist donra moult de choses aux deceuz et deuisera la terre a ses gens. Et ceulx que il ne pourra soubmettre a son erreur par espouentement il les soubmettra par tourmens. ¶ Quartement il sefforcera a deceuoir par tourmens. Daniel ou viii.e chapitre. nul ne peut croire comme il gastera tout. Et saint gregoire parlant dantecrist dit. Il occira les fors hommes quant

ceulx qui sont non venimeux par
pensee ilz vaincront corporellement.
¶ La tierce chose qui sera avant
le iugement sera tresgrant force
de feu. laquelle ira devant la
force du iuge. Et nostreseigneur e
nvoiera ce feu premierement pour
renouveller le monde car il pur
gera & renouvellera tous elemens.
Et aussi comme leaue du delu
ge fut ce feu sera plus hault que
les montaignes .xl. coutes. Et
ainsi est il dit en listoire escolas
que. pource que les euvres des hom
mes pourront avoir monte si
hault. ¶ Secondement pour
lespurgement des hommes.
Car a ceulx qui vivront il sera
lieu de purgatoire. ¶ Tiercement
pour plus tormenter les dap
nez. ¶ Quartement pour gre
gneur eslumement des sains.
Car selon saint basille. quant
dieu aura faicte ceste purgation
ou monde il departira la chaleur
de la resplendeur & envoiera tou
te la chaleur en la region des dap
nez pour plus estre tourmentez
et envoiera la clarte en la region
des benois pour plus estre esioïz
¶ Les choses qui acompaignent
tout le iugement seront plusieurs.
Le premier sera de la desagrea
blete du iuge. ¶ Le iuge des
cendra ou val de iosaphat. & met
tra les bons a destre & les mau
vais a senestre. Et est a croire que
il sera en lieu apparent si que
tous le pourront veoir. Ne il nest
pas a entendre que tous soient
ou chef en celle valee. si comme ie
rosme dit. Ilz seront es lieux

denviron. Car en petit de terre
peuent estre hommes sans nom
bre. mesmement quant ilz sont
estroit. Et par adventure les bons
seront en lair. pour la legierete
des corps. & les dampnez par
adventure aussi par la vertu
divine Et dont le iuge conte
chera avec les mauvais et les
reprendra pour les euvres de
misericorde. que ilz navont pas
faictes. Et dont ploreront tous
sur eulx mesmes selon ce que
crisostome sus math. les iuifz
se plaindront quant ilz verront
ihesucrist vivant & vivifiant que
ilz cuidoient estre ung homme
mort & se confondront quant
ilz le verront navre ou corps. et
ne pourront nier leur felon
nie. Et les paiens se ploreront
qui par les vaines desputoisons
des philozophes furent deceuz
& cuidierent estre folie deshonno
rable de aourer dieu crucifie.
Et les pecheurs crestiens se plo
reront qui aimerent plus le
monde que dieu ihesucrist. Et
les heriges se ploreront qui
distrent que ihesucrist estoit pur
homme quant ilz le verront
estre iuge que les iuifz crucifie
rent. & si se ploreront toutes
les lignees de terre. Car adonc
ne sera vertu de resister contre
luy ne loisir de fuir devant luy.
ne lieu de penitence ne temps
de satisfacion. la sera angois
se de toutes choses. ne riens ne
leur demourra que pleur.
¶ Le second sera la differen
ce de lordonnance. Car si comme

dit saint gregoire Quatre ordres
sont au iugement deux de la par-
tie des reprouuez ⁊ deux de la
partie des esleuz. les vngs seront
iugiez ⁊ periront. Ceulx ausquelz
len dira Jay eu faim et vous ne
me donnastes que mengier.
Les autres ne seront pas iugiez
⁊ periront. si comme ceulx desquelz
il est dit Celui qui ne croit est
ia iugie. car ceulx napercevront
point les parolles du iuge qui
ne vouldrent garder sa foy. Les
autres de la partie des bons
seront iugiez ⁊ regneront si com-
me ceulx ausquelz len dira Jay eu
faim ⁊ vous me donnastes a
mengier. les autres ne seront
pas iugiez ⁊ regneront si comme
les hommes parfais qui iuge-
ront les autres non pas que ilz
donnent la sentence. mais ilz
sacorderont auec le iuge. Car
il appartient a dieu seul ⁊ celle
accordance sera premierement
en lonneur des sains. Cest
grant honneur damour siege
auec le iuge. selon ce que il le
promist. Vous serez sur les
sieges. ¶ Secondement a
la confirmacion de la sentence
car ilz approuueront la sentence
du iuge. aussi comme aucune
fois ceulx qui sont auec le iuge
appreuuent ⁊ escriuent a appro-
uer icelle. Et de ce dit dauid
ilz feront contre ceulx iugement
escript. ¶ Tiercement a la
condempnacion des mauuaiz
lesquelz il condempnera par
le mire [?] de leur vie. ¶ La tier-
ce chose qui sera auec le iuge

ce sera lenseigne de passion. Cest
assauoir. les clous les plaies
de son corps Et ces choses sont
premierement a demonstrer sa
glorieuse victoire. Et pource
apparront ilz en lexcellence [?] la
gloire si comme crisostome dit
sur saint mathieu. la croix ⁊
les plaies seront plus luisans
que rais de soleil. ¶ Et est a
considerer combien la vertu
de la croix est grant car le soleil
en obscurira. ⁊ la lune ne don-
ra point de lumiere pource q̄
tu saches que la croix est plus
luisant de la lune ⁊ plus cle-
re de soleil. ¶ Secondement en
demonstrance de sa misericor-
de. Si que par ces choses il de-
monstre comment les bons se-
[?] sauuez par grant misericorde.
¶ Tiercement a la demonstran-
ce de sa droicture si que par ce
il soit monstre comment les re-
prouuez sont droicturierement
dampnez. car ilz despiset dieu
qui estoit pris ⁊ rachat de leurs
pechiez par son sang dont il le
reproeuue par ces parolles Si
comme crisostome dit sur math.
Je suis fait homme pour vous
⁊ lie despite et batu et crucifie
Veez que iay donne le pris de
mon sang pour la redempcio
de voz ames. Ou est le seruice
que vous mauez fait pour le
pris de mon sang. Je vous a-
cheres [?] sur toute ma gloire com-
me [?] ie estoie dieu ie me apparu hom-
me ⁊ vous me feistes le plus
vil de toutes voz choses. Car
vous amastes plus la plus

vil chose de toute la terre que
ma droicture ne ma foy. ¶ Le
quart est la cruaute du juge
car il ne sera tourne par prie
re. car il est tout puissant ne
par dons. car il est tresriche. Et
de ce dit saint bernard. ce iour
vendra ouquel les purs cueurs
vauldront plus que les orguel
leuses parolles & les bonnes con
sciences que les bourses plaines.
Il est cellui qui ne sera pas de
ceu par parolles ne ne sera fle
chi par dons. Et saint augu
stin dit le iour du iugement
est actendu & la sera le tres droic
turier juge qui ne recevra la
personne de nul puissant du
quel le palais nest ne dor ne
dargent. ne nul evesque nul
abbe nul prince ne le pourra
corrompre par or ne par argent
ne par hain ne car il est tresbon.
car en ce quil est tresbon il ne
peut cheoir en haine. dont il
dit ou livre de sapience. Car
tu ne hais onques nulles des
choses que tu fais ne par amour
car il est tres droicturier. car il
ne delivrera pas les freres les
faux ypocrites. Et ce dit david
le frere ne rachetera pas son
frere ne par erreur. car il est
tressaige. Et ce dit saint leon
pape. Ceste est la sentence du
souverain iuge. Cellui a tres
tremblable regart auquel tou
te ferme chose est petite & tout
secret lui appairoit. toute ob
scurte lui est clere. les choses
mues lui respondent les tai
sibles se confessent a lui & la

pensee parle a lui sans voix.
Et pource que sagesse est telle
& si grant. les allegacions des
advocas ne vauldront nes con
tre sa sagesse. ne les argumens
des philozophes. ne les tresbeaux
parlers des maistres ne les or
gueils des folz. Et de ces quatre
choses dit aussi saint ierosme
Combien seront devant les plus
beneureux ceulx sans langue
& les muez et les beaulx parlers.
Et est quant au premier & quart
au second. Et combien le seroit
plus les pescheurs que les phi
lozophes. Et quant au tiers &
combien sont a mettre avant
les asnes de parler aux ar
gumens de ciceron. Et quant
au iiii.e & combien laccusacion
est horrible. car adonc seront
quatre accuseurs contre le pe
cheur. Le premier est le dia
ble de quoy saint augustin dit
Adonc sera le diable tout prest
recordant les parolles de nre
profession & opposant tout ce
que nous avons fait. et a quel
le heure nous avons peche.
et quel bien nous devions a
donc faire. Et dira cellui ad
versaire juge tres droicturier
juge cellui estre mien pour son
peche qui ne voult estre tien
par grace il est tien par natu
re mais il est mien par sa mi
sere. Il est tien par ta pas
sion il est mien par garder mes
euvres. il a desobey a toy. et
obey a moy Il prist de toy les
cote de immortalite et de moy
ceste povre cote dont il est vestu

Il a saisie ton vestement et est
ce vestu du mien ꝛ condemp-
ne avec moy. Las las commet
pourra tel homme ouvrir sa
bouche qui sera trouve tel. De par-
droit il soit depute avec le dia-
ble. ¶ Le second accuseur sera
son propre meffait car les propres
pechez accuseront ceulx qui les
auront faiz. Dont le sage dit. Les
iniquitez diceulx vendront en la
pensee doubteux ꝛ les demeront
au contraire. Et saint bernard
dit. Seules euvres parlans en-
semble diront tu nous as faictes
nous sommes tes euvres ꝛ yrons
avec toy en iugement. et laccuse-
ront de montepliables meffaiz
¶ Le tiers accuseur sera tout
le monde dont saint gregoire
dit. Se tu demandes qui te ac-
cusera. ie te dy tout le monde.
Car quant le createur sera cou-
rouce tout le monde sera cour-
rouce. Dont crisostome dit sur
saint mat. Au iour il nest nul-
le chose que nous ne voyons la
ou ciel terre ꝛ eaue soleil lune
iour ꝛ nuyt. Et tout le monde
sera contre nous en tesmoing
de noz pechez. Et se toutes ces
choses se taisoient noz pensees
ꝛ noz euvres seroient especialment
contre nous en nous accusant
devant dieu ¶ La vi.e chose
qui sera la ce sera le tesmoing
non deceuable. Car adonc le
pecheur aura trois tesmoings
contre luy. Lun dessus luy. cest
dieu. qui sera iuge ꝛ tesmoing
dont ieremie dit Je suis iuge
ꝛ tesmoing ce dit nostre seigneur. Ung
autre dedens soy. cest sa propre
conscience. Dont saint augustin
dit. Quiconques doubte le iu-
ge advenir corrige sa propre con-
science. Car la parolle de ta bou-
che est tesmoing de ta conscience.
Le tiers sera delez luy cest le pro-
pre ange depute a sa garde de luy
qui portera tesmoing contre luy
comme celluy qui scet tout ce quil
a fait. Si comme dit iob ou xx.e
chapitre. Les cielz celestiaux les an-
ges reveleront liniquite de luy
¶ La vii.e chose qui acompaigne-
ra le iuge. cest la constraincte du
pecheur. Et ce dit saint gregoire
O comme les voyes seront adonc
estroictes aux mauvais. le iuge
yre sera dessus la doubtable con-
fusion denfer sera sera dessoub-
les pechez accusans a dextre ꝛ
a senestre dyables sans nombre
trainans a tourment. dedans
sera la conscience brulant. et
dehors le monde ardant. Et le
chetif pecheur si entreprins ou
fuira il. Se mucer sera impos-
sible ꝛ apparoir sera ne luy sera
pas souffert ¶ La viii.e chose
est la sentence non repellable
car elle ne pourra iamais estre
rappellee. ne len ne pourra rappel-
ler. Et es causes des iugemens
lappel nest pas receu pour iii.
causes. ¶ Premierement pour
lexcellence du iuge. car len ne
peut rappeller du roy qui donne
sentence en son regne car il na
nul souverain sus luy. Et ain-
sy nul ne peut appeller du pa-
pe ne de lempereur ¶ Secon-
dement pour levidence du mef-

fait. Car quant le meffait est
notoire. len nen peut appeller
¶ Tiercement pour ce que la
chose ne soit essongnee car par
adventure se elle estoit essongnee
elle periroit. Et pour ce que on
nappelle pas de ces .iij. sentences
aussi ne peut on appeller de ceste
sentence. ¶ Premierement po
lexcellence du juge. car il na
nul sur lui. mais surmonte to
les autres par pardurablete
par dignite et par poeste. Car
de lempereur ou du pape len
pourroit en aucune maniere
appeller a dieu. mais de dieu
len ne peut appeller a nul. ¶ Se
condement pour levidence du
meffait. car tous les meffais
et pechiez des malfaicteurs se
ront appers et manifestes. dit
saint ierosme dit. Ce iour ven
dra ou quel noz faiz seront de
monstrez aussi comme paintes
en une table. ¶ Tiercement
la chose ne soit prolongnee. car
chose que len face la nara di
lacion car tout sera fait en ung
moment aussi tost comme le
durera dun oeil

Andrer est expose. et est
autant a dire comme
bel respondant ou
fortible. Et est dit
de andor qui vault autant cõe
force. Ou andry est dit aussi
comme antropos cest homme de
ana qui est a dire hault. et de
tropos cest conversion. Sy que
andry est a dire homme converti
hault es cieulx. et esdrecie a son
createur. Il fut bel en sa vie res
pondant en saigesse et en doctri
ne fort en peine et comme hault
en gloire. Les prestres et les dia
cres dachaie escripvirent sa pas
sion. si comme ilz lavoient veu
proprement a leurs yeulx

Andry et aucuns autres
disciples furent ap
pellez .iij. fois de nre
seigneur. Il les appella pmie
rement en la congnoissance de
lui. Si comme quant saint an
dry estoit avec iehan son mai
stre et ung autre disciple il oy
que saint iehan dit. vecy laig
nel de dieu etc. et il vint tantost

avec ung autre disciple. et vindrent ou ihesucrist demouroit et furent avec lui tout ce iour. Et donc andry trouva symon son frere et lamena a ihesucrist et le iour ensuivant ilz alerent a leur mestier pescher. Et apres ce il les appella secondement a saintete. Si comme ung iour que les compaignons de ces aloient a ihesucrist delez lestang de genesareth qui est dit mer de galilee. et il entra en la nef de symon et de andry et fut prins grant multitude de poissons et il appella iaques et iehan qui estoient en une autre nef et ilz lensuivirent et puis ilz alerent en leurs propres lieux. Et apres ce il les appella tierce fois et demeurerent a estre ses disciples. Si comme quant ihesucrist aloit delez cellui rivage de mer. il les appella de leur pescherie et dit. Venez apres moy Je vous feray pescheurs dommes. Et ilz laissierent tout et lensuivirent Et apres ce se partirent du tout a lui et nalerent plus a leur propre. Et toutesfoiz appella il andry et aucuns autres disciples a estre apostres. dont il appert. marc dit ou .iii.e chapitre il appella a lui ceulx quil voult.

⁋ Et apres lascension nostreseigneur. les apostres furent departis. Et andry prescha en sithie et mathieu en mirgondie. Et les hommes de ce pays refuserent du tout le preschement de saint mathieu et lui sachierent les yeulx et le mistrent en chartre tout lie. En tant langel de nostreseigneur sapparut a saint andry et lui commanda a aler a mathieu en mirgondie. et il respondi quil ne savoit la voie. et il lui commanda quil alast en la rive de la mer et entrast en la premiere nef quil trouveroit. et il acomplist voulentiers le commandement et vint a la cite par lange qui le mena. et il ot propre vent et il trouva la chartre de saint mathieu ouverte. Et quant il le veist il ploura forment Et dont nostresire rendi a saint mathieu ses deux yeulx que la felonnie de ces pecheurs lui avoit fait oster. Et dont mathieu se parti de la et vint en antioche et andry demoura en mirgondie. Et ceulx furent courrouciez de ce que mathieu estoit eschappez. Et prindrent andry et le trainerent par les places les mains liees Et si comme le sang de lui decouroit il pria pour eulx a ihesucrist et les converti par son oroison. et de la vint en antioche. Et ce que lon dit de laveuglement de saint mathieu je ne cuide pas estre voir. ne que levvangeliste fust si enferme que il ne peust empetrer a soy ce que andry lui impetra si legierement.

⁋ Si comme ung ieune noble homme se fut mis avec saint andry malgre ses parens ses parens mistrent le feu en la maison ou il demouroit avec lapostre Et si comme la flambe montoit

da hault. lenfant prist une
buie plaine deaue ⁊ arrousa
le feu. ⁊ tantost le feu estain
ctist. Et ses parens disoient.
nre filz est fait enchanteur. Et
si comme ilz vouloient monter
hault par eschielles. ilz furent
si aveuglez quilz ne veoient
pas les eschielles. Et dont lun
deulz lescria ⁊ dit. pourquoy
vous efforciez vous contre ceulx
dieu se combat pour eulx ⁊ vo⁹
ne le veez mie. Cessez vo⁹ tost
que lire de dieu ne se forsenne
contre vous. ⁊ moult de ceulx
qui le virent creurent en nre
seigneur ⁊ les parens de lui
moururent de dueil. Li corps a
pres. et furent mis en ung
monument. ¶ Une femme
si sestoit adiouete avec ung
homicide. ⁊ ne povoit enfanter
si dit a sa seur. va si appelle
dyane nre dame pour moy.
Et celle ala ⁊ la depria. Et dya
ne lui dit Cest assavoir le
dyable qui estoit en lydole. Pour
quoy me depries tu. Je ne te
puis proffiter. mais va a an
dry lapostre qui pourra bien
aider a ta seur et celle ala la
a lui ⁊ la mena a sa seur qui
perissoit. Et lapostre lui dit.
a bon droit seuffres tu ceste
peine car tu te marias mau
vaisement. tu conceus en tri
cherie ⁊ tes conseilles aux dya
bles. mais repens toy et croy
en ihesucrist. tu mettras hors
ton enfant temēt. Et quāt elle
creut. elle mist hors son enfan
tene ⁊ la douleur cessa. ¶

Ung ancien homme. qui ot no
m nicolas. ala a lapostre ⁊ lui dit
Sire iay vescu. l. ans et tousiors
en luxure. et ie pris une fois le
euuangille en depriant dieu q
il me donnast continence dores
enavant. mais suy cuelly en ce
peche ⁊ plain de male convoi
tise de char si que iay retourne
a leuure acoustumee. Une fois
q ie fu enflambe de luxure et
alay au bordel ⁊ oubliay leuua
gille sur moy. et tantost la fole
femme me dit. Va hors viellart
car tu es ung ange de dieu ne
ma touches ne ne vien vers moy
car ie voy merveilles sur toy
⁊ ie fus tout esbahy de la paro
le de la femme ⁊ me souvint
que ie avoie apportee leuuan
gille sur moy si prie si bonne
ment pour moy ⁊ pour mon
salut. Et quant saint andry
oy ce. il commenca a plorer. et
ora de tierce iusques a nonne.
Et quant il se leva. il ne voult
mengier. mais dit ie ne me
gcuay devant que ie sache se
nre s. aura pitie de ce viellart
Et quant il ot ieusne. v. iours
une voix vint a andry ⁊ lui dit.
Andry ta requeste test ottroiee.
pour le viellart car aussi co
me tu as ieusne ⁊ tes amaigri
aussi se doit il tourmenter
par ieusnes pour estre sauve.
et si fist il car il ieuna vj mois
en pain et en eaue. Et apres ce
il reposa en paix plain de bon
nes euures. Et dont vint une
voix qui dit. Jay acquis nico
las par tes prieres lequel

iauoie perdu.

¶ Ung ieune homme crestien dit a saint andri ma mere me voult bel. et ma requis de pechie avec elle. Et quant ie ne my voulz consentir en nulle maniere elle alla au iuge et voult retourner a moy le pechie de si grant felonnie pries pour moy que ie ne meure si deshonnestement. car quant ie seray accusez ie me tairay du tout et ayme mieulx a mourir que diffamer si laidement ma mere. Et dont vint au iugement saint andri. la mere accusa fermement son filz que il la vouloit corrompre. Et on lui demanda plusieurs fois se il estoit ainsi. et il ne respondoit nulle chose. Et dont lui dit saint andri tu es la plus cruel des femmes qui par ta luxure veulz perir ton seul filz. Et dont dit celle femme au prevost Sire puis que mon filz vint avec cest homme il ma voulu et faire mais il ne peust. Et dont le prevost commanda que le filz fut mis en ung sac oint de poix. et de glu et gette en ung fleuve. et fist mettre saint andri en chartre tant quil eust pense comment il le tourmenteroit mais saint andri fist son oroison et ung tonnoirre horrible vint qui les espoventa et acraventa par la terre qui trembla forment. Et la femme fut ferue de la fouldre et seicha et mourut. et les autres prierent lapostre quilz ne perissent et il pria pour eulx. et tout cessa. Et dont le prevost creut en dieu. et toute sa mesnie.

¶ Si comme lapostre estoit en la cite de nicee. les citoiens lui dirent que sept dyables estoient hors de la cite pres du chemin. qui tuoient tous les hommes passans. Et ilz vindrent par le commandement de lapostre en forme de chiens. Et il leur commanda quilz allassent la ou ilz ne meffeissent a nul. Et tantost ilz se esvanouirent. Et quant les gens veirent ce ilz receurent la foy ihesucrist.

¶ Et quant lapostre vint a la porte dune autre cite len portoit ung homme mort ieune homme et lapostre demanda que il lui estoit advenu. et len lui dit que sept chiens vindrent et lestranglerent. Et dont lapostre dit en plorant. Sire dieu ie scay bien que ce furent les dyables que ie boutay hors de nicee. Et dont dit au pere que lui donrras tu se ie le resuscite. et il lui dist. Je nay si chere chose comme lui. Je le te donray. Et dont fist lapostre son oroison. et il resuscita. et sen alla avec lapostre.

¶ Quarante hommes par nombre vindrent a lapostre a nage par mer. pour recevoir de lui la doctrine de la foy. et le dyable esmeut tourment en la mer si que tous furent noiez ensemble. Et quant les corps furent apportez a la rive. ilz furent apportez devant lapostre et tantost furent resuscitez. Et ilz distrent tout ce quil leur estoit

adiuenu. Et pource dist on en vne
hystoire que cil rendi la vie aux
jouuenceaux noiez en la mer.
Et le benoist andri tant come
il fut en achaye il la rempli tou
te deglises et conuerti les peuples
a la foy crestienne et enseigna la
femme egee le preuost en la foy
et la baptiza. Et quant egee oy
ce si vint en la cite de patras et
constraingnit les crestiens a sacri
fier. Et saint andri lui vint a
lencontre et lui dist. Il conuient
que tu qui as deserui a estre
iuge congnoisses ton iuge qui
est es cieulx et que cellui congneu
tu laoures. et en lui aourant
retraies ton couraige des faulx
dieux. Et egee dit tu es andri
qui preesches vne fausse loy que
les princes de romme ont comma
de estre destruite. Auquel an
dry dit. Les princes de romme ne
sceurent oncques comment le
filz dieu vint et enseigna que les
ydoles sont diables. Et ceulx
qui enseignent ces choses cour
roucent dieu. et il courrouce
se part daulx que il ne
les oye. Et pource ilz sont au
dyable enchetiuez du dyable et sont
tant ellusez et deceuz quilz ys
sent du corps tous nudz et ne
portent que pechiez. Et egee
dit. ce sont les vanitez que vre
ihus preschoit. qui fut fichie
ou gibet de la croix. Auquel an
dry dit. Il receut de son gre le
gibet de la croix. non pas pour
sa coulpe mais pour nostre re
dempcion. Et egee dit quant
il fut liure de son disciple et
tenu des iuifz et crucifie des
cheualiers. comment dis tu
que il le fist liure de son gre.
Et dont saint andry commen
ca a monstrer par .v. raisons
que ihesucrist souffrist mort de
son gre. Ce fut pource que il
vit auant sa passion. et dit a
ses disciples que elle seroit
quant il dit. nous montons
en ihrlm et le filz de lomme se
ra trahy etc. Et pource que pier
re len vouloit retraire. et il len
reprist et dit. Va apres moy
sathanas etc. Et pource que il
leur manifesta que il auoit
pouoir de souffrir mort. et de
resusciter quant il dit. Jay
poste de mettre mon ame et
de la reprendre derechief et
pource que il congneust auant
son traistre quant il lui don
na la souppe. et si ne leschiua
il pas. et pource que il esleut le
lieu que il sauoit bien que le
traistre vendroit. et dit quil
auoit este a toutes ces choses.
Et dit encores saint andry
que le mistere de la croix es
toit grant. auquel egee dit
il ne peut estre dit mistere
mais tourment. Et se tu ne
tacordes a mes ditz vrayement
je te feray esprouuer ce miste
re. Et andry dit. se je doub
toie le gibet de la croix Je ne
preschasse pas la gloire. Je
vueil que tu oyes le mistere
et se tu le crois et congnois tu
seras saune. Et dont lui mo
stra le mistere de la croix. et
lui assena .v. raisons. La pre

nuere est pource que le premier
homme qui auoit desseruy
mort ou fust en tres puissant le
commandement. chose conue
nable fut. que le second home
boutast hors la mort en souf
frant icelle ou fust. ¶ La seco
de que cil qui estoit fait de ter
re non corrompue et estoit tres
puissant du commandement il es
toit chose conuenable que cellui
qui rapelleroit celle deffense
naquist de vierge. ¶ La tierce
pource que adam auoit estendu
ses mains desordonneement a
la viande deuee. il fut chose con
uenable que le nouuel adam este
dist en la croix ses mains non
touchees. ¶ La quarte pource
que adam auoit gousté souef
ment la viande deuee. Ce fut
raison que la chose contraire fut
ostee par contraire. Si que ihesu
crist fust repeu de viande de
fiel. ¶ La quinte car acce que
ihesus nous donnast son immor
talite. il fut chose raisonnable
que il prist nostre mortalite. Car
se ihesucrist neust este mortel
homme neust pas este fait im
mortel. ¶ Et dont dit egee
racompte aux tiens tes vani
tez et obeis a moy et sacrefie aux
dieux tous puissans. Et dont
dit saint andrey. Je offre chun
iour a dieu tout puissant vng
aignel sans conchieure. Et de
puis quil est mengie de tout
le peuple. si vist il et est tout e
tier. Et donc demanda egee
comment ce pouoit estre. Et a
drey dit. prens la fourme de
disciple. et tu le sauras. Je te de
manderay ceste chose a sauoir
par tourmens. Et dont fust
ire et commanda quil fut en
clos en chartre. et au matin il
vint en iugement Et saint
andrey fut mene au sacrefier
des ydoles. Et egee lui comen
ca a dire. Se tu nobeis a moy
ie te feray pendre en la croix
que tu as tant loee. Et si com
me il le menacoit de moult
de tourmens. Il lui respondi. pr
le quelzconques tourmens
que tu pourras plus. et de tant
seray plus aggreable a mon
roy comme je seray plus fer
me es tourmens. Et dont co
manda egee quil fut batu de
xxj hommes. et que lui ainsi
batu fut lie a la croix par piez
et par mains. affin quil eust
plus long tourment. Et quant
il fut mene a la croix il couru
la moult de peuple disant.
Le sang de linnocent est dam
nez sans cause. Et lapostre
les pria quilz nempeschassent
pas son martire. Et quant il
veist la croix de loing. il la sa
lua et dist. Dieu te sauf croix
qui es dediee ou corps ihesucrist
et fut aournee des membres
de lui ainsi comme des mar
guerites auant que nostre seigneur
montast en toy. tu estoies pu
our terrien. et maitenant tu
es amour du ciel. tu me rece
uras par mon desir. Je vien
a toy seur et lie. si que tu me re
coiues liement. comme disci
ple de cellui qui pendi en toy

Car ie tay tousiours amee et
ay desire a toy embracer. ¶
Croix qui receus beaute z no
blesce des membres nre seigne
que iay tant longuement de
sire z curieusement amee z
que mon couraige tant desire
z couuoite. Oste moy de cy. et
me rens a mon maistre. si que
cil me recoiue par toy qui me
racheta par toy. Et ence disant
il se despouilla et bailla ses
vestemens aux bouchiers. Et ai
sy le pendirent a la croix. comme
il leur auoit este commande
et il y vesqui deux iours. z pres
cha a .xx.m. hommes qui la es
toient et dont toute la com
paignie iura la mort de egee
et distrent homme saint pai
sible z debonnaire ne deust
pas ce souffrir. Et dont vint
egee pour lui oster. Et quant
andry le veist il dit. pourquoy
es tu venu a nous egee. se cest
pour penitence tu lauras. et
se cest pour moy oster. saches
que tu ne me descendras pas
vif. car ie voy ia mon roy qui
mattent. Et quant ilz le vou
loient deslier ilz ne pouoient
en nulle maniere atoucher a
lui. car leurs bras estoient ta
tost endormis. Et quant saint
andry veist que le monde le
vouloit oster de la croix. il fist
ceste oroison. en la croix si comme
dit saint augustin ou liure de
penitence. Sire ne me laisses
pas descendre vif car il est
temps que tu commandes mo
corps a la terre. Jay longuement
porte ce faix. z ay tant veillie
sur la chose qui mestoit com
mandee. z ay tant trauaillie
que ie vouldroie ia estre deli
ure de ceste obedience et estre
oste de ceste agreable charge.
Je me recorde comme elle est
grieue en portant orgueilleu
se en dancer. en fermer en no
urissant. Et iay laboure lienit
en la refraingnant. Sire tu
scez quanteffois le monde en
tendoit a moy retraire de la
purte de contemplation. qua
teffois il entendoit a moy es
ueillier du somme de son tres
doulx repos. Combien z qua
teffois il me faisoit doulour.
Et tant comme iay peu iay re
cite tres debonnairement a celui
combatant. z ay seurmonte par
ton aiuue. Et ie requier a toy
Juste z debonnaire guerredo
neur q tu ne commandes pas
q ie remaignes en plus. mais ie
te rens ce q tu mauoies baillie
commande le a vng autre. et
ne me empesches plus. mais me
garde viant a resurrexir. si q
ie recoiue merite de mon la
bour. Commande mon corps
a la terre. si quil ne me con
uiegne plus veillier mais tend
franchement a toy qui es fon
taine de ioye non deffaillant.
Et quant il eust ce dit. tres
grant resplendeur vint du
ciel z lenuironna par demie
heure. si que nul ne le pouoit
veoir. Et quant celle lumiere
sen alla il rendy ensemble lesp
perit. Et maximille femme

de egee emporta le corps & lensé
uelir honnorablement. Et auant
que egee fut reuenu a lostel il
fut rauy du dyable en la voie de
uant tous & mourut. Et dit len
que du sepulchre saint andry
uient manne en maniere de
farine & huille qui a tres souef
ue odeur. Et par ce est monstré
aux gens du pais quant il est
present de biens car quant cel
le manne vient petitement la
terre apporte peu de fruit. Et
quant la manne vient habon
dāmment la terre apporte plan
tureusement. Et ce peust bien es
tre anciennement. car le corps de
lui fut transporte en constanti
noble. Ung euesque estoit
qui menoit vie religieuse. et
auoit saint andry en deuocion
& a honneur sus tous autres
sains. si que en toutes ses eu
ures il lamentoit tousiours &
disoit en lonneur de dieu et de
saint andri. si que lennemi ot
enuie de lui. & se mist a le dece
uoir de tout son malice. et se
transfigura en la forme dune
tres belle femme. et vint au
palais de leuesque & dit que
elle se vouloit confesser a lui
& leuesque mandi que elle se
confessast au penancier qui
auoit plain pouoir de lui. Et
elle lui mandi. que elle ne re
uelleroit les secrez de sa con
science a nul que a lui. et ain
si leuesque fut vaincu. et la
commandi venir a lui. et elle
lui dit Sire je te prie que tu
aies merci de moy. si sui si com

vous veez es ans de jeunesse et
pucelle & suis delicieusement
nourrie des mon enfance et nee de
royal lignie. mais je suis venue
seule en estrange habit. car mon
pere qui est roy moult puissant
si me vouloit donner a vng prin
ce par mariage. Auquel je res
pondi que iauoie horreur de
tout delit de mariage. & auoie
donne ma virginite a ihesucrist
a tousiours. Et pource ne me
pouoie je consentir a charnel
couple. Et a la parfin il me con
traingnit tant que il me conue
noit consentir a sa volente. ou
souffrir diuers tourmens. si
que je men fouy secretement
& aime mieulx estre en exil que
corrompre la foy a mon espoux
Et pource que iay ouy la louenge de
vostre saintete je men afouy a
vostre garde en esperance la ou
je puisse trouuer deuers vous
lieu de repos. la ou je puisse estre
secretement en contemplacion
& eschieuer les perilz de la vie pre
sente et fuir les tribulacions
du monde. Et donc leuesque
se merueilla pour la noblesse
du lignage pour la beaute de
son corps & de lardeur de lamour
de dieu. et de lonnestete du beau
parler. Si respondi a voix debon
naire & plaisant. Fille soies
seure et ne te doubtes. Car cel
lui pour lamour duquel tu as si
fort despit toy et tes choses te
donra pource grant grace en
ce temps present. & plente de
gloire ou temps aduenir. Et
je qui suis sergent dicellui tost

fire moy ꝛ mes choses. et eslis ta
maison ou il te plaira. et je vueil
que tu disnes huy avec moy.
Et elle respondi. pere ne me re
quiers pas de ceste chose. car par
adventure aucun souspecon ne
venist que la resplendeur de
vre bonne renommee nen empi
rast. A laquelle Senesque dit
nous serons plusieurs. ꝛ non
mie seul. et pource ny pourra
estre aucun souspecon de mal.
Et dont vindrent a la table et
sisterent lun coste lautre. et les
autres sisterent deca ꝛ de la. Et
Senesque entendoit moult a
celle et la regardoit tousiours
en la face. et se merveilloit de
la beaulte delle. Et ainsi comme
il fichoit ses yeulx en icelle. le
couraige fut navre. Et lancien
ennemy quant il la regardoit
navra le cueur de lui dun gref
dart. Et ce diable sapparceut
ꝛ commenca a requerre sa beau
te de plus en plus. Or que Se
nesque estoit ja prest de lui re
querre de pechie faire quant
il pourroit. Et dont vng priso
nier vint soudainement. et comme
ca a ferir souvent a luis et a
crier que on lui ouvrist. et len
ne lui vouloit ouvrir. si que
il crioit ꝛ feroit de plus fort
en plus fort. Et Senesque dema
da a la femme se elle vouloit q̄
ce prisonnier entrast. Et elle dist
face len vne question asses grief
ne ꝛ se il la scet respondre soit
receu et se il ne la scet si soit bou
te hors. si que il ny entre comme
non saichant ꝛ non digne. Et
tous obeirent a ceste sentence
Et enquisterent qui estoit souf
fisant de proposer ceste questio
Et quant nul ny fut trouve
souffisant. Senesque dit Qui
de nous est ore si suffisant com
vous dame. car vous nous pas
ses tous en beau parler et si res
plendisses en grace plus q̄ nous
tous. proposes la question. Et
dont elle dit. demandes lui. lequel
est le greigneur miracle que
dieu feist onques en petite cho
se. Et quant il fut demande au
prisonnier il dist au message. cest
la diversite ꝛ semblance des fa
ces des hommes. Car aventure tant
dhommes comme il a este des le co
mencement du monde et sera
jusques a la fin. deux hommes
ne pourroient estre trouves des
quelz les faces feussent semblables
en toutes choses ꝛ si mist dieu
tous les sens du corps. Et quant
la response fut oie. tous se mer
veillerent ꝛ disrent. Cest vray
et tresbonne response de la que
stion. Et dont la femme dit. la
seconde lui soit proposee plus
grevense. pour mieulx esprouui
la saigesse de lui. Demandes lui
ou la terre est plus haulte que
tout le ciel. Et dont quant on
lui demanda. le prisonnier respon
di empireal ou le corps ihucrist
est que le corps ihucrist qui est
forme de nre chair est plus hault
que tout le ciel. Et dont tous
se merveillerent de sa response
quant le message la rapporta
ꝛ loerent merveilleusement sa
grace. Et dont celle dit derechef

La tierce question luy soit fete.
tu signifie & certifie et forte a
son lordre. Et que sa saigesse soit
tierce fois esprouvee et quil
soit digne destre receu a table
deuesque. Demandez luy com
bien despasse il y a dabisme jus
ques a celui ciel. Et dont le mes
sage le demandi au pelerin.
Et il luy respondy. Va a cellui
qui ta envoie a moy et luy dema
de ceste chose. car il la scet mieulx
que moy. et pource ten peut il
mieulx respondre. car il a me
sure celle espace quant il chey
du ciel en abisme et ie ne le me
suray onques. Ce nest pas fe
me. mais est ung dyable qui
sest mis en forme de femme.
Et quant le messaige oyt ce il
fut moult fort espouente. et re
cordi devant tous ce quil avoit
oy. et dont se merveillerent tous
& sesbahirent. Et dont lancie
ennemy se esvanouy dentreulx.
Et dont levesque revint a luy
& se reprist amerement. Et de
prioit en plorant pardon de so
peche. et envoia ung messaige
pour mettre le pelerin dedens
mais il ne fut onques puis
trouve. Et dont levesque as
sembla le peuple & leur dist
la maniere de ceste chose. et le
pria quilz feussent tous en pri
eres & en oroisons. Et que nostre
seigneur daignast reveller a
aucun qui ce pelerin avoit es
te. qui lavoit delivre de si grant
peril. Et dont fut revelle celle
nuyt a levesque. que ce avoit
este saint andri qui sestoit mis
en habit de pelerin pour la deli
vrance de luy. Et dont commenca
levesque de plus en plus a avoir
en devocion & reverence le benoit
saint andry.

Le prevost du
ne cite avoit oste ung champ a
leglise de saint andri. et estoit
encheu en forte fievre par la pri
ere de levesque. Et dont il pria
levesque quil priast pour luy
et il luy rendroit le champ. Et
quant levesque eust prie pour
luy et il eust sante. il osta arrie
re le champ. Et dont levesque
se mist en oroison & rompi tou
tes les lampes de leglise & dit
il naura mais cy alume lumie
re devant que nostre seigneur soit
vengie de son ennemy. et que le
glise ayt recouvre ce quelle a per
du. Et dont le prevost derechef
fut forment tourmente de fie
vres. Et envoia a levesq par
messaiges que il priast pour
luy. et il luy rendroit le champ
et ung autre semblable. Et dont
levesque respondi. Jay ia prie
pour luy & nostre seigneur mes
faulcea. et il osta arriere le champ.
Et dont le prevost se fist por
ter a luy & constraint levesq
a entrer en legle. pour prier. et
levesque entra en leglise. et
tantost cellui mourust. et le champ
fut restably a leglise.

Nicholas est dit de
nichos qui est a di
re victoire et de laos
peuple si que ni
cholas est autant a dire comme
victoire de peuple. C'est victoi
re de pechiez qui sont populai
res & vilz. Ou il est dit victoire
de peuple pource qu'il enseigna
moult de peuples par vie & doc
trine a vaincre vices et pechiez.
Ou nicholas est dit a nichos
c'est resplendeur de peuple. et
de laos peuple ce est a dire resple
deur de peuple. car il eust en
soy ces choses qui sont resplende
& netteté. Car selon saint am
broise la parolle divine net
toie vraye confession. nettoie
saincte pensee. Et les docteurs
de grece escriprent sa legende.
Et l'en dit aucuns que metho
diez patriarche le escript en grec.
Et iehan diacre la translata
en latin. & y adiousta plusieurs
choses.

Nicholas citoien de la cit
e de patras fut ne de riches
& sains parens. Et son pere ot
nom epiphanius. et sa mere Io
hanne. Et ses parens l'engen
drerent en la premiere fleur de
leur aage. Et puis apres se tin
rent en continence. et menerent
vie celestiel. Et le premier iour
qu'il fut nez quant on le baignoit
il se dreça tout droit ou bain
& si ne prenoit la mamelle que
une fois au mercredi & une au
vendredi. Et lui qui estoit ieu
ne eschevoit les iolivetez des
autres ieunes. Il hantoit vo
lentiers l'eglise & tout ce qu'il pou
oit la entendre de la saincte es
cripture il mettoit a cuer.
Et quant ses parens furent tres
passez il commença a penser com
ment il distribueroit ses ri
chesses. & non pas a la louenge
humaine. mais a la gloire de
dieu. Et ung sien voisin avoit
adonc .iii. filles vierges. et il
estoit noble homme. mais par
la povreté d'eulx ensemble el
les estoient contraintes d'aler
a pechié. Et que du gaing de
leur infameté il fut soustenu
& nourry. Et quant le saint
homme le sceust il eust horreur
de celle felonnie et getta la
nuyt secretement en la mai
son d'icellui une masse d'or en
veloppee en ung drappel. Et
quant l'omme se leva au ma
tin il trouva celle masse et ren
di graces a dieu. & maria son
aisnee fille. Et par moult peu
de temps apres. le sergent de
dieu fist autelle euvre. et cel
lui la trouva & rendy graces

a dieu. et proposa veillier pour savoir qui cellui estoit qui avoit aidie a sa povrete. Et pou de iours apres. nicholas doubla sa masse dor. et la getta en la maison dicellui. et il sesveilla au son du cheoir. et suivit nicholas qui senfuioit. et lui dit ainsi. Sire ne ten fuir pas. si que ie te voie. Et dont courut plus hastivement et congneust que cestoit nicholas. Et dont sagenoulla a terre et vouloit baisier ses piez et il lui deuea. et lui requist que il ne dit ceste chose tant comme il vesquist.

¶ Apres ce leuesque de la cite de myre fut mort et les euesques sassemblerent pour pourveoir a celle eglise deuesque. Et la estoit entre les autres ung euesque de grant auctorite. et toute leslection estoit a lui. Et si comme il les eust tous amonnestez destre en ieusnes et en oroisons. Celui euesque oy celle nuit une voix qui lui dist. que a lheure de matines. il gardast les portes de leglise. et que cellui qui premier vendroit a leglise qui avoit nom nicholas. qui le sacrast a euesque. Et dont revella ceste chose aux autres euesques. et les admonnesta destre tous en oroisons et il garderoit les portes. Ce fut merveilleuse chose. car a lheure de matines. aussi comme envoie de dieu nicholas se leva devant tous les autres. Et leuesque le prist quant il vint la et lui demanda. comment est ton nom. et cellui qui estoit simple comme coulon enclina le chief et dit. nicholas sergent de vostre saintete. et ilz le menerent en leglise. Ja soit ce que forment il le refusa et le misrent en la chaiere. Et il ensuivi ainsi comme devant humilite et honnestete de meurs en toutes choses. Il veilloit en oroisons et amaigrissoit son corps. il eschiuoit compaignie de femmes. il estoit humble en recevant tous. proffitable en parlant. ioieux en amonestant. cruel en corrigant.

¶ Len lit en une cronique que le benoist nicholas fut au concille de nice. Et ung iour que aucuns mariniers perissoient si le prierent ainsi a lermes. Nicholas sergent de dieu se les choses sont vrayes que nous avons oyes de toy. si les esprouve maintenant. Et tantost ung homme sapparut a la semblance de lui et dit veez moy. ne mappellez vous pas. et leur commenca a aidier en leur esploit de la nef. et tantost la tempeste cessa. Et quant ilz furent venuz a son eglise ilz le congneurent sans demonstrer. et si ne lavoient oncques veu. Et dont rendirent graces a dieu et a lui de sa delivrance. Et il leur dist que ilz le attribuassent a la misericorde de dieu et a leur creance et non pas a ses merites.

¶ Il fut ung temps que toute la province saint nicolas souffrit si grant famine. si que viande failloit a tous. Et dont lomme de dieu oy que nefz chargees de froument estoient arrivees au

port et tantost il ala la. et pria
les maronniers que ilz aidassent
au peuple qui perissoit au moins
de cent muys en chascune nef. Et
ilz lui distrent. pere nous no
sons. car il est mesure et le no(us)
convient rendre par mesure
es greniers de lempereur en a
lixandrie. Et le saint leur dist.
Faictes ce que ie vous dy. Et ie
vous prometz en la vertu que
il nappetissera de riens quant
vous rendrez aux greniers. Et
quant ilz leurent baille. ilz vi
ndrent en alixandrie. et rendirent
la mesure que ilz avoient receue
Et donc raconterent le miracle
aux ministres de lempereur.
et loerent forment dieu. et son
sergent. Et dont lomme de dieu
distribua le froument a chascun
selon son besoing si que il souf
fit a deux ans non pas tant
seulement a vivre. mais aussi
a semer. Et si comme celle
contree servoit aux ydoles. et
le peuple adouroit le faulx yma
ge de lerronnemence dyane. Et si
iusques au temps de lomme de
dieu plusieurs de celle errone
nee religion hantoient aucu
nes coustumes de payenie soubz
ung arbre sacre a dyane. mais
cellui homme de dieu chaca hors
ces coustumes de toute la con
tree et commanda a copper cest
arbre. Et dont le dyable fust
courrouce contre lui. Et fist
une huille qui ardoit contre natu
re en eaue et ardoit pierres aussi
Et dont se transfigura en four
me dune religieuse femme et

se meist en ung petit batel. et en
contra personnes qui aloient a la
nage a lomme de dieu. et elle
les araisonna ainsi. Je aymas
se moult aler a lomme dieu
avec vous mais ie ne puis. Je
vous prie que vous portez ceste
huille a son eglise et que pour
la remembrance de moy que vo(us)
en oigniez les parois de sa sa
le. et tantost sesvanouyt. Et doi
ilz virent une autre nef avec
personnes honnestes. Entre les
quelz il y en y avoit ung tresse
ble a saint nicolas. qui leur
a dit ainsi. helas que vous a dit
celle femme. et que vous a elle
apporte. et ilz lui distrent tout
par ordre. et il leur dist. Cest
la mauvaise dyane. et que vo(us)
esprouvez que ie dy voir. get
tez celle huille en la mer. Et
quant ilz leurent gettee ung
grant feu prist en la mer et
le virent longuement ardoir
contre nature. Et dont vin
drent a lomme de dieu et lui
distrent vrayement tu es cellui
qui nous apparus en la mer
et nous delivras des agais
du dyable. En cellui temps
aucunes gens se rebellerent co(n)
tre lempire de romme. et lempe
reur envoya contre eulx trois
princes. Nepocien. Vrsin et A
polin. Et ilz vindrent au port
adrien pour le vent qui leur
estoit contraire. Et le benoist
nicolas les convoya a dis
ner avec lui. car il vouloit gar
der ses gens de leur rapine
que ilz faisoient. Et si comme

le saint ne estoit pas le consule
corrompu par pecune avoit
commandé trois chevaliers in
nocens estre decolez. Et quant
le saint le sceust il pria ces prin
ces que ilz alassent la avec luy
hastivement. Et quant ilz vin
drent au lieu ou ceulx a decoler
estoient il les trouva a genoulz
les yeulx bandez. et le decoleur
brandissoit ja lespee sur leurs
chiefz. Et dont nicolas embra
sé de lamour de dieu se mist
hardiement contre le decoleur
et luy osta le glaive de sa main
et le getta loing. et deslia les
innocens et les amena avec
luy tous sains. Et tantost il sen
alla en jugement au consule
et trouva les portes closes que il
ouvry par force et le consule
vint tantost a luy et le salua
et le saint en eust despit et luy
dist. ennemy de dieu corrom
peur de la loy. par quelle folie
as tu esté consentant de si grant
felonnie. comment nous oses
tu regarder. Et quant il leust
forment tencé et repris. toutef
fois receust il a penitence celuy
repentant a la priere de ses prin
ces. Et dont quant les messa
ges de lempereur eurent re
ceu sa beneicon. ilz appareillerent
leur erre et sousmirent leurs
ennemis a lempire sans sang
espandre. Et dont retournerent
a lempereur et furent receuz
honnorablement. si eurent en
vie des biens de ces princes.
Si distrent en traison a lempe
reur et firent tant par prieres

et par dons. que ilz furent ac
cusez faulcement du blasme
de sa magesté. Et quant lem
pereur ouyt. il fut plain de grant
forcennerie et commanda quilz
feussent mis en chartre et sans
autre demande faire il comman
da quilz feussent occis celle
nuyt. Et quant ilz le sceurent
par le portier qui les gardoit
ilz desrompirent leurs veste
mens et plorerent amerement.
Et dont nepocien se remembra
comment le benoist nicolas
avoit delivré les trois innocens
Si admonesta les autres quilz
requeissent son aide. Et si comme
ilz oroient saint nicolas sap
parust a eulx et si sapparust
a constantin lempereur. et luy
dit pourquoy as tu pris ces
princes a si grant tort et les
as jugiez a mort sans meffait
Lieve sus hastivement et comman
de quilz soient laissiez. ou se
non je prie a dieu que ilz esmeu
vent bataille contre toy en la
quelle tu trebuches et sois
fait viande aux bestes. et lem
pereur luy demanda. qui es
tu qui es entré par nuit en
mon palais et oses dire telz
paroles. et il luy dit Je suis
nicolas evesque de la cité de
myrre et ainsi espouventa le
prevost disant. Tu qui as les
pensee perdue pourquoy te
es tu consenti en la mort de
ces innocens. Va tost et pense
de les delivrer. ou se non ton
corps sera pourry de vers et
ta mesnie sera toute destruite

Et il lui demanda qui es tu q
tant me menaces. Et il lui
dist. Sachez que je suis nicolas
euesque de la cite de mirre. et
dont se esueilla lun et lautre et
distrent lun a lautre leurs so
ges. et manderent tantost ces
enchanteurs. Et lempereur le
dist. quelz ars magiques sa
uez vous qui nous auez enuoie
tant esluisez par songes. Et ilz
distrent quilz nestoient pas
enchanteurs et si nauoient pas
deserui sentence de mort. Et
dont dit lempereur. Congnois
siez vous vng homme qui a
nom nicholas. Et quant ilz
ouirent ce nom ilz tendirent les
mains au ciel. et prierent nre
seigneur que par les merites
de saint nicholas il les deli
urast de ce peril present. Et
quant lempereur ot ouy di
ceuls la vie et les miracles de
saint nicholas. il leur deist
allez vous en et rendez graces
a dieu qui vous a deliurez par
la priere de celui et lui apportez
de noz ioyes et lui priez que il
ne me menace plus. mais pr
pour moy et pour mon regne
a nre seigneur. Et pou de temps
apres. les deuant ditz princes a
lerent au seruent de dieu et
sagenoullerent a ses piez di
sant vrayement tu es serf de
dieu et vray adoureur et ameur
de ihucrist. Et quant ilz lui
eurent tout compte par ordre
il leua ses mains ou ciel et re
di grans louenges a dieu. et
renuoya les princes bien ense

gnez en leur pays. Et quat
nre seigneur le voulst prendre
il pria dieu que il lui enuoiast
ses anges. et il enclina le chief
et vit les anges venans a lui. et
il dist ce pseaume. Sur lay es
perir en toy iusques a ce vers. Et
re entres mains commande je
mon esperit. Et dont rendi les
perit. en lan de nre seigneur.
CCC. xliij. a grant melodies des
des celestiaux compaignies. Et
quant il fut enseuely en vne
tombe de marbre. vne fontai
ne duille decouroit du chief
et vne deaue des pies. Et iusqs
au iour duy il yst de son corps
huille saincte. qui vault au sa
lut de moult de gens. Et vng
homme de bonne volente fut
successeur de lui. qui fut debou
te hors de son siege par gens e
nuieux. Et quant il fut boute
hors. la fontaine delaissa a cou
re. et quant il fut rappelle elle
couroit arriere Long temps
apres les turcs destruirent la
cite de mirre. Et dont vindrent
la quatre cheualiers du bar.
et quatre moines leur mon
strerent le sepulcre de saint
nicholas. et ilz ouurirent le se
pulcre et trouuerent les os no
ans en huille. et les emporterent
honnorablement en la cite du
bar. en lan mil octante et sept.
Vng homme auoit pris
dun iuif vne somme de pecune
et iura sus lautel saint nicho
las que le plus tost quil pour
roit il lui rendroit. car il na
uoit autre pleige. Et dot tint

la memoire mort longuement
tant que le Juif lui demanda. Et
il lui dist que il lui avoit ren
due. Et dont le Juif le fist venir
en iugement. et le serement fut
mis sur le debteur. et il avoit
apporte avec lui ung baston cave
ou il avoit mis la pecune en or
aussy comme se il se soustenist
du baston. et quant il voult fai
re le serment. il bailla au Juif le
baston a garder. et dont iura quil
lui avoit plus rendu quil ne lui
devoit. Et quant il eust fait le
serement il lui demanda son ba
ston et le Juif qui nestoit pas
sy malicieux lui rendy. Et dont
cellui sen alla qui avoit fait la
fraude. Et dont cellui eust som
meil et sendormy en ung carre
four. et ung char vint a grant
force et le tua et rompi le baston
plain dor. et lor espandi. Et quant
le Juif oyt ce il vint la tout esmeu
et veist la fraude. Et si comme plu
sieurs lui disoient quil reprint
lor et il le refusa du tout se ce
lui qui estoit mort ne revenoit
en vie. par les merites de saint
nicolas. Et dit que se il revenoit
il recevroit baptesme. et seroit
xpien. Et dont celui qui avoit
este mort resuscita. et le Juif fu
crestienne. ¶ Ung Juif veist
les vertueux miracles de saint
nicholas. sy fist faire une yma
ge du saint. et le mist en sa mai
son. Et quant il aloit hors il lui
commandoit a garder ces choses
par telles paroles. Nicolas vecy
cy tous mes biens. ie vous com
mans a les garder. Et se vous
ne les gardez bien ien prendray
vengence par vous batre et tor
menter. Une fois si comme le
Juif estoit hors. larrons vindrent
et ravirent tout. et laisserent
tant seulement lymage. Et
quant le Juif revint et il se veist
tout despouille. il araisonna
limage par tels paroles. Sire
nicolas ie vous avoie mis en
ma maison. pour garder mes
choses des larrons. pourquoy
ne les avez vous gardees. vous
en recevrez cruelz tourmens
et aurez la peine pour les lar
rons. et ie vengeray mon dom
mage en tes tourmens. et re
fraindray ma forsennerie en
toy batre. Et dont le Juif prit
limage et le tourmenta et bati
cruelment dont il advint grant
merveille. Car quant les lar
rons departoient les choses. le
saint de dieu aussy comme sil
eust eu en soy tous les bateures
il sapparust aux larrons. et
leur dit. pourquoy ay ie si cru
elment este batu pour vous.
et ay souffert tant de tourmens
veez comme mon corps est de
tranche. veez comme le sang
vermeil decourt. Alez et ren
dez tout tantost. ou autrement
lire de dieu tout puissant se
forsenera en vous. si que tous
saront vostre felonnie. et que chascun
de vous sera pendu. Et ilz lui
distrent qui es tu qui nous dis
tels paroles. et il leur dist. Je
suis nicolas sergent de ihesu
crist. lequel le Juif a sy cruele
ment batu. pour ces choses que

vous emportastes. Et dont il:
furent espouentez et vindrent
au juif et oirent ce quil avoit
fait a son image et lui distrent le
miracle et lui rendirent tout.
Et ainsi les larrons vindrent
a voye de droicture et le juif a
la foy ihesucrist. ¶ Ung hom
me pour lamour de son filz qui
aprenoit a lettre celebroit chun
an la feste de saint nicolas moult
solempnelement. Une fois que le pe
re ot appareillie son disner et
comme moult de clercs le dya
ble vint a la porte en habit de
pelerin demander laumosne.
Et le pere commanda tantost
a son filz quil donnast laumos
ne au pelerin. Si le suivy si co
me il sen alloit. Et quant il vint
en ung quarrefour le dyable
prist lenfant et lestrangla. Et
quant le pere oy ce il se dolut
forment et plora et porta le
corps en sa chambre. et comme
en crier de douleur et dire et di
re: Tres doulx filz comment vous
est il saint nicolas est ce le guer
don que je vous ay si longuement
fait si grant honneur. Et si co
me il disoit ces choses et sembla
bles lenfant ouvry les yeulx
et sesveilla aussi comme de
dormir et se leva. ¶ Ung
noble homme pria a saint ni
colas que il lui impetrast ung
filz de nostre seigneur et il lui p
romist que il menroit son filz a
son eglise et lui offreroit ung ha
nap dor. Et dont le filz fut nez
et vint en aage le pere comman
da a faire le hanap et le hanap
lui pleut moult forment et le
retint pour lui. et en fist faire
ung autre dautel value. Et si com
me ilz aloient par mer a nagier a le
glise de saint nicolas. le pere com
manda a son filz que il lui appor
tast de leaue ou hanap premier
fait. Et quant lenfant voult
prendre de leaue il cheyt en leaue
atout le hanap et tantost il des
apparut. Et toutesfois le pere
parfist son veu en plourant a
merement son filz. Et quant il
vint a lautel de saint nicolas et
offry le second hanap il cheyt aus
si comme se on leust gette jus de
lautel. et il fut gette arriere plus
long. Et encores le releva il et
mist tierce fois sus lautel. et il
fut gette arriere plus long. Et
tous sesmerveillerent et vindrent
veoir celle chose. Et dont lenfant
vint sain et sauf et apportoit en
ses mains le premier hanap.
Et raconta devant tous que quant
il cheyt en la mer tantost le be
noist nicolas vint qui le garda
sans mal avoir. Et ainsi son pe
re fut lie et offry a saint nicolas
lun et lautre hanap. par les me
rites de saint nicolas. ¶ Ung
riche homme eust ung filz par
les merites de saint nicolas et
lappella dieu donne. Et ce riche
homme fist une chapelle de saint
nicolas en son manoir et ce
lebroit chun an la feste de saint
nicolas. Et cestui lieu estoit as
sis delez la terre des agariens
et fut depute a servir le roy lan
ensuivant que son pere faisoit de
votement la feste de saint ni

colas. et lenfant tenoit vng pre
cieulx hanap devant le roy. Il
se remembra de sa prise et de la
douleur de ses parens et de la
ioie qui estoit faicte a ce iour
en la maison de son pere. Si co
mença a souspirer hault. Et le
roy lui demanda la cause de ses
souspirs. et il lui dist. Et quant
le roy le sceust il lui dit. Quoy q
ton nicolas face tu demouras
cy avec nous. Et soudainement
il venta vng moult fort vent
qui fist trembler toute la mai
son. Et lenfant fut ravi avec
le hanap. et fut mis devant les
portes la ou ses parens faisoient
la solempnite du saint. si que to
en firent grant ioie. Et len dit
ailleurs que ce iouvencel fut
ne en normendie et a la oultre mer
et fut pris du souldan et le fai
soit souvent batre devant lui
Et si comme len le batoit le io
de la saint nicolas. et il eust es
te apres mis en chartre. Il de
pria adonc saint nicolas tant
pour la bateure comme pour
la ioie quil souloit avoir en ce
iour. et donc sendormi. Et quat
il sesveilla il se trouva en la
chapelle de son pere.

De saincte luce

Luce si est dicte de lu
miere. Si a beaulte
en regart. Et selon
ce que saint ambroise dit. La
nature de la lumiere est telle
Car elle est gracieuse en regart
elle sespant partout sans sor
touchier. elle passe en allant
droit sans recorber par tres lon
gue ligne. et si est sans dilacion
de demeure. Et la benoite luce
eust beaute de virginite sans
nulle corruption. Essence de
charite sans nulle amour des
ordonnee droit aller et tendre
en dieu sans nul recorbement
longue ligne par euvre con
tinuee sans negligence de tar
dinete. ou luce est dicte voie de
lumiere.

Luce vierge du noble
lignage de syracuse or
la renommee de saincte
agathe qui estoit espandue par
toute cecile. Et sa mere encitite
avoit souffert flux de sang par
quatre ans sans estre curee. Si
advint q a celle solempnite des
messes levvangille fut leue
qui racompte que nostre seigneur a
voit gari une femme de celle
maladie. Et dont luce dit a sa
mere. Se tu crois les choses di
tes croy que agathe a tousiours
celui presentement avec elle.
pour lequel elle souffrir passio
Et se tu le crois et tu atouches
son sepulcre. tu auras tantost
parfaicte sante. Et dont quant
tous sen furent allez. la mere et
sa fille demourerent en oroiso
delez le sepulcre. Et luce sendor
mi et veist agathe ou milieu des
anges aournee de pierres pre
cieuses et lui disoit. Ma seur lu
ce vierge devote a dieu. pour
quoy me requiers tu ce que tu
peulz tantost donner a ta mere.
car elle est garie par ta creance.
Et dont luce sesveilla et dit a
sa mere. Ma mere tu es garie

Et je te prie par icelle z pour la
mour de cellui qui ta garie par
tes oroisons que doresenavant
tu ne me parles de marier. mais
ce que tu me donroies pour don
ner donne le aux povres. Et
sa mere lui dit queuvre moy
devant les yeulx. z puis fay ce
que tu vouldras. Et donc luce
lui dit ce que tu donnes quant
tu meurs. tu le donnes pource
que tu ne le peulz porter avec
toy. donne tant comme tu vis si
en auras guerredon. Et quant
ilz furent retournees. ilz faiso
ent chun jour vendre de leurs
choses z donnoient aux povres
Et entretant quilz distribuoi
ent leur heritage. il vint a la
congnoissance de cellui qui la
devoit espouser. et lespoux en
quist de la nourrice de ces cho
ses. Et la nourrice respondi sub
tillement que son espouse avoit
trouve meilleur possession q
elle vouloit achater en son no
et pource vendoit elle aucunes
choses. Et cellui fol creut. que ce
fust aucune possession mondai
ne. et commenca a estre vende
de choses. Et quant tout fut
vendu et donne aux povres.
cellui la trahit en cause devat
pascasien consulle et dit que
elle estoit xpienne z que elle
faisoit contre les ordonnances
des empereurs. Et donc pas
casien lamonnesta de faire
sacrifier aux ydoles. Et elle respon
di. Le sacrefice qui plaist a dieu
si est visiter les povres et les
aider en leurs necessitez. Et
pource que je nay plus q offrir
moy mesmes me lieux pour
estre offerte a lui. Et paschasien
dit. tu peuz bien dire ces paro
les a ung fol xpien ton semble
tu le dis pour neant a moy q
garde les ordonnances des pri
ces. Auquel luce dit. Tu gar
des les ordonnances de ces pri
ces. et je garderay la loy de mo
dieu. Tu doubtes tes princes
z je doubte mon dieu. tu ne les
veulx pas courroucer. z je doub
te a courroucier mon dieu. tu
leur veulx plaire. et je convoi
te plaire a mon dieu. Or fais
ce que tu scez qui test proffita
ble. Et je feray ce que je sauray
proffitable a moy. Et pascasie
dit. Tu as despendu ton heri
tage avec les ribaulx. et pour
ce parles tu comme putain
Auquel luce dit. Jay mis mon
heritage en seur lieu. Car je
ne sceu onques q corrompeurs
sont. ne en corps ne en pensee. Et
paschasien dit. qui sont corro
peurs de pensee et de corps. Et
luce lui dit. Entre vous estes
corrompeurs de corps z de pen
see qui amonnestez q les ames
delaissent leur creance. Et si
sont corrompeurs de corps qui
mettent delectacion temporel
au devant des vices espiritu
elles. Et paschasien dit. Les
parolles cesseront quant les
bateures vendront. Auquel lu
ce dit. Les parolles de dieu ne
cesseront ja. Et paschasien dit
Donc es tu dieu. Et luce respo
di. Je suis ancelle de dieu qui

dit. quant vous serez devant ses roys et ses princes. ne pensez ja ce que vous direz. et nestes vous pas qui parlez. le parleur en vous. Et paschasien dit. donc est le saint esperit en toy. Ainsi luce dit. ceulx qui vivent chastement sont temples du saint esperit. Et paschasien dit Je te ferray mener au bordel si que tu soies la corrompue et perdes ton saint esperit. Et luce lui dit Le corps si nest pas corrompu se nest de consentement de pensee. Car se tu me fais corrompre a force. chastete me sera doublee a la couronne. Car tu ne pourras ja amener ma voulente au consentement. Vecy cy mon corps appareillie a tous tourmens. pourquoy attens tu filz de diable. commence a faire le desir de ces peines. Et donc paschasien fist venir lecheurs et ribaulx et leur dit. Amonester tout le peuple daller a celle et soit tant despite que len me demonstre quelle soit morte. Et dont quant on la voulsit traynier au bordel. le saint esperit la feist si pesante que on ne la pouoit nullement mouvoir. Et dont paschasien feist venir mil hommes. et lui fist lier piez et mains. mais ilz ne la peurent oncques mouvoir. Et donc adiousta avec les mil hommes. l. beufz. Et toutesfois la vierge estoit sans mouvoir. Et dont furent appellez les enchanteurs pour estre esmeue par leurs enchantemens. mais elle ne peust estre remuee. Et dont dit paschasien. Quelz malefices sont ce cy. que une pucelle ne peut pas estre remuee de mil hommes. Et luce dit ce ne sont pas malefices mais benefices de ihesucrist. Car se tu en mettoies encores x.m. si seroie je sans mouvoir comme devant. Et paschasien cuida. selon la sorcerie daucuns que malefice fut oste par pissat. si len fist arrouser. mais elle ne fut pourtant oncques meue. et dont commanda que ung tres grant feu feust alume entour elle et fist getter poix raisine et huille chaude sur elle. Et dont luce lui dit. Jay impetre terme de mon martire pour ce que a ceulx qui croient que je oste la paour de souffrir mort. Et pource que je oste aux mescreans la voix de excaulsement. Et dont quant les amis de paschasien virent quil sangoissoit. ilz mistrent a luce ung glaive parmi la gorge. et elle nen perdi oncques la parole. mais dit. Je vous denonce que paix est rendue a leglise et maximien est huy mort et dioclesien est boute hors de son regne. Et ainsi comme ma seur agathe est donnee deffenderesse de la cite de cathanense aussy suis je ordonnee a estre depriant pour ceulx de la cite de siracuse. Et si comme la vierge disoit ce. les ministres des romains vindrent qui prindrent paschasien et le menerent lie

lempereur. Car le preuost a
oit ouy dire que il auoit ro
toute la prouince. Et quant
fut venu a romme. les senateurs
eu serent & fut condampne et
... par sentence du chief du
...ief coupper. Et la vierge lu
ne fut meue du lieu ou elle
t ferue. & ne rendi oncques les
...it deuant q[ue] les prestres vi
...ent qui lui baillerent le corps
...re seigneur. & ne elle ot faite
...oroison. et ceulx qui la estoi
...rent dit amen. et fut en
...elie en ce mesme lieu. Et son
...rps repose maintenant a Ve
...ce. & elle souffry mort ou temps
...stantin et maximien. Lan de
...re seigneur. CCC. ix.

De saint thomas apostre

Thomas est autant
a dire comme abis
me ou double qui
est a dire didimus
en grec. Ou thomas est dit de
thomas. cest diuision & departe
ment. Il fut dit abisme. pource
que il desseruit a trespercer la
parfondesse de diuinite quant
ihesucrist respondi a sa demande
Je suis voie verite & vie. Il est dit
double. pource quil congneust
doublement nostre seigneur en sa
resurrection. plus que les autres
le congneurent en voiant. et en
touchant. Il fut dit diuision.
ou departement. car il diuisa
sa pensee hors de lamour du mo
de. & fut departi des autres a la
resurrection. Ou thomas est dit
aussi comme tepuant. cest la
mour de dieu par contempla
cion. Il eust trois choses en soy
qui demonstrerent lamour de
dieu estre en lui desquelles. pros
per dit ou liure de lame con
templatiue. Et demande quest
amours fors que conuencions saict

de lui en sa pensee ⁊ fors seulle-
ment de dieu homme de perdre ⁊
relenquir le monde. Ou thomas
vault autant a dire comme mon
dieu. Et pource quil dit quant
il fut certiffie mon dieu ⁊ mon
seigneur.

Si comme thomas lapostre
estoit en cesaree nostreseigne
sapparut a lui ⁊ lui dit le roy
dinde gondeforus a envoie son
prevost abanes querir hommes
qui sachent lart de maconnerie
vien ⁊ je tenvoieray a lui. Et
thomas lui dit. Sire envoie moy
par tout fors quaux indois. Et
nostresire lui dit va seurement car
je seray garde de toy. Et quant
tu auras converti les indois tu
vendras a moy par couronne de
martire. Et thomas lui dit.
tu es mon seigneur ⁊ je suis ton
servent. ta volente soit faicte. Et
si comme le prevost aloit par
le marchie nostreseigneur lui dit.
Jeune homme que veulx tu ache-
ter. Et il lui dit. monseigneur
ma envoye pour lui mener ser-
vans qui soient entroduiz en
lart de maconerie qui lui fa-
cent ung palais de leuvre de
rome. Et dont nostreseigneur lui
bailla thomas ⁊ lui dit quil es-
toit moult appert en telle euvre.
Et dont vindrent a nage a une
cite ou le roy faisoit les nopces
de sa fille et avoit fait crier q
tous venissent aux nopces ou
autrement ilz courrouceroient
le roy. Et advint que abanes
et le roy y alerent ⁊ une pucel-
le hebree tenoit le flestel en sa
main. et louoit chun de aucune
louenge. Et quant elle veist la-
postre elle congneust que il es-
toit hebrieu pource que il ne men-
goit point. mais avoit les yeulx
aux cieulx. Et si comme la pu-
celle chantoit devant lui en he-
brieu. elle dit le dieu des hebrieux
est ung seul qui crea toutes cho-
ses ⁊ fonda les mers. et lapostre
lui vouloit faire recorder ces
mesmes parolles. si que le bou-
tillier veist que il ne mengoit
point ne ne buvoit. mais a-
voit tousiours les yeulx au ciel
si feri lapostre de dieu en la joe.
Et lapostre lui dit. Cest le meil-
leur que on temps advenir il
te soit pardonne. et que une
plaie transitoire te soit donnee
et ne leverai de cy devant que
la main qui ma feru soit appor-
tee des chiens. Et dont cellui
ala querre de leaue a la fontai-
ne ⁊ ung lyon lestrangla et en beut
tout le sang ⁊ les chiens despe-
cerent tout le corps. Si que
ung chien noir apporta le brac
destre ou milieu du disner.
Et quant ilz le virent toute
la compaignie sesbahi. Et la
pucelle recorda ses parolles
et getta le flestel ⁊ se mist aux
piez de lapostre. Et ceste venge-
ce blasme saint augustin ou
livre de fauston. et dit quil y
fut nus aucun faulx prophe-
te car ceste chose pourroit este
souspeconneuse quant a plu-
sieurs choses. mais on peut di-
re que il ne le dit pas par ma-
niere de prier mais par ma

mere de dire laventure avant. Et se len regarde proprement les parolles saint augustin il nest pas veu du tout reprouver les parolles. Car il dit ainsi

ne scay quelz escrivains fables escriptes soubz le nom des apostres laquelle chose ilz mettent es temps de leurs escrivains en auctorite de saincte egl[is]e mais les saintz hommes & sages qui adonc estoient en vie les prouoient bien cauimner. Et toutesfois est il leu ou dit livre q comme thomas feust au disner dunes nopces come homme estrange et du tout mesconneu. il fut feru de la paulme de ung des ministres. Et il pria quil eust tantost vengence cruelle de icellui. Et cellui yssi a la fontaine pour apporter de leaue au disner ung lyon vint si lociist et la main de quoy il lavoit feru selon ce que lapostre avoit requis fut apportee de ung chien a la table sur quoy lappostre disoit quelle chose seroit plus cruelle. Et se ie ne suis deceu Il est escript que il luy impetra pardon ou siecle advenir. si que il eust greigneur benefice. Et ce fut pource que par nostre pouoir il fut monstre a ceulx qui ne le savoient comment lapostre estoit amy de dieu. mais il ne mapartient pas de venir a savoir se celle narration est fausse ou vraie mais les manicheiens tiennent les escriptures pour vraies. lesquelles le canon reffuse. Et toutesfois sont ilz constrains a tenir la vertu de pacience. que nostre seigneur enseigne. se aucun te fiert en la joe tend lui lautre Et certainement lapostre tenoit dedens son courage la voulente de dilection. et par dehors il requeroit lexemple de correccion. Et soit voir ou faulx. par quoy veullent ilz donc croire que moyses sergent de dieu occist dun glaive ceulx qui faisoient & aouroient les ydoles. Et se nous faisons compparaison de ces paines ces autres semblees que destre occis a glaive et estre derompu des bestes sauvages. Et quant les juges qui gardoient les loix commune il commande plus tost ceulx qui ont plus meffait estre livrez aux bestes que estre occis de glaive. Et ce dit saint augustin. Et dont lapostre a la requeste du roy benei lespoux et lespouse. Sire dieu donne a ces enfans la beneicon de ta dextre et met en leur pensees semence de vie. Et quant lapostre sen alla. il fut trouve en la main de lespoux ung ram de paulmier plain de dattes Et quant lespoux et lespouse eurent mengie du fruit ilz sendormirent. & veirent ung songe semble. car il leur estoit advis que ung roy aourne de pierres precieuses les acoloit & disoit. mon apostre vous a benei. si que vous soiez partans a la joie

pardurable. Et dont se esueillerent
z distrent leur songe lun a lau
tre. Et dont lapostre vint a eulx
z leur dit. mon roy sest mainte
nant apparu a vous et ma crea
ture a portes fermees. si q̄ ma
beneicon fructifie sur vous. et q̄
vous aiez entieremēt de char. laq̄l
le est aorne de toutes vertuz. et
fruit de salut perpetuel Vir
ginite est seur des anges posses
sion de tous biens victoire de
luxure seigneur de foy desconfi
teur de diables. et seurte des ioy
es pardurables. luxure est engē
dree de corrupcion. et de corrup
cion vient pollucion. et de pollu
cion vient peche. et de peche est
cōfusion engendree. Et si comme
il disoit ce. deux anges apparu
rent a eulx. et distrent. Nous
sommes les. ii. anges qui som
mes deputez a vous garder. z
se vous gardez bien tous les ad
monnestemēs de lapostre no⁹
offrions a dieu tous voz desirs
Et dont lapostre les baptiza
z ēseigna diligemmēt en la foy
Et moult de temps apres les
pouse pellagiene par nom fut
sacree de saint veel. et souffri
vng martire. Et lespoux deme
par nom fut sacre a euesque de
celle cite Et apres ce lapo
stre z abanes vindrent au roy
dinde. et le roy deuisa a lapo
stre vng merueilleux palais
et lui bailla tresgrant tresor
Et le roy sen ala en vne autre
prouince. et lapostre dona tout
le tresor aux poures. Et lapost̄
fut tousiours en predicacion

deux ans q̄ le roy demoura z
conuertra a la foy grant peuple
sans nombre. Et quant le roy
reuint z il sceust que thomas
auoit fait. il le mist lui z abā
nes ou plus bas de la chartre
sy que apres ce il les fist es
corcher z ardoir. Et entretant
gad le frere du roy mourut. Et
on lui appareilla vng sepulc̄
qui estoit moult riche. Et au
quart iour celui qui auoit este
mort resuscita. z tous len esba
hirent z senfuirent. Et cil dit
a son frere. cest homme que tu
veulx escorchiē et ardoir est amy
de dieu. et les anges de dieu le
seruent z mont mene en para
dis. et mont monstre vng pa
lais dor z dargent et de pierres
precieuses merueilleusement
ordonne. Et quant ie me mer
ueilloie de sa beaute. ilz me di
rent Cest le palais q̄ thomas
fist faire pour ton frere. Et qūt
ie dis que ien vouldroie estre
portier ilz me distrent. ton fre
re sest fait non digne de le a
uoir. Se veulx demourer en
celui. nous prierons que nr̄e
seigneur te resuscite si que tu
le puisses racheter de ton fre
re en lui rendant la pecune q̄
il cuide auoir perdue. Et quāt
il eust ce dit il couroit a la char
tre. z requist quil pardonnast
a son frere. et dont getta hors
les liens z pria lapostre que
il prist vne precieuse vesture
Et lapostre lui dit. Ne scez tu
pas. que ceulx qui cuident a
uoir part es choses celestiaux

ne sont riens charnel ne terrie.
¶ Et quant lapostre yssy de
la chartre. le roy vint encontre
z se mist a ses pies. et lui requist
pardon. Et dont lapostre dit.
Dieu vous a donne moult grant
chose quant il vous a revele ses
secretz. Or vous en instruiz ie si que
soiez baptisiez. z que soiez parcer
du regne pardurable. Et le frere
du roy lui dit. Je ay veu le palais
que tu as fait faire a mon frere
Et le roy dit. cellui sera mien et
lapostre ten fera vng autre. et se
paradventure il ne pouoit ces
lui sera convenir a toy et a moy.
Et lapostre respondi moult de
palais sont ou ciel qui sont ap
pareilliez des le commencement
du monde qui sont achatez par
pries de foy z par aumosnes. et
voz richesses pourront bien al
ler devant vous a ces places.
mais elles ne vous pourront
suir. ¶ En vng mois apres
lapostre fist assembler tous ceulx
de celle province. Et quant ilz
furent assemblez il commanda
que les foibles z les malades
feussent a part. Et dont ourav
ensus deulx Et quant ceulx qui
estoient enseignez respondirent
amen. Une clarte descendi du
ciel z vint qui abati a terre tant
lapostre comme les autres par
demie heure q ilz cuidoient estre
tuez du coup de la fouldre. et
dont lapostre se leva z dit levez
sus car monseigneur est venu
comme fouldre et nous a garis.
Et dont se leverent tous sains.
z glorifierent dieu z lapostre.

Et dont les commenca lapostre a
enseigner. z a eulx monstrer les
graces de vertu. ¶ Le premier
est que ilz creussent en dieu qui
est vne essence et trippe en per
sonnes. z leur monstra en trois
exemples sensibles comment
trois personnes sont en vne esse
ce. La premiere exemple est car
en vng homme est vne sagesse.
et de celle sagesse vient entende
ment memoire z engin. et engin
est ce que tu as apris. le memoire
retenigne q tu oublies. lentende
ment que tu entens ce qui peut
estre demonstre enseigne. La se
conde est que trois choses sont en
vne vigne. Le fust. la fueille. z
le fruit. z toutes ces trois choses
sont en vne vigne. La tierce est
q vng chief y a veoir. oir. gouster
et odorer et sont ces choses plu
sieurs en vng chief. ¶ Le secod
degre est que ilz receussent bap
tesme. ¶ Le tiers que ilz se te
nissent de fornication. ¶ Le
quart que ilz se gardassent da
varice ¶ Le quint que ilz re
traissent leur gloutonnie. ¶
Le vi.e que ilz tenissent peni
tence ¶ Le vij.e que ilz perse
verassent en ces choses ¶ Le
viij.e que ilz amassent hospitali
te ¶ Le ix.e que ces choses a fai
re ilz requeissent la voulente
de dieu z requeissent ces choses
par euvres ¶ Le x.e que ilz es
chivassent les choses qui ne so
pas a faire ¶ Le xj.e que ilz
feissent charite a ennemis z a
amis ¶ Le xij.e que ilz meis
sent diligence z cure a garder

ces choses. Et apres sa predicacion
ix.m. hommes sans les petiz enfans
et les femmes furent baptisiez
Apres ce et il s'en ala en inde
la grant et la fut ennobli par si
gnes de merveilles et de mira
cles. car il enlumina saincte an
de migdonie femme carisien cou
sin du roy et migdonie dit a sainc
te. Cuides tu que je le puisse ve
oir. et migdonie mua son habit
du conseil de sainctite. et se mist
entre les povres femmes et vint
la ou l'apostre preschoit. et il co
mença a preschier de la maleu
rete de ceste vie et dit que ceste
vie est maleurete et subiecte aux
adventures. et est si fuitive que
quant on la cuide tenir elle se
coulle et s'enfuit. Et puis leur
commença a admonnester par
quatre raisons qu'ilz oyssent vou
lentiers la parolle de dieu. et la
compara a quatre manieres
de choses. a ung colire pource qu'il
enlumine l'oeil de nre entende
ment. Et a ung boire pource
qu'il purge nre affection de tou
te amour charnelle. A une em
plastre pource que elle garist
les plaies de noz pechiez. A la
viande pource que elle nous no
urist et delicte en l'amour celestiel
Et tout aussi comme ces choses
ne vallent riens au malade se
il ne les prent en soy. aussi ne
proffite riens la parolle de dieu
au malade languissant se il
ne l'ot devotement. Et si comme
l'apostre preschoit migdonie
creut en dieu. Et apres elle dou
ta le lit de son mari. Et dont

carisien impetra que l'apostre fut
mis en chartre. et migdonie vint
a lui et lui requist pardon pour
ce qu'il estoit mis pour lui en
chartre et il les conforta doulcement
et dit que il souffreroit tout de
bonnairement. Et donc carisien
pria le roy que il envoiast la
royne seur de sa femme a icelle
savoir se elle la pourroit rappel
ler. Et la royne qui la envoiee
fut convertie de ce que elle la
vouloit pervertir. Car quant
elle dit tant de miracles que
l'apostre faisoit. elle dit ceulx
sont mauldiz de dieu qui ne cro
ent en ses euvres. Et dont la
postre enseigna briefment ceulx
qui la estoient de quatre choses
C'est que ilz amassent l'eglise
et honnorassent les prestres et se
assemblassent souvent a oir
la parolle de dieu. Et quant le
roy veit la royne lui dit pour
quoy avez vous tant demoure
Et elle respondi. Je cuidoie que
migdonie fut folle et elle est tres
sage. car elle m'a menee a l'apo
stre qui m'a fait congnoistre
la voie de verite et ceulx sont
trop folz qui ne croient en ihesu
crist. et oncques puis la royne
ne voulst coucher au roy. Et dont
le roy fut esbahi. et dit a son
cousin. Quant je vouloie re
couvrer ta femme j'ay perdu
la moye. Et la moye m'est faicte
pire que la tienne a toy. Et dont
le roy commanda que l'apostre
fut amene devant lui lie piez
et mains. et lui commendast on
qu'il reconsiliast les femmes a

leurs maris. Et lors dit lapo
stre au roy. et lui monstra par
quatre exemples q̃ tant comme
il seroit en erreur contre la foy
il ne lui devoit pas faire cest
assaulon par lexemple du roy
par lexemple de la tour et par
lexemple de la fontaine et dit
Tu qui es roy ne veulx pas a
noir serviteurs conchiez. mais
servans netz et nectes chamber
rieres. Et comme cuides tu com
ment dieu aime chastete et
netz serviteurs. q̃ lui dont a blas
mer se ie preschie a aimer dieu
de ses servans que il aime. et
ie lui ay fait et ses servans
une tour. et tu me dis que ie
la destruise. Je ay fouy la tour
en parfont. et ay amene une
fontaine de abisme. et tu me
dis que ie lestouppe. Et dont
le roy fut yrie. et commanda a
apporter pieces de fer ardans
et fist lapostre estre nudz piez
dessus. Et tantost par la vou
lente de dieu une fontaine sour
di qui lestaingnit. Et dont le
roy par le conseil de son cousin
le fist mettre en une fournai
se ardant laquelle fut si refroi
die que lautre iour il en yssi
tout sain. Et dont dit carisien
au roy fay lui offrir sacrefice
a ung de dieux seul. si que il
encheure en lire de son dieu q̃
ainsi le delivre. Et si comme
ilz le contraingnoiet ace il dit
roy. nes tu pas plus noble et
plus vaillant que ta paincture
et comment despites tu le vray
dieu. et aoures une paincture

que tu cuides. si comme carisien
ta dit q̃ mon dieu soit courrou
cie a moy puis que ie aray ao
re ton dieu. et sil se courrou
coit plus a ton dieu et se en ao
rant ton dieu mon dieu. Et le
roy dit que paroles tu a moy
des choses parlees. Et dont com
manda lapostre en hebrieu au
dyable qui estoit dedens lydo
le que si tost quil sagenouille
roit devant lydole que il le de
peceast tantost. Et lapostre sa
genouilla et dit veez cy que ie
aoure non pas lydole. Je aou
re et non pas le metail. ie aoure
et non pas le faulx ymage.
mais ie aoure mon seigneur
ihesucrist. ou nom du quel ie te
commande diable qui te tapis
dedens que tu destrompes ce
faulx ymage. Et tantost il fon
di comme cire. Et dont tous les
prestres bruirent comme bestes.
Et levesque du temple leva
le glaive et trespera tout oult
lapostre. et dit. Je vengeray li
iure de mon dieu. Et le roy et
carisien sen fouirent. car ilz vei
rent que le peuple vouloit ven
gier lapostre et ardoir levesq̃
tout vif. et les xpiens empor
terent le corps de lapostre. et le
sevelirent honnorablement.

¶ Long temps apres environ
lan de nostre seigneur .ii^c. et xxx.
le corps de lapostre fut porte en
edisse la cite qui iadis fut dit
te rages cite de medes. Et lui
porta alixandre lempereur a
la requeste des syriens. Et en
celle cite nul homme ne herberge

... Juif ne nul payen ne peut
vivre. nul tirant ne peut la
vivre puis que abagar roy de
celle cite deservit a avoir une
epistre escripte de la main nostre
seigneur. Car aucunes gens
sesmouvoient contre la cite. Ung en-
fant baptisie estoit sus la porte de
la cite et lisoit lepistre. Et encore jo-
tant la grace de lescript du
saulveur comme par les merites
de lapostre. ou les ennemis se
fuient ou ilz sont pris. Ysi-
dore ou livre de la vie ou de la
mort des sains dit ainsi de cest
apostre. Thomas apostre disci-
ple de Jhesucrist est semblable au
saulveur mescreans en oyant
prescha levangille aux parthes
aux medes aux hircaniens aux
brachiens. Et celluy entrant es
parties dorient trespercant les
entrailles des gens demena la
sa predication jusques au ti-
tre de sa passion. et la fut tres-
percie de glaives et sa costa.

Et crisostome dit que saint
thomas vint en la partie des
roys et que ilz vindrent aourer
nostre seigneur. il les baptiza. Et
furent fais aideurs de la foy
crestienne.

Du temps de reconsiliation et
de pelerinage.

legise represente de ladvent ius-
ques a la nativite nre seigneur
celosement. Il sensuit a dire des
festes qui escheent dedens le temps
qui contient en partie soubz le
temps de reconsiliation. et en par-
tie soubz le temps de pelerinage
Lequel temps legl'e represente
de la nativite nre seigneur ius-
ques a la septuagesime sicomme
il est dit dessus ou prologue.

De la nativite nre seigneur

LA nativite nre s[eigneur]
ihucrist selon la
char fut faicte selon
aucuns dient acom-
plis du temps adam. v.m. ijᶜ xxviii
ans. Et selon aucuns autres. vi.m.
Et selon eusebe evesque de cesa-
ree en ses croniques. v.m. ixᶜ. soubz
le temps octovien empereur le
compte de vi.m. ans fut trouve
de methodien plus par temps
revelacion que par croniques.
Quant le filz de dieu vint en t-
re. tout sesioissoit de ce que le
seul empereur des romains sei-
gnorioit par tout. et il estoit
dit octovien. et fut dit cesarien
de julius cesar du quel il estoit
nepveu. Et auguste par laccrois-
sement du commun de rome. pour
la dignite de limperial homme
qui fut premierement enobly
de ce nom a la difference des
autres roys. car sicomme il voult
naistre pour nous donner temps
de paix. et paix pardurable.
aussi voulsist que la paix du
temps enoblist sa nativite.
Cesar adonc auguste qui es-
toit seigneur de tout le monde
il voult savoir quantes citez
quantes provinces quans chas-
teaux quantes villes. et quans
hommes il avoit ou monde. Et
sicomme il est dit es histoires
il commanda que tous les hom-
mes alassent aux citez dont ilz
avoient este nez. et que chascun an
donnast ung denier dargent
au prevost de la province. lequel
denier avoit lymage de cesar
et le nom escript dessus. et ceste
chose estoit descripcion et pro-
fession. mais ce estoit dit par
consideration diverse. elle es-
toit ditte profession. pource que
quant chascun rendoit ce denier il
le mettoit sus son chief. et con-
fessoit au prevost de la province
de sa propre bouche que il estoit
subget a lempereur de rome
Et cela estoit ce dit profession
cestoit confession de propre bou-
che. et ce estoit fait devant tout
le peuple. Et apres ce estoit dit
descripcion. Car quant le nom-
bre de ceulx qui portoient le cens
sus leur chief a certain terme
lavoient baille. ilz estoient comp-
tez par certain nombre et es-
toient mis en escript. Et ceste
premiere descripcion fut faite
du prevost de syrie cyrin. Et
pource que judee est ou milieu de
nre habitacion. il fut ordonne
que on commenceroit en icelle
Et apres par les contrees de
tour. et puis par les autres
apres. Et ceste descripcion fut
dicte universel. pource que les
autres furent faictes par par-
ties avant. ou pource que la

premiere descripcion fut faicte
en la cite au prevost. La secõde
fut faicte des citez en la cõtree
devant le messaige cesar. Et
ioseph qui estoit du lignage
david ala de nazareth en beth
leem. et le temps de lenfantemẽt
a la benoite vierge marie estoit
et il ne savoit quãt il revien
droit il lamena avec lui en beth
leem. et ne vouloit pas laisser
en main estrange le tresor qui
lui estoit cõmis de dieu. ains
le vouloit curieusemẽt garder
lui mesmes. ¶ Et sicõme
frere berthelemy tesmoingne
en sa compilation ou livre des
ẽfances du saulveur. la vierge
vint quant ilz aprouchierent
de bethleem. lune partie du
peuple plorãt et lautre et lau
tre esioissant. Et langle lui ex
posa et dit. La partie du peu
ple des paiẽs qui prendra be
neiçon en la semence dabraham
se esioist. Et la partie qui pleure
est la partie des iuifz qui est
reprouvee de dieu par leurs de
sertes. ¶ Et quant ilz vin
drent tous deux en bethleem
pource quilz estoient povres
et que les autres avoiẽt ia pris
leurs hostelz. ilz ne peurent a
voir hostel. ilz sen tournerẽt
en ung lieu cõmun qui estoit
entre deux maisons et estoit
couvert et estoit dit ou destro[it]
la ou ceulx de la cite sassem
bloient a parler ou a disner
aux iours loisibles ou aucu[n]es
fois pour la desattrempance
du temps la ou ioseph avoit
fait une creiche a ung beuf et
a ung asne. Ou selon aucuns
les villains quãt ilz venoient
au marche lioient illec leurs
bestes. Et pource estoit faicte
illec une creiche. ¶ Et donc a
tant le roy dun demy ẽclos la be
noiste vierge marie ẽfanta son
filz. et le coucha en la creiche
sur le foing. Et sicõme hystoire
escolastique dit. La benoite helene
le porta depuis le foing a rome
sicomme len dit. le beuf et lasne
ne le souffrirent de mẽgier
le foing quant il y fut couchie
¶ Et est assavoir que la nati
vite ihucrist. fut faicte mer
veilleusement a demõstrer mõ
teplieement et proffitablement
elle fut merveilleusemẽt tãt
de la partie de la mere cõme
de la partie de lenfant. Et tãt
de la partie de la mere. et de lẽ
fantement. de la partie de la me
re. Car elle fut vierge en len
fantemẽt et vierge apres. Et
apres ce quelle fut vierge et ẽ
fanta il nous est demonstre
en .v. manieres. Premierement
par le prophete ysaie ou .vij. chap.
Veez cy que la vierge cõcevra
et ẽfantera. ¶ Secondemẽt
par mesure. par la verge aaron
qui flori sans nulle humaine
estude. et par la porte ezechiel
qui estoit tousiours close.
¶ Tiercement par cellui qui
la garda. car ioseph qui la gar
da fut tesmoing de sa virgi
nite. ¶ Quartement par es
prueve. car sicomme il est ou
livre du saulveur des ẽfances

quant le temps. De lenfantement
a la benoite vierge marie vint
commẽt que ioseph ne cuida
pas que dieu naistroit de la
benoite vierge marie. si tint
il la coustume et appella les vẽ
trieres dont lune auoit nom
zebel. ⁊ lautre salome. Et dont
quant zebel la tasta ⁊ enquist
et elle la trouua vierge elle ses
cria q̃ la vierge auoit enfante
⁊ salome ne le creust pas mais
le vouloit esprouuer. et tãtost
la main lui secha. Et dont lan
ge sapparut a icelle et lui cõ
manda que elle atouchast a
lenfant ⁊ tantost elle auroit san
te. Quintement par euidẽ
ce de miracle. car sicõme inno
cent tesmoigne. paix fut a ro
me. x. ans. Et pource firẽt les
romains vng beau temple ⁊
misrent dedens lymage de ro
me. ⁊ se conseillerent au dieu
appolin combien le temple du
reroit. Et eurent responce or.
tant cõme la vierge ẽfanteroit
Et quant ilz ouyrent ceste chose
ilz distrent. donc durera il
tousiours. Car ilz ẽtendoient
que cestoit impossible que la
vierge ẽfantast iamais. Et
dont escripuirent aux portes de
ce temple ce tiltre. Cest le tẽ
ple de pardurable paix. mais
la nuit que la vierge ẽfanta
le temple trebucha du tout.
Et maintenant y est leglise
de saincte marie la neuue.
Secondemẽt elle fut mer
ueilleusemẽt faicte de la par
tie de lenfant. Car sicõe saint

bernard dit la chose de pardu
rable et anciẽne ⁊ nouuelle
lassembloit en vne psõne mer
ueilleusemẽt. La chose pardura
ble est la diuinite. la chose an
cienne est la char qui fut extrai
te de adam. La chose nouuelle
est lame de nouuel creee. Et si
dit encore ainsi. celui dieu fist
trois meilleures euures. si
merueilleusemẽt singulieres
que oncques telles ne furent
faictes ne iamais ne seront.
Car il conioinct ensemble dieu
⁊ homme. mere et vierge. foy
et cueur humai. Cest chose mer
ueilleuse formẽt qui cõioinct
ẽsemble le monde terre ⁊ dieu
maieste ⁊ enfermete si grant
vilte ⁊ si grant haultesse. car
nulle chose nest si haulte de dieu
ne plus vil que limon. Et la
seconde est trop merueilleuse
⁊ ne fut oncques mais ouy q̃
vierge ẽfantast que celle fust
mere ⁊ demourast vierge. La
tierce si est plus basse de la p̃
miere ⁊ de la seconde. mais el
le nest pas mains forte. cest
cõment cueur humain peut
croire commẽt dieu fut home
et que la vierge demourast
vierge quant elle ẽfanta. Et
apres lenfantement Tier
cement elle fut merueilleuse
de la partie de lenfanter. car
lenfantemẽt fut sus nature
par ce que elle conceut vierge
il fut raison pource que elle
ẽfanta dieu. Il fut sus condi
cion humain parce que elle ẽ
fanta sans douleur. Il fut sus

coustume pource que elle conceust
le saint esperit. car la vierge ne co
ceut pas de humaine semence.
mais par diuin espirement. Car
le saint esperit print et forma le
corps de treschaste et pur sang de
la vierge marie. Et ainsy mostra
dieu la quarte maniere de faire
homme. Car si comme anselin
dit. dieu peut faire homme en q̃
tre manieres. Cest sans homme
et sans femme si comme il fist a
dam. Dhomme sans femme. si comme
il fist eue. De femme et de homme
si comme il est en usage. De feme
sans homme si comme il est fait
au iourdhui merueilleusement.
¶ Secondement la natiuite
fut au iourdhui demonstree par
toutes manieres de creatures.
Il est vne creature qui a tant seu
lement estre comme la pure crea
ture et vne qui a estre et viure si
comme la vegetant. vne qui a est[re]
viure et sentir. si comme les bestes.
vne qui a estre viure sentir de
uiser et entendre si comme ange
et par toutes cestes creatures est
demonstree au iourdhui la nati
uite nostre s. ¶ La premiere crea
ture la pure corporel en est trip
ple cest obscure trespuissant et
luisant. Elle fut premierement
demonstree par la pure corpo
rel obscure comme par la destruc
tion du temple des romains si comme
il est dit dessus. et par lymage
romulle qui est cheu adont et
autres ymages qui cheurent en
plusieurs autres lieux. ¶ Len
dit en lystoire escoliere que iero
me le prophete apres sa mort

de gosse vint en egypte. Et di
rent que leurs ydoles cherroient
quant la vierge enfanteroit. Et
pource firent les prestres des y
doles vne vierge qui portoit
vng enfant en son giron ou plus
secret lieu du temple et laouroi
ent illec. Et a ce ptholomee roy
leur demanda que cestoit vng
mistere que les egipciens di
ceulx tenoient du saint prophete
et cuidoient quil auenist ainsi.
¶ Secondement elle fut demo
stree par la pure corporelle trans
parant. car en celle nuyt de la
natiuite nostreseigneur lobscurite
de la nuit fut tournee en clarte de
iour. Et si comme orose et inno
cent pape tesmoingnent. Vne fo
taine deaue fut conuertie en li
queur de huille et courut ius
ques ou tibre. Et tout le iour
celle fontaine sourdi largement
Et la est au iourdhui la eglise ma
rie oultre le tibre. Et sebille a
uoit prophetize que quant la
fontaine de huille sourdroit le
saueur naistroit. ¶ Tierce
ment elle fut demonstree par
la pure corporelle luisant si co
me par le corporel sur le celesti
el. Car si comme orose dit. les
roys orioient sur vne montaigne
et vne femme estoit apparue
decoste eulx qui auoit la figu
re dun tres bel enfant et la croix
estoit sur son chief et araisonna
les trois roys et dit que ilz al
lassent en iudee et la trouueroient
vng enfant ne. ¶ Et en ce
mesmes iour trois soleilz appa
rurent en orient et petit a petit

s'en rendirent en ung compas de
soleil. Par quoy il estoit signifie
que la congnoissance de la trini
te ⁊ de ung dieu apparoit a tout
le monde. Ou que celui estoit ne
ou quel trois choses estoient as
semblees en ung. C'est char ⁊ ame
⁊ deite. L'en dit en l'ystoire escolas
tique que ce iour de la nativite ces
trois soleilz n'apparurent pas
mais furent avant par aucun
temps apres la mort de Julius
cesar. Et eusebe le dit en sa cro
nique. Et innocent pape dit que
quant octovien empereur ot tout
le monde mis en sa iuridicion
il pleust tant au peuple que ilz
le vouloient adorer comme dieu
Et cellui sage empereur qui sa
voit bien que il estoit mortel si
ne voulst pas prendre nom de i
mortel. Et dont a leur desordon
nee requeste sebille prophete fut
appellee. ⁊ vouloient savoir par
sa prophecie se nul greigneur de
lui estoit a naistre iamais ou
monde. Et si comme il avoit as
semble le iour de sa nativite son
conseil sur ceste chose. Et sebille
estoit en la chambre pour sor a
viser ou milieu du iour ung cer
cle dor apparut entour le soleil
Et ou milieu du soleil estoit
une tres belle vierge sur ung au
tel ⁊ portoit ung enfant en son
giron. Et dont sebille monstra
ceste chose a l'empereur. Et si co
me l'empereur se merveilloit
forment de ceste vision. Il oy une
voix disant cest l'autel du ciel.
Et sebille lui dit. cest enfant
est greigneur de toy. et pource

le dois tu aorer. Et celle chambre
est dediee en l'onneur de la vier
ge marie. ⁊ est encores appellee
vierge. autel du ciel. Et l'empe
reur quant il entendi que cest
enfant estoit greigneur que lui
si lui offri encens ⁊ reffusa a es
tre appelle dieu. et ce dit orose.
¶ Ou temps de octovien aus
sy comme a heure de tierce. lair
pur cler ⁊ serein apparut sou
dainement ung cercle en forme
dare ou ciel ⁊ avironna le so
leil aussy comme s'il fut aucun
qui avoit fait le soleil et tout
le monde. ¶ En ce mesmes
raconte eutrope ⁊ tymothee hy
storien dit que on trouva es an
ciennes hystoires des romains
que octovien ou xxxve an de son
regne entra ou capitole et en
quist curieusement qui gou
verneroit apres lui l'empire
de romme. et dont oy une voix
qui lui dit. Ung enfant du ciel
engendre de dieu le vif sans
temps qui naistroit assez tost
de vierge non corrompue et
sans touchement. Et quant il eut
ce oy. il edifia ung autel et
lui mist ce tiltre. Cest autel
est au filz de dieu vif. ¶ Se
condement elle fut demonstree
par la creature qui a estre et
vivre. si comme plantes ⁊ ar
bres. Car si comme les sains tes
moignent. Les vignes de ungua
de qui portent le basme flori
rent porterent fruit et donne
rent liqueur. ¶ Tiercement
par la creature qui a estre vi
vre ⁊ sentir. comme sont les

bestes. Car quant ioseph ala en
bethleem auec marie enceinte
il mena auec lui vng beuf par
aduenture pour vendre et pour
paier les cens pour lui et pour
la vierge pour son viure du de-
mourant et vng asne pour por-
ter la vierge dessus. Et dont le
beuf et lasne congnurent par
miracle nostre seigneur et laoure-
rent a genoulx. Et si comme eu-
sebe dit en sa cronique. aucun
peu auant la natiuite nostre seigneur
que les hommes aroient a la
charrue les beufz distrent aux
hommes les hommes deffau-
dront et les bles proffiteront.

Quartement elle fut de-
monstree par la creature qui a
estre viure sentir et discerner
si comme homme fut par les pa-
steurs. car a celle heure de la
natiuite. les pasteurs veilloi-
ent sur leurs bestes. si comme
il estoit acoustume es plus lon-
gues et es plus courtes nuys
de lan. Et anciennement les
payens auoient en vsaige en
chascune station de soleil. comme
enuiron noel et a la saint iehan
a veiller les nuys pour lonneur
du soleil. Lequel vsaige pour
ce que iuifz et payens habitoient
ensemble les iuifz lauoient acou-
stume. Et lange de nostre seigneur
sapparut a eulx. et leur anon-
ca que le sauueur estoit nez et
leur donna signe comment
ilz le trouueroient. Et dont fut
auec cellui ange grant multi-
tude dangeles qui disoient. glo-
re soit a dieu es treshaultes

choses. et paix aux hommes en
terre. Dont vindrent les pasteurs
et trouuerent tout ainsi comme
lange leur auoit dit. Et ainsi
fut elle manifestee par cesar
auguste. qui fist adonc comman-
dement. que nul ne lappellast
son seigneur. si comme orose
tesmoingne. Car par aduenture
quant il vist ceste vision entour
le soleil. et il se recorda du tre-
buchement du temple et de la
fontaine de huille et que grei-
gneur de lui naistroit ou mon-
de. il ne voult pas estre appelle
ne dieu ne seigneur. Et on lit
en vnes croniques. que quant
le iour de la natiuite nostre seigneur
ihesucrist approucha. octouien
commanda que on fist les grans
chemins par le monde. et si de-
laissa aux romains toutes
leurs debtes. Et aussi fut elle
manifeste par les sodomites
qui en celle nuyt furent tous
estains. Dont ierosme dit fut
celle cause et lumiere finee a
ceulx que si grant lumiere ap-
parut a tous ceulx qui vsoient
de ce peche que ilz furent tous
estains. et ihesucrist le fist pour
les oster tous. si que en la na-
ture quil auoit prise si grant
ordure ne fut plus trouuee.
Et saint augustin dit que quant
dieu vit ce peche contre natu-
re estre fait en humaine crea-
ture. il se laissa a estre enclin
ne. Quintement par la
creature qui a estre viure sen-
tir. deuiser et entendre. si comme
ange. Les autres nonceient

aux pasteurs sicomme dit est la
nativite nostreseigneur. ¶ Tier
cement la nativite nous fut de
monstree premierement proffita
blement a la confusion du dya
ble que le dyable ne peut venir
contre nous aussi comme devant
dont on dit que saint hue abbe
de clugny la veille de la nativi
te dont que la benoite vierge marie
tenoit son filz en ses bras et di
soit. le iour est venu ouquel les
parolles des prophetes sont renou
vellees. ou est ores lennemy que
avant ce iour avoit pouoir sur
les hommes et dont vint le dya
ble de bas pour contredire aux
parolles de la dame. mais son
iniquite le deceut. Car sicomme
il aloit entour les offices des fre
res a tollir leur devocion et leur
cuida faire crever a sa leccon. lors
le chacea hors du refrectouer et du
dortouer le vil estraing par la force
du chapitre. ¶ Len list ou livre
des pierres de clugny que la vi
gille de la nativite de ihucrist
que la benoite vierge sapparut
a hue de clugny et tenoit son filz
en son giron et le iouoit et lui
disoit. seez tu mere que leglise
celebre aujourdhuy le iour de
ma nativite ou la vertu du dya
ble est maintenant perdue que
peut il faire ne dire. Et dont le
dyable fut veu yssir aussi comme
dune fosse et dire. et se ie ne puis
entrer en leglise ou len fait loue
ges de toy. si entreray ie ou dor
touer ou refroictouer ou chapitre
trop estoit aigres. Il trouva
lins du dortouer trop bas a
lui haulx. Il trouva lins du re
frectouoir empesche de chariter
de servans de convoitise de oir
les lecons et de breete de boire
et de mengier. Et ainsi sen alla
tout confus. ¶ Secondement
elle fut demonstree prouffita
blement a empetrement de par
don dont on list en ung livre
de exemples. que une femme
folieuse si venint toutesfoys a
son cuer et se desperoit de par
don. et sicomme elle se pensoit
du iugement elle se rendoit coul
pable a estre tourmentee en en
fer. En pensant en paradis elle
reputoit non nette. En pensant
a la passion. elle se reputoit non
agreable. et dont se pensa que
enfans sont de legier a paisiez
si que elle le conjura par son en
fance et elle desservi a oir la
voix qui dit que il lui estoit par
donne. ¶ Tiercement elle fut
demonstree a couvrir nostre enfer
mete. Et dit saint bernard. que
adonc humain lignage travail
loit de trois maladies. au com
mencement ou milieu et en la
fin. Cestoit a naistre a vivre
et a mort. la nativite estoit or
de. la vie estoit perverse. et la
mort perilleuse. et ihucrist
vint contre ceste triple mala
die. Il apporta trois remedes.
car il fut ne et vesqui et mourut
Sa nativite purga la nostre
sa vie enforma la nostre. sa
mort destruit la nostre. ¶ Quar
tement elle fut pour humilier
nostre orgueil. dont augustin dit
que lumilite de ihucrist filz

de dieu que il nous monstra en son incarnation exemple en sacrement et en medecine tres convenable. En exemple pource que homme lensuit en tres hault sacrement pource que le lien de nostre pechie fut deslie et en souveraine medecine par laquelle la poison de nostre orgueil fut garie. Car lorgueil du premier homme fut gary par humilite du premier homme. Et devons savoir comment lumilite du sauveur respont convenablement a lorgueil du traicteur. Lorgueil du premier homme fut contre dieu car il fut contre son commandement car il avoit commande quil ne mengast du fruit du fust de science de bien et de mal. Il fut jusques a dieu car il fut jusques a la petite dextre dieu. Et le creoit pource que le dyable lui avoit dit. Vous serez aussi comme dieu. Sur dieu fu il si comme anceaulme dit car il vouloit ce que dieu ne vouloit mie. Et dont mist il sa voulente sur la voulente de dieu. Mais le filz de dieu se humilia pour les hommes non pas contre les hommes. Jusques aux hommes sur les hommes pour les hommes. Car ce fut a leur proffit et a leur salut. Jusques aux hommes par une semblable maniere de naistre sur les hommes. Aussi par une autre semblable maniere de naistre selon aucune chose elle nous fut semblable car il fut ne de femme et par une mesmes porte. Et selon aucune chose elle nous fut dessemblable car il fut nez de

vierge

De saincte Anastaise

Anastaise si est dicte de ana cest a dire hault et de stasis cest a dire estant car elle fut en estant hault sur les vices.

Anastaise tresnoble des romains fille de pretextat noble paien et de sa mere fausse crestienne et entroduite en la foy ihesucrist du benoist grisogone et fut baillee a femme a publien et elle faingnist que elle estoit langoureuse et se tenoit tousiours de sa compaignie. Et dont il oy que elle visitoit les chartres des crestiens en vil habit a une seule chamberiere et leur administroit leur necessite si que il la fist garder estroitement si que elle ne pouoit avoir sa substance et la vouloit ainsi occire pour soy esbatre de ses tres grans deliz et dont elle cuida mourir. Si envoia a grisogone unes lettres douloureuses et il les lui renvoia reconfortans. Entre tant son mari mourut et elle fut delivree de la chartre et elle avoit trois belles chamberieres toutes seurs. Lune avoit nom agape lautre thioma et lautre tirenee et estoient crestiennes et ne vouloient pas obeir au prevost si que il les enclost en une chambre ou les hostillemens de la cuisine estoient gardez. Et le prevost qui ardoit en lamour dicelles alla a elles pour faire sa luxure et tantost il forsena et il cuida avoir ce

faire aux vierges. et il tournoit
par chanderons paelles et au
tres semblables et les acoloit et
baisoit. Et quant il fut saoule
de ce faire il yssi hors tres lait et
noir et ses vestemens destrom
puz. Et quant ses servans q̃
lattendoient hors le veirent ain
si atourne si penserent quil
estoit demoniacle si le batirent
de verges et sen fuirent et le
laisserent tout seul. Et adonc
ala a lempereur pour soy com
plaindre de ceste chose. Les ungs
le ferirent de verges. les au
tres lui crachoient au visaige
et le feroient de poings et de
boutoient q̃ il ne fut forsene
et les yeulx de lui estoient te
nus q̃ il ne se veist ainsi fait.
Et pource sesmerveilloit il
pourquoy ces autres le despri
soient qui le souloient tenir
en si grant honneur. Et lui es
toit advis que lui et tous les
autres estoient vestuz de blans
vestemens. Et quant il sceut
par les autres que il estoit si
fait il cuida que elles lui eus
sent ce fait par art magicq
si les commanda a despouiller
toutes nues devant lui pour
les veoir. Et tantost leurs ve
stemens se joingdrent si a leur
char que ilz ne pouoient estre
despouillees en nulle maniere.
Et le prevost sendormi de ces
le merveille si que il ronfloit
et ne pouoit estre esveillé de
ceulz qui le boutoient. Et en
la parfin les vierges furent
couronnees par martire. Et

anastaise fut baillee au p̃vost
pource que sil la pouoit faire
sacrefier quil lauroit apres a fe
me. Et quāt il lot menee en sa
chambre. et il la vouloit acoler
il devint tantost aveugle. et
dont ala a ses dieux et demã
da se il pourroit eschapper. Et
ilz respondirent pource q̃ tu
as courroucie saincte anastai
se tu nous es baille et seras tor
mente dorenavāt avec nous
en enfer. Et si comme on le me
noit. il fini sa vie en son hostel
entre les mains a ses servans
Et adonc anastaise fut baillee
a ung autre prevost pour la
tenir en chartre. Et quant il
eust oy que elle avoit tresgrās
possessions. il lui dit anastaise
se tu veulx estre xpienne fais
ce que dieu cõmande. il commã
de que qui veult estre son disci
ple quil renonce a tout et le ser
ve. Donne moy ce q̃ tu as et va
la ou tu vouldras. si seras vraie
xpienne. Et elle respondi mon
dieu cõmande vens tout et dõ
ne aux povres et non pas aux
riches. si que ie feroie contre le
commandemēt de dieu se ie te
donnoie aucune chose. Et dont
anastaise fut mise en cruel char
tre pour estre tourmentee de
faim. mais elle fut repeue de viã
de celestiel par saincte theodore
qui deux mois avant avoit es
te couronnee par martire. Et
en la fin elle fut menee en exil
en lisle de palmiers avec .ij.
vierges ou len en avoit moult
dautres envoiees par le nõ ihu

ist. Et aucuns iours apres ce
prevost les fist toutes venir
devant lui. et fist lier anastai
a ung pel et ardoir en feu. et
fist les autres par divers to[r]
mens. Entre lesquelz en estoit
ung qui avoit este plusieurs
foys despouille de ses richesses
pour lamour de ihucrist. et il
disoit toutesfois ne me ostera
ils pas ihucrist. Et saincte
polime fist faire une egle en
son vergier et enseveli dedens le
corps saincte anastaise honno
rablemt. Et elle souffri mort
soubz diocletien qui comenca
environ lan de mil seigneur
C. octante et sept

De saint estienne.

Estienne est a dire en
grec autant come
couronne. et en he
brieu exemple aux
autres de souffrir. Ou estiene
est dit aussi come noblement.
et loiaument parlant enseignat
et congnuxet car anns est fem
me vefue. Et il fut depute
des apostres a garder les vefu
es. et dont il fut couronne po[ur]
le commencement de martire
exemple pour exemple de pa
cience et de bien vivre noble
ment parlant pour sa tresno
ble predication bien gouver
nant pour le bon enseignemt
des vefues

Estienne fut lun des
sept diacres ou mi
stere des apostres. car
quant le nombre des disciples
creust des ges convertiz aucus
comencerent a murmurer co
tre les convertiz des Juifz. po[ur]
ce q les vefues femmes dicculx

estoient refusees a servir ou pour quilz estoient chascun jour plus grevez que les autres en servir. car les apostres vouloient que ilz feussent plus despeschez aux predicacions aux vefues quant les apostres veirent le murmure commencie pour la mutacion des vefues si vouldrent appaisier ce murmure et les assemblerent tous et distrent il nest pas dit que nous delaissons la parolle de dieu et administrer aux tables Et la glose dit. car les viandes de lame sont meilleures que les viandes du corps. Or considerez beaux freres hommes de bonne renommee dentre vous et soient vii. plains du saint esperit et de sa grace que nous establissons sus ceste euvre si que ilz administrent sus ceulz qui administreront et nous serons en oroison et en predicacion. Et ceste parole pleust a tous. si en esleurent vii. desquelz le benoist estienne fut lun. le premier et le maistre et dont les amenerent aux apostres. et ilz mistrent les mains sur eulx et les ordonnerent. Et estienne plain de grace et de force. faisoit grans demonstrances et grans signes au peuple et dont les juifz se meurent et le vouloient surmonter et lassaillirent pour le vaincre en trois manieres. Ce fut par amener tesmoings par desputoison et par tourmens. mais quant il eust vaincu ceulx desputans il vainquit les faulx tesmoings et si eust victoire de ses tourmens. et en chascune bataille lui fut donnee laide du ciel. en la premiere le saint esperit qui lui administroit les paroles. En la seconde le voult de lange qui espoventa les faulx tesmoings. En la tierce il veist ihesucrist prest a lui aider qui conforta son martir en chascune bataille. il eust trois choses. lassaillir en bataille. laide donnee et la victoire. Et en regardant briefment listoire nous pourrons bien veoir toutes ces choses.

C Si comme le benoist estienne faisoit moult de choses et preschoit souvent au peuple Les juifz furent la premiere bataille avec lui pour le vaincre par desputoison. Car aucuns se leverent de la synagogue des libertins une region ainsi dicte Ou de ceulx qui estoient filz des libertins sont ceulx qui estoient avant serfz. et puis furent franchiz. Et ainsi ceulz qui premierement contrarierent a la foy furent de serve ligne Et ainsi des cirenensions qui sont ditz de cirene la cite et de ceulx de la cite et dautres qui estoient de alisie et dasie et desputerent avec estienne. ce fut la premiere bataille et dont met la victoire apres et ilz ne peurent resister a sa sagesse Et au devenir il met laide et a lesperit qui parloit. Et dont virent que par ceste maniere ilz ne le pourroient surmonter si sen convertirent malicieusement a la seconde. pource que ilz le

peussent dampner par faulx tes-
moings. Et dont instruirent deux
faulx tesmoings pour lui accu-
ser de quatre blasmes. Et dont
l'amenerent en jugement. Et lors
l'accuserent ces faulx tesmoings
de .iiii. choses. Ce fut de blasme
en dieu en moysés en la loy ou
tabernacle et ou temple. C'est
la seconde bataille. Et dont tous
ceulx qui estoient en jugement
veirent sa face de lui aussi comme
la face d'un ange c'est ladite. Et
vez cy la victoire de la seconde
bataille. Car quant ces faulx
tesmoings eurent tout dit le
prince des prestres lui dit. Or
est ainsi. Et estienne se excusa
par ordre de tout ce que ces faulx
tesmoings disoient et se excusa
premierement du blasme en dieu
disant le dieu qui parla aux
peres et aux prophetes et fut le
dieu de gloire. et le loua en .iii.
choses selon ceste parolle gloire
pour ceste exposée trebuchement
le dieu de gloire est donneur
de loer. si comme il dit ou livre
des rois. Quiconques mon nom
devra je le glorifieray. le dieu
de gloire peut estre dit conte-
nant gloire si comme il dit en
proverbes. Biens richesses et gloire
sont avec moy ou le dieu de gloi-
re c'est le dieu a qui gloire est
deue. Et ainsi loe il dieu en .iii.
manieres. ce que il est glorieux
glorifiant et glorifieur. Et apres
ce il se excusa du blasme en
moysés en le louant moult for-
ment et mesmement de trois cho-
ses c'est de ferveur de amour car

il occist l'egyptien qui feri l'ebrieu
et des miracles que il fist en egyp-
te ou desert de la familiarité de
dieu quant il parla a lui plusieurs
fois amiablement et apres ce il
se excusa du tiers blasme qui es-
toit en la loy en trois manieres.
Premierement de la raison du don-
nant ce fut dieu de la raison du
ministre ce fut moysés qui fut
si grant prophete. Et par la rai-
son de la fin car elle donne vie par-
durable. et purga du tiers blas-
me du tabernacle et du temple
en louant ce tabernacle en quatre
manieres. pource que il fut com-
mandé de dieu a estre fait et fut
demonstré en vision. Il fut acom-
pli de moysés et pource que l'ar-
che de tesmongnage estoit de-
dens et dit que le temple avoit suc-
cedé au tabernacle. Et ainsi se
espurga le benoist estienne deu-
ment du signe qui lui estoit op-
posé. Et dont les juifz veirent
que ilz ne le povoient dampner
en ceste maniere si emprisdrent
la tierce bataille contre lui. si que
au moins ilz le surmontassent
par tourmens. Si que quant le
benoist estienne le veist si voult
garder le commandement nre
seigneur de correction et s'effor-
ça a eulx refraindre en .iii. ma-
nieres. Ce fut par honte par
paour et par amour. Premiere-
ment par paour en blasmant la
durté de leurs cueurs et la mort
des sains. et dit vous contrariez
tousiours au saint esperit de
durs testes et de cuers non pi-
teux aussi come voz peres qui

persecuterent les prophetes z
occirent ceulx qui anoncoient
ladvenement de dieu. Et la
glose met en .iiii. manieres de
malices tenus les premiers
qui contrarioient au saint esp
rit. Le second qui persecuterent
les prophetes. Le tiers qui par le
malice conut z le occistrent. ¶
Mais pource que ilz estoiet co
me la folieuse feme. ilz ne sa
uoient auoir honte z si ne sa
uoient delaissier leur malice.
mais quant ilz oient ces cho
ses ilz les desdisoient en leurs
cueurs z estraignoient les dens
contre lui. Et apres ce il les cor
rigea par amour. pource que il
dit que il veoit ihucrist a la
dextre de dieu aussi come prest
a lui aidier z condempner ses
aduersaires. Car saint estie
ne qui estoit plain du saint es
perit regarda ou ciel z veist la
gloire de dieu z dit. Veez cy q
ie vois les cieulx ouuers. z le
filz de lomme estant a la dex
tre de la vertu dieu. Et ja soit
ce que il les eust corrigiez par
honte z par amour encore ne
laisserent ilz pas leur malice
mais furent pires q deuant
z estouperent leurs oreilles q
ilz noissent ce que il les blas
moit. et crierent a haulte voix
et firent vng assault contre lui
dune voulente. z le getterent hors
de la cite. et le lapiderent z cu
doient faire selon la loy de ce
lui blasmant. z commandoiet
q il fut lapide hors des chas
teaux. Et ces deux faulx tes
moings qui selon la loy deuoi
ent getter la premiere pierre
osterent leurs vestemens q ilz
ne feussent touchez de la touche
ment de dieu. si que ilz feusset
hors despechiez a le lapider. z le
mistrent aux piez dun enfant
qui estoit appelle saulus. z puis
fut appelle paul. Et si comme
il gardoit les vestemens des la
pidans. pource que il les vedit
plus despeciez a les lapider. il
les lapida aussi comme par la
main de tous. Et quant il ne
les peust retraire de leur ma
lice ne par honte ne par amour
il prist la tierce maniere si que il
les attraist par amour. Et la
mour q il leur demonstra ne fut
pas petite quant il pria pour
lui z pour eulx. que la passion
ne fut eslongnie z que il ne le
fut pas impute a peche lui la
pidant z disant. Sire ihucrist
recois mon esperit. Et quant
il fut agenoulle il cria a haulte
voix. et dit. Sire ne leur esta
blis pas pour peche. et ce fut
amour merueilleuse. Car il
pria agenoulx pour ses lapi
deurs aussi come sil fist plus
oroison pour eulx que pour soy
et que il conuoitast plus estre
espargnie pour eulx que pour
soy. Et si comme la glose dit
il sagenoulla. pource que il co
uenoit plus supploier pour
ceulx desquelz liniquite estoit
grigneur z le maistre meist
en ceste chose. car en sa passion
il pria pour soy et dit. Pere
ie commande mon esperit en

tes mains. z dit pour ses lapi
deurs. pere pardonne leur. zc.
Et quant estienne eust ce dit
il sendormi en nrẽseigneur et
nest pas mort. car il souffri sa
crifice de dilection et sendormi
en esperance de resurrection
Et le sapidement estienne fut
fait en cel an que nrẽseigneur
mõta es cieulx ou prouchain
mois daoust ou tiers io͛ auãt.
Et saint gamaliel z nichodem͛
qui estoient entour les cõseulz
des iuifz pour les xpiens len
seuelirent ou champ de gama
liel z firent grant pleur sur
lui et dont fut fait grant per
secucion des xpiens qui estoi
ent en ihr̃lm. Car quant le be
noist estienne qui estoit lun
des princes fut occis ilz cõmen
cerent si a persecuter les autr̃s
que les xpiens tous fors q̃ les
apostres qui estoient plꝰ fors
que ces autres sespandirent p
toute la prouince des iuifz se
lon ce q̃ nrẽseigneur cõmande
se ilz vous persecutent en une
cite fuiez vous en en laultre.
¶ Et le benoit docteur augu
stin racompte q̃ le benoist es
tienne fut ẽnobly par monst
de miracles. z que il resuscita
par ses merites. vi. mors et en
guarir plusieurs de diverses
langueurs. Et sans ce racõte
il autres miracles dignes de
recorder. car il dit q̃ les fleurs
qui estoient mises sur lautel
saint estienne quant on les
mettoit sur les malades. ilz es
toiẽt merveilleusemẽt curez.

Et les draps pris sur son autel
furent medecine a plusieurs.
Car sicõme il dit ou xxiiᵉ liu͛
de la cite de dieu. ces fleurs p͛
ses dessus lautel saint estiene
furent mis aux yeulx dune fẽ
me aveugle. z elle receust tan
tost sa lumiere. ¶ Et aussi
dit il que en cellui lieux q̃ ung
homme qui estoit maistre du
ne cite z avoit a nom marcial
z estoit mescreant. et ne vouloit
estre converti. si que il fut forment
malade. z son gendre qui estoit
moult loyal homme vint a le
glẽ saint estienne. z print de ces
fleurs et les mist secretemẽt
au chevet son sire. Et tantost
cõme cellui eust dormi dessus
il cria au matin que tantost on
lui amenast levesque. z leves
que ny estoit pas. mais le pst͛
si y vint et il lui dit que il cr
oit en dieu et il baptiza. et de
puis tant comme il vesqui il
eust tousiours en sa bouche.
ihucrist recoy mon esperit. et
si ne savoient ilz que ce eussẽt
este les derrenieres parolles
saint estienne ¶ Il raconte
aussi ung autre miracle illec
mesmes que une dame patrine
appellee avoit este malade tr͛s
griefmẽt. z avoit quis moult
de remedes et si nen sentoit
nulle garison. mais a la fin
elle eust conseil dun iuif qui
lui bailla ung anel avec une
pierre si que elle caingnist cest
anel a une cordelle a la char
nue z par la vertu dicelle pier
re elle avoit sante. Et quant

elle veist que ce ne lui valoit
riens. elle ala a leglise du pre
mier martir ⁊ depria le benoit
estienne pour son salu. Et tan
tost sans ce que la corde fust des
liee ne lancel rompu. lancel chey
a terre. ⁊ elle se senti tantost ga
rie. Et il en racompte la meis
mes ung autre miracle non
pas moins merveilleux que
en cesaree de capadoce avoit
une noble dame de qui son ma
ri estoit mort. mais elle avoit
x. enfans. sept filz ⁊ trois filles
Une fois que ilz avoient cour
roucie leur mere. elle les mau
dit. Et la divine vengeance en
sui soudainement la maudicon
de la mere. Si que ilz furent
tous ferus dune peine sembla
⁊ horrible car ilz tremblerent
horriblement de tous leurs mem
bres. ⁊ pour la quelle chose ilz
ne peurent demourer ou pays
de la honte ⁊ de la douleur que
ilz avoient. Si recommencerent
a aler volant par le monde
et quelque part quilz alassent
ilz estoient regardez de tous.
et tant que deux deulx li ung
frere ⁊ une seur vindrent en
yponense. ⁊ avoit nom le frere
paul et la seur paulladie. ⁊
la trouverent augustin eves
que et lui distrent ce qui leur
estoit advenu. Et donc hante
rent leglise de saint estienne
des quinze jours devant pas
ques ⁊ deprioient forment le
saint pour leur sante. Et le
jour de pasques que tout le
peuple estoit present paul en

tra soudainement ou chancel. et
se mist en oroison par grant de
vocion ⁊ a grant reverance devant
lautel Et sicomme ceulx qui la
estoient attendissent la fin de
la chose il se leva appertement
tout sain de son tremblement ⁊ nen
eust plus point. Et donc fut
amene a saint augustin. et il
demonstra au peuple et dit que
lendemain il leur recorderoit le
cas. Et sicomme il parloit au
peuple. la seur dicellui estoit
illec tremblant de tous ses mem
bres. ⁊ elle se leva et entra ou
chancel de saint estienne et tan
tost elle sendormi. ⁊ se leva sou
dainement toute saine et fut
monstree au peuple aussy ⁊ gra
ces furent rendues a dieu et a
saint estienne de la sante de
lui ⁊ de lautre. Orose quant
il revint de iherusalem il apporta
a saint augustin des reliques
de saint estienne aux quelles
plusieurs miracles ceulx et
autres. Il est assavoir que
le benoist estienne ne souffri
pas mort au jour du quel fut
le jour que son invencion fut faite
Et se len demande pourquoy
les festes sont muees. on le di
ra quant on dira de son inven
cion de ceste chose vous suffise
a present. Car leglise voulst ainsi
ordonner les festes qui ensui
vent la nativite ihesucrist pour
deux causes. La premiere
est ihesucrist qui est chief ⁊ es
poux que tous ses compaignons
soient adioingz. Car ihesucrist
espoux de leglise ne en ce monde

diomet auec ses .ii. compaignes
esquelz compaignons il est
it es quatiques. mon aime
sanc et en rouge esleu des
milliers. Et blanc quant a ie
in euuangile precieux confes
ur ou semble. en rouge quant
estienne premier martir. es
u des milliers quant a la vir
nel compaignie des innocens
La seconde raison que leglise
semblast aussy ensemble les
lumieres des martirs. selon
s degres de leurs dignitez
squelz la nature ne enseigne
it cause. car il est .iii. martire
m par volente et non par eu
re. Le tiers par euure et non par
volente Le premier fut ou be
nt estienne. le second en saint
han. le tiers es innocens.

De saint Jehan apostre et euua
liste.

Jehan expose grace
de dieu ou al en qui
grace est. ou a qui el
le est donnee. ou a
qui le nom est fait de nostre sei
gneur. Et par ce sont entendus
quatre preuileges qui sont ou
benoist iehan. Le premier fut
la noble amour de ihucrist
car il lama plus que les autres
et lui monstra signe de greigneur
amour. et de la est il dit grace
de dieu ainsy comme gracieux
a dieu Et lui fut plus gracieux
que pierre que il ama moult
mais il est amour de couraige
et de signe. Et celle qui est de
signe est double. lune si est de
monstrer aimablement. et lautre
est en donner benefices. quant
au premier il ama lun et lau
tre egaument. quant au second
il ayma plus iehan. quant au
tiers il ayma plus pierre
Le second preuilege est virgini
te quant il fut esleu vierge de

dieu. Et pource est il dit ou quel grace est. car grace de virginite est en vierge. Et quant il se vouloit marier il fut appelle de dieu. Et pource est il dit ou quel grace est. car grace de virginite est en vierge. et quant il se vouloit marier il fut appelle de dieu. Le tiers est la revelacion de nostreseigneur des secrez. Et pource est il dit ou quel grace est donnee. car il fut donne savoir moult de parfons secrez comme de la divinite du filz dieu et de la fin du siecle. Le quart est la recommendacion de la mere de dieu. Et pource est il dit auquel don de grace est fait de nostreseigneur. Car le don lui fut fait adonc quant la mere de dieu fut donnee en sa garde. Miles evesque du siege escript sa vie laquelle ysidore abrega et mist ou livre de la nativite de la vie et de la mort des sains peres.

Jehan apostre et euvangeliste amie de nostreseigneur et esleu vierge apres la penthecouste que les apostres se departirent ala en asie et la ediffia moult deglises. Et domicien empereur entendi sa renomee et lapella devant lui et le fit mettre devant porte latine en ung tonneau plain duille boullant et il en yssi tout sain aussi comme il estoit sain de corrupcion de char. Et dont lempereur veist que il ne delaisseroit pourtant sa predicacion si le envoia en essil en lisle de pathmos. Et la habitoit seul et fit lapocalipse. Et en ce mesmes an lempereur fut occis pour sa grant cruaute du senat. Et tout ce que il avoit fait fut rappelle. Et dont saint iehan qui avoit este porte la a grant iniure fut amene en ephesim a grant honneur. et toutes les gens couroient encontre lui et disoient benois es tu qui viens ou nom de nostreseigneur. Et quant il entra en la cite drussienne laquelle qui avoit moult desire sa venue estoit portee morte et les parens dicelle et les vefves et les orphelins distrent a iehan. Sire iehan veez cy drussienne que nous portons qui obeissoit a tous tes admonnestemens et nous nourrissoit tous et desiroit moult ta venue et disoit sire se ie veisse lapostre de dieu ains que ie mourusse. et tu es venu et elle ne te peut veoir. Et dont commanda a mettre ius la biere et deslier le corps et dit nostreseigneur ihesucrist te resuscite drussienne lieve sus et va en ta maison et mappareille ma refection. et tantost elle se leva et sen ala vers sa maison toute curieuse du commandement de lapostre. et lui estoit advis quelle nestoit pas revenue de mort mais esveillee de dormir. Lautre iour apres cration philosophe assembla le peuple ou marchie pource quil demonstrast comment ce monde estoit a despriser. et il

auoit fait achater a .ii. ioune
ceaux fiertes pierres precieuses
z leur auoit commande que
ilz despeçassent ces pierres de
uant tous. Si aduint que lapo
stre passoit par illec et appella
le philozophe a soy et ce despit
du monde que il faisoit il co
dempna par .iii. raisons. premie
rement pource quil est homme
des hommes il est condempne
de dieu. Secondement pource
que par tel despit le preche nest
pas caux et pource est il vain
aussi come la medecine est de
vaine de laquelle la maladie
nest pas garie. Tiercement pour
le despit du monde est guerre
donnable qui donne ces choses
au poure. si come dieu dit. Se
tu veulx estre parfait vais et
vens tout et donne aux poures
Et dont dit craton le dieu ton
maistre est vray fay que ces
pierres deuiennent et arriere en
tieres. si que le pris de lor que
ilz coustent soit donne aux po
ures. si que tu faces a la gloire
dicellui ce que iay fait a la lou
enge des hommes. Et dont prist
le benoist iehan les pieces des
pierres en sa main et ora et el
les furent entieres come deuant.
et tantost les deux iouuenceaux
z le philosophe creurent en dieu. z
vendirent ces pierres et en do
nerent le pris aux poures.

¶ Et deux autres iouuen
ceaux par lexemple diceulx
vendirent tout z donnerent aux
poures z ensuiuirent lapostre. et
ilz virent vng iour leurs ser

gens resplendir de precieux ve
stemens. z ilz estoient en vng
poure mantel si commencierent
a estre tristes ou visaige. Et
il leur fist aporter verges z me
nues pierres du riuage de la
mer z les conuerti en or et en
pierres precieuses. et par le co
mandement de lapostre ilz a
lerent aux orfeures et aux pier
riers demander plusieurs
fois. se elles estoient vraies. les
quelz leur distrent que ilz na
uoient oncques veu meilleur or
ne si fines pierres. Et dont leur
dit lapostre. Allez z rachetez
les terres que vous vendistes. car
vous auez perdu le guerredon
du ciel. soiez flouris. si que vous
flestrissiez. z soiez riches tem
porelment se vous voulez estre
mendians perpetuelment. Et
dont lapostre commença a dis
puter moult longuement con
tre les richesses en demonstrant
que .vi. choses sont qui nous
doiuent retraire de la pensee
de la attrempre des richesses. Le
premier est lescripture si come
lhistoire du riche z du ladre re
corde. Le second est nature. pour
ce que homme fut ne tout nu et
sans richesses. Le tiers est crea
ture. car le soleil la lune z les
estoilles la pluye et lair don
ne comunement a tous leurs
benefices. Le quart est fortune
car len dit que le riche est serf
du denier z du diable. Car
il ne possesse pas les riches
ses. mais en est possessur du
diable. pource que selon leuui

gille. cil qui ayme pecune est
fait serf de la monnoie. Le v.e
est la cure car il cure nuyt et
iour en acquerir et en garder
ilz ont travail quant acquierent
et paour en gardant. Le vi.e est
male aventure. et monstre q̃
richesses sont cause de male ad
venture. Car cest en acquerre dou
ble mal. du mal esprit qui est
orgueil du mal advenir qui
est dampnacion pardurable
et encores est ce en perte double
bien cest en present de grace et
du bien avenir qui est gloire
pardurable. Et si comme saint
iehan disputoit encontre les
richesses. len portoit ung homme
mort qui navoit que. xxx. iours
que il avoit pris femme. Et
dont vint la mere de sa femme
et autres qui le ploroient. si se
mistrent aux piez de lapostre
de priant que il le resuscitast ou
nom de nostre seigneur aussi co
me drusienne. et dont lapo
stre plora longuement et ora
et tantost celui resuscita. et il
lui commanda que il dit a ces
iouvenceaux quelle peine ilz
avoient encourue et quelle ioie
ilz avoient perdue. Et il raco
ta moult de la ioie de paradis
et des peines que il avoit veues
et dit aux malleureux. he las
les ioies qui vous gardoient
plorans. et les dyables esiois
sans. et leur dit que ilz eussent
perdus les palais pardura
bles qui sont fais de pierres
precieuses et de merveilleuses
clartez et plains de toutes de

lices et de toutes ioies glorieux
et pardurables et leur dit. viii
des peines denfer que ceulx qui
y sont seuffrent. Ce sont vers
tenebres ardans froiz feu vi
sion de dyables confusion de
pechiez pleurs. Et dont cil q̃
estoit resuscitez et ces deux de
disciples sagenoullerent aux
piez de lapostre et lui prierent
que ilz eussent misericorde. Et
lapostre leur dit. faictes peni
tance. xxx. iours et orez en tenent
q̃ les verges et les pierres re
viengnent a leur premiere
nature. Et quant ce fut fait
alez aportez les verges et les
pierres et ilz le firent et ilz re
ceurent la grace des vertus q̃
ilz avoient devant. ¶ Et quant
le benoit iehan ot preschie par
toute asie. les prestres des ydo
les esmeurent contens au temps
entre le peuple et trainerent
iehan ou temple de dyane et
le contraignoient a faire sa
crifices. Et iehan leur parti
ce ieu. ou que ilz priassent dya
ne que elle destruisist leglise
de ihesucrist. ou iehan deprie
roit ihesucrist que il destruisist
le temple de dyane. et se ilz ce
faisoient il sacrifieroit aux
ydoles. ou se ilz destruisoient
le temple ilz croiroient en ihe
sucrist. Et si comme la gre
gneur partie du peuple se con
sentist a ceste sentence. tous
yssirent du temple et lapostre
ora et tout le temple trebuchi
et lymage de dyane fut du
tout destruitte. ¶ Et adonc

aristodemus euesque des ydoles
esmeut grant discord ou peu
ple si que lune partie esmut cõ
tre lautre a bataille. Et lapos
tre lui dit. que veulx tu que ie
te face pour toy appaisier. et il
lui dit. Se tu veulx que ie croie
en ton dieu ie te donray venin
a boire. et sil ne te fait point de
mal. tu esprouueras que ton
dieu est vray. Et lapostre lui
dit. fais ce que tu veulx. et il lui
dit. Je vueil que tu ēcores au
tres mourir deuant toy affin
que tu len doubtes plus. Et
dont ala aristodemus au pre
uost. et lui demanda .ij. hõmes
condempnez a mort. et dont lē
donna le venin deuant tous.
et si tost cõme ilz leurent beu
ilz moururent. Et dont lapostre
prist le calice et se garnit du
signe de la croix et beut tout le
venin. et si nen eust oncques
mal. pour laquelle chose tous
commēcerent a louer dieu
Et aristodemus dit encores.
Jay je doubte mais se tu resusci
tes les mors ie croiray vraie
ment. et dont lapostre lui bail
la sa cote. et il lui demanda pour
quoy il lui bailloit. et il lui dit
pource que tu soies confus et
que tu te partes de ta mescreā
dise. et il lui dit. Vai si la metz
sur le corps des mors en disāt
lapostre de ihūcrist ma enuoie
a vous. si que vous resuscitez
ou nom de ihūcrist. Et quāt
il ot ce fait. ilz resusciterent ta
tost et dont lapostre baptiza
leuesque et le preuost erans

en dieu auec tout leur parente
ilz firent vne eglise en lonneur
du benoist iehan | Le benoist
clement racompte ou quart li
ure de lystoire ecclesiastique. et
est trouue selon aucuns autres
que le benoist apostre auoit cõ
uerty vng ieune homme bel et
cruel. et lauoit baille en garde
a vng euesque. Et vng pou de
temps apres. le ieune homme
delaissa leuesque et deuint prī
ce de larrons. Et dont lapostre
reuint a leuesque et lui demā
da celui quil lui deuoit garder
et dont leuesque fut moult
esbahy quant iehan lui dit ou
est le ieune homme que ie te
baillay et recommanday si cu
rieusement. et il lui dit pere par
mon ame il est mort et habite
en celle mōtaigne auec les au
tres larrons desquelz il est
prince. Et quant il oy ce il des
rompi ses vestemens et se ferit
des poings ou chief et dit tu
es bonne garde. tu as laissie
perdre lame de ton frere. Et
tantost il prist vng cheual et
sen alla seurement en celle mō
taigne. et quant le ieune hōe
le veist. il ot tresgrant honte
et monta a cheual et senfouir
hastiuemēt Et dont lapostre
oublia son aage et feri cheual
des esperons et commēca a
crier apres celui qui senfuioit
tresdoulx filz pourquoy fuies
tu ton pere. filz ne te doubte
car ie rendray pour toy raisō
a ihūcrist. et certes ie mour
ray voulentiers pour toy ainsi

si comme ihucrist mourut pour
nous. retourne filz retourne
car ihucrist ma enuoie a toy. Et
quant il oyt ce il sen repenti et sen
retourna et ploura tres amere
ment. et lapostre lui cheyr aux
piez et lui commenca a baisier
aussi comme sil fut ja purgiez
par penitance. Et dont lapostre
juna et ora et lui impetra par
don. Et apres ce il lordonna a
estre euesque. ¶ On list en li
stoire ecclastique et en la glose sur
la cronique de iehan. que quant
il estoit en ephesim et il se bai
gnoit en ung baing. si que il
vit la cherinte ung herege. il
sailly hors tantost et fuions nous
en de cy que les baings ne tre
buchent sur nous. quant cherin
te ennemy de verite y baigne.
Et tantost comme il fut hors les
baings trebucherent. ¶ Cas
siodore dit ou liure des cola
cions que ung homme auoit donne
au benoit iehan vne perdrix
viue et il lapplanissoit aussi
comme en aprivoisant Et ung
enfant le veist. si dist a ses com
paignons. Veez comme ce viel
lart se ieue a cest oysel. et iehan
si le congneut en esperit et ap
pella le ieune homme a lui et
lui demanda que il tenoit en sa
main et il dit que cestoit son arc
et iehan lui dit que en faictes
vous. et il dit. nous en tirons
aux oyseaux et aux bestes et la
postre lui demanda comment et
cil tendi son arc et entesa [?] sans plus.
Et quant il veist que lapostre ne
lui dit riens. si destendi son
arc. et iehan lui dit filz pour quoy
as tu destendu ton arc. et il lui
respondi pource que sil estoit lon
guement tendu il seroit plus foi
ble a traire. Et lapostre lui dit
ainsi seroit humaine fragili
te moins fort en contemplacion
se elle estoit tousiours en lan
gueur sans descendre. ¶ Lai
gle est celui des oyseaux qui
plus hault vole. et qui plus cle
rement regarde le soleil. et tou
tesfois par necessite de natu
re conuient il que il se descende
au bas aussi humain lignage
se retrait ung pou de la contem
placion il se met puis auant
par la force renouuellee plus
ardamment aux choses celestiel
les. ¶ Si comme saint ierosme
tesmoigne quant le benoist ie
han en sa derreniere viellesce
demouroit en ephesim et que on
le portoit en leglise entre les
mains de ses disciples il ne
pouoit plus dire de paroles
fors filz entre amez vous lun
lautre. Et en la parfin les fre
res qui auec lui estoient se esmer
ueilloient que il disoit tousiours
ces paroles Et il respondi pource
que cest le commandement nostre
sire. Et se cestui seulement est
fait il suffist. ¶ Helinant ra
compte que si comme saint iehan
euuangeliste vouloit escrire leu
uangille. il ordonna premierement
vne iune si que ilz priassent
que il escrist digne chose. Et
dit len pource que il ora en tres
secret lieu ou il estoit a les es
crire les choses diuines que

tant cõme il seroit en telle cure
que il ne cheist pour nuyre bet
ne pluye. Et encores dit on q̃
les elemens gardẽt a ce lieu cel
le reuerence. ¶ Et quant iehã
estoit de nouuente et ix. ans.
Et si cõme dit ysidoire o lxvii.e
de la passion nostreseigneur soubz traie
empereur nostreseigneur sappa
rut a lui auec ses disciples
et dit. Vien mon amy. car il est
temps q̃ tu disnes auec moy
a ma table auec tes freres. Et
dont iehan se leua et commẽca
a aller. et nostreseigneur lui dit.
tu vendras dimẽche auec moy.
Et donc quãt le dimẽche vint
il assembla tout le peuple en
leglise qui auoit este faicte en
son nom et leur prescha et ad
monnesta que ilz feussent fer
mes en la foy et curieux es
cõmandemens de dieu. Et a
pres ce il fist faire une fosse tou
te quarree delez lautel et fist
la terre getter hors de leglise
et puis descendi en leglise et ẽ
tra dedens la fosse les mains
tendues a dieu et dit. Sire je
viens a ton disner et te rens g̃
ces de ce que je suis tel q̃ je doy
gouster de tes viandes et scez
que je le desiroie de tout mon
cueur. Et quant il eust sõ oroi
son finie. si grant lumiere res
plendi sur lui que nul ne la
peust regarder. Et quant la
lumiere sen parti. la fosse fut
trouuee toute plaine de ma
ne. et encores sourt elle en ce
lieu au iourdui. si que elle est
veue sourdre ou fons de la
fosse ainsi cõme menue gra
uelle comme elle sourt aucu
nefois aux fontaines. [illegible]
caumont roy dangleterre ne
denea a nullui laumosne ou
nom de saint iehan leuãgeliste.
Si aduint q̃ ung pelerin lui
demanda laumosne ou nom
de saint iehan leuãgeliste. et sõ
chamberlan ne estoit point
si que le roy ne lui sceut a prẽt
autre chose q̃ donner que son
anel. et lui donna. Et moult
de temps apres ung cheualier
dangleterre qui estoit oultre
mer si receut lanel de ce pele
rin pour rapporter au roy par
telles parolles q̃l dit au roy.
Cil a qui et pour lamour du
quel tu donnas cest anel le
te renuoie. Dont il apparut cle
rement q̃ le benoit iehan sap
parut clerement a lui en guise
de pelerin. ¶ Ysidoire dist
aussi ou liure de la natiuite
de la vie et de la mort des saĩs
Jehan mua en or les verges
sauuages. et les pierres du
riuage en pierres precieuses.
Et reforma arrier la rompeu
re des gẽmes en leur propre
nature. Il reforma la veuue
par son commãdemẽt. il refor
ma le corps du jeune hõme
par lame quil fist reuenir.
il beut le venin mortel et es
chappa du peril. et ceulx qui
estoient mors il reforma en
vie ce dit ysidoire.

Des innocens.

Les Innocens sont
ditz Innocens. par
iij. raisons. C'est
par raison de in
nocence par raison de vie pour
ce que ilz eurent vie nō nuisāt
ilz ne nuirent oncques a dieu
ne a nul par inobedience ne a
prochain par desolāce ne a eulx
par conscience de peche. Et pour
ce est il dit ou psaultier. les In
nocens & les droicturiers se joi
dront a moy. les Innocens en
leur vie & droicturiers en la
foy par raison de peine. Car
ilz souffrirent mort Innocente
ment & a tort dont david dit
Ilz espandirent le sang Innocēt
pour raison dinnocence que
ilz orent pource que en celluy
martire ilz eurent Innocence
de baptesme. C'est nettoiemēt
du peche dorgueil. de laquel
le Innocence il dit ou psaultier
garde Innocence de baptesme
& voies equite de bonne euvre.

Les Innocens furent
occis par herodes as
calonite. Car la saincte
escripture dit. que ilz furent
trois herodes. desquelz fut grā
renommee de leur infamie et de
leur cruaulte. Le premier fut
herodes ascalonite soubz le ql
nr̄e seigneur fut nez. Le secōd
fut herodes antipas qui deco
la saint iehan bapte. Le tiers
fut herodes agrippe qui occist
saint iaques & mist pierres
chartre mais nous dirōs de
lhystoire du premier & briefmēt
car si comme on list en lhystoire
escoliere. Antipater espousa
a femme la niepce au roy dA
rabe de laquelle il eust ung fi
quil apella herodes qui fut ap
ce dit ascalonite. Et cestui p̄
le romme de Judee et de ce
sar auguste & fut adonc p̄mie
rement ostee la ceptre de Jud
Et cestui eust. vj. filz. Antipater
alixandre & aristobole et furēt
dune mere nez en Judee. Et les
envoia a romme pour estre ensei
gniez es ars liberaux. Et apres
ilz revindrent de lestude. et ali
xandre estoit tressagu respōd
et contendoient ia avec leur
pere de la succession. et le pere
en fut courroucie et vouloit
mettre atipater devant les au
tres. Et si comme ilz traictoient
de la mort de leur pere le pere
les getta hors pour ceste chose
& ilz sen alerent plaindre a ce
sar de linjure que leur pere le
faisoit. Et entretant les roma
vindrent en ihrlm et conquist

de la nativite du nouveau roy.
Et quant herodes oy ce si fut
trouble et doubta que aucun ne
fut ne de la ligne des vrais roys
qui le assaillist et boutast hors du
regne. Si pria donc ces roys que
quant ilz lauroient trouve que
ilz luy notassent et faingnist que
il le vouloit aourer et il le vou
loit occire. Si retournerent les
roys par autre voie en leur con
tree Et quant il veist que ilz ne
vindrent pas. si cuida que ilz
eussent este deceuz par la visio
de lestoille et que ilz eussent hon
te de retourner a luy. Et pour ce
laissa il a enquerre de lenfant.
Mais quant il oy ce que les pas
teurs avoient dit et que symeon
et annas avoient prophetize
si se doubta forment et se tint
a bien deceu des roys. Et dont
commenca il a traictier de la mort
des enfans qui estoient en bethi
leem pour occire avec eulx ce
luy que il ne congnoissoit. Et don
par lamonnestement de lange
ioseph senfouir en egypte en la
cite de hermopolin. et y fut sept
ans jusques a la mort de hero
des. et selon la prophecie ysaie
quant nostreseigneur entra en
egypte les ydoles trebucherent
Et dit on que tout ainsi comme
les filz disrael yssirent degyp
te maison nulle ou le premier
engendre ne fut mort aussi ne
fut il adonc ydole ne trebu
chast. ¶ Cassiodore racompte
en lystoire partie en trois que
en hermopolin de thebaide est
une arbre qui est appellee per

sidis. qui vault a moult de ma
lades car il a feulles se lescorce
est liee au col du malade il ga
rist. Et si comme la benoite vier
ge marie senfuioit en egypte
avec son filz. larbre sencluna jus
ques a la terre et aoura bonnement
ihucrist. Et si comme herodes
ordonnoit de la mort des enfans
il fut semons par une lettre devant
cesar a respondre a laccusation
de ses enfans. Et si comme il a
loit parmi tharse il entendi que
les nefs de tharse avoient pas
se oultre les roys et il les fist ar
doir par forsenerie selon ce que
david avoit dit. il ardera les nefs
de tharses par lespir de forsen
nerie. ¶ Et si comme le pere
plaidoit devant cesar contre
ses filz fut defeni que les filz o
beissent au pere en toutes choses.
Et que le regne il donnast au
quel que il vouldroit. Et dont
herodes retourna et fut fait plus
hardi par sa confirmacion. et en
voia occire tous les enfans qui estoi
ent en bethleem en laage de deux
ans et de moins selon le temps
que il avoit enquis des roys. Et ces
te chose contient double entente
si que ce que il dit de moins con
tient de temps des enfans de .ii.
ans jusques a lenfant dune nuit.
Car herodes avoit oy des roys
la nativite de lenfant des le iour
que lestoille apparut. et pource
que lan estoit passe. Et pource
que il avoit este a romme lant
ance. et aucuns iours estoient
passes. Et pource se forsena con
tre les enfans qui estoient dess

laage de ihucrist. z dessoubz de
deux ans. Et doubtoit q cest
an que les estoilles servoient ne
se transfformast en plus grant
aage. Et ceste sentence est plus
usee z tenue pour plus vraie
Et selon crisostome elle est au
trement exposee. si que ce que il
dit de deux ans z dessoubz soit
entendu de .ij. ans jusques a
cinq. car il dit que lestoille ap
parut devant ung an de la na
tivite ihucrist. Et quant herodes
eust entendu des roys il ala a
romme z demoura e(n)cores ung
an. et cuidoit q nostre seigneur
fut ne des ce que lestoille ap
parut. Et pource cuidoit il q
nostre seigneur fut de .ij. ans. et
de la jusques a .v. ans. et non
pas les innocens de .ij. ans. Et
de ce fait la foy que aucuns des
os des innocens sont si grans
que ilz ne porent estre de deux
ans mais on peut dire que
adonc les hommes estoient
plus grans que ilz ne sont ore.
Et cestui herodes fut tantost
puny. Car si comme macro
bes dit en une cronique ung
petit filz herodes estoit la a no
rice donne si fut occis par ad
venture des bouchiers avec
les autres. Et dont fut acom
ply ce que est dit par le prophete
La voix du plorant et du cri
ant est oye en rama. ce fut des
piteuses meres en rama cest
en hault es cieulx. Et si
comme on dit en listoire esco
liere. dieu juge tres droicturier
ne souffrir pas la tres grant
felonnie de herodes estre impu
nie car par le divin jugement
cel qui avoit fait plusieurs des
nues de leurs enfans. fu fait des
nue aux siens. car alixandre et
aristobole furent souspeconnes
au pere. Ung homme confessa le
quel estoit de leur compaignie
que alixandre lui avoit pro
mis moult de dons se il coupoit
la gorge a son pere quant il le
rasoit. Et dit encores que il ne
prenoit mais chalour de ce viel
lart. qui blanchissoit ses che
veulx. pour sembler jeunes.
et dont le pere fut courrouce
et les fist occire et estably anti
pater a estre roy apres lui. Et
ordonna que herodes agrippe
seroit roy apres antipater. et
en fin que tout il nourrissoit
herodes agrippe et herodienne
femme de philippe que il avoit eu de
aristobole. z les amoit comme
pere. Et pour ceste double cau
se antipater encourut mortel hai
ne contre son pere telle que il
se deslaissa occire par venin. z
herodes le senti avant si le mist
en chartre. Et dont lempereur
or que herodes avoit occis ses
filz si dit Je aymeroie mieulx
estre juif. que filz herodes. car
il est juif si espargne ses pro
chains z il a occist ses filz. Et ce
stui herodes avoit ja lxx. ans
il cheyt en une tres griefve ma
ladie. car fievre forte z pourri
ture de corps enfleure de piez
tourmens continuelz du col
deis orde puantise souvent
toussir par souspirs entrerompus.

z tourment. Et dont fut mis par medecins en huille. et en fut oste comme mort. Et dont or q les Juifz atendoient sa mort a grant ioie. si fist prendre les plus nobles iouvenceaulx de Judee et fist mettre en chartre et dit a salome sa seur. pource que les Juifz ont en pense deulz esioir a ma mort. mais se tu veulx obeir a mon commandement ie pourrai bien avoir assez q plorera. z avoir nobles exeques si tost comme je avray mis hors le esperit. occir tous ceulx que ie tiens en chartre si que toute Judee me pleure ou a sa mort ou a sa vie. Il avoit de coustume que apres toute sa viande il prenoit une pomme et la paroit et la mengoit. Et si comme il tenoit le coutel en sa main il regarda que il ne fut destourbe de nul par force ne empesche se il se feroit. Et dont leva sa main pour soy ferir. mais ung sien cousin lui empescha. et tantost le cry fut en la salle royal aussi comme se le roy fut mort

Et dont antipater ot grant ioie. z promist moult de dons aux gardes. se il estoit delivrez. Et quant herodes le sceust il eust greigneur dueil de la ioie de son filz que de sa propre mort. Et envoia les decoleurs. et le fist occire. et ordonna archelau a estre roy apres lui. Et ainsi fut mort. v. iours apres il fut tres efortune es autrui choses. et tres mal eureux es siennes.

Et dont salome sa seur occist tous ceulx qui le roy avoient commande a occire.

Remy en son original sur mathieu dit q herodes se occist dun coustel de quoy il paroit la pomme. z que sa seur salome occist les Juifz. si comme il avoit ordonne.

De saint thomas de cantorbie.

Thomas est expose abisme double z trenchie. il fut abisme z parfont en humilite si comme il appert en sa char. et en laver les piez aux povres double en prelation. cest en parolle. et en exemple trenchie en sa passion

Thomas de cantorbie quant il estoit en la court au roy dangleterre. si veist faire aucunes choses contre sa religion. si delaissa la court z se mist avec larcevesque de cantorbie. duquel il fut fait diacre. Et toutesfois aux prieres dicellui arcevesque il prist a estre chancellier du roy si que pour la sagesse dont il estoit ennobly. il deffendi leglise de lassault des mauvais. Et le roy laima tant. que apres le deces de larcevesque. il le voult faire arcevesque et il le reffusa. mais par le commandement de obedience. il se soubzmist a porter le fais. Et tantost soudainement il fut mue en ung autre homme z vestoit la haire et se amaigrissoit par jeunes z navoit pas tant seulement haire pour chemise. mais famliaux de haire que il portoit jusques au genoulz. z si couvroit si subtillement sa saintete que il estoit convenablement de honnestete et que sa pareil de ses vestemens se conformoit aux meurs de chascun. il lavoit chascun jour les piez de .xiii. povres z les repaissoit et donnoit a chascun quatre deniers. et se le roy se efforcoit de le tourner a sa volente contre leglise et vouloit que les coustumes que ses predecesseurs avoient eues contre la franchise de leglise feussent ainsi confermees de lui. et il ne lui vol oncques consentir. et ainsi acquisit du roy z des princes contre lui. Une fois advint qu il fut constraint du roy avec les autres evesques et fut menace de sentence de mort. et fut deceu par conseil de grans hommes. si saccorda par parolles a la voulente du roy. Et quant il veist que ceste chose touchoit le peril des ames il se tourmenta apres griefment par penitence. z se souspendi de son office tant quil fut restabli du pape. Et dont apres ce le roy lui requist que ce quil avoit dit par parolle il confermast par escript. et il le contr

dit. et leva sa croix et se parti de
court et sen porta toute droite.
Et les mauvais crioient contre
lui. prenez le larron. pendez le
traictre. Et dont deux grans
barons et loyaux vindrent a ses
pies. et lui jurerent par leur
serement que leur grans ba-
rons avoient sa mort juree.
Et dont lomme de dieu doub-
ta plus pour leglise de dieu
que pour soy. si sen fouy et alla
au pape alixandre qui le receut
et le recommanda au moustier de
pontigny. et puis sen vint en fran-
ce. et dont le roy envoia a romme
pour faire venir legas qui def-
fendissent ceste chose. et il fut
escondit du tout. Et encore
prist il greigneur ire contre
larcevesque. et ravi tout ce que
estoit de larceveschie et de ses
gens. et condempna toute sa
lignie en exil. mais oncques
thomas nen laissa pour condi-
cion nulle que il ne orast chun
jour pour le royaume dangle-
terre. et pour le roy. Et dont
fut revele a larcevesque qui
il revendroit a son eglise et sen
iroit a ihucrist avec palme de
martire. Et dont au vii.e an de
son exil il lui fut octroie que
il retournast. et il fut receu de
tous a grant honneur. ¶ Et
aucuns jours avant son mar-
tire. ung jeune homme mort
et puis resuscita par miracle
si disoit quil avoit este mene
jusques a la souveraine ordre
et veist ung siege vuit entre les
apostres et enquist de qui il

estoit. Et on lui dist a ung grant
prestre des angloys. et lui gar-
doit nostre seigneur. ¶ Ung pres-
tre si celebroit chun jour messe
de la benoite vierge marie. si
fut accuse de larcevesque. et il le
tança et tint pour ydiot et le sous-
pendi de son office. Et si comme
saint thomas avoit mucie sa
haire soubz son lit pour recou-
stre. la benoiste vierge sapparut
a lui et lui dist. Va a larcevesq
et lui dy que celle pour qui a-
mour tu celebroies ces messes si
haire qui est en tel lieu et est
cousue de soye rouge que il avoit
laissiee la. et que elle te envoie a
lui pour oster lentredit que il
a fait. Et quant larcevesque
oy ce il fut tout esbahy. et trou-
va ainsi la chose et relascha len-
tredit du prestre et lui comman-
da que il teinst ceste chose en secret
¶ Apres il deffendi le droit de
legle comme devant. ne ne fut
vaincu ne devers le roy ne par for-
ce ne par priere. Et quant il
ne pot estre flechi ne par force
ne par priere. les chevaliers
du roy vindrent armez et deman-
derent en criant ou larcevesq
estoit. et il leur vint a lencontre
et leur dit. veez me cy. que vou-
lez vous. et ilz lui distrent nous
venons pour toy occire. Et il
leur dit je suis appareille a
mourir pour dieu et pour def-
fendre la franchise de leglise
Se vous me querez je vous com-
mande de par dieu et sur pei-
ne de maudicon perpetuelle
que vous ne faciez mal a nulz

de ceulx cy ⁊ moy je recommande
leglise a dieu et a la benoite vier
ge marie et au benoist saint de
nis. Et quant il eust ce dit son
honnorable chief fut feru des
glaives des felons ⁊ son cerv
uel fut espandu ou pavement
de leglise. Et ainsi fut il faict
martir a nostreseigneur en lan
de lincarnation. anl. C. lxxiij.
¶ Et si comme les prestres vou
loient faire pour lui messe de
mors. et commencerent requiem
les anges estoient la qui entre
rompirent les voix des clercs
chantans. ⁊ commencerent le
tabitur la messe des martirs
Et dont les clercs les ensuivirent
Ce fut pour vraiement de
dieu que le chant de pleur fut
mue en chant de louenge. et q
cellui a qui ilz avoient commen
cie suffrage de mors fut loue
de louenge de martir. Et la
noble sainctete de lui martir
de nostreseigneur glorieux. fut
approuvee par les anges qui
le mistrent par si grant hon
neur ou cathologue des mar
tirs. ⁊ si souffri mort en leglise
et pour leglise en temps. et en
lieu saints entre les mains des
prestres religieux. si que la sain
tete de lui ⁊ la cruaute des au
tres fut demonstree ¶ Et
nostreseigneur daigna le monst
dautres miracles pour lui.
Car par ses merites furent
establies veues aux aveugles
oye aux sours. aller aux boi
teux. ⁊ vie aux mors. la ou les
vestemens arrouses de son sang
furent lavez furent medecine
a plusieurs ¶ Une dame di
gleterre convoitoit a avoir les
yeulx vers. pour estre plus bel
le plus jolie. ⁊ voulxe se voua
et visita aux piez le sepulchre
saint thomas. Et quant elle
fut agenouillee en oroison si
comme elle se leva elle fut tou
te aveuglee. Et dont se repenti
⁊ pria a saint thomas que elle
neust pas vers yeulx. mais lui
rendist les siens. laquelle cho
se elle empetra ¶ Ung ma
queux si aporta a son seigneur
simple eaue. pour leaue saint
thomas. Et son maistre lui
dist se tu nemblas oncques
nulle chose saint thomas ne
te laisse pas aporter de son eaue
Et se tu nes larron que leaue de
meure. et cellui se consenti a
ce dit ⁊ savoit que il avoit tan
tost empli sa boite deaue. Et
tantost ilz ouvrirent la boete
⁊ la trouverent vuide. et ainsi
le sergent fut trouve mengeur
et prouve de larrecin ¶ Ung
oysel qui parloit que lesprevier
suivoit. commenca a dire si come
il avoit apris. saint thomas
aide moy. Et tantost lesprevier
chey mort. et loysel eschap
pa ¶ [illegible] ung homme que
saint thomas avoit moult
aime estoit forment malade. il
alla a sa tombe. ⁊ le depria pour
sa sante et il empetra sa vou
lente. Et quant il retournoit tout
sain. il commenca a penser que cel
le sante par adventure nestoit
pas bonne a lame. Et dont

reuint au sepulchre. et depria
que se elle nestoit proffitable
a lame q̃ len seurement retour
nast tantost et elle retourna
cõme deuant ¶ La vengeāce
diuine cõmenca si a forsener
contre ceulx qui laccuserent
que les vngs derompoient
par pieces leurs dens les au
tres cheurent par pourreture
les autres furent paralitiqs
⁊ les autres forsenez et mou
rurent malereusement

De saint Seuestre

Seuestre est dit de
silue lumiere ⁊ de
terra terre. cestassa
uoir de legle qui
est attraite par bonne cuiure. aus
si comme la bonne terre. Ou
seuestre est dit de silua forest
⁊ de trahens traians. car il
traist les hõmes sauuages
cestassauoir durs ⁊ sans creā
ce a la foy. ou si comme il est
dit ou glosaire. seuestre est a
dire verte. il fut vert par con
templacion celestiel. il fut a
greste en labourant soy mes
mes. il fut vmbrageux. cest
adire que il fut refroidie de
toute conuoitise de char plai
de bosage quil fut plante en
tre les arbres du ciel. Eusebe
de cesaree fist sa legende. Et le
benoist gelase la recorde. sicõ
me il est ou decret

Seuestre fut filz de au
ste rorne ⁊ fut nour
ri de cyrin prestre
⁊ hantoit tressouuentement
hospitalite. ¶ Tymothee
vng homme tresfacrestien fut re
ceu de lui en son hostel qui estoit
eschiue des autres pour sa per
secution Et cestui tymothee vng
an apres receut couronne de mar
tire. pour preschier fermemẽt la
foy ihũcrist. Et tarquien puost
cuidoit q̃ tymothee habondast
en richesses si les demanda a se
uestre ⁊ le menaca de mort. Et
quant il sceust vraiemẽt que
tymothee nauoit nulles riches
ses. il commāda que seuestre la
cõfiast aux prisons. ou il le se
roit lendemain tourmente par
diuers tourmens. Et seuestre
lui dit. fol tu mourras ceste
nuyt ⁊ receuras tourmens par
durables. et vueilles ou non tu
recongnoistras le dieu q̃ nous
aourons estre vray. Et sicõme
il mengoit les dun poisson lui
arresta en sa gorge. ne il ne le
pot getter ne transgloutir. si
mourut a menuyt. ⁊ fut mene
au tombel a grant plour. Et
seuestre fut deliure a grāt ioye
de sa chartre. Et il nestoit pas
tant seulemẽt ame des xpiens
mais des paiens merueilleu
sement. il auoit regart dange
clere parolle entier corps saint
par euure grant par conseil ca
tholique en foy tresparfait en
esperance plain de charite ¶
Et quãt melchiades euesque de
la cite de rome fut mort seuest
qui le refusoit forment fut es
leu euesque de lacord de tous
Et il mist les noms des orphe
lins des vefues ⁊ des poures
en escript en vng papier ⁊ leur

pourveoit tous. Il jeunoit le
mercredi et le vendredi et le sa
medi et l'establi a garder. et le
jeudi aussy gardoit comme le
dimenche. et les Juifz disoient
aux crestiens que le sabbat de
voit plus estre garde que le quint
jour. et il respondi que non devoit
et que c'estoit du commandement
de l'apostre. pource que on devoit
avoir compassion de la sepul
ture Jhesucrist. Et ilz lui distrent
il est ung samedi pour la sepul
ture. ouquel on doit faire jeu
ne une fois l'an. Et Silvestre le
dit: tout aussy comme chascun jour
du dimanche est honnore pour
la resurrection Jhesucrist. aussy
est chascun samedi pour l'onneur
de sa sepulture. Et pource le
garderent au samedi. mais ilz
estrivierent forment du quint
jour. et disoient que il ne devoit
pas estre es solemnitez des cre
stiens. Et Silvestre monstra la
dignite du jour en .iij. choses
pource que nostre seigneur monta en
ce jour ou ciel. et establi le sacre
ment de son corps et de son sang
et l'eglise fait ce jour le saint
cresme. et dont tous obeirent a
ces raisons. Et quant Constantin
persecutoit les crestiens. Silvestre
yssi de la ville et demoura en
une montaigne avecques ses
clercs. Et dont cellui Constantin
de la deserte de persecution de
tirant devint mesel. Et en la
parfin. par le conseil des eves
ques des ydoles. iij.^c enfans fu
rent amenez pour estre occis. si
que il se baignast ou sang froit

et chault. Et dont quant il yssi
hors au lieu ou le baing devoit
estre appareillie. les meres des
enfans lui coururent encontre
plorans et criant piteusement
toutes escheuelees. Et dont Con
stantin plora. et fist arrester le
char et se drecza. et dit. Oyez
moy tous et toutes seigneurs
et chevaliers. et tous qui estes en
la dignite de l'empire de Rome
naist de la fontaine de pitie
laquelle donna ceste ordonnan
ce. que quiconques occioit ung
enfant en bataille. il avoit le
chief trenchie. et comment sera
ce grant cruaulte. que nous
facions a noz filz ce que nous
deffendons faire aux autres
Que nous vault surmonter
les estranges se nous sommes
vaincus par cruaulte. car vain
cre estranges nations est force
de combatans peuples. vaincre
vices et pechiez vient de vertu
de bonnes meurs. Et en ceste
bataille avons nous este les
plus fors. Et en ceste bataille
serons nous plus fors de nous
mesmes. Et qui sera surmonte
en ceste bataille. le vaincu aura
la victoire. car apres la victoire
il sera vaincu. se pitie est sur
montee de felonnie. Or vain
que donc pitie en ceste batail
le. et nous pourrons bien estre
vainqueurs de tous. se nous som
mes vaincus de pitie. Car cellui
se preuve estre seigneur de tous
qui est sergent de pitie. Et doit
est il mieulx que je muire
sauve l'onneur de la vie de ces

Innocens que ie recongnoisse vie
cruel par la mort diceulx. sachie
chose. le recouurer nest pas cer
tain. Et cest certain que se elle
est recouuree cest de cruaulte
et commanda les enfans est
rendus aux meres et leur don
na plusieurs dons. et leur do
na chariotz et porteurs sans no
bre. et les meres qui estoient
venues plorant sen allerent de
ioye. et lempereur retourna en
son palais. Et la nuyt en
suiuant. pierres et pol apostres
apparurent a lui. et lui distrent
pource que tu as eu doubte espan
dre le sang innocent pource nous
envoie ihucrist a toy donner con
seil de recouurer sante. Appelles
leuesque seuestre qui se tapist
ou mont serapin Et celui mo
strera la piscine en laquelle tu
seras .iii. fois plungie et seras
cure de tout ton lepre. Et tu ren
dras celle bonte a dieu que tu des
truises les temples des ydoles
et restablisses les eglises et aou
re dieu dorenavant. Et quant
constantin sesueilla il enuoya
tantost cheualiers a seuestre.
Et quant il les veist il cuida
estre mene a receuoir martire
Et dont se commanda a dieu
et conforta ses compaignons
et fut presente a constantin tout
seur. et dont constantin se leua
contre lui et lui dit. Nous auons
ioye de ta venue. et seuestre se
leua et le salua. Et dont lem
pereur lui compta par ordre
tout son songe et lui demanda
qui ces deux dieux estoient q

sestoient apparuz a lui. et seues
tre respondi que ilz estoient a
postres de ihucrist et non pas
dieux. Et dont lempereur pri
a leuesque que il lui fist apporter
limage des apostres. Et tantost
comme il les veist il dit que ceulx
qui sestoient apparus a lui es
toient yceulx. Et dont seuestre
lui fist ieuner une sepmaine
et le fist nouuel en la foy et met
tre hors les xpiens. Et quant
lempereur descendi en leaue
de baptesme tres grant clarte
resplendi sur lui et yssi de la
tout sain et net et dit que il a
uoit veu ihucrist. Et le pre
mier iour de son baptesme il
ordonna ceste loy que ihucrist
fut aoure en la cite de romme co
me vray dieu. Le second
iour qui blasmeroit ihucrist
quil fut puny. Le tiers iour
que quiconques feroit nulle
iniure a nul xpien que il per
dist la moitie de ses biens.
Le quart iour si comme lempe
reur estoit chief du monde
aussi leuesque de romme fut si
re de tous les euesques. Le
quint iour que quiconques se
fuiroit a eglise a reclaim que
il fut garde de toute iniure.
Le vi. que nul ne edifiast eglise
sans la licence de son prelat
et especiaument dedens la cite
de romme. Le vii. iour que les
dismes des possessions royaulx
feussent baillees aux edifica
cions des eglises. Le viii. iour
lempereur vint a leglise saint
pierre et se accusa en plorant

ses pechez. ⁊ apres il prist une besche. ⁊ fouy premier la terre a faire le fondement de la grant eglise et en mist lors a ses propres espaules plain .xij. cophins. Et quant helene mere de costantin empereur qui demouroit en bethanie oy ceste chose ⁊ par lettres sy lai son filz de ce quil avoit renonce aux faulx ymages des ydoles Mais elle le blasmoit mout forment de ce quil avoit laissie le dieu des iuifz ⁊ adouroit ung homme crucefie. Et dont lempereur lui rescript q elle amenast avec soy les maistres des iuifs et il amenroit les docteurs des crestiens. sy que ilz disputassent ensemble et par leur disputacion apparoit laquelle loy seroit plus vraie. Et dont sainte helaine amena .cent et vij. des plus sages des iuifz. entre lesquelz il y en avoit .xij. qui respondoient devant tous les autres par sagesse ⁊ par beau parler. Et dont quant lempereur et ses clers ⁊ les iuifz furent assemblez devant lempereur pour disputer. ilz establirent de commun accord deux payens tres saiges ⁊ tres esprouvez de lonc temps pour estre iuges et pour donner sentence des choses que on diroit. Et en estoit lun appelle craton ⁊ lautre zenophille. et fut conferme entre deux par sentence. que tant comme lune des parties parleroit q lautre se tairoit ⁊ ne parleroit point Lors commencea le premier de ces .xij. qui avoit nom. Abiathar

et dist. comme ces crestiens dient estre .iij. dieux. Le pere le filz et le saint esperit. Il est certain q ilz sont contre la loy qui dit Veez que ie suis seul. et nul autre dieu nest fors moy. Et apres ce ilz dient ihesucrist estre dieu pource quil fist moult de signes en terre. moult de hommes ont este de nostre loy qui firent moult de miracles Et pource ne prirent ilz oncques le nom de deite. si comme ce ihesu fist q ceulx cy aourent. Et a ce respondi silvestre. nous aourons ung dieu mais nous ne disons mie quil fut si seul quil neust gloire de filz. ⁊ pource voulons nous monstrer de noz livres la trinite des personnes. Car nous disons cellui le pere duquel le prophete dit. il mapella ⁊ dira mon pere es tu. ⁊c. Nous disons du filz al duquel le prophete dit. tu es mon filz. Nous disons celui du saint esperit duquel celui mesmes dit lesperit de la bouche de lui est toute la vertu dicellui. Et en ce quil dit faisons homme a nostre ymage et a nostre semblance appert il clerement. la pluralite des personnes et lunite de la deite. Car ia soit ce q ce soient trois personnes. toutesfois cest ung dieu. si comme nous pouons monstrer par exemple visible. Et dont prist le pourpre de lempereur et en fist trois plis. et puis les desploia ⁊ dit. vous veez q ces trois plis sont ung drap. Et aussy les trois personnes sont

vng dieu. Et a ce q̃ tu dis que
il ne doit pas estre creu pour ses
miracles. & que plusieurs sains
furent miracles. et ne dirent
pas estre dieu. si comme nostre s̃
ihesucrist se voult affermer estre
dieu. Je te dy certainement que
dieu ne voult oncques ceulx qui
contre lui se orgueillent pas
ser sans aigre peine. Si comme
il apparut en dathan & abiron
et autres plusieurs. Et comment
doncques peussent ilz mentir &
dire que ilz feussent dieux q̃
ne lestoient pas. Et lui qui se
dit estre dieu si neust nulle pei
ne & estoit acompaigne de for
ce et de vertu. Et dont les ju
ges dirent. abiathar est sur
monte de seneste par raison
se veult. que se il ne fut dieu
et il se dist estre dieu. il ne peut
pas donner vie aux mors. Et
dont cellui fut oste. Et le second
qui avoit nom zonas vint a
lestrif & dit a abraham en p̃
nant circoncision de dieu fut
sainctifie. et tous les filz da
braham estoient justifiez par
circoncision. Et dont qui na
ura este circoncis ne sera pas
justifie. Et dont seneste res
pondi. Il est certain que abra
ham pleut a dieu avant que
la circoncision & fut appelle a
mi de dieu. Et dont ne se sain
tifia pas circoncision. mais
foy & droicture le firent plai
re a dieu car il ne print pas
circoncision en sainctefiement
mais en division. et dont cestui
fut monte. Le tiers qui avoit

nom godolias vint avant et
dit. Vostre ihesucrist. comment peust
il estre dieu. quant vous affer
mez que il fut nez tempte trahy
despouille abeuvre de fiel lie
mort et ensevely. comme toutes
ces choses ne pouoient estre en
dieu. A ce respondi seneste. Nous
vous prometons par voz livres
que toutes ces choses furent a
vant dictes de ihesucrist. Car
de sa nativite dit ysaie. Veez q̃
la vierge concevra & enfante
ra. De sa temptacion dit zacha
ries. Je vey ihesucrist vng grant
prestre estre devant lange. et
sathan estoit a la dextre de lui
De la traison le pseaulme dit
cil qui mengoit mes pains
soua la traison a faux sur mor
et de son despouillement cil mes
mes dit. ilz devisèrent mes
vestemens & mistrent. &c. Dest
abuvre de fiel cil mesmes dit.
ilz donnerent fiel en ma vian
de. &c. De ce que il fut lie dit es
dras. Vous me liez non pas si
comme vostre pere qui vous delivra
de la terre degypte. Et vous
tenans devant le siege du ju
ge mavez humilie et me vul
lastes a pendre ou fust de la
sepulture dicellui revivoit
les mors. Et dont quant go
dolias not que respondre. il
fut oste par sentence. Et le quart
vint. qui avoit nom annanias
& dit. Seneste afferme estre
dit de son crist ce qui est dit
des autres. dont il appartient
que il preuve que il ait este
devant dit son crist. Et a ce

respondi silvestre. Dont me mon
streras tu ung autre que vierge
conceut qui fut abuvre de fiel
couronne d'espines crucifie
mort et ensevely qui resuscitast
et montast aux cieulx. Et dont
dit l'empereur se il ne monstre
que ce fut autre sauveur que il
est surmonte. Et quant il ne
le peust faire il fut oste d'illec.
Et le quint fut amene qui avoit
nom Dechet et dit. Se crist fut
ne de la semence david et san
tifie comme vous deistes dont
ne deust il pas estre sanctifie
pour estre derechief santifie.
Et silvestre dit tout aussi com
circoncision prist fin en sa cir
concision nostre seigneur tout ai
si nostre baptesme prist comman
cement de nostre sanctifiement
ou baptesme nostre seigneur. Et
dont ne fut il pas baptizie pour
estre sanctifie mais pour san
tifier. Et pource cellui se teust.
Et constantin dit. Doth ne se
teust pas se il sceust que dire
au contraire. Et dont fut a
mene le vj^e^ qui avoit nom Jhu
si et dit. Nous voulons que si
lvestre nous expose les causes
de ce virginel enfantement. Et
a ce dit silvestre. La terre de
laquelle adam estoit formee
estoit vierge et sans corruption
car elle n'avoit oncques este ou
verte a boire sang humain
ne n'avoit oncques eu maudiction
d'espines ne sepulture de mors
ne elle n'avoit este mengee de
serpens. Pource convint il que
nouvel adam fut fait. que si
comme le serpent avoit sur
monte cellui qui estoit ne de ter
re vierge. fut surmonte de cellui
qui seroit ne de la vierge ma
rie. et que cil qui avoit vaincu
adam en paradis. fut fait temp
teur de nostre seigneur ou desert.
Et pource que il avoit vaincu a
dam en mengant fut vaincu
de nostre seigneur en jeunant.
Et quant cellui fut surmonte
l'autre qui avoit nom beniam
vint avant et dit. Comment po
vez crist estre filz de dieu qui
fut tempte du diable. si que
en la fin il fut constraint de fai
re pain des pierres et mainte
nant fut leve sur le hault du
temple pour aourer jcellui dia
ble. Et a ce dit silvestre se le dia
ble vainquit adam a ce que il
le creust et menga. il est voir que
il fut surmonte et despeut de
jhesucrist en jeunant. et si est
voir quil ne fut pas tempte
en tant comme dieu. mais en
tant comme homme. Et si fut
tempte en trois manieres. pour
ce que il ostast toutes ses temp
tacions de nous et nous don
nast forme de vaincre. et dont
cellui surmonte l'autre vint
qui avoit nom abrel et dit. Il
est voir que dieu est souverai
nement parfait et n'a maison
de nulle chose. pour quoy eut
il doncques mestier que il
nacquist en crist. Et comment
appelles tu crist filz de dieu
car il est voir que avant que
il eust filz. il ne peust estre ap
pelle pere. Et dont se il est ap

du pere de crist il est muable a
ce. Et seuestre dit. le filz fut e[n]
gendre du pere devant tous temps.
pour faire ce qui nestoit mie
et fut ne en temps pour refaire
ce qui estoit perdu. Et sil le pou
oit faire par sa seulle parolle
si ne pouoit il rachater ho[m]me
se il nestoit homme et se il ne
souffroit mort. et ce nestoit pas
de imperfection mais de per
fection. Et par ce appert il la
parolle estre dicte du filz que
le prophe[te] dit mon cueur mist
hors bonne parolle. etc. Car
dieu fut tousiours pere et son
filz est la parole de lui et sa sa
gesse selon david. mon cueur
mist hors parolle. etc. Il fut to[us]
iours sagesse selon ce. Je yssi
hors de la bouche du treshault
et fut premier e[n]gendree ava[n]t
toute creature. Il fut tousio[ur]s
vertu selon ce avant tous les
tertres je e[n]fantoie et avant
q[ue] les fontaines des eaues
feussent. Et quant le pere ne
fut oncques sans parolle cest
sagesse et vertu comme[n]t cui
des tu que ce nom lui soit venu
au temps et dont cellui fut oste
et le ro[y] qui ot nom Jubal dit
et il est voir que dieu ne con
dempne ne deschondeyne po[in]t
mariage ne ne les maudit.
Et pourquoy donc cremez vo[us]
q[ue] cestui ne soit ne en mariage
se vous ne vous estudiez en lar
deur de mariage. Et derechief
co[m]ment est tempte qui est puis
sant. comment souffri il mort
qui est vertu et fut mort qui

est vie. et en la parfin tu feras co[n]
stravnt a dire que il eust deux
filz. lun que le pere engendra et
lautre que vierge enfanta. et en
core comment peut estre fait q[ue]
homme qui est receu seuffre mort
sans lesion dicelui il est receu.
Seuestre respondi. nous ne disons
pas que ihucrist fut ne de vier
ge pour condempner les maria
ges. mais raisonnablement les
causes de lenfantement vier
nel pource q[ue] nous troublons
de riens les mariages ains en
sont aournez pource que la vier
ge qui e[n]fanta ihucrist fut nee
de mariage. Ihucrist fut tem
pte pource que il sourmontast toutes
temptacions du diable il souf
fri mort pource q[ue] il sourmo[n]tast
toutes passions il mourust pour
que il destruisist lempire de
mort. Le filz de dieu est ung
seul en ihucrist. et tout ainsi co[m]
me il est vray filz de dieu il est
seul en crist et si comme il est
ung seul en crist non visiblem[en]t
aussi est ihucrist visible il est
invisible en tant comme dieu.
et visible en tant comme ho[m]me.
Car homme pris peut souffrir
mort sans lesion dicellui qui
le prent. et peut estre enseigne
par exemple. et nous usions
de lexemple du pourpre du roy
ce fut laine. Et quant le taint
prist ceste laine il lui donna cou
leur de pourpre. Et quant el
le fut tainte et on la filloit les fil[z]
estoit tortz ou fil couleur est cou
leur de la royal dignite ou ce
qui estoit laine avant que il

fut fait pourpre et homme ressem-
ble a sa fame et dieu a la couleur
du pourpre qui fut avecques lui
en sa passion quant il souffry
mort en la croix. mais la passion
fut toute en lui comme homme
Et dont fut celui honnoré. Et
vint le ve. qui avoit nom chara
et dit. ceste exemple ne me plaist
car la couleur est teinte avec
la lame. et quant tous lui contre
disoient. Seuestre lui dist. pren
ung autre exemple ung arbre
sur qui le soleil raye quant on
le couppe il recoit la couppe et la
clarte du soleil est toute entiere
aussy quant lomme souffroi la
deite nel souffry pas. Et dont
le vj^e. qui avoit nom siso dit.
Se les prophettes ont devine
ces choses de ton crist qui sont
de si grans merveilles si vou
lons nous savoir les causes
de sa passion et de sa mort. Et
Seuestre dit. ihesucrist eust fain
pour nous saouler. et soif pour
nous abeuvrer. Il fut tempte
pour nous delivrer de temp
tacion il fut tenu pour nous
oster de la prise des diables
il fut despit pour nous de li
vrer du despit des diables. il
fut lie pour nous deslier du
lieu de malecon. il fut humi
lie pour nous exaulcer. il fut
despouille pour nous couvrir
la nuesse de la premiere deso
beissance. Il receut couronnes
despines. pource que il nous
rendist les fleurs de paradis.
qui estoient perdues. Il fut pen
du en la croix pource que il con
dempnast la convoitise qui es
toit venue du fust. il fut abu
vre du fiel et daisil pource quil
mist lomme en la terre decou
rant lait et miel. il receut mort
pour nous donner immortali
te. Il fut enseveli pource que il
revesquit les sepulchres des
mors. et rendist vie aux mors
et monta aux cieulx pour nous
ouvrir la porte. il siet a la dex
tre son pere pour exaulcer la
priere des loyaulx. Et sicom
me Seuestre disoit ces choses lem
pereur et tous les autres comme
cerent a louer Seuestre. Et dont
le vij^e. qui avoit nom zambri
dit par grant desdaing. Je me
esmerveille que vous qui estes
sicomme sages juges creiez a
parolles de truffles et que vous
estimez la toute puissance de
dieu que elle soit enclose soubz
humaine raison. mais cessent
les parolles et venons au fort.
car cilz sont tresfaulx qui cro
ient le crucifie. car je scay bien
le nom du tout puissant que
roches ne le seuffrent ne nulle
creature ne le peut oir. Et pource
que vous esprouvez que je die
voir. ung thorel tresfelon me
soit amene. Et sy tost comme
ce nom lui sonnera en loreille
il mourra. auquel Seuestre dit
comment apras tu ce nom quant
tu ne lois. Et zambri dit Il
nappartient pas a toy savoir
ce mistere qui est aucun des
Juifs. et dont fut amene ung
thorel tresfelon a peine tenu
de cent fors hommes. Et si tost

comme zambri lui eust dit la
parolle. le thorel muy et tour
na les yeulx en la teste ⁊ morut
Et dont tous les Juifz crierent
haultement et assaillirent se
uestre. ausquelz seuestre dit.
il na pas dit nom de dieu mais
le nom du mauuais dyable.
Car ihesucrist monseigneur ne
mortifie pas seulement ceulx
qui viuent. mais viuifie les
mors. Car pouoir occire et non
pas faire reuiure appartient
a lyons a serpens ⁊ a bestes sau
uages. Se il veult que ie croie
que ce na pas este nom de dya
ble die le encore et face vif ce
quil a occis. car il est escript de
dieu. Je occiray ⁊ feray reuiure.
Et sil ne le peut faire sans doub
te il na nomme le nom de dyable
qui peut occire le vif et ne peut
viuifier le mort. Et quant il
fut constraint des Juges a re
susciter le thorel il dist resusci
te le seuestre du nom de ihesu
de galilee et nous croirons en
lui. Car se il pouoit voller de
pennes. si ne le pourroit il fai
re. Et dont tous les Juifs pro
misdrent a croire se il le susci
toit. Et dont seuestre fist son
oroison ⁊ se mist a loreille du
thorel et dit. O nom de malei
con ⁊ de mort ies hors ou nom
de nostre seigneur ihesucrist. Ou
nom duquel ie te lieue sus
thorel. si va auec ton bestail de
bonnairement. lors se leua et
sen alla tout doulcement dont
les Juifs les Juges ⁊ tous les
autres se conuertirent a la

foy. Et aucun temps apres
les euesques des ydoles vindrent
a lempereur et distrent tres saint
empereur puisque vous prinstes
la foy ihesucrist le dragon qui
estoit en la fosse a occis plus de
iii^c hommes chascun iour par son
souffler. Et dont lempereur
se conseilla sur ce a seuestre.
Et seuestre respondi par la ver
tu de ihesucrist le feray cesser
de tout mal faire. Et dont les
euesques promistrent a croi
re se il le faisoit. Et dont sap
parut saint pere a saint seuestre
qui oroit ⁊ dit descend seurement
au dragon toy ⁊ deux prestres
qui soient auec toy. Et quant
vendras en ce lieu dy lui en ceste
maniere. Sathanas actens en
ce lieu tant que ie y viengne nostre
seigneur ihesucrist. ne de vierge
crucifie ⁊ enseueli qui resuscita
qui se siet a la destre de son pere
qui vendra iuger les vifz ⁊ les
mors. ⁊ puis lie la bouche dun
fil deux foys ⁊ le seelle dun a
nel qui ait le signe de la croix
et vous reuendrez apres moy
sains et drus. et mengerez le
pain que ie vous ay appareille
Et dont seuestre descendi la
auec ces deux prestres ⁊ porta
auec lui moult de lanternes.
et puis dit les parolles. ⁊ li
lia ⁊ seella la bouche. et quant
il remonta il trouua deux en
chanteurs qui lauoient suiuy
pour veoir la fin et estoient
aussi comme mors de lodeu
re du dragon. et il les amena
tous sains auec lui ⁊ tantost

ilz se convertirent & grant mul
titude de peuple sans nombre
Ainsy fut le peuple de romme de
livre de double mort. Cest as
savoir de aorer les ydoles &
du venin du dragon. Et a
la fin quant le benoist sevesque
approcha sa mort. il amonnes
ta le clergie que ilz eussent cha
rite en eulx. & gouvernassent
diligemment leurs eglises. et
gardissent leur assemblee des
morsures des loups. et dont se
dormi benoistement en nostre seigneur.

De la circoncision nostre seigneur

Quatre choses sont
honnorables le
iour de la circon
cision & le font so
lemnel. Le premier est les oc
taves de la nativite. Le second
de limposicion du nouveau
nom. portant salu. Le tiers
leffusion du sang. Le quart
le signe de la circoncision. La
premiere chose si est loctave
de la nativite. car se les octa
ves des autres sains sont plus
solennelz. combien que se doit
plus estre le. viii.e iour du saint
des sains mais il nest pas ad
mis que la nativite doie avoir
octaves. car elle tendoit a la
mort. et la mort des sains
ont octaves. pourquoy adve
nissent ilz a celle nativite qui
tend a vie pardurable. si que
ilz resourdent apres en leurs
glorieux corps. Et par ceste
raison est il admis que la nati
vite de la benoite vierge ma
rie & de saint iehan baptiste ne

doivent point avoir octaves
ne de la resurrection car elle
estoit ja faicte en corps. mais il
est assavoir que ce sont octaves
du supploiement. si comme loc
taue de la nativite de dieu en
laquelle nous supplions ce qui
reste moins fait en la feste. cest
assavoir loffice de lenfantement
dont on souloit iadis chanter
a la messe pour lonneur de la
benoite vierge marie. Vultu tu
um &c. & sont octaves doneur
si comme de pasques de penthe
couste. Et si sont octaves de ve
neration si comme de la benoite
vierge & de saint iehan bapti
ste
et en chascun saint peut estre faite
octave de figuration si comme
loctave des sains qui figurent
loctave de resurrection ¶ La
seconde chose est limposition du
nouvel nom portant salut & ihus
lui fut mis le nom nouvel que
la bouche de dieu nomma le
nom dont il nest nul autre
soubz le ciel du quel il nous con
vient estre fais sauls le nom
du quel saint bernard dit. cest
miel en la bouche. doulce melo
die en loreille. joie en cueur. le
nom qui decouvert comme huil
le & cellui presche repest cellui
pourpense asiege et cellui ap
pelle oint & si comme leuuangille
dit il ot trois noms dieu & filz
de dieu ihus & xpus. il fut ap
pelle filz de dieu en tant comme
il est de dieu. ihus en tant comme
il est assemble a lumanite. xpus
en tant comme il est homme &
personne divine en tant comme

a lumanite. Et de ce treble nom
dit bernard. Vous qui estes en
la pouldre esveillez vous & louez
dieu. veez cy qui vient avec sa
lu il vient avec gloire. car ihus
ne vient pas sans salu ne xpus
sans unction ne le filz dieu sans
gloire. mais avant sa passion il
nestoit pas parfaictement con
gneu quant il eust le treble nom
il estoit congneu aucuns en
partie. ja soit ce que de pou. Quant
au tiers il estoit congneu quant
a appeller la voix & non pas quant
a la raison. quant du nom qui
est a dire sauveur. Et apres la
resurrection ce treble nom fut
glorifie ¶ Le premier quant
a la certainete. Le second quant
a la communaute. le tiers quant
a la raison du nom ¶ Le pre
mier nom est le filz de dieu. et
que ce nom lui appartiengne. si
comme dit hylaire ou livre de
la trinite. Il est congneu en
moult de manieres est ce vray
filz de dieu & nostre seigneur ihu
crist car le pere le tesmoigne
car il est dit de soy mesmes. &
les apostres le preschent et les
religieux le croient et les dia
bles le confessent & les paiens
le congnoissent en sa passion
et les juifz le nient. Et nous con
gnoissons nostreseigneur ihucrist
par nom par nature par na
tivite par poste & par procession
¶ Le second nom est xpus qui
vault autant comme oint. car
il fut oint de leesce devant ses
participans. Et parce que il
dit oint il demonstre que il

fut prophete. champion. prestre
et roy ces quatre personnes estoi
ent iadis enoins. Il fut prophete
en enseignant doctrine. champion
en vainquant le dyable. prestre
en reconseillement de pecheurs roy en
guerredonnant guerredons. et pour
ce fut il nomme de crist. ¶ Et
pource dit augustin. crestien.
cest nom vray de droicture de bon
te de debonnairete de pacience de net
tete de humanite et de innocen
ce et de pitie. Et comment le def
fens tu appropries a toy au quel
il appartient tant de plusieu
res choses. Cellui est vray crestien qui
ne laist pas tant seullement
par nom mais par euvres.

¶ Le tiers nom est ihesus. Ce nom
ce dit saint bernard est dit vian
de fontaine medecine et lumie
re. Ceste viande a triple ef
fect. Il est viande confortative
engressante et fortefiante et actives
fruite tant de fois le recor
das tant de fois seras conforte.
Il deffent les folles pensees et
reconforme les assailliz il en
force sens et vertu. Il actraint bo
nes meurs et honnestes et nou
rist chastes voulentez. ¶ Se
condement il est dit fontaine
dont saint bernard dit. Ihesus
est fontaine signee qui sespart
en quatre ruisseaux. Car il nous
est fait sagesse droicture san
tifiement et redempcion en pas
sion et ascencion dit saint ber
nard. Ruisseaux decourent de
ihesucrist parolle de doulour
en laquelle confession est signi
fiee sang despersion ou quel
affliction est signifiee eaue de
nectoiement en quoy compunction
est signifiee. ¶ Tiercement
cest medecine dont saint ber
nard dit. Ce nom ihesus est me
decine et refrainit force de ire il
appaise enfleure dorgueil il
garist plaie denvie il restrainct
feu de luxure il destaint fla
be de convoitise il attrempe la
soif davarice et si seche toute
pourreture et ordure. ¶ Quar
tement cest lumiere dont saint
bernard dit. Cuides tu que si
tresgrant et soudaine lumiere
de foy venist en tout le monde
fors du dit ihesus. Cest le nom
que saint pol portoit devant
les gens et les roys aussi comme
la lumiere sur ung chandela
bre. Et ce nom ihesus est de grant
souvenance dont saint ber
nard dit se tu escris il ne me
sent riens se il ny a ihesus se tu
desputes il ne me sent riens
se ihesus nest nommez. Et ri
chart de saint victor dit ihesus
est nom confortable et delic
table et de bonne esperance et
ihesus doulx soiez mon doulx
ihesus. ¶ Secondement cest
nom de moult grant vertu
dont pierre de ravenne dit
tu appelleras le nom de lui
ihesus cest le nom qui donne
clarte aux aveugles aux sours
oye aux boiteux aller aux mu
etz parler aux mors vie. Et la
vertu de ce nom chace tout le
pouoir du dyable des corps
assegiez. ¶ Tiercement il
est de moult de excellence et

de humilitee. dont saint bernard
dit nom de mon sauveur de
mon frere de ma char de mon
sang le nom mucie des siecles
mais il est revele en la fin des
siecles. non merveillable nom
ineffable et nom inextimable et
est plus merveillable que nom
inextimable. et plus gracieux
de cellui que agreable. Et ce
nom ihesus lui est mis des par
durablete et de lange et de ce
lui quon cuidoit son pere. Ce
fut ioseph. Ihesus est autant
a dire comme sauveur. car il
est dit puissant en trois manie
res. Cest de la puissance du sau
veur ou de labit ou du fait. se
lon ce quil est dit de labit de
sauveur ainsi il fut mis de la
ge et lui appartient du comme
cement de sa conception. selon ce
que il est dit du fait du sau
veur il lui fut mis de ioseph
par raison de sa passion avenir
dont la glose dit. selon ce que lan
ge dit. tu appelleras le nom de
lui ihesus. tu lui mettras le nom
qui lui est mis de pardurable
te et de lange. Et ceste glose
touche la devant treble denomination
Et tant comme il dit tu lui
mettras le nom. il touche le nom
mer de ioseph en tant comme
il dit qui lui est mis des par
durablete ou de lange. il tou
che les autres deux. et pource
fut ceste circoncision establie
ou chief de lan de romme qui est
chief du monde et ennoblie de
la premiere lettre du chief de la
b. c. a. Et fut depuis chief de le

glise circoncis. et ce nom lui fut
mis. et loctave de sa nativite
est celebree. ¶ La tierce chose
est leffusion du sang ihesucrist
car au iourdui il commencea pre
mierement a despendre son sang
pour nous. lequel il voulst apres
espandre en plusieurs manie
res. car il lespandi pour nous
cinq fois. Premierement en sa
circoncision. Et ce fut comme
cement de nostre sauvement. Secon
dement il lespandi en oroison. et
ce fut en demonstrant le desir
de nostre redemption. Tiercement
quant il fut batu. et ce fut la me
rite de nostre redemption. car nous
sommes garis par son sang.
Quartement en son crucifie
ment. et ce fut le pris de nostre re
demption. Quintement en lou
verture de son coste. et ce fut le
sacrement de nostre redemption
et de la yssi sang et eaue. Ce fut
signe que nous devons estre
nettoiez par eaue de baptesme
et doit avoir force du sang ihesu
crist. ¶ La quarte et la der
reniere chose est le signe de sa
circoncision. lequel dieu dai
gna prendre au iourdui. Ihesu
crist voulst estre circoncis par
moult de raisons. la premiere
fut pour raison de soy. ce fut
pource quil demonstrast que
il avoit pris vraie char humai
ne. Car il savoit bien quilz
seroient plusieurs qui diroi
ent que il navoit pas pris
vrai corps. mais fantastique
pource voulst il estre circoncis
pour destruire leur erreur

et voulst mettre illec hors de son
sang. pource que corps fanta
stique na point de sang. La se
conde fut raison de nous pour
monstrer que nous devons estre
circoncis espirituelment. Et
selon saint bernard la circonci
sion qui doit estre faicte en nous
est double. Cestassavoir par
dehors en la char. et par dedens
en la pensee. la circoncision par
dehors est treble. Cestassavoir
en habit. si que elle soit nota
ble aussi fait si que elle ne soit
reprenable en parolle. si que el
le ne soit despisible et celle par
dedens est aussi en trois choses
Cest en pensee si que elle soit
sainte en voulente si que elle
soit pure en entencion si que elle
soit droicturiere. et de rechief
il le fist pour raison de nous
sauver. car tout ainsi comme
une sainture faicte en ung mem
bre pour garir tout le corps
ainsi voulst ihesucrist porter la
sainture faicte en ung membre
pour garir tout le corps. ain
si voulst il porter la sainture
de la circoncision si que il sau
vast tout le corps dont il estoit
chief et membre principal. cest
tout tout le monde si comme
pol dit aux colossiens vous
estes circoncis de la circoncisio
non pas faicte de la main a
despouillier la char. mais de
la circoncision ihesucrist ¶ Tier
cement pour raison des juifz af
fin que ilz ne se peussent excu
ser. car sil neust este circoncis
les juifz peussent dire et sor

excuser. nous ne te recevons pas
car tu es dessemblable a noz peres
¶ Quartement pour la raison
des diables. cestassavoir pour
ce que ilz ne congneussent le
mistere de lincarnation. car
pource que la circoncision est fai
te contre le pechie originel. le dia
ble cuidoit que cellui que on cir
concisoit feust pecheur. et que
il eust mestier de la circoncision.
Cestadire du remede de la cir
concision pour son pechie. Et
pour celle mesme cause voulst
il que sa mere vierge fut es
pousee ¶ Quintement pour
raison de acomplir par force
droiture. Cestadire par faicte
humilite. qui est a soy soub
mettre au mineur. ainsi voulst
il estre circoncis. pour nous mon
strer celle mesmes humilite
quant cil qui estoit faiseur et
seigneur de la loy se voulst soub
mettre a la loy ¶ Sixtement
pour raison dapprouver la loy
moyse. qui estoit bonne et sain
te et inacomplie delle. car il nes
toit pas venu corrompre la loy
mais acomplir dont il est dit
aux romains en lonziesme
chapitre. Je dy ihesucrist avoir es
te debonnaire en la circoncisio
pour la verite de dieu. etc.
¶ Et moult de raisons pou
ent estre assignees pourquoy
la circoncision estoit faicte a
luitaine. La premiere pource
que lentendement de lystoire ou
de la lettre. car si comme maist
re moyses. qui fut moult grant
philozophe et grant theologie

toutesfoiz fut il Juif lenfant
et si tendre dedens les sept iours
comme sil fust encores ou ventre
de sa mere. Et a le .viii.e iour il
est fortiffie et afferme. Et par ce
si comme il dit ne voult pas
necessite que les petis enfans
feussent circoncis avant le
.viii.e iour si que pour la grant
tendreur ilz ne feussent bles
ciez. Et si ne voult eslongner
la circoncision oultre le .viii.e
iour pource que moyses ras
signe trois choses. La premiere
est pour le peril de eslongner
cest assavoir se len entendoit
trop la circoncision affin que
ilz ne mourussent sans circon
cision. La seconde est pource que
les petis eussent mendre de
doulour. Car pource quilz a
voient doulour en circoncisio
necessairement voult que ilz
feussent circoncis tant quilz
ont petite ymaginacion si que
ilz sentissent illec moins de
douleur. La tierce cause est
pource que on eschevast la dou
leur des parens. car plusieurs
enfans mourroient se ilz estoi
ent circoncis grans et nourriz
que silz estoient mors a le .viii.e
iour. La seconde raison est pri
se selon lentendement celestiel
car la circoncision est faicte
a le .viii.e iour. pource que il
fust donne a entendre que a le
.viii.e iour de la circoncision ilz
seroient circoncis de toute pei
ne et de toute maleurete. Et
ces .huit iours signifient les
huit aages. Le premier fust
de adam iusques a noel. le secont
de noel iusques a abraham. Le
tiers dabraham iusques a moy
ses. Le quart de moyses iusques
a david. le quint de david iusques
a ihucrist. Le .vi.e de ihucrist ius
ques a la fin du monde. Le .vii.e
est de ceulx qui meurent. Le
.viii.e sera de ceulx qui resuscite
ront. Ou par ces .viii. iours peuent
estre entendues .viii. choses que
nous possederons en la vie par
durable. lesquelles saint augu
stin racompte disant que cest
autre chose fors que je seray dieu
diceulx. car se je ne leur suis
dieu. ilz ne seront pas saoulez
je leur feray tout quanque ilz
desireront honnestement. cest as
savoir vie salu vraie habondance
et gloire et honneur paix et tout
bien ou autrement peut estre
entendu par ces .viii. iours homme
qui est de corps et dame. Car
quatre iours sont pris des .iiii.
elemens desquelz le corps est
et les .iii. iours sont les trois
puissances qui sont en lame
Cest assavoir puissance de
convoiter de yre et de raison
lomme qui a maintenant .vii. iours
quant il sera conjoint a lumi
te pardurable de immablete don
ra il .viii. iours. et en ce .viii.e iour
il sera circoncis. ¶ La tierce
raison est prise en lentendement
de moralite dont a il .viii.
iours. et en ce .viii.e iour sera il
circoncis de toute peine et de
toute coulpe ¶ La tierce rai
son est prise en lentendement
de moralite. Et selon cest ente

dement cest. viii iours peuent estre pris en diverses manieres. Le premier peut estre congnoissance de peche. si come le psaume dit pource que ie congnois mon iniquite. zc. Le second est propos de laissier le mal z faire le bien. qui est signifie ou filz de folle saigesse. qui dit. Je me leveray z iray a mon pere. zc Le tiers iour est avoir honte de son peche dont lapostre dit. quel fruit eustes vous dont vous en estes maitenant honte. Le quart est prour du iugement advenir dont iob dit. Jay tousiours doubte dieu aussi comme ceulx qui doubtent les eaues. Et Jerome dit se je boy. ou se ie mengue ou se ie fais aucune chose. si me est il tousiours adviz que celle mort me sonne a loreille. mors levez vous. venez au iugement Le quint iour est correction. dont ieremie dit. fais que tu pleures au seul filz. Le vi.e est confessio david ou psaultier. z c. Je me confesseray contre moy z c. Le vii.e est esperance de pardon. car se judas eust confesse son peche en esperance de pardon. il eust eu misericorde. mais il ne le feist pas. si ne lot point. Le viii.e iour est satisffaction. et en cellui iour especialment est homme circoncis. z non pas tant seulement de coulpe mais avec la peine ou les deux premiers iours sont doulour davoir peche z desir de nectoier les autres. deux confesser les maulx que nous avons faiz. z les biens que nous avons perduz. z les autres quatre qui sont oroison effusion de lermes tourment de corps depriemens. aumosnes. Encores. viii. iours peuent estre. viii. choses. lesquelles la consideration z diligence circoncist z oste de nous toute voulente de pechier. si que considerera diligemment une chose. il en fera une grant iournee. Bernard racompte les sept. et dit. vii. choses sont de la naissance de lomme que qui les considereroit il ne pecheroit iamais. Cest la matiere vil. louvrage laide. lyssue triste. lestat non estable. la mort douloureuse. la partie miserable. la dampnation [illegible]. Et le viii.e peut estre la consideration de gloire non racomptable. La quarte raison est prise en lentendement espirituel. Et selon ce les cinq iours seront aussi comme les cinq livres de moyses ausquelz livres la loy que dieu lui donna est contenue. Les ii si seront prophecies par les prophetes qui dient z le psaultier. le viii.e iour sera la doctrine des euvangilles. mais en ces sept premiers iours par fiucte circoncision nestoit pas faicte. mais au viii.e iour elle estoit plainement faicte et de toute peine z de toute coulpe. et elle est faicte maintenant en esperance. et en la par fin elle sera faicte en la chose. Et. vi. causes sont pour quoy la circoncision fut donnee et establie qui sont signifiees en

ces vers . cancerum signum
in meritum medicina figura
Exemplum fuit olim cancer.
Cestadire que circoncision fut
establie par cancerulx ou cance
re pour signe pour merite po[ur]
medicine z pour exemple sico
me il est declaire par dessus.
Len dit que de la char de
la circoncision ihucrist q lan
ge lapporta a charles le grant
z il la mist honnorablement
en leglise nre dame saincte ma
rie. Et dit on q apres ce il la
translata a chartres. z que elle
est orendroit a romme de legle-
lise qui est dicte sancta scor[um]
Cestadire saincte des sains.
et la est en escript que la char
circoncise de ihucrist et la cr
dew z le prepuce au nombril aus
si. Et ce iour est faicte statio
en cest eglise de sancta scorum
et se ce est voir cest moult mer
veilleuse chose car comme en
verite celle char qui est de na
ture humaine nous croions
que quant ihucrist resuscita
que elle allast avecq a son
lieu glorifie Et aucuns dient
que cest verite selon loppinio
de ceulx qui dient ce est seule
ment de la verite de nature
ce qui fut couppe de adam et ce
tant seulement qui resuscita
Et est assavoir q les paiens
z les gens en ces kalendes en
ce temps moult de faulses et
mauvaises coustumes estoiet
faictes que les sains peurent
a peine oster a faire aux xpiens
Lesquelles coustumes saint

augustin recorde en ung sermon
z si comme il dit que les gens
adonc cuidoient que Janus le
duc fut ung dieu en ses kalen
des il laouroient forment z lui
figuroiet ii visages lun devat
lautre derriere pource quil es
toit terme z fin de lan passe z
commencement de lan avenir
Et derechief ces kalendes de ce
mois ilz prenoient z se transfi
guroient en forme de monstres
z les ungs se vestoient de peaulx
de bestes les autres prenoient
testes de bestes sauvages par
quoy ilz demonstroient que ilz
navoient pas tant seulement
labbit des bestes mais les ungs
avec les autres estoient vestu
des vestemens aux femmes et
navoient pas les chevaliers ho
te de vestir ces cotes de cheva
lerie aux cotes des femmes et
les autres gardoient si forcenee
z demaintee que ilz ne laissoiet
a nul prendre en leurs maiso
ne feu ne eaue ne nulle autre
chose que quil fut. et prenoiet
des ungs z donnoient aux au
tres les estrainnes aux diables
les autres appareilloient par
nuit tables z viandes lardent
Et ainsi les laissoient estre tou
te nuit et cuidoient par toute
lannee ilz pseveraissent en tel
le habondance. Et encores dit
augustin que quiconques cre
stien qui vouldra garder aucu
nes des coustumes des paiens
on doit doubter q le nom cre
stien ne lui puisse proffiter
Car cil qui fait aucune huma

nire aux folz hommes quant ilz se deuient sachiez bien sans doubte que il est principalment en leurs pechiez. Entre vous freres ne vous suffise pas certain seulement q vous ne facez mal mais en quelque lieu que vo' le verrez reprenez le ⁊ le corrigez.

De la tryphaine.

La tryphaine nostre seigneur est honnoree par quatre miracles et pource est elle nommee par quatre noms. Car au iour duy les .iij. roys vindrent quant ilz eurent veue lestoille adorer nostre seigneur en bethleem. ¶ Saint iehan baptiza nostre seigneur ou fleuue iourdain. ⁊ leaue fut muee en vin. et si saoula .v.m. hommes de cinq pains. sicomme nostre seigneur estoit encores de laage de .xiij. iours. les roys vindrent a lui par lestoille qui les menoit. et pource est elle dicte la typhaine. sicomme il est dit en lexposicion par dessus et celui ihesucrist fut demonstre aux roys estre vray dieu par lestoille qui fut veue par dessus. ¶ En ce mesmes iour .xxix. ans apres sicomme il apparoissoit ou du xxx. car il auoit .xxix. ans ⁊ .xiij. iours et estoit aussi commencant de .xxx. ans. sicomme

lucas dit. ou selon bede. il y a
uoit. xxx. psaum. z leglise de ro
me laffermie a tenir. Et dont
fut baptisiez ou fleuue iourdain
Et pource est elle appellee ty
phanie de theos qui est a dire dieu
z phanos qui est a dire appari
cion. car adonc la trinite appa
rut. le pere sapparut en voix. le
filz en char z le saint esperit en
espece de coulom. ¶ En celui mes
me iour lan retourne si comme
il estoit de xxxi. an et xiii iours
il mua leaue en vin. Et pource
est dicte bethphanie de beth qui
est a dire maison z phanos ap
parucion. Car par le miracle fait
en maison il apparust estre vrai
dieu. ¶ Et a ce mesmes iour
lan retourne. comme il eust. xxxii.
ans. il saoula. v. mil hommes de
v. pains. si comme bede dit en
une himpne qui est chantee en
mont desglises. z se commence
illuminans altissimus. et pour ce
est elle dicte phagiphanie de
phage qui est autant a dire com
me mengier. mais de cestui mi
racle sauoir sil aduint a ce iour
cy il doubte. car il nest pas si
expressement leu en loriginal
de bede. Et pource que saint
iehan dit la ou il parle de ceste
chose dit que il estoit pres de
pasques. z lapparicion est dont
faicte quatre fois a cellui iour
mais la premiere fut faicte
par lestoille en la creche. La
seconde par la voix du pere ou
fleuue iourdain. la tierce en
muer leaue en vin au disner
la quarte par le moutepliement
des pains ou desert. ¶ Lap
paricion est faicte au iour dui
mesmement. et pource en vou
lons nous poursuir listoire
Quant nostreseigneur fut nez
trois roys vindrent en iherusalem des
quelz les noms sont en hebrieu
Apellius Amerius damascus
et en grec galgalach malgalach
sarachin. Et en latin. Jaspar bal
thasar melchior. Et la cause est
triple de ces roys. pour quoy
ilz furent appellez magi. car ce
nom magus si a triple signi
fiance magus est a dire enchan
teur escharnisseur z sage. Et
aucuns dient que ces roys fu
rent nommez selon leur enten
tement. cest a dire escharnisseurs
pource quilz moquerent herodes
que ilz ne retournerent point
a lui. z len dit de herodes quant
il veist que il estoit moquie des
roys il fut trouble. Et magus
est a dire enchanteur malefice
car les maistres malefices de
pharaon estoient ditz magi.
Et pource dit crisostome que
ces roys furent appellez magus
pource que ilz auoient este ma
lefices. mais ilz se conuertirent
apres. Et que nostreseigneur les
voulst reueler sa natiuite z me
ner a soy si que par ce signe il
demonstroit a donner pardon
aux pecheurs. Et magus vault
autant comme sage. car magus
en hebrieu est a dire scribe en grec
philozophe z en latin sage. Et
ilz sont dis magi aussi comme
grans en sagesse. et ces trois
sages roys vindrent en grant

compaignie en ihrlm. mais
la cause pourquoy ilz vindrent
la. car nostreseigneur ny fut
pas nez. Saint remy assigne
quatre raisons. La premiere pour
ce que ilz savoient bien le temps
de la nativite nostreseigneur
mais ilz ne savoient le lieu
Et pource que ihrlm estoit ci
te royal. et la estoit souveraine
prestrise. ilz souspeconnoient
que si noble enfant ne devroit
estre ne que en si noble cite ¶
La seconde pource que ilz peus
sent plus tost savoir le lieu
de la nativite car les saiges
et les maistres de la loy demon
stroient la ¶ La tierce que les
Juifz ne se peussent excuser
ne dire. Nous ne congneusmes
pas le lieu de sa nativite. et ne
sceusmes point le temps. et
pource ne excusames nous point.
Et les roys demonstrerent le
temps aux Juifz. et les Juifz
demonstrerent le lieu aux
roys ¶ La quarte pource que
par la curiosite des roys. la
paresse des Juifz fut condam
nee. car les roys creurent ung
seul prophete. et les Juifz ne
vouldrent croire a plusieurs.
Les roys quisrent ung roy
estrange. les Juifz ne quisrent
pas le leur propre. les roys
vindrent de long et les Juifz
estoient pres. Les roys furent
successeurs balaam et vindrent
a la vision de lestoille pour
celle prophecie de leur pere
Une estoille sourdra de iacob
et naistra ung homme disrael

&c. ¶ Crisostome met une
autre cause. pourquoy ceulx
esmeurent a venir en son ori
ginal sus mathieu en affer
mant. que aucuns distrent
que aucuns qui prenoient garde
aux secretz du ciel esleurent
xii. deulz mesmes. Et se aucun
deulz mouroit son filz ou au
cun des plus prochains estoit
mis en son lieu. Et ces douze
chascun an aloient sur une mon
taigne et demouroient la par
trois iours et se lavoient et p
rioient nostreseigneur que il leur
demonstrast celle estoille que
balaam avoit dicte avant. Et
dont une fois el iour de la na
tivite nostreseigneur si comme
ilz estoient la. une estoille vint
a eulx sur la montaigne qui
avoit la forme dun tresbel
enfant et avoit une estoille que
resplendissoit sur son chief
qui araisonna les roys di
sant. allez hastivement en la
terre de Judee et la trouverez
nez le roy que vous querez.
¶ Et augustin met une aut
cause pourquoy ilz sesmurent
a la vision de lestoille car il
peut estre que lange sapparut
a eulx et dit lestoille que vous
veez est de ihucrist allez si
laourez ¶ Et leon met une
autre cause. car pour lestoil
le qui apparut si clere la de
ite de dieu si doctrina leurs
cueurs. Et dont commencerent
ilz tantost a venir. mais com
ment ilz vindrent en tant pou
de temps en. xiii. iours pars si

quant estoit de terre dorient
iusques en iherlm qui est as
sis ou milieu du monde il
doit estre dit selon remy. pource
que cel enfant auquel ilz se
hastoient de venir les peust
bien amener en si pou de temps
ou il peut estre dit selon iero
me que ilz vindrent sur dro
madaires qui sont tressisti
nes bestes et queurent autant
en ung iour comme ung cheual
en trois. et le dromadaire est
corpse dentieux de course.
et quant ilz vindrent en ihe
rlm. ilz demanderent et distrent
ou est cil qui est nez roy des
iuifz et ne demanderent pas
se il estoit nez car ilz le croioent
bien. mais demanderent ou
est il ne. Et tout aussi comme
se aucun leur demandast. co
ment sauez vous quil est nez
ilz respondirent. nous auons
veu son estoille en orient et le
sommes venuz aourer. Cest
a dire. nous qui estions en o
rient veismes son estoille de
monstrant sa natiuite et es
toit mise sur iudee Et si com
remy dit en son orignal il le
confesserent vray homme
vray roy et vray dieu. par ces
paroles vray homme. quant
ilz distrent ou est cil qui est
ne vray roy. quant ilz distrent
roy des iuifz. vray dieu quant
ilz distrent et le sommes ve
nus aourer. car il estoit co
mande que nul ne fust aou
re fors dieu seul. et selon cri
sostome ilz confesserent cellui
estre vray dieu par paroles par
faiz et par dons. mais quant
herodes oy ce il fut courrouce
et tous ceulz de iherlm auec lui.
Le roy herodes fut courrou
cie par triple cause. Premie
rement pource que les iuifz ne pris
sent le roy ne pour eulx et le
boutassent hors comme ung
estrange dont crisostome dit
tout aussi comme ung legier
vent oste le rain de larbre qui
est mis en hault. tout aussi une
legiere renommee trouble les ho
mes soubzhauciez et mis en
la montaigne des dignitez
Secondement que il ne veult
estre blasme des iuifz se aucun
fut la appellez roy. lequel lem
pereur neust establi. Tier
cement que tout aussi comme
gregoire dit. quant le roy du
ciel fut ne. le roy de la terre
fut courroucie. quelle merueil
le car la terrienne haultesse
fut confondue quant la haul
tesse celestiel apparut. tous
ceulx de iherlm furent courrou
ciez auec lui pour .iii. causes
La premiere fut pource que la
venue de cellui iuste ilz ne peu
rent pour de leur empire. la
seconde pour flater le roy qui
estoit courroucie pour demo
strer soy courrouciez comme
lui. La tierce car aussi comme
quant les vens sentrehurtent
les eaues sont hurtees et es
meues. aussi quant les roys
contrarient ensemble le por
est deboute. Et de ce doubtoi
ent ilz que le roy present et le

roys auciens ne contendissent
ensemble. et que ilz ne feussent
enveloppez en tribulations. et
cest la raison de crisostome. Et
dont herodes assembla tous les
prestres et les saiges et enqueroit
deulz ou crist naistroit. Et quant
il ot appris deulz que il naistroit
en bethleem de iudee il appella
a soy les roys couvertement
et enquist diligemment diceulx
le temps de lestoille. pour savoir
que il feroit se les roys ne reve
noient a lui. Et leur dit que
quant ilz auroient trouve len
fant que ilz lui remandassent
et faingnoit quil le vouloit ao
rer cellui que il vouloit occire
Et sachiez que quant ilz furent
entrez en iherusalem ilz perdirent
le conduit de lestoille. et fut par
trois raisons. La premiere fut
pource que ilz feussent contrains
a enquerre de la nativite di
cellui. si que ilz feussent certains
dicelle. tant par lapparicion
de lestoille comme par la cer
tifficacion de la prophecie. et
ainsi fut fait. ¶ La seconde cau
se fut pource que il queroit lai
de humaine ilz perdirent laide
divine. La tierce fut pource que
signes de la nativite feussent
donnez aux loiaulx. Et pource
fut ce signe donne a ceulx qui
estoient encores mescreans. Et
pource ne leur apparut elle
pas quant ilz estoient entre
les iuifz mescreans. Et la glo
se en cest endroit touche trois rai
sons. tantost que ilz feussent
yssus de iherusalem lestoille ala de
vant eulx. tant quilz vindrent
sur le lieu ou lenfant estoit.
de ceste estoille en quelle maniere
elle fu. remy met. iii. oppinions
en son original. Et aucuns di
ent que ce fut le saint esperit
comme cil qui apres descendi
sur nostre seigneur baptize et ap
parust en fourme de coulon;
et sapparut aux roys en espece
destoille. Les autres si comme
crisostome dient que ce fut la
ange. comme cil qui apparut aux
pasteurs. et il meismes sappa
rut aux roys. mais il sapparut
aux pasteurs iuifz aussi com
aux usans de raison en four
me raisonnable. Et aux paiens
il sapparut en fourme non rai
sonnable comme aux non raiso
nables. ¶ Aucuns autres di
ent que ce fut plus vraye chose
que ce fut une estoille de nou
vel creee. laquelle son service
fait elle repairera sa matiere pro
pre. Et selon ce que fulgencien dit
Ceste estoille differoit des au
tres en iii. choses. en assiete. car
elle nestoit pas assize en lieu
certain ou firmament. mais
pendoit ou milieu de lair pro
chaine a la terre et en resplen
deur. car elle estoit plus res
plendissant des autres. et ap
perut car la lueur du soleil ne
povoit aombrer la clarte dicel
le. mais a midi elle apparoit
tres luisant et en mouvement
car elle aloit devant les roys
en maniere dun courier. Et nes
toit pas menee par maniere
de mouvement de cercle. mais

aussy comme par maniere de
lettre qui a lasi. devant les
autres. iiii differences sont tou
chees en la glose de mathieu
la premiere difference est en
naissance car toutes les autres
des le commencement du monde
sont faictes en une maniere.
La seconde difference est en of
fice car les autres sont faictes
et fiance. 2 en temps. sicomme
genesis dit. et ceste fut faicte
pour monstrer la voie aux roys
La tierce difference est durer
car les autres sont pardura
bles 2 ceste office acomplie reto
na a sa premiere matiere. ¶
Et quant ilz veirent lestoille
ilz furent moult esiois par tres
grant ioie 2 est assavoir q ceste
estoille que les roys veirent est
iiii fois double. Cest assavoir
estoille materiel espirituel e
entiue 2 raisonnable et sub
stancielle. Ilz veirent la pme
re materiel en orient. La secon
de qui est espirituel cest foy.
Ilz veirent ou cueur car ceste
estoille de foy ilz neussent veue
premierement ou cueur ou elle
nuni ilz ne feussent ia venus
a la vision de la premiere car
ilz eurent foy de leur humanite
quant ilz distrent ou est cel q
est ne 2 de sa royal dignite qnt
ilz distrent roy des Juifz 2 de
la divinite. quant ilz distrent
nous sommes venuz aourer
icellui. ¶ La tierce intellec
tuel cest lange. ilz virent en
dormant quant ilz furent amo
nestez de lui quilz ne retour

nassent a herodes. Ja soit ce que
selon une glose ce ne fut pas par
ange qui les amonnesta. mais
nre seigneur mesmes. ¶ La
quarte estoille. cest la raisonna
ble qui fut la vierge marie. ilz
virent ou destour ou elle gisoit
¶ La ve substanciel qui fut
ihucrist veirent ilz en la creche
Et de ceste double estoille est
il dit 2 ilz entrerent en lostel 2
veirent marie 2 lenfant et c̄.
¶ De la premiere estoille dist
david la lune 2 les estoilles q
tu fondis. de la seconde dit ec
clastre ou xlini^e chapitre. tu es for
me de ciel cest forme domme
celestiel gloire destoilles cest
de vertuz. de la tierce dit a lui
eau le prophe. les estoilles don
nerent lumieres en leurs gar
des. ilz sont appellees 2c. de la
iiii^e dit hympne dieu te sault
estoille de mer. de la quinte dit
lapocalipse. Je suys racine 2 li
gnage de david estoille resple
dissant du matin. ¶ Et p^r
la vision de la tierce. ilz furet
esiois de grant ioie moult for
ment. Et sicomme la glose dit
cellui se sioist de grant ioie q
sesioist de dieu qui est vray. et
dit de grant purte que nulle
chose nest greigneur de lui. et
adiousta moult car dune grant
chose. lun sesioist plus 2 laut^re
moins. Et par ceste assemblee
de paroles voult demonstrer
leuangile. que les hommes ses
ioissent plus des choses pdues
2 retrouuees. que de celles quilz
poursuient tousiours. ¶ Et

quant ilz entrerent en la mai
sonnette et ilz trouuerent len
fant auec sa mere. chascun sage
noulla et lui offri son don. C'est
assauoir or. encens et mirre.
Et sy se escria augustin et dit
O enfance a qui les estoilles
sont soubzmises du quel ceste
grandeur de souueraine louen
ge est. Es dras du quel les an
ges touchent les estoilles. ser
uent les roys cheent les en
fantemens de sagesse sagenoul
lent. O benoite maisonnette
qui es faicte siege de dieu. Et
ierome dit. o ciel. ou quel lu
miere n'est pas mais estoille
O palais celestiel ou tu habites
roy non pas couronne. mais
dieu encorpore au quel dure
creche estoit pour nobles veste
mens. et pour mol lit et po
rtez dorez. Tu as haultesse de
maison enfumee. mais elle est
ennoblie par seruice d'estoilles.
Je me esbahis quant je voy ces
drappe et je voy les cieulx ierau
ce quant je voy le mendiant
en la creche. qui est cler dess
les estoilles. Et bernard dit
que faictes vous roys q'aou
rez vng enfant acapissat soy
en vne maisonnette vil et en
vilz drappellez n'est il pas de
ques dieu cestui que faictes
vous qui lui offrez or dont est
il roy. Ou est sa royal salle ou
est sa compaignie en sa court
n'est pas salle l'estable et la
creche en son throsne. Et en
la compaignie est marie et
ioseph. Ces roys cy furent

fais folz. pource que ilz feus
sent fais sages. Et de ce dit
hylaire ou .ij.e liure de la tri
nite. la vierge enfanta mais
lenfantement est de dieu. le
fant vipt. mais les anges sont
ors laint le. les drappellez or
dissent dieu en est aoure. Et
pource n'est pas perdue la di
gnite de la poeste quant lu
milite de la char est preschee.
Et veez cy que les choses humi
liables et enfermees ne furet
pas tant seulement en dieu
mais les tres haultes de di
uinite. Et de ce dit saint je
rome sur lespitre aux hebrieu
Regarde les berceux jhesucrist
et voies le ciel ensemble. Et re
garde lenfant vipitre en la
creche et escoute ensemble les
anges le lauent. herodes le per
secute. mais les roys laourent
les philozophes le mescon
gnoissent. lestoille le monstre
il est baptise de son sergent
mais la voix de dieu tonnat
est oye dessus lui. Il est plu
gie es eaues. mais le saint
esperit descendi dessus en es
pece de coulon. La raison est mo
tepliable. pourquoy les roys
lui offrirent dons. La pre
miere est pource que la coustu
me des anciens estoit que nul ne
venoit main vuide a dieu ne a
roy. Et ceulx de caldee auoient
acoustume a offrir telz dons
et si comme il est dit en lhystoi
re escoliere. Ceulx cy vindrent
des fins de perse et de caldee
ou le fleuve de sabba est dont

la region dicte saba. ¶ La
seconde qui est de bernard. ilz
offrirent or a la benoite vierge
pour souslegier sa pourete len
cens contre la puour de lesta
ble. le mirre pour conforter les
membres de lenfant et a oster
hors la mauvaise vermine.
¶ La tierce cause est pource
que lor appartient au treuage
lencens au sacrefice. le mirre
en sepulture des mors. Et par
ces .iij. choses sont signifiees en
dieu ihūcrist puissance royal maie
ste divine et mort humaine ¶
La quarte est pource que or si
gnifie dilection encens oroison
et mirre mortifiement de char
et ces .iij. choses devons nous
offrir a ihūcrist ¶ La quinte
car par ces .iij. choses sont sig
fiees trois choses qui estoient
avant en ihūcrist. Car la ver
ge qui flori signiffia la char ihe
sucrist qui fut nee. de quoy da
vid dit et ma char reflori les ta
bles ou les commandemens es
toient escrips signifient lame
ou tous les tresors de science
sont et de la sagesse de dieu.
La manne signifie de la nati
vite ihūcrist qui a toute saveur
et toute souefuete. Et dont par
lor qui est plus precieux de
tous metaulx est entendue
la tresprecieuse divinite par
lencens lame tresdevote. car
lencens signifie devocion et oroi
son david mon oroison soit es
drecee si comme digne encens
devant toy. Mais le mirre qui
garde de corrupcion est signifiee
la char non corrompue. ¶ Et
dont les roys qui furent amo
nestez en dormant que ilz ne
repairassent a herodes sont re
tournez en leur region. Veez cō
ment les roys alerent et vindrent
car ilz vindrent par le conduit
de lestoille et furent enseignez p
le prophete et sen alerent par le
conduit de lange. et dont re
poserent en ihūcrist. et les corps
gisent a milan en legise qui
est orendroit de nos freres. et
gisent maintenant et reposent
a couloigne ¶

De saint pol hermite

Pol le premier hermite
si comme ierosme qui
escript la vie de cellui
tesmoingne. que quant lardeur
de la persecution decien semul
ca sen alla en ung tresgrant de
sert et demoura la en une fos
se quarante ans sans estre con
gneu domme. Et len dit que cestui
decien fut de galilee et ot dou
ble nom et commenca lan de
nr̄e seigneur .ij^c. lvj. Et quant
saint pol veist faire aux crestiens
tant de manieres de tourmens
si sen four ou desert ¶ Et en
ce temps deux iouvenceaux
furent pris et a lun fut oint tout
le corps de miel et fut mis a
lardeur du soleil a estre tres
percie des aguillons des wes
pes et des mousches et des es
carbos. Et lautre fut mis en
ung tresmol lit en ung lieu
ou il avoit attrempance dair
son de ruisselles chans doy
seaulx odeur de fleurs cou

uert de fouus & de fleurs de diuerses couleurs. mais il estoit si lie quil ne se pouoit aider des piez ne des mains. & puis fut amenee vne iouuencelle tresbelle de corps. mais non pas chaste et demena le iouuencel non chastement & cil rempli de lamour de dieu quant il sentir en sa char les mouuemens contraires a raison & nauoit armeures nulles dont il se peust deffendre de cel ennemy. il couppa sa propre langue a ses dens et la cracha en la face de celle desuergondee femme. Et ainsi la doulour enchaca la temptacion. Et ainsi deseruit victoire de louenge Et dont par la peine de ceulx & dautres sen alla ou desert

En ce temps sicomme anthoine qui estoit entre les moynes pourpensoit a estre premier en hermitage. si lui fut enseigne en vision que il estoit vng autre hermite ou desert moult meilleur de lui. Et sicomme il le queroit par les forestz il encontra vng homme demy homme & demy cheual qui lui monstra la voye a destre. Apres il encontra vne beste qui portoit fruit de palmiers qui estoit par dessus homme. & auoit par dessoubz fourme de chieure. et il le coniura de par nostre seigneur que il lui dit que il estoit. Il respondi. Je suy vng satirel seigneur des bois selon lerreur des payens. au derrain il encontra vng leu qui le mena a la celle saint pol. Et pol adone sentir anthoine venir si ferma lurs a la serreure. & anthoine lui prie que il lui ouurist ou il ne partira point dillec car il lui mourroit auant. Et dont pol fut vaincu & lui ouuri luis. Et tantost acolerent lun lautre. Et quant il fut heure de disner vng corbel apporta au double quil ne souloit. Et sicomme anthoine sesmerueil loit de ceste chose. pol respondi que chascun iour dieu lui administroit ainsy. & lui auoit doublee sa liurée pour son hoste Et dont commenca entre eulx vne tresdoulce tencon qui estoit plus digne a partir le pain. et pol disoit que son hoste. & anthoine disoit de cellui ancien. Et en la parfin lun & lautre y misrent les mains et en firent egaulx parties Et sicomme anthoine retournoit et approchoit ia de sa celle. il vit les angeles portant lame de pol. et droit retourna hastiuement & trouua le corps de pol agenouillie drecie en la maniere quil oroit. si que il cuidoit certes viure. Et quant il le vit mort il dit a saincte ame. tu as monstre a la mort ce que tu faisoies a la vie. Et sicomme il nauoit de quoy faire la fosse. vecy ij. lions qui vindrent qui firent la fosse Et quant il fut enseuely. ilz retournerent au bois. Et anthoine prist la cotte de pol qui estoit tyssue de palmes & la vestoit aux solemnitez. Et il trespassa enuiron

lan de nostreseigneur .CC. xxiiii
& sept

De saint Remy.

Remigius remy est dit
de remy qui est a dire
paissant. & de geos qui
vault comme terre. Et Remy re
nir vault autant a dire come
paissant les terriens par de
trine. Ou remy peut estre dit
de gion qui est a dire ung lutte
il fut pasteur & gouverneur.
il repeut lassemblee des gens
par parolle de predication. par
exemple de conversation. par
maniere doroison. Et il est. iii
manieres darmeures de def
fence. comme lescu assaillir
come le glaive de garnison. co
me haubert & heaume. il luita
contre le diable par escu de foy
par le glaive de la parolle dieu
& par le haubert desperance.
Et ignace arcevesque de rains
escript la vie de luy.

Remy noble docteur &
glorieux confesseur de
nostreseigneur. fut avant
sa nativite veu naistre en telle
maniere. sicomme ung hermite
le veist. car sicomme la persecu
cion des vuandaliens avoit de
gaste a bien pou toute france
Ung reclus saint homme qui
estoit aveugle sy deprioit sou
vent nostreseigneur pour la pais
de legise de france. Et lange de
nostreseigneur sapparut a luy
en vision & luy dit sachez que
ceste femme qui a nom aline
aura ung enfant qui aura nom
remy qui delivrera sa gent des
assaulx des mauvais. Et quant
il sesveilla il ala en la maison
de celine & luy dit ce quil avoit
oy. Et pource quelle ne le vouloit
croire pource quelle estoit ja viel
le. il respondy. Sachez que quant
tu alaicteras lenfant tu oindras
mes yeulx de ton lait et me resta
bliras ma veue. Et quant tou
tes ces choses furent advenues
remy fouy le monde & entra en
reclusage. Et sicomme sa reno
mee creust. et estoit de laage de
xxii ans. il fut esleu en arcevesq
que de tout le peuple. Et il fut
de si grant debonnairete que ses
passereaux venoient a sa table
& prenoient de sa main a men
gier. En ung temps quil
estoit hostelle en la maison du
ne dame & elle avoit pou de vin
remy entra ou celier. et fist la
croix dessus le tonnel. Et tan
tost comme il eust depue et ore
le vin saillist tantost par dessus
& sencourust parmy le celier.
Et sicomme clovis roy de
france estoit en ce temps payen
et ne povoit estre converti de
sa femme qui estoit tresxrestie
ne. & veist que grant peuple
sans nombre destranges gens
venoit sur eulx. sique le roy
fist veu au dieu que sa femme
aouroit que se il luy donnoit
victoire des estranges gens. tan
tost il recevroit la foy ihucrist.
Et quant il luy fut advenu
a son desir que il eust victoire
il alla a saint remy & requist
baptesme. Et quant il vint
au fons du baptesme. Ilz ne

trouuerent point de saint cresme. Et dont vne coulombe vint qui apporta vne ampolle plaine de cresme en son bec. et dont leuesque en oignist le roy de ce cresme. Et ceste ampolle est [enc]ores gardee en leglise de raims et en ont les roys de france este enoingz iusques au iour dhui.

Et dont long temps apres sicomme genebaut auoit pris a femme la niepce de saint remy. Et lun eust quicte lautre par cause de religion le benoist remy ordonna genebaut en euesque de laon. Et sicomme genebaut fist venir a lui sa femme plusieurs fois pour cause de visitacion et lui entro duire le couraige de lui par souuent hanter fut esflambe par conuoitise de luxure et vindrent iusques au peche si que elle conceust. et quant elle ot enfante vng filz. elle le fist a sauoir a leuesque. Et dont cellui confus lui remanda disant pource que lenfant est acquis de larrecin. ie vueil que il soit appelle larron. Et pource que aucun souspecon ne venist de eulx il laissa sa femme venir a lui comme deuant et vrayement apres le premier peche ilz cheurent ou second. Et quant elle ot eu vne fille et elle le manda a leuesque il respondi. que il vouloit que elle fut appellee gouppille. Et en la parfin il se repenti. et sen alla au benoit remy et lui chey aux piez. et voult oster lestole de son col. Et quant il eust monstre a saint remy ce qui lui estoit aduenu il le conforta moult debonnairement et lenclost vii ans en vne celle. et entretant il gouuerna son eglise.

Et a la vii.e annee le iour de la cene nostre seigneur que il estoit en oraison vng ange vint a lui que lui dit que son peche lui estoit pardonne et lui commanda yssir hors. Et sicomme il respondi ie ne puis car remy monseigneur clost luys et le signa de son signe. Et lange lui dit. pource que tu saches que le ciel cest ouuert cest huis te sera ouuert sans casser le signe et luis fut tantost ouuert sicomme il auoit dit. Et genebaut se mist en croix ou milieu de luis et dist se monseigneur ihucrist venoit a moy encores ie ne men partiray se remy monseigneur qui me clost ne vient a moy. Et dont saint remy a lamonicion de lange vint a laon et restabli cestui en son lieu lequel perseuera en sainctes euures iusques a la mort. Et le larron son filz succedi a lui en leueschie et fut saint. Et en la parfin le benoit remy reposa en paix noble et moult de vertuz enuiron lan de nostre seigneur cinquāte.

Hylaire si est dit de ioyeusete car il fut moult ioyeulx ou seruice de dieu. Ou hylaire est dit vertueux et hault. car il fut hault en science vertueux en sa vie. Ou hylaire est dit de hylle q

diust autant cōme matiere
aussy comme la premiere ma
tiere qui fut obscure car il eust
en ses dis grant obscurte et
grant perfondeur

Hylaire euesque de
poitiers fut ne de la
region daquitaine
& proceda aussy comme lestoil
le de lucifer entre les estoilles.
Cestui eust auant femme et
enfans en habit seculier et me
noit vie de moyne et en sa par
fin il proffita en vie et en science
si que il fut esleu euesq. Et
dont si comme le benoit hy
laire deffendoit non pas seu
lement sa cite mais toute fran
ce contre les herites. a la requeste
de deux herites euesques il
fut enuoie en exil auec le be
noit eusebe de verseilles de p
lempereur qui estoit maistre des
herites Et dont si comme le
herie croissoit en chun lieu et
estoit donne congie de lempereur
que tous sassemblassent et
disputassent de la verite sait
hylaire. Saint hylaire vint
a la requeste des diz euesques
qui ne pouoient souffrir son
beau parler & fut constraint
daller en poitou. Et si cōme
il vint a lysle de galinare qui
estoit toute plene de serpens
il descendi deuers et enchaca
les serpens par son regart
& fichia vng pel ou milieu de
lisle et ne leur donna fran
chise de passer en plus que
il leur marcha. laquelle par
tie de lisle nest pas toute ter
re mais mer. Et si cōme
il vint a poitiers vng enfant
mort sans baptesme fut resu
scite par ses oroisons & restabli
a vie car il jut tant en la poul
dre que ilz se leuerent ensemble
hylaire de oroison & lenfant de
mort. Et si comme apra sa fil
le vouloit prendre mary il lui
prescha et la conferma ou pro
pos de saincte virginite. Et
quant il considera quelle es
toit ferme pourree que elle ne
fut tournee aucunesfois il de
pria nre seigneur que il la re
ceust & ne la laissast plus vi
ure. Et il fut fait. Car peu de
temps apres elle trespassa en
nre seigneur. et il lensevelit
Et quant la mere de la benoi
te apre ot considere ceste chose
elle lui requist que il lui im
petrast ainsi comme a sa fille
& il le fist. et lenuoia deuant au
regne des cieulx par son oroi
son. En cellui temps leon
pape corrompu ou dampne
par la mauuaistie des here
ges assembla le concille de to
les euesques Et dont quant
hylaire qui nestoit point ap
pelle vint et quant le pape lor
il commanda que nul ne se le
uast contre lui. ne ne lui feist
lieu Et quant il fut entre lo le
pape lui dit tu es hylaire le
gal. et il dit Je ne suis pas
gal mais suis euesque de frai
ce Et Je suis leon juge du sie
ge dapostole de rome & hylai
re dit et se tu es leon ce nest
pas du lignage de Juda Et

le tu es dingnant et nest pas ou sie
ge de ta mageste. Et dont le pa
pe se leua par despit et dit a tous
tant que ie reuiengne ne te remuer
ce que tu as desseruy. Et hylai
re lui dit se tu ne reuiens qui
me respondra pour toy. Et il
lui dit. Je reuiendray tantost
et refraindray ton orgueil. Et si
comme le pape ala aux secretz
de nature il print par flus et fe
ny sa vie maleureusement. en
mettant hors toutes ses entrail
les. Et entretant sicomme hy
laire vit que nul ne lui faisoit
lieu il se souffri paisiblement
et se mist a terre et dit la terre
de nostreseigneur. Et tantost la
terre de nostreseigneur ou il es
toit assiz se haulsa iusques a
la quantite des autres eues
ques. Et quant il fut denoncie
que le pape estoit mort maleu
reusement. hylaire se leua et
conferma les euesques en la foy
catholique et les renuoia confer
mez en leurs propres lieux.
mais ce miracle de la mort
leon pape a doubte. pource que
lystoire escoliere ne celle par
tie en .iij. ne parle point. Et que
la cronique ne tesmoingne pas
que en ce temps pape eust este
de cel nom Et pource que ierome
dit que la saincte eglise de romme
fut tousiours sans corrumpre de
nulle heresie et sera tousiours.
mais toutesfoiz peut il estre
dit que adonc pouoit il estre
aucun pape ainsi nomme et non
pas deuement esleu. mais en
uahi ou siege comme tirant

Ou par aduenture ce fut libe
rien qui obeissoit a constant he
rege. qui fut par autre nom dit
leon. Et en la parfin moult de
miracles faiz par hylaire. il fut
griefment malade. Et quant il
congneust que sa fin approchoit
il appella leonce vng prestre quil
amoit moult et lui dit quil yssi
sist hors. et sil oioit aucune chose
que il lui renonçast. et il acom
plyt ce que commande lui estoit.
Et dont il dit que il oioit trop
grant tumulte en la cite.
Et sicomme il veilloit deuant
lui et attendoit la fin il lui com
manda yssir hors a mynuit au
neir. et quil lui rapportast ce quil
oroit. Et quant il lui dit que
il noioit nulle chose. tantost
vne tresgrant clarte entra a
lui. laquelle le prestre ne pou
oit souffrir. Et ainsi la lumie
re sen partist petit a petit. Et
il trespassa en nostreseigneur. ccc
et .vl. soubz constant empereur.

¶ Sicomme .ij. marchans auoi
ent vng pain de commun. lun
des deux lossoy mangier sauf
a lautel saint hylaire. Et tan
tost le pain fut parti en deux
et en demoura la vne partie
et lautre vint a cellui qui auoit
reffuse a offrir

De saint machaire

Machaire est dit de ma
cha qui vault autant
comme engin. Et de ses qui
est a dire beute. Ou machaire
est dit de amachar qui est a
dire hatement. et de ro qui est
a dire maistre. car il fut engi

gnieur contre la fallace du dyable deuotieux quant a sa vie lutement quāt a dautres le corps & maistre ou gouuernemēt de prelature

Machaire si yssi dung lieu desert. et entra dormir en vng monumēt ou la sepulture des corps des payens estoient & mist lui des corps soubz son lit aussi come vng oreillier. et les dyables le voulurent espouenter & appelloiēt le corps aussi comme vne femme & disoient lieue sus. vien auec nous baigner. Et lautre dyable qui estoit soubz machaire disoit aussi comme sil fut mort. Jay vng homme estrange sus moy. ie ne puis aller. Et machaire ne sespouenta point mais batoit ce corps & disoit lieue sus. va se tu peulx. Et q̄t les dyables louyrent ilz sen fouirent crians a haulte voix. tu nous as vaincus. ¶ Vne fois que machaire alloit dune palus a sa celle. le dyable accourut a lui a tout vne faulx a blé faucher. & le vouloit ferir de celle faulx. mais il ne pot et lui dit. Je seuffre par toy moult de violence machaire pource que ie ne puis riens contre toy & si fais ainsi comme tu fais tu iunes. ie ne mēgeue point tu veilles. Je ne dors point. Vne seulle chose est en quoy tu me surmontes. Et labbé dit. q̄lle. et il lui dit. humilite. pour q̄y ie ne puis riens cōtre toy ¶ Quant les temptacions le cōtraignoiēt. il se leuoit et mettoit vng grant sac plain de grenelle sur ses espaules. et senaloit plusieurs iours par le desert & theosebe le trouua vne fois et lui dit. pere pourquoy portes tu si grant faiz. Et il lui dit Je tue cellui qui me tue. ¶ Labbé machaire vit le dyable trespassant en guise dhomme & auoit vng uestemēt lige deschire. et par chun pertuis pendoient empoles. si lui dit ou vas tu et il lui dit. en maison abeuurer les freres. Et machaire dit. pourquoy portes tu tant dampolles. Et il dist. ie les porte au goust des freres. et sil ne leur plaist de lun ie lui offreray lautre ou le tiers. et si que il leur plaist daucune par ordre. Et quant il reuint machaire lui dit. quas tu fait. et il lui dist tous sont sanctifiez & nul ne sest accorde a moy fors vng qui a nom theotiste. Et dont machaire se leua & alla la et trouua le frere tempte et le conuerti par sa cōmination. Et apres machaire trouua le dyable. et lui demanda ou vas tu et il dit aux freres. Et quant il retourna le viellart dit. que font les freres. et il dit mauuaisemēt. Et machaire dit. pourquoy & il dit. car tous sont sains. Et ce qui mest greigneur mal. Jen ay perdu vng q̄ iauoie. et est fait le plus saint de tous. Et quant machaire loy il rendi graces a dieu. ¶ Saint machaire vng iour trouua le

chief dun homme mort. ⁊ quant
il ot ore il demanda au chief
de qui il estoit. ⁊ il dist dun pa
ien. Et machaire dit ou est
ton ame. Il respondi en enfer.
Et quant il lui demanda se elle
estoit moult parfont. Il respon
dy quelle estoit tant en parfont
comme la terre est loing du ciel
Et machaire dit sont nulz plus
en parfont de toy. ouil dit il
les juifz. Et lors dit macaire
et oultre les juifz sont nulz
plus parfons. Et il respondi
Les plus parfons de tous sont
les faulx crestiens qui sont ra
chetez du sang de crist ⁊ des
pisent si treschier pris. ¶
Sicomme saint machaire aloit
par ung tresparfont desert
il fichoit ung rosel par chasc
venne lieue pour savoir re
tourner par la. Et quant il ot
ja fait .ix. journees et il se re
posoit en ung lieu. le deable
queilly tous les roseaux et
les mist a son chevet. et pour
ce travailla il moult au retour
ner. ¶ Ung frere estoit moult
travaillie de ses pensees. ⁊ pour
ce il estoit en sa celle sans prof
fiter. ⁊ se il fust hitant entre
les hommes il peust moult
proffiter. Et quant il eust dit
a machaire ses pensees il lui
dit filz tu respondras ainsi
a ces tempta je les faiz pour
ihesucrist. car je garde pour ihe
sucrist les parois de ceste cel
le ¶ Sicomme machaire
eust tue une pusce qui le poin
gnoit ⁊ il en yssy moult de
sang. il se reprist que il avoit
vengie sa propre iniure et de
moura .vi. mois tout nu ou
desert. ⁊ en yssy tout deffroin
pu des mouches. Et apres ce
il se reposa en paix en p moult
de vertus

De saint felix en prinses

Felix surnomme en prin
ces est dit ou du lieu
ou il repose ou des
graffes. par lesquelz il souffri
mort. car prinches est a dire
graffe. Et dient aucuns que
quant il estoit maistre des en
fans il leur estoit trop rigoreux
Et dont il fut cogneu des paiens
Et pource quil confessoit fran
chement ihesucrist. il fut baille es
mains des enfans quil avoit en
seignez lesquelz lociseren t de leur
poincteaux ⁊ de leurs broches
et graffes. Et toutesfoys leglise
est bien tenue quil ne fut pas
martir mais confesseur. et ilz
lui disoient quil sacrifiast a
chune ydole. ⁊ il souffloit encon
tre et tantost elle trebuchoit.
¶ Il est leu en une autre legen
de que quant maximien euesque
⁊ lui estoient fuioient la persecu
cion des paiens. Celluy euesque
fut tourmente de faim ⁊ de soif
si quil chey a terre. si que felix
fut envoie a lui dun ange et
il ne porta riens avec lui quil
lui peust donner. Sy vit em
pres lui ung roisin pendant
en une haie. si quil lui espraint
en la bouche. et dont le mist
sur ses espaules et lemporta
avec lui. Et apres ce quant

leuesque fut mort felix fut esleu en euesque. Et sicomme il preschoit et le persecuteur le queroit. il se muca par vng petit pertuis contre les parois de spaces. Et tantost par la voulente de dieu ce pertuis fut emply de toiles diraignes. Et quant les persecuteurs les virent ilz cuiderent que il ny eust nul autre et sen partirent. et felix sen alla en vng autre lieu. et prist sa soustenance .iij. mois dune feme vesve et si ne vit oncques sa face dicelle. Et en la parfin quant la paix fut il retourna a son eglise et la reposa en nre seigneur. et fut enseueli empres la cite en vng lieu qui est dit pincis. et cestui auoit vng autre frere qui estoit aussi dit felix. Et quant cestui felix fut constraint daourer les ydoles il dist vous estes ennemis de voz dieux Car se vous me menez a eulx je souffleray contre eulx aussi come mon frere fist et ilz trebucheront.

Cestui felix cultiuoit vng courtil. et aucuns luy vouldrent oster les choux et emblerent ilz cultiuerent le courtil toute nuyt diligement. Et au matin saint felix les salua et ilz confesserent leur peche et sen allerent en leurs propres lieux Les paiens vindrent pour prendre saint felix. Et tantost si auant doulceur les print. que ilz commencerent a huller. Et il leur dit dictes que ihucrist est dieu et tantost vre doulceur cesseront. et ilz le disrent et firent quanris. Leuesque des ydoles vint a luy et dit. Sire tantost comme mon dieu te veist il prist a fouir. Et quant je luy dis pourquoy ten fuis tu. il me dit car je ne puis souffrir la vertu de ce felix. Et quant mon dieu te doubte tant encore te dois je plus doubter. Et quant felix leust conferme en la foy il le fist baptiser. Felix dit a ceulx qui adouroient apolin. Se apolin est vray dieu si me die que cest que je tien en ma main. Et il auoit en sa main vne cedulle en quoy loroison de nre seigneur estoit escripte. et il ne peust riens respondre. pour laquelle chose les paiens se conuertirent. Et en la parfin quant il eust la messe celebree et il eust la paix donnee au peuple il se mist en oroison au pauement et trespassa en nre seigneur.

De saint marcel

Marcel est dit aussi come deuant mala faire ou il est dit aussi comme ferant les mers. cestadire les aduersitez mondaines. Car le monde ressemble a la mer. Car sicomme crisostome dit sus mathieu. pr our cotinuee et son confus est tousiours en mer. Et la concepcion des vndes est ymage de mort et est perpetuelle desordonnance sans cesser.

Si comme marcel sonne
gram estoit a rome et
blasmoit maximien
de sa tresgrant cruaute. les cre
stiens si comme il disoit la mes
se en la maison dune dame q
il auoit sacree z fait eglise. le
preuost en fut yre. et fist de cel
le eglise estable de mules. et
fist cellui marcel seruir illec
les bestes soubz bonne garde
Et il mourust en ce seruice plu
sieurs ans apres. Et ala a nre
seigneur enuiron lan de nre s.
CC. iiij^xx z sept

De saint Anthoine.

Anthoine est dit de
anna qui est autat
a dire come hault
z detenant. cest aus
si comme tenant les haultes
choses z desprisant le monde
Il desprise le monde et dit q
il est deceuant transitoire et
amer. Et anastaise escript la
vie dicellui

Si comme anthoine es
toit en laage de. xx. ans
il oy lire en legli se. Se
tu veulx estre parfait vens et
vens quanque tu as et donne
aux poures. Et dont il vendi
tout et donna aux poures et
mena vie dermite. Et cestui
soustint temptacions de dya
bles sans nombre. Et une
fois que anthoine eust surmon
te lesperit de fornicacion par
vertu de foy. le diable vint de
uant lui en forme dun efant
noir z cofessa que il estoit vain
cu de lui et dont impetra il
par ses prieres que il veist
lesperit de fornicacion es pia

les tourmenteurs. Et quant
il les veist en la derreniere fourme. il
dit tu te es apparu a moy en
tres vil fourme. Je ne te doub
teray plus. ¶ Une autre
fois que anthoine se tapissoit
dedens ung tombel. grant mul
titude de dyables le tourmentoient
si que son serjent l'emporta
a ses espaules. Et si comme tous
ceulx qui la estoient le ploroi
ent comme mort tous s'endor
mirent. & anthoine revesqui sou
dainement et se fist porter ar
riere a ce tombel par son var
let. Et si comme il estoit illec
estendu a terre pour la doule
ur des plaies de la vertu de lui il
les esmouvoit a lui assaillant
Et dont s'apparurent ilz a
lui en diverses formes de bes
tes sauvaiges et le desrompi
rent avecques aux dens aux on
gles & aux cornes cruelment
Et dont apparut illec soudai
nement merveilleuse resple
deur qui chaça tous les dya
bles. Et tantost anthoine fut
gari. et il entendi que dieu es
toit illec. Et dit ou estoies tu
bon jhesucrist pourquoy ne feis
tu au commencement pour moy
aidier & pour garir mes plai
es. Et nostre seigneur lui dit. An
thoine je estoie cy. mais je atten
doie a veoir ton estrif. Et pour
ce que tu as bien combatu je
te feray renommer par tout
le monde. ¶ Le benoit anthoi
ne estoit de si grant ardeur
d'amour que quant maximi
en emperiere occioit les xpiens
il suivoit les martirs pour
estre fait martir. ¶ Anthoine
il s'en alloit une foys en ung
autre desert. il trouva une es
cuelle d'argent et dist. dont ves
mes dont vient cy ceste escuel
le d'argent la ou nul homme
ne va. se elle fust cheute a ung
courier il eust oy le son pour la
pesanteur. O dyable c'est de
ton euvre. ta voulenté ne pour
ra ja muer la moye. Et en ce
disant la escuelle s'esvanouit com
me fumee. Et apres il trouva
une grant masse de fin
or mais il fuy aussi comme
se ce fust feu ardant. Et ainsi
s'en fouy es montaignes et la
fut .xx. ans resplendissant par
moult de miracles. ¶ Une
fois que anthoine estoit ravi
en esperit. il veist tout le mon
de entretenant ensemble par la
terre de las & se escria et dist.
Las qui eschappera ces las. et
il oyt une voix qui dit humi
lite aucunefois que il fut le
ve des anges en l'air et les
dyables venoient et deffendoient
qu'ilz ne passassent proposans
contre lui les pechiez des sa
nativite auxquelz les anges
dirent ne racomptez pas
ceulx qui sont effaciez par la
pitie de crist. Et se vous en sa
vez aucuns puis qu'il fut moy
ne dictes les. Et quant ilz
[illegible] a veue propre an
thoine fut mené hault tout de
livre et fut apporté jus tout
delivre. Et anthoine di
soit aucunefois de soy mesmes

mes. Je vy aucunesfois le dya
ble haust de corps qui osa dire
que il estoit vertu & pourveance
de dieu et me dit anthoine. q̄
veulx tu q̄ je te donne et je luy
crachoie ou visaige et estoie tout
armé du nom ihūcrist & me
batu cōtre luy & il seslvanoy. Et
apres ce le dyable sapparut
a moy si grant que le chief es
toit atouchāt au ciel. Et quāt
je luy eu demādé qui il estoit
il dit Je suis sathanas. Et dit
apres. pourquoy massaillēt
ainsy ces moynes & ces mau
ditz crestiens. Et anthoine dit
A bon droit le font. car ilz sōt
souvent tourmētez par ta vi
sion. Et il dit. Je ne les mole
ste point mais ilz se courrou
cent ēsemble. Je suis mis a
neant. car crist regne ia par
tout. ¶ Ung archier vit une
fois āthoine soy esioyssāt avec
ses compaignōs. Et dont an
thoine luy dit. met ta saiecte
en ton arc & tray. & il le fist. Et
quāt il eust fait la secōde fois
et la tierce. larchier dit. Je pour
roie tant traire que je me voul
droie de le rompre. Et āthoine
dit ainsy est il des euvres dieu
Car se nous y voulions esten
dre oultre mesure nous serōs
plus tost froissez. Si que il cō
vient aucunesfois relacher
rigueur. Et quant celuy lor
il sen parti confus. ¶ Ung
homme demāda une fois a ā
thoine. quelle chose ferai je pour
plaire a dieu. Et il respondi
En quelque lieu que tu voises
ayes tousiours dieu devant
tes yeulx. Et en ce q̄ tu feras
adiouste le tesmoing des sain
tes escriptures. Et en ce q̄ tu
te siees ne ten pars pas tātost.
Garde ces. iij. choses et tu seras
sauf. ¶ Ung abbé demādā
a anthoine & dit que feray je
et anthoine dit. ne te fies pas
en ta iustice. Tien continence
de ventre & de langue. et ne re
pent point de chose passée. et
si luy dit anthoine aussy cōe
les poissons qui sattargēt ou
sec meurent tout aussy sont
les moynes tardans hors de
leur selle & demourās avec
les seculiers. cest hors de leurs
propos. Et encores dit āthoi
ne. qui se siet en sa selle seul
il se repose et est dehors de .iij.
batailles de iangleur de par
ler & veoir. il se combat seulemēt
a ung au cueur. ¶ Aucuns
freres alerent avec ung leur
ancien visiter āthoine. Et an
thoine dit aux freres. Vo᷒ avez
eu bon compaignon en cest an
cien frere. et puis dit a celluy
pere tu as trouvé bons freres
avec toy. Et al luy dist. Je les
ay trouvez bons. mais leur
habitation na point de porte. q̄
veult entrer en lestable & des
lie lasne. Et il le disoit pour
ce. que quant q̄ilz avoient ou
cueur estoit tantost en la bou
che. Et labbé anthoine dit. il
appartient savoir que ilz ōt
trois mouvemēs corporelz.
Lun est de nature lautre est
de plante de viandes. le tiers

du diable ¶ Ung frere a
uoit renonce au siecle mais
non pas plainement car il a
uoit retenu aucunes choses a
lui. Et anthoine dit. Va et a
chete de la char. et il y alla. Et
ainsi comme il venoit a tout
la char chiens le desrompirent
tout. Et anthoine dit ceulx qui
renoncent au monde et veulent
avoir pecunes aussi sont ilz
desrompus par la contencion
des diables ¶ Si comme an
thoine estoit tourmente par en
nuy ou desert il dit. Sire dieu
je vueil estre fait sauf & mes
pensees ne me laissent. Et lors
se leva et entra seul ou desert
et vit ung homme qui se seoit
& ouuroit et puis se levoit et
oroit et cestoit ung ange de nos
tre seigneur qui lui dit fay ainsi
& tu seras sauf. ¶ Si comme
les freres demandoient ung
iour a anthoine de lestat des
ames la nuyt ensuivant il vit
ung homme. Une voix lappella
& dit lieve sus et voies et il se
leva et veist ung homme laid
et espouentable et le chief elle
ue jusques au ciel. et deffen
doit a aucuns qui avoient es
les & vouloient voler au ciel
quilz ny allassent et avoit les
mains estendues. et si ne pou
oit deffendre a ceulx que ilz
ny volassent franchement et
si ouyt grant voie meslee a
vec douleur. Et dont entendi
que cestoit lacort des ames
et les diables qui les deffen
doit a leur hault. et detenoit au

cunes en les las. & se douloit de
ce que celles des sains sen voloi
ent que il ne povoit retenir ¶
Aucunesfois que anthoine ou
uroit avecques les freres il re
garda ou ciel & veist une triste
vision. Et dont sagenoulla de
vant dieu & depria que il des
tournast celle felonnie que el
le ne fut pas. Et il dit aux fre
res qui lui demandoient de ces
te chose a grans pleurs et a grans
sanglous. que celle felonnie q
navoit oncques este estoit a ve
nir ou siecle. Je vey dit il lau
tel de ihucrist avironne de grant
multitude de gent qui le des
rompoient tout a leurs espiez
car par grant tourment la
foy catholique sera bestournee
et les hommes semblables aux
jumens desrompront les sa
cremens. Et dont une voix fut
oye disant len aura abhomina
cion de mon autel. Et deux ans
apres les arriens vindrent et
desrompirent lunite de legle
& en ordinerent le baptesme. et
sacrifioient les xpiens sur au
telz aussi comme ouailles.
¶ Et si comme ung duc de
egypte malachim par nom tor
mentoit ainsi les vierges et
les moynes tous nuz devant
le commun. anthoine lui rescript
ainsi. Je voy lire de dieu sur
toy delaisse a poursuir ceste
chose contre les xpiens que lire
de dieu ne te prengne car elle
te menace de mort. Et dont
le maleureux leust la lettre
et rit & cracha dessus & la getta

a terre. et tourmenta les porteurs
de batonnes. et remanda a an
thoine tel chose. pource que tu as
si grant cure des moynes ung
disciple de rigueur vendra a
toy. Et .v. iours apres il mon
ta sur son cheual qui estoit tres
debonnaire. et fut gette a terre
par les mors dicellui cheual
et eust rompues et desrompues
les cuisses. et fut mort dedens
trois iours. ¶ Si comme aucuns
freres requeroient oroison dantoi
ne la parole de salut il dist nauez
vous pas oy nostreseigneur disant
se aucun te fiert en la ioe tour
ne. et ilz lui dient. nous ne le
pouons acomplir. et il dit au
moins souffrez paisiblement
de lune. et ilz distrent certes
nous ne pouons. Et anthoine
dist. ne vueillez pas au moins
ferir plus que estre feruz. et ilz
distrent ne ce ne pourrions nous
dont dit saint anthoine a son
disciple appareille ius a menger
a ces freres car ilz sont trop de
licieux seule oroison vous est
necessaire. Et ces choses sont
en la vie des peres. ¶ Quant
le benoit anthoine estoit en laa
ge de .C. et .v. ans il laissa ses
freres et reposa en paix soubz
constantin qui regna lan de gra
ce .CCC.xl.

De saint fabien

Fabien est aussi comme
fouant beatitude souue
raine en acquerant
la gloire par treble raison par
[illegible] de celle et
de victoire

Fabien fut citoien de
romme. Et si comme le
peuple fut assemble
quant le pape fut mort pour
en eslire ung autre. Il vint
au regart. et voult savoir qui
le seroit. et une coulombe blan
che descendi dessus lui. Et si
comme tous sesmerueillerent
de ce il fut esleu pape. cestui si
comme damassien dit enuoia
par toutes les contrees .vii. dia
cres et leur bailla .vii. soubz
diacres qui cueillirent tous
les faiz des martirs et lui ra
porterent. ¶ Cestui si comme
haimon dit contredit a lem
pereur philippe qui vouloit
estre aux vigilles de pasques
et communier. et ne le laissa est
re au service devant quil eust
confesse ses pechiez. Et fut auec
les repentans. Et en la pre
miere an de son eueschie .xiii. il
fut couronne de martire par
le commandement de decien. et
eust le chief couppe. et souffri
mort enuiron lan de nostreseigneur
.CC. liiii. et .iii.

De saint sebastien

Sebastien est dit ain
si comme ensuivant
beatitude. Et de astin
vrbe cite. et ana qui vault autant
comme hault. Et est autant a di
re sebastien comme ensuivant acq
rant et possedant la beatitu
de de la cite souveraine. Cest
assavoir selon augustin par
.v. manieres. Il acquist le reg
ne par pouvrete ioye par dou
lour repos par travail gloire

par mesaise & vie par mort. Ou
sebastien est dit de baste. cest la
ce. car il fut chevalier ihucrist
fut cheval leglise fut le bast en
la selle. & moiennant ces choses
ihucrist chevaucha en leglise
et eust victoire de mort de mar
tirs. Ou sebastien est expose &
vault autant a dire comme avi
ronne ou avironnant car il fut
avironne de saiettes aussi com
me ung herichon. Et fut dit a
vironnant car il avironnoit
et confortoit tous les martirs
et confortoit a son povoir

Sebastien fut ung hom
me tres crestien du li
gnage de narbonne &
fut citoien de milan et fut si
ame de dioclecien & de maximien
empereurs quilz lui baillerent
la seignorie de la premiere com
paignie des chevaliers et lui
commanderent tousiours estre
devant eulx. Et cestui portoit tant
seulement le mantel de cheva
lerie. affin quil peust conforter
les ames des xpiens que il ve
oit deffaillir es tourmens. Et
sicomme les benois & tresno
bles hommes marcelin & marc
freres estoient jugez a estre de
colez pour ihucrist. leurs pa
rens vindrent a eulx pour les
oster de leur bon propos. et la
vint leur mere les cheveulx
desrompuz & ses vestemens des
chirez. et leur tendant les ma
melles et disoit. hau tresdoulz
filz. onques telle maleurete
navint a femme comme a moy
ne pleur si fort a souffrir :

Lasse chetive je pers mes filz
qui tendent a la mort de leur
gre. lesquelz se ennemis me
ostassent a force je les suivroie
de bataille se ilz feussent enclos
en chartre. je la romproie & deus
se mourir. Ce mest une nouvel
le maniere de mourir. par la
quelle la jeunesse de mes filz est
produite de son gre. par laquelle
les bouchiers sont priez quilz
fierent. ilz desirent a estre peris
& la mort est amonnestee de
venir. Cest dont nouvel pleur
et nouvelle maleurete par quoy
la viellesce des parens est con
strainte a vivre. Et sicomme
la mere disoit ce. le pere qui estoit
aussi en fut amene par ses ser
gens. Et en son chief arrouse
de pouldre disoit telz paroles
au ciel. Je suis venu a mes filz
alans a la mort de leur gre por
dire moult de choses. car ce que
javoie appareillie a ma sepul
ture il convient que je maleu
reux despende en la sepulture
de mes filz. O filz soustien et
baston de ma viellesse. et la
double lumiere de mes entrail
les. pourquoy amez vous tant
la mort. ha jeunes hommes
venez en plorez dessus ces jou
venceaulx qui de leur gre pe
rissent. viellars venez avant
& plorez avecques moy sur mes
filz. venez en peres. et leur def
fendez. si que vous ne souffrez
telz choses. mes yeulx deffail
lez en plorant. si que je ne voie
mes filz estre tuez par glaive.
Et sicomme le pere disoit ces

choses. les femmes de ces jou
uenceaulx vindrent. qui leur
mõstrerent leurs propres filz
deuant eulx criant et disant.
seigneurs de qui nous laissiez
vous a qui seront ces enfans
qui leur donrai larges posses
sions. las cõme vous auez durs
cueurs qui despisez voz parens
et reffusez voz amis. et gettez
hors voz femmes et renyez voz
filz. et vous baillez aux bouchiers
de vr̃e gre. Et entre ces choses
les cueurs de ces hommes cõ
mencerent a amolier. Et dont
saint sebastien qui vint la sail
li ou milieu deulz et dit. O tres
fors cheualiers de ihucrist ne
vueilliez pas perdre la couronne
pardurable. par malereuses
blanches parolles. Et dont dit
aux parens. ne vous doubtez
ilz ne seront pas separez de vo'
mais vont pour vous appareil
ler les maisons hostelees du
ciel. Car des le commãcemẽt
du monde ceste vie decoit ceulx
qui esperent en lui et conchie
ceulx qui si actendent et despit
ceulx qui y ont presumpcion ne
elle nest sy seure ne sy certaĩe
a nul q̃ elle ne mente a tous.
Ceste vie amonneste a estre
larron qui lui obeisse estre y
vreux si quil forsenne mẽterie
sy quil deceue elle commãde
a faire blasmes et felonnees
Elle amonneste choses desrai
sonnables. mais ceste passion
et persecution q̃ ceulx cy seuf
frent se eschauce huy. et sesua
nouira demain. Elle art huy

et se refroidira demain. elle vient
en une heure. et en une heure
sen va. mais la douleur pardu
rable. sy renouuelle plus po'
forsenner. elle est multipliee
pour plus ardoir. elle est en
flambee. pour plus punir or
efforcons donc noz couraiges
en lamour de martire. car en
ce cuide bien le diable vaincre
mais quant il prent il est pris
quant il tient il est vaincu. quãt
il tourmente il est tourmente
quant il estrangle il est occis
quant il enchante il est despit.
Et si comme le benoist sebastiẽ
preschoit ces choses et semblables
zoe la femme nicostrace. en la
maison de laquelle les sains
estoient gardez qui auoit la
parolle perdue. si sagenoulla
aux piez du saint et requeroit
pardon par signes. Et dont se
bastien dit. Se je suis dont
sergent de ihucrist. Et se les
choses q̃ ceste femme a ores de
ma bouche sont vraies et les
croit. si lui ouure la bouche q̃
aouurit la bouche a zacharies
prophe de nr̃e seigneur. Et a
ceste parolle la femme sescria
et dit. la parolle de ta bouche
est benoite. et ceulx sont benois
qui croient ce q̃ tu as dit. car
je vey ung ange tenant ung
liure deuant toy. la ou ce que
tu as dit est tout escript. Et
quant son mary ce oyt. si se
mist aux piez saint sebastien
requerant pardon. et deslia
tantost les martirs requerant
que ilz sen allassent. Lesquelz

Et quant tarquelin lor il vint
auant. et dit femme vont deuãt
nous a couronne de martire
pourquoy viuons nous. Et
pou de iours apres il fut lapi
de. Et a saint tyburcien fut cõ
mãde. ou que il alast nuz piez
sur les charbons ardans. ou
que il donnast encens aux ydoles
et il fist le signe de la croix sur
les charbons et alla dessus a
nues plantes seurement disant
Il mest aduis q̃ ie suis alle sur
fleurs de roses. ou nom de nr̃e
seigneur ihũcrist auquel ra
bien preuost dit. nous sauons
bien que vr̃e ihũcrist vous en
seigna lart magicque auquel
tyburcien dit. Tais toy maleu
reux. car tu nes pas digne de
nommer si saint nom ne sy
doulx. et dont le preuost fut ire
et commãda quil fut decole
Et dont marcel et marc furẽt
tourmentez liez a vng pel. Et
sicomme ilz estoient fichez ilz
disoient en chantant. Vez cõe
bonne chose et Ioyeuse est habi
ter les freres ensemble. auql
quelz le preuost dit maleu
reux ostez vr̃e forsennerie. et vo'
deliurez vous mesmes. auql
ilz distrent. nous ne feusmes
oncques mais mieulx repeuz
nous voulsissons que tu no'
laissasses tant estre cy que les
ames se partissent du corps.
Et dont le preuost commãda
que ilz feussent trespercez de
lances parmy les costez. et ai
sy acomplirent leur martire
Et apres ce le preuost denõça

les faiz de diocletien empere'
et il le fist venir a lui et dit. Je
tay tousiours eu entre les primers
de mon palais. et tu as a lenc
et contre mon salu et en li
ure des dieux. Et sebastien dit
Iay tousiours aore ihũcrist
pour ton salu et pour lestat de
lempire de romme ay ie tousiou'
aore dieu qui est es cieulx. Et
dont diocletien commanda ql
fut lie ou milieu dun champ
et quil fut saiette de saiettes.
Et dont trairent a lui si quilz
lemplirent tout de saiettes et
estoit comme vng herison. Et
cuiderent quil fut mort et sen
alerent. Et dedens .ii. iours a
pres il fut deliure. et estoit sur
les degrez du palais. sicõme
les empereurs venoient de fai
re mal aux crestiens et les re
prist durement. Et lempere'
dit. nest ce pas cy sebastien ql
a pieca que ie commanday
a estre saiette et tue de saiettes
Auquel sebastien dit. nr̃e s' ma
resuscite pource que ie vous as
semble et repreigne de voz maulx
que vous faictes aux seruans
de ihũcrist. Et dont lempere'
commanda quil fut tantost
batu de bastons quil meist
hors lesperit. et puis fist get
ter le corps dedens vne cham
bre quoye. que il ne feust hon
re comme martir des crestiens
Et la nuyt ensuiuant il sap
parut a saincte luce Et lui
reuela ou son corps estoit. et
lui cõmanda que elle lense
uelist es piez des apostres. et

elle le fist. Et il souffrit mort soubz dyoclecien & maximien qui commencerent a regner en lan de nostre seigneur .cc. iiii.xx et vii. ¶ Saint gregoire racompte ou premier livre du dyalogue que une femme en costans de nouvel mariee fut conviee dautres femmes pour aler a la dedicacion de leglise saint sebastien. Et la nuit que elle devoit aler la lendemain elle fut aguillonnee de la char. Et ne se peust abstenir de son mari. Et au matin elle eust greigneur honte des hommes que de dieu et alla la. Et tantost que elle fut entree en loratoire ou les reliques saint sebastien estoient. le deable la prist et la commenca a tourmenter devant tous. Et dont le prestre de celle eglise prist la couverture de lautel & la couvry. Et tantost le deable assailly cellui prestre. Et dont les amys dicelle distrent aux enchanteres quilz enchantassent le deable par leurs enchantemens. mais tantost si comme ilz lenchantoient par le jugement de dieu une legion de ennemis .vi.m.vi.c.lxvi. entrerent en celle et la tourmenterent plus griefment. Et ung homme fortunat par nom noble par sainctete la guerit par ses prieres. ¶ Il est leu ou fait des lombars que ou temps de gilbert roy toute ytalie fut ferue de si griefve pestilence que a peine pouoit le vif ensevelir le mort. Et celle pestilence sefforcoit mesmement a romme & a pavie. Et dont le bon ange apparut visiblement et commandoit au mauvais ange qui portoit ung baston a ferir ung espie que il ferist & les fist departir. Et tant de foys comme il feroit une maison. tant de mors en estoient mis hors. et il fut divinement revele a ung homme que ceste pestillence ne cesseroit en nulle maniere devant que on avoit sanctifie et sacre ung autel a pavie ou nom saint sebastien. et il fut fait en leglise de saint pierre qui est dite aux liens. Et dont ceste pestillence cessa. & les reliques de saint sebastien furent la apportees de romme. ¶ Saint ambroise dit aussi en son preface. le sang du benoit martir sebastien espandu fut por la confession de ton nom manifesta ces merveilles. que tu parfeis en leur fermete de vertus & donne proffit a leurs estudes et fut aide victor a tes ennemis.

De saincte agnes.

Agnes est dicte de agna aignelle. car elle fut debonnaire comme aignel & humble. Ou du nom grec agnos qui est a dire debonnaire et pitoiable. Ou agnes est dicte de agnoscere congnoistre. car elle congneut la voie de verite. Et selon saint augustin. verite est opposee contre faulsete & doublete

et elle osta ces .iii. choses de lui
par vertu q̄ elle ot

Agnes tres sage vierge
si comme saint am
broise tesmoingne q̄
escript sa passion perdi mort
ou xiii.e an de son aage et trou
va vie. lenfance estoit contee
par ses ans mais elle estoit
ancienne de son aage et de grant
pensee et jeune de son corps
et vieille par couraige belle de
face. mais plus belle de foy.
Et si comme elle retournoit
des escoles. le filz du prevost
lama. et lui promist pierres
precieuses et richesses sans
nombre mais q̄lle se octroiast
a estre sa femme. Auquel ag
nes respondi. Va hors de moy
pasture de mort. commence
ment de peche nourrissement
de felonnie. car jay ja autre
amy. Et dont commenca elle
a louer son amy et son espoux
de cinq choses qui sont cōve
nables entre espoux et espou
se. Premierement de la no
blesse de lignage. de la manie
re de beaulte de labondance de
richesses. de la vigueur de for
ce et de puissance dexcellence
damour. Et dit ainsi. cil q̄
est de trop loing plus noble
de toy par lignage et par di
gnite. duquel la mere est
vierge. et le pere nō congneut
onques sa femme. auquel les
anges servent de la beaute
duquel soleil et lune se mer
veillent duquel les richesses
ne deffaillent point ne ne
descroissent par son odeur. du q̄l
les mors revivent et les mala
des sont cōfortez par son atou
chement. du q̄l lamour est
chaste. latouchement est chaste
et lassemblement est virgini
te. Et ces .v. choses met elle en
une auctorite duquel la no
blesse est plus haulte. la poeste
est plus forte le regart plus
bel lamour plus doulce. et la
grace gracieuse de tous autres.
Et apres elle met .v. benefices
que son espoux lui donne. et do
ne aussi aux autres espousees
car il les ennoblist de lanel
de foy. il les vest et aorne de mōlt
de diverses manieres de ver
tuz et les lie par sa passion de
son sang il les conioint a lui
par lien damour. et les enri
chist des tresors celestielz de
gloire Et dit ainsi. cest cil q̄
ma aorne de son anel en ma
destre il a environne mon col de
pierres precieuses. il ma vestu
dun mantel tyssu dor et ma
atournee de ces beaux et no
bles fermaulx. il a mis son si
gne en ma face. si que je ne pre
gne nul autre amy de lui et
ma aournee mes joes de son
sang. il ma ja estrainete de
ces chastes acolemens. et le
corps de lui est ja acompaig
ne au mien et ma monstre ces tre
sors que nul ne peut nombrer
Lesquelz il ma promis se je p
severe et me garde a lui. Et
quant le forcene jouvencel
oy ces choses il acoucha au lit
et les medecins distrent que

il estoit malade damours dist que
le prix dicellui le dit a la vier
ge et lui recorda tout. Et elle lui
dit quelle ne pourroit corrom
pre les aliances de son premier
espoux. Et le prevost commanda
a enquerre qui cellui espoux es
toit de sa puissance duquel
agnes se vantoit. Et aucuns
lui distrent que elle disoit que
ihesucrist estoit son espoux. Le pre
vost lamonesta premierement
par belles paroles. et puis la
menaca par espouventemens. au
quel agnes dit. que veulx tu
faire car tu ne peulz avoir
que tu quiers. Je ne te prise pas
plus par bel parler. que par
menaces. Et le prevost lui dit
eslis une chose des deux. ou tu
sacrefies a noz dieux. en veste
ment de deesse. ou se ta virgini
te te plaist. tu seras au bordel
comme les autres foles fem
mes. Car pource que elle es
toit noble il ne lui povoit fai
re nulle force fors que pour
tant que il lui mist sus quelle
estoit crestienne. Auquel elle re
spondi. ne je ne sacrifieray a
tes dieux. ne je ne seray ia con
chee de estranges ordures. car
iay avec moy la garde de mon
corps. cest lange de nostreseigneur.
Dont le prevost commanda quel
le fust despouillee et menee toute
nue au bordel. Et tantost nostre
seigneur fist ses cheveulx telz
et si espes que elle estoit mieulx
vestue de cheveulx que de vesture
Et quant elle fut entree en ce
lieu de laidure elle trouva la

ge de nostreseigneur appareillie
qui enlumina tout le lieu de clar
te. et lui apporta ung tresblanc
vestement. Et ainsi ce bordel fu
fait lieu doroison et que pour
la grant lumiere. len en yssist
plus net que on ny entrast. Et
dont le filz du prevost vint a
ce bordel avec autres iouven
ceaulx et les amonnesta daler
avant a elle. Et ilz entrerent
ens. mais ilz furent repentans
pour le miracle et sen retour
nerent. Et il les appella ma
leureux. et ala a elle tout for
senant. Et quant il la voult
atoucher. celle lumiere trebu
cha contre lui. et il nen dit on
ques graces ne honneur a
dieu. si quil fut tantost estran
gle du deable et mourut. Et quant
le prevost loy il vint a elle a
grant pleur et enquist dili
gemment la cause de la mort
de lui. Auquel agnes dit. cil
de qui il vouloit parfaire la
voulente prist pouoir sur lui
et loccist. car ses compaignons
veirent le miracle de dieu. et
sen retournerent tous espouven
tez et sans nul mal. Et dont
le prevost dit. en ce apperra
il que tu ne las pas fait par
art magique. se tu peulz impe
trer que il resuscite. Et dont
agnes ala a oroison et le iou
vencel resuscita. et ihesucrist
fut preschie de lui apperte
ment. Et dont les evesques
des ydoles esmeurent grant
contempcion ou peuple et ses
crierent. Oste nous ceste en

chanteresse qui mue les pensees
et estrange les courages. Et que
le prevost eust veu si grant mi
racle il la voulst delivrer. mais
il doubtoit les tres fors decres. Et
establi ung vicaire. pource que il
ne la povoit delivrer et sen par
ti tout triste. Et dont le vicai
re qui avoit nom aspasien par
non commanda que elle fut get
tee en ung tresgrant feu. mais
la flambe se mist en deux par
ties et commenca a ardoir le peu
ple des mescreans. Et dont as
pasien commanda que on lui
boutast ung glaive dedens la
gorge. Et ainsi son espoux blanc
et vermeil la consacra a son es
pouse blanche et martire. Et
elle souffri mort sicomme len
croit ou temps de constant le
grant. en lan de nostreseigneur
iij.c. et ix. Et sicomme les
crestiens et les payens d'icelle en
terroient son corps a grant joye
ilz eschappoient a peine des
payens qui gettoient des pier
res contre eulx. Une tres
saincte vierge emerenciene com
paigne d'icelle laquelle avoit este
le estoit encores nouvelle en la
foy. sicomme elle seoit delez le
sepulchre d'icelle et reprenoit
les payens de leur mauvaistie
ilz la lapiderent. Et tantost
la terre trembla. et esclers et
fouldres furent si fors que plu
sieurs des payens moururent
si que adoncques puis ilz ne blece
rent nul qui venist au sepul
chre de celle vierge. Et le corps
de saincte emerenciene fut

mis delez le sepulchre saincte
agnes. Et sicomme les pa
rens d'icelle veilloient au mo
nument a son tombel. ilz virent une
compaignie de vierges vestues
en vestemens d'or. Entre lesquel
les ilz veirent la benoite agnes
vestue de semblables vestemens et
ung aignel plus blanc que noif
estoit a sa dextre et leur dit re
gardez moy et ne me plorez pas
comme morte. mais esiouissez
vous avec moy car jay receu les
tresresplendissans sieges avec
les autres. Et pour ceste vision
est celebree secondement la feste
saincte agnes. Constance
fille de constantin estoit malade
de tresfort lepre. Et quant elle
oy ceste vision elle sen alla ou tom
bel saincte agnes. Et sicomme
elle estoit en oroison elle sendor
mi et veist en vision saincte ag
nes qui lui dit Constance se
tu euvres fermement et croy
en nostreseigneur. tu seras tan
tost delivree. Et a ceste parolle
elle sesveilla et se senti parfai
tement garie. Et dont receut
baptesme. et fist fonder une
eglise sus le corps de la vierge
et la demoura par sa virginite
et assembla illec moult de vier
ges par son exemple. Ung
homme qui avoit nom pauli
nus faisoit loffice de prestre en leglise
de saincte agnes et commenca
a estre tourmente par tempta
cion de char. Lequel qui ne vouloit
pas dieu courroucier deman
da licence au pape de soy marier
Et dont le pape considerant la

bonte et sa simplesse. Icellui
lui donna son anneel a tous ses
merveilles et lui commanda q
il dit a ung ymage de saincte
agnes qui estoit painte en son
table. que elle se laissast espou
ser a luy. et elle tendi tantost
le doy a lanel et il le mist en
son doy. et elle le retraist a soy.
Et toute celle temptacion fut
ostee du prestre. Et encore sico
me len dit le dit anel appert
encore ou doit de lymage. ¶ E
t aussi list len que quant le
pape regardoit leglise de saincte
agnes il dit a ung prestre que
il lui donneroit une espouse a
nourrir et a garder. cestoit le
age de saincte agnes que il lui
commettroit. et dont lui bailla
ung anel et lui commanda q
il en espousast lymage. et don
lymage tendi et retrait son doy
et il lespousa. ¶ De ceste vier
ge dit ambroise ou livre des
vierges. Ceste cy loent vielz jeu
nes et enfans. nul nest plus a lo
er que ceulx qui peuent estre
loez des hommes. car tant ho
mes come enfans qui preschent
ceste matiere. Esbahissiez vo
us quant ilz parlent de ce q
vous estes tesmoing de si grant
divinite. Car encores ne pou
oit elle pas estre par aage arbitre
de soy elle fist en la fin que ce
feust creu de dieu ce qui nestoit
pas creu de homme. Car quelq
chose est oultre nature cest du
faiteur de nature. Cest une
nouvelle maniere de martire
que celle qui estoit encore non
pas convenable davoir peine
Et que nature la forte a estrif
de victoire fut convenable a
estre couronnee et acomplist
la maistrie de vertus. la quelle
portoit le jugement de son aage.
Et aussi comme la mariee se
hastast daller a la chambre. ceste
vierge ala liee et joyeuse grant
cours au lieu de tourmens. ¶
Et ambroise aussi dit en son
preface. La benoite agnes des
prisoit les delis de noblesce.
deservi la celestiel dignite en
delaissant les desirs de la co
paignie humaine est acompai
gnee du roy pardurable. Et
celle recevant mort precieuse
pour la confession de ihucrist
est faicte ensemble semblable a
cellui

De saint vincent.

Vincent est dit aus
si embrasant vi
ces ou vainquant
embrasemens & te
nant victoire. car il ardi et de
gasta vices par mortifiement
de char. Il vainqui les embra
semens de tourmens par ferme
de souffrance. il tint la victoire
du monde par despiter le mo
de. car il vainqui .iij. choses qui
estoient ou monde. C'est assa
voir faulses erreurs. ordes a
mours & joyes mondaines
Lesquelz choses il vainqui par
sagesse par nettete et par fer
mete. de quoy augustin dit. q
les martiremens des sains ont
enseigne q le monde soit vain
cu avec toutes amours toutes
erreurs & toutes paours. Et
aucuns afferment que le be
noit augustin escript & ordon
na sa passion. et prudencien la
mist tressolempnement par vers.

Vincent fut de noble
lignage. mais il fut
plus noble par foy
& par religion. et fut diacre de
saint valere evesque. auquel
pource que il estoit plus despe
chiez de langue il lui commist
ses faiz. si que il ne entendit fors
que a oroison et a contempla
cion. Et par le commandement
du prevost dacien. Vincent et
valere furent trainez et gettez
en cruel prison. Et quant le pre
vost cuidoit que ilz feussent pe
riz par fain & par peine. il co
manda quilz venissent devant
lui. Et quant il les veist sains
et joyeux il fut courrouce. et
commenca a crier & dit que dis
tu valere qui soubz le nom de
ta religion fais contre les de
cres des princes. Et si comme
le benoist valere respondit
moult legierement. Vincent
lui dit. pere honnorable ne
murmure pas ainsi comme a
paoureuse pensee. mais escrie
toy a voix delivre et pere se tu
le commandes. je men respondre
au juge. auquel il dit. Ja pie
ca tres chier filz. t'avoie je commis
la cure de parler. et maintenant
te commet je a respondre pour
la foy pour quoy nous sommes
cy. Et dont vincent se tour
na vers le juge. et dit a dacien
tu as tenu jusques a ores pa
rolle de la foy renier. mais
sachez que c'est grant felonnie
vers la saigesse des xpiens.
de blasmer en reniant l'onneur
de nre deite. Et dont dacien co
manda que levesque fut me
ne en exil & que vincent com
presumpcieux et despit jou

uences fut tendu ou tourmēt
qui est dit culee. Et est fait
aussi comme une croix de tra
uers dont les ij bouts sont fi
chez en terre. et que tous ses me
bres feussent desrompuz po^r
espouenter les autres. Et qt
il fut tout desrompu dacien
lui dit dy moy vincent. ou
voies tu maintenant ton corps
maleureux. mais vincent sous'
riant dit. cest tout ce que iay
tousiours desire. Et dont le
preuost ire comenca a mena
cer de toutes manieres de tor
mes. Et vincent lui dist. O
maleureux coment me cuides
tu courroucer. tant plus gref
ment comenceras tant aura
dieu plus pitie de moy. lieue
sus maleure et par tout ton
malin esperit tu seras vaincu
car tu me verras par la vertu
de dieu pouoir plus quāt ie
seray tourmēte. que tu ne po^r
ras tu qui me tourmēteras
Et dont le preuost comenca
a crier. et a ferir et batre les
bouchiers de flaiaux et de ver
ges. Et vincent lui dit. q dis
tu dacien. tu mesmes me ven
ges de mes tourmēteurs. Et
dont le preuost fut tout for
sene. et dit aux bouchiers. tres
maleureux. vous ne faictes
riens. pour quoy vous deffail
lent voz mains. vous auez
vaincu murtriers et adoul
tres sique ilz ne pouoiēt rece
celer ētre voz tormēs. et ce seul
vincent pourra surmonter
voz tormens. Et dont les bou
chiers le pignoient a pignes
de fer iusques dedens les costez
sique le sang decouroit de tout
son corps. et que les entrailles
lui paroient parmy la ioincture
des costes. Et dacien lui dit. vi
cent aies pitie de toy. sique tu
puisses recouurer ta tres belle
ieunesse. et gaaigner a eschap
per les tourmēs qui sont ē
cores auenir. Et vincent dit. O
langue venimeuse du dyable
ie ne doubte point tes tormēs
mais ie crains tant seulemēt
ce que tu fains auoir pitie de
moy. Car de tant comme ie te
voy plus courrouce. de tāt mes'
iois ie plus. Je ne vueil que tu
apetices nul de tes tormens.
Sy que tu cognoisses q tu soies
vaincu en toutes choses. Dont fu
il oste de ce tourment et fut
rauy et mene a ung torment de
feu et blasmoit en reprenant
les demeures des bouchiers
a lui faire peine. et dont mon
ta sus le greil de son gre. et la
fut rosti et ars et brusle par
tous ses membres. et furent fi
chiez de menuz clous de fer. et
de pieces de fer ardans. Et
quant le sang arrousoit le feu
les plaies empreignoient les
autres plaies. et en sur que
tout il fut gette ou feu qui fut
espandu. sique le feu ressaillat
ou corps de toutes pars. des
plaie brulast plus cruelmēt
par les flambes le corps. si q
les lances du feu ne se tenoi
ent mais aux membres. mais
aux entrailles que elles couloiet

hors de son corps. si que il estoit fait non mouvable. mais il deprioit nostre seigneur les mains tendues au ciel. Et puis les menistres leur dient a Dacien il dit Las nous sommes vaincus et il vit encores. si que il vive plus longuement es peines. enclouez le en une tres obscure chartre et assemblez la tes tres agues et fichez ses piez a ung pel. et soit tendu sans nul humain confort et le laissiez sus les lattez. et quant il sera deffailly si le me renonciez. Et les cruelz ministres lui obeirent comme a seigneur tres cruel. mais le roy pour quoy il souffroit sa peine lui transmua en gloire. Car les tenebres furent chacees de la chartre par tres grant lumiere. et lespreces des tes fut muee en souefvete de toutes fleurs. les piez furent desliez et il usa du confort et de lonneur des anges. Et si comme il aloit sur les fleurs chantant avec les anges le doulx son du chant et la souefve odeur des fleurs qui fut merveilleuse descendi sans doubte par de hors. et quant les gardes eurent veu par my les creuaces de la chartre ce qui estoit dedens ilz convertirent a la foy. Et quant Dacien oy ceste chose. il fut tout forsene et dit. que lui ferons nous plus. nous sommes vaincus. Or soit dongues porte en ung lit. et soit mis entre deux mols draps. si quil ne soit fait plus glorieux si que aventure il ne deffaille es tourmens. mais quil soit illec renforcie. et derechief soit puni en nouveaux tourmens. Et quant il eust este porte en ung plus mol lit. et il eust illec repose ung pou. il rendi lesperit a dieu environ lan de nostre seigneur. CC.iiii. et vint soubz Diocletien et Maximien. Et quant Dacien loy. il fut moult dolent et dit que ainsi estoit il vaincu. mais puis que ie ne le puis avoir vaincu vivant ie le pugniray mort. Car se ie nay peu avoir victoire si me saouleray ie de la peine. et dont le corps de lui fut mis en ung champ pour estre devore des oyseaulx et des bestes par le commandement Dacien. mais il fut tantost garny de la garde des anges. et fut garde des bestes sans touchier. Et apres ce il vit ung corbel tout affame qui chacoit les autres oyseaulx greigneurs de lui par la force des elles. et si en chaca ung lou qui y vint par mordre du bec et par crier. Et dont tourna son chief devers le corps saint a lui regarder comme cellui qui se merveilloit de la garde des anges. Et quant Dacien oy ceste chose. ie croy dit il que ie ne le pourray surmonter mort. Et dont commanda il que on lui gettast une meule de molin au col et le gettast on en la mer. si que cellui qui ne povoit avoir este gaste a terre des bestes fut devoure en la mer des belues. Et dont les mariniers

qui portoient son corps en la mer
le getterent dedens. mais le
corps fut plus tost arrive q les
mariniers. 2 fut trouve d'une
dame et d'aucune autres. par
la revelation de lui. et fut
honnorablement ensevely dicelles.
Et augustin dit de cestui
martir. Le benoit vincent vain
quit en parolles. il vainquit en
peines il vainquit en confession
il vainquit en tribulation. il
vainquit brulle il vainquit noie
il vainquit vif il vainquit mort.
Cestui vincent fut tourmente
pour haultes dieu. il fut flagel
le pour estre introduit. il fut ba
tu pour estre enforce. il fut ars
pour estre purgie. ¶ Ambroi
se de cestui martir en ceste ma
niere. Vincent fut tourmente
batu flagelle 2 ars pour le
nom de dieu. et son courage ne
fut argues mie. car il ardoit
plus du feu du ciel. que du feu
du greil. il estoit plus lie de la
paour de dieu que du siecle. il
voulut plus plaire a dieu q au
marchie. il ama mieulx mo
rir au monde que a dieu. ¶
Et augustin dit ailleurs mer
veilleux regart est une devan
nos yeulx. Juge felon tourme
teur cruel sanglant martir non
vaincu 2 estrif de cruaute et
de pitie ¶ Prudencien qui
fut noble ou temps theodosien
le viel. qui commenca lan iiii^c
iiii et vi. et dit q vincent res
pondi a dacien ses tourmens
de la chartre les ongles les de
strangnans flambes et celle mort

derreniere des peines tout nest
que ieu aux xpiens. Et dont da
cien dit liez le retordez les bras
de hault en bas. Estendez les join
tures des membres. tant q les
os soient rompuz et departis
si que la lumiere lui saille par les
crevaces des membres retorsez
et que le giser begaie. Et le che
valier de dieu rioit de ces cho
ses. et blasmoit les mains en
sanglantees pource q icelles ne
boutoient les ongles plus par
font es membres. Et quant il
estoit en la chartre. lange lui dit
Lieve sus noble martir. car tu
seras nre compaignon es sain
tes compaignies. O chevalier
non vaincu. plus fort des plus
fors. Ces tourmens aspres et
fors doubtent la toy vainquent.
Et prudencien le escript. Tu es seul
noble du monde. Tu emporter
seul la victoire de double batail
le. tu as ensemble appareillee
deux couronnes

De saincte basille

Basille est dit de basis
en grec. qui vault au
tant a dire comme
fondement. et lis qui est a dire
tancon que il fut fondement
2 fonde en doctrine. Et si osta
la tencon dentre les herreges
et les crestiens par le sens et
la doctrine de lui

Basille fut evesque
honnorable 2 noble
docteur et amphile
sien evesque dit come escript
la vie de lui. 2 fut monstre en
vision a ung homme q avoit

nom effrem de quelle saincte il fut. Et si comme le dit effrem estoit ainsy comme en trãses. il veist vne colompne de feu qui auoit le bout au ciel. et oy vne voix dessus disant. tel est basille le grant. Comme celle colompne de feu que tu vois. Et dont vint lermite en la cite le iour de la typhaine tant seulement pour veoir cest homme. Et quant il le veist vestu dun blanc vestemẽt allant a procession honnorablemẽt auecques ses clercs il dit a soy mesmes. Je me suis trauaille en vain si comme ie voy. Car comme que cestui soit en tel honneur ne peut il estre al comme je voy. Et nous qui auons porte le faix du iour et du chault. ne sommes pas tels. Et cestui qui est en tel honneur et en telle haultesse est colompne de feu. Je me merueille de ces choses. Et dont basille vit ceste chose en esperit. si le fist venir a lui. Et quant il fut venu la. il veist vne langue de feu parlant parmi la bouche de cellui. Et dont dit effrem. Vrayement est le grant basille colompne de feu vrayement parole le saint esperit parmi sa bouche. Et effrem lui dit. Sire je te prie impetre moy que ie parle grec. Et basille dit. tu as requis forte chose. et toutesfoys pria il pour lui et il parla grec.

Vng autre homme veist vne autre fois basille aller en habit delicesque il le despit et dit en son cueur. que il se delictoit diceulx en tel honneur. Et vne voix lui dit. tu te delictes plus en aplainant la queue de ton chat que basille ne fait en son appareil.

Lempereur qui estoit fauteur des ariens osta aux catholiques vne eglise et la donna aux ariens. Et basille ala a lui et lui dit Empereur il est escript que lonneur du roy ayme droicture. Et pourquoy a ton cueur commande que les catholiques soient gettez de leur eglise. et que elle soit donnee aux ariens. et lempereur dit basille tu retournes derechief aux tençons car il tappartient. Et il dist. Il mappartient voir mourir pour droicture. Et dont demosteues preuost des viandes de lempereur et fauteur des ariens et parlant pour eulx. si fist vne fallace de double parolle. auquel basille dit. Il tappartient penser des potaiges du roy et non pas entendre de diuines enseignemẽs et tantost il se tut tout confus. Et lempereur dit a basille va et iuge entre eulx et non pas selon la desordonnee amour du peuple. et il alla dont la et dit deuant les catholiques et les ariens que closent les portes de leglise et que elles feussent seellees des seaulx de chascune partie et que elle fut de ceulx par loroison desquelz elle ouureroit. Et quant il pleust a tous les avres prierent .iij. iours et .iij. nuis. Et quant ilz vindrent aux portes de leglise ilz nouvrirent point Et dont basille la procession ordonnee vint a leglise et fist son oroison et bouta legierement du bout de sa croce. et dit princes ouvrez voz portes. etc. Et tantost ilz sont ouvertes. et ilz entrerent ens et rendirent graces a dieu. et leglise fut rendue aux catholiques. ¶ Lempereur fist promettre moult de choses a basille que lystoire partie en trois fut leuee se il le consentoit. Il dit ces choses convienent aux enfans. car ceulx qui sont engressiez des divines paroles ne souffreroient corrompre une sillabe des enseignemens divins. Et dont lempereur indigne si comme il dit illec vouloit donner sentence de leur dit cellui et la vouloit escrire la premiere penne et la seconde et la tierce rompirent Et dont il ot si grant paour que il ne le peust escrire et rompi la cedule par desdaing

¶ Ung homme honnorable heraut par nom avoit une seule fille que il vouloit sacrer a nostre seigneur. mais lennemi de lumain lignage qui apperceust ceste chose. si embrasa lun des sergens de cellui heraut en lamour de ladite pucelle. Et quant il veist que cestoit impossible que a lui qui estoit serf peust avenir aux embrassemens de si noble pucelle. si alla a ung enchanteur et lui promist moult grant quantite de pecune. se il lui vouloit aider a ce faire. auquel lenchanteur dit. et ne puis ce faire mais se tu veulx je tenvoieray au dyable mon seigneur. et se tu fais ce quil te dira tu auras ton desir. Et le iouvencel dist Je feray tout quanque il me dira. Et dont cellui enchanteur fist une lettre et lenvoia au dyable par ledit iouvencel en ces parolles Monseigneur pource quil me convient hastivement et aigneusement soustraire aucun de la religion des crestiens et amener a ta voulente faire. si que ta partie soit chascun iour multipliee. Je taye envoie ce iouvencel. il art de lamour de celle pucelle et te prie que son desirer sy que tu te glorifies en cestui et que doresenavant je te puisse assembler des autres. et bailla a cellui la lettre et lui dit Va et cesta a celle heure devant sur la sepulture dun payen. et appelle la les dyables et gette ceste chartre en lair. et tantost ilz vendront a toy. Et cellui alla la et appella les dyables et getta les lettres parmi lair Et le prince de tenebres vint avironne de multitude de dyables Et quant il ot leue la lettre. il dit au iouvencel. crois tu en moy. si que je acomplisse ta voulente. Et il dit Je y croy sire. et le dyable dist. Et si renies ton ihesucrist. et il dit Je le renie. Et le dyable dit vous estes tricheurs vous crestiens

Car quant vous avez mestier de
moy venés venez a moy. Et quant
vous avez fait vostre volenté vous
me reniez tantost et allez a vostre
ihesucrist et il vous recoit pour ce
qu'il est tres debonnaire. mais
se tu veulx que je acomplisse
ta volenté. fais moy ung escript
de ta main. ou quel tu confes
ses avoir renoncé a ton crist
a ton baptesme et a la profession
xpienne. et que tu es mon serf
a estre condempné avec moy
au jugement Et tantost il
fist l'escript de sa propre main
comment il renoncoit a ihesu
crist et se mettoit ou service du
deable. Et tantost le deable
appella les esperiz de fornica
cion. et si leur commanda que
ilz allassent a ladicte pucelle et
embrasassent si son cueur en
l'amour du jouvencel que el
le ne peust durer. lesquelz y
alerent et l'embraserent. si que
la pucelle se mist a terre et cria
en plorant a son pere. aiez pi
tié de moy pere. Car je suy grief
ment tormentee pour l'amour
de cest enfant qui est a toy. aiez
pitié de mes entrailles et me
monstre amour de pere et me
conjoins a l'enfant que j'aime
et pour lequel je suis tormen
tee. et se ce non tu me verras
briefment morir. et en rendras
pour moy raison au jour du
jugement. Et le pere disoit
en plorant a sa fille. que est
il avenu ma maleuree fille
pourquoy est ce. pourquoy ne
m'est mon tresor emblé. pour

quoy n'est estainte la lumiere
de mes yeulx Je te cuidoye join
dre au celestiel espoux. et cuidoie
estre sauvez par toy. et tu es for
senee en amour de jolivete. fil
le laisse que je te conjoingne a dieu
si comme j'ay ordonné. si que tu
ne mainés pas ma viellesse a
doulour en enfer. Et celle crioit
tousjours disant mon pere. ou
tu acomplisses tantost mon de
sir. ou tu me verras tantost mo
rir Et si comme icelle ploroit
amerement et aussi comme for
senoit le pere qui estoit mis
en grant desconfort fut deceu
par le conseil des amis et ac
ply la voulenté d'icelle et la
donna a l'enfant a femme. et
lui donna toute sa substance
disant. Va maleureuse fille a
vec tout. Et si comme ilz estoi
ent ensemble. ce jouvencel n'en
troit pas en l'eglise et si ne fai
soit pas le signe de la croix. et
si ne se commandoit point a
dieu dont il fut apperceu de
plusieurs. qui le distrent a sa
femme. Sachez que ton homme
que tu esleuz a toy n'est pas cre
stien ne n'entre en l'eglise Et quant
elle l'oy elle se doubta forment
et se mist a terre et se commen
ca a derompir aux ongles. et a
batre son pis et a dire. Lasse
maleuree. pourquoy fus je
nee. que je ne fu tantost mor
te. Et quant elle eust racompte
a son mary ce qu'elle avoit oy
il dit. que il n'estoit pas ainsi.
et que tout estoit faulx ce que
le avoit oy. Et elle dit se tu

deulx que ie te croie. nous en trerons dedans en leglise toy et moy. Et quant il veist quil ne se pouoit celer. il lui raconta toute lordonnance de la chose faicte Et quant elle lot elle plora moult fort. et se hasta daller au benoit basille et lui dit tout ce qui estoit advenu a son mary et a elle. Et dont basille appella lenfant. et oy de lui toutes ces choses. et lui dit. filz veulx tu retourner a nostre seigneur Oil sire mais je ne puis car iay renye ihesucrist. et ay confesse le diable. et ay fait escript de mon reniement et lay donne au diable Et basille lui dist. Beau amy ne ten soit en riens. il est debonnaire et te recevra repentant. Et tantost il prist lenfant. et fist le signe de la croix en son front et lenclost par trois iours. et puis le visita et dit comment test il filz. Sire dit il. ie suis en grant tourment et ne puis souffrir les clamours ne les espouentemens diceulx et tiennent lescript et dient tu venis a nous et non pas nous a toy. Et le saint dit. Ne te doubtes pas filz croy tant seulement. Et dont fist le signe de la croix et lenclost derechef et pria pour lui. Et aucuns iours apres il le visita et lui dit comment test il filz. Et il dit pere iay oy de loing les menaces et les espouentemens diceulx. mais je ne les voy point Et dont lui donna derechief viande et le signa et

clost huis. et sen ala et ora pour lui Et revint au xl. iour. et dit comment te est il filz. bien sain de dieu. Je tay huy veu en vision combatant pour moy et vainquant le diable. Et apres ce il lamena et assembla tout le clergie et le peuple et les amonnesta de prier pour lui. Et tenant la main de lenfant il le mena en leglise Et dont le diable vint a grant multitude de malins esperis. et prist visiblement lenfant et sefforcoit de le oster de la main du saint. Et lenfant prist a crier aide moy saint de dieu. Et le mauvais lassaillit de si grant force. quil tiroit le saint homme avec lui en tirant lenfant. Et le saint homme lui dit. Tres mauvais. ne te souffist pas ta dampnation se tu ne temptes les creatures de mon dieu Et le diable lui dit oyant moult de gens. basille tu me fais preiudice. nous nalasmes pas a lui. mais il vint a nous et renia son crist et me confessa. dez et son escript que ie tien en ma main. Et le saint dit nous cesserons de orer devant que tu auras rendu lescript Et si comme basille oroit et tenoit les mains au ciel la lettre fut apportee par lair si que tous le virent et fut mis en la main de basille et il la prist et dit a lenfant. Congnois tu ceste lettre. et il dit. Oil sire. elle est escripte de ma main. Et dont basille desrompit lescript

et promena lenfant a leglise et
le fist digne de oir le saint mi
stere. et lenfant deuint et fu doma
certaine rigle et se rendi a sa
femme. ¶ Une femme fut
auoit moult de pechiez que el
le escript en une chartre de p
chemin et escript le plus grief
au derrenier et les bailla a ba
sille. si que il orast pour elle
et effacast ses pechiez par ses
oroisons. Et quant il ot ore et
elle ouurist lescript elle trou
ua tous ses pechiez effaciez fors
le plus grief. si dit a basille.
Serjant de dieu aies pitie
de moy et me impetre pardon
pour cestui aussi comme tu
as fait pour les autres. Et il
lui dit. Va ten de moy femme.
car ie suy homme pecheur et
ay mestier de pardon comme
toy. Et si comme elle le has
tast. il lui dit. Va au saint ho
me effrem et il te pourra bien
impetrer ce que tu requiers.
Et elle alla au saint homme
effrem. et lui dit pour quoy
saint basille lauoit enuoiee la.
Et il lui dit fille. Va ten car ie
suy homme pecheur et retour
ne a basille. et lui qui ta im
petre pardon pour ces autres
le te pourra bien impetrer pour
cestui. et te haste tost. si que
tu le treuues vif. Et quant
elle vint en la cite len portoit
basille enterrer ou tombel.
et elle commenca a crier apres
lui et dire. Dieu voie et iuge
entre toy et moy. car tu estoies
tout puissant de prier pour
moy. et tu me enuoias a un au
tre. Et dont elle mist lescript
sur la biere et le reprist un pou
apres et louuri et trouua ce pe
chie du tout effacie. Et ainsi
elle et tous qui la estoient ren
dirent graces a dieu
¶ Auant que lomme de dieu
trespassast il estoit en une en
fermete. de laquelle il morut
il appella a lui un iuif qui a
uoit nom ioseph. qui estoit
moult sage en lart de mede
cine. lequel il amoit moult pour
ce que il veoit bien auant quil
le conuertiroit a sa foy et fist
aussi comme sil amast son
ouuraige et il tasta son pou
et congneut par le pouls que
la mort entroit ia en lui. Et dit
a sa mesgnie. appareilliez ce
qui est necessaire a sa sepultu
re car il mourra tantost. Et
quant basille lor il dit. Io
seph tu ne scez que tu dis. Et
ioseph lui dit. Sire sachiez que
le soleil couchera huy. quant
le soleil couchera cest a sauoir
que tu decherras huy auec so
leil couchant. Et basille dit. que
diras tu se ie ne meurs pas huy
Et ioseph dit. Cest impossi
ble sire. et basille dit. se ie suy
uis iusques a demain heure
de nonne que feras tu. Et io
seph dit. Se tu vis iusques
a ceste heure. sachiez que ie mour
ray. Et basille dit. tu mour
ras voirement en pechie. mais
tu viuras en ihesucrist. Je scay
bien dit ioseph que tu dis. Et
se tu vis iusques a celle heure

ie feray ce que tu diras. Et
dont le benoit basille ia soit ce
que selon nature il devoit mo
rir tantost il impetra dilatiō
de nr̄e seigneur iusques a len
demain heure de nonne ⁊ ves
qui. Et quant ioseph le veist
il fut esbahy et creut en nr̄e s̄r.
Et dont basille surmōtant
la foiblesce du corps par la ver
tu du courage se leva du lit
et entra en legle et le baptiza
de ses propres mains. Et puis
apres retourna en son lit. et
rendi bonnemēt lesperit a dieu
⁊ flori enuiron lan de nr̄e s̄r ccc
lxx.

De saint iehan laumosnier

SAint iehan laumos
nier. qui estoit pa
triarche dalixādrie
si estoit vne fois tout seul en
oroison et vit vne tresbelle pu
celle estant devant lui et por
toit vne couronne dolives en
son chief et quant il la veist il
fut moult esbahy ⁊ demāda
qui elle estoit. et elle dit. Je
suis misericorde. qui amenay
le filz dieu pour moy a fem
me ⁊ iste seras bien Et dōt al
entendant que olive signifi
oit misericorde il commenca
des cellui iour a estre sy misé
ricordable que il fut appelle
aumosnier. ⁊ appelloit tousiōs
les poures ses seigneurs. Et
dont appella il tous ses sergēs
et leur dit allez par toute la
cite ⁊ escrivez tous les noms
de mes seigneurs. et dy que
ilz sont mes aideurs. Car vraie
ment ceulx cy nous peuēt ai
der ⁊ nous peuent donner le
regne des cieulx. Et pource q̄
il vouloit ēseigner les hōmes
a faire aumosne acoustuma
a racompter que les poures q̄
se chauffoient au soleil racōp
toient des aumosniers et lou
oient les bons ⁊ blasmoient
les mauvais. Et dont il es
toit vng homme qui avoit
nom theolonaux mōlt riche
⁊ trespuissant mais il estoit
moult cruel aux poures. car
il chassoit hors par grant des
pit ceulx qui alloient en sa mai
son. Et si comme il ny eust nul
de ces poures qui oncques eust
eu aumosne en sa maison de
cellui lun deulx dit aux au
tres. que me donrez vous. se
iay au iourdhuy vne aumosne
de lui. Et dont firent conve
nance a cellui. et il sen alla
en sa maison de cellui demā
dant laumosne. Et quant ce
riche homme vint et il vit ce
poure homme devant sa por
te. et il ne trouva nulle pier
re a lui getter. si avoit lun de
ses varlets qui portoit pain de
segle a lostel. il print lun de
ces pains et en feri le poure
a grant forsennerie. Et dōt
le poure print le pain et sen
fuy atout. ⁊ sen vint a ses cō
paignons et leur monstra
laumosne que il avoit eue
de sa main. Et dont. ij. iours
apres le riche homme fut ma
lade de mort et vit que il es
toit mis en iugement. et que

aucuns mettroient les maulx
en la ballance. et a lautre par
tie de la ballance aucuns au
tres vestuz de blanc qui estoi
ent tristres et navoient que
mettre en la ballance de lau
tre part Et lun deulx dit.
Vrayement nous ne avons q
ung pain de segle. que il na q
deux jours quil donna par co
trainte a dieu. Et quant ilz
leurent mis sur la balance il
leur fut advis q les balances
estoient omees. Et dont distrēt
a ce riche homme multiplie ce
pain de segle ou ces noirs la
te prendront Et dont il sesveil
la et dit. las se ung pain de se
gle que je gettay par forsenne
rie ma tant valu. Comment
vault il plus donner toutes
ces choses aux povres. Et si co
ce riche homme aloit ung jo
par la voie vestu de nobles ve
stemens. Ung homme tout nu
lui demanda aucun vestemēt
a lui couvrir. et celui se despoul
la tantost de celui precieux ve
stemēt et lui donna. et tātost
cestui povre le vendi. Et quāt
cestui riche homme vit quil
avoit vendu et despendu son ve
stement il fut si courrouce
quil ne vouloit mengier. et di
soit il la fait pource que je ne
suis pas digne que celui po
vre eust remembrāce de moy
Et quant il se dormoit il vit
ung qui estoit plus resplen
dissant que le soleil et portoit
une croix sur son chief qui a
voit vestu le vestement quil

avoit donne au povre. et di
soit. pourquoy pleures tu thro
lonaire. Et quant il lui eust
dit la cause de sa tristesse. il
lui dit. Cognois tu cestui. et il
dist oy sire. et nostre seigneur
lui dit. Jen suis vestu des q tu
le me donnas et en rens gra
ces a ta bonne volente pour q
je estoie tourmente de froit et
tu me recouvris. Et quāt il
se esveilla en lui il commenca
a suivre les povres et dire
nostre seigneur vit ja ne mourr
je de mort devant que je soie
fait lun de ces povres. Et q̄t
il eust tout donne aux povres
ce quil avoit il apella son no
taire et lui dit. Je te commet
ung secret car se tu mencuses
ou tu ne veulx faire ce que je
te diray. je te vendray a gens
estranges. et lui donna .x. li
vres dor. va t en en la sainte
cite et achete de la marchande
et me vens a aucun crestien
et puis donne le pris aux po
vres. Et celui le reffusa. Et
son maistre lui dit. se tu ne le
fais. Je te vendray a estrāges
gens. Et dont celui le mena
si comme il avoit dit. et le ven
di a ung marchant vestu des
vestemens comme son serf. et
en receust largent et le donna
aux povres. Et celui pierre
thelonaire faisoit toutes les
viles offices. si que il estoit ba
tu de tous. et estoit souvent ba
tu des autres sergens. et la
pelloit on fol desue. mais nr̄e
seigneur sapparoit a lui sou

uent en ses vestemens. et le con-
fortoit. Et vrayement sembla-
rent et tous les autres estoient
dolens de sa perte theolonaire.
vindrent de constantinoble
la ou il estoit pour visiter les
lieux sains et connuz du mai
stre de cellui a disner. Et sicõe
ilz disnoient. ilz sentredisoient
lun a lautre en loreille. com
ment cestui enfant ressemble
bien a sire pierre theolonaire.
Et sicomme ilz le virent bien
regarde. lun dit vrayement
cest sire pierre. Je me leueray
et le prendray. Et quant pier
re lapperceust. il sen fouy cou
uertement et le portier estoit
sourt et muet et ouuroit luys
par signes et pierre ne mõ
stra pas par signes mais lui
commanda par paroles. et ce
lui oyt tantost et receut sa pa
rolle et lui respondi et cil sen
alla et le portier retourna a
lostel. et tous sesmerueillerent
que il parloit. et il dit. Cellui
qui faisoit la cuisine est yssu
hors et sen fuit. mais gardez
que ce ne soit lun des sergens
de dieu. car tantost comme
il me dit ceulx. il yssy une
flambe de sa bouche qui tou
cha ma langue et mes oreil
les. et je receu tantost louir et
le parler. Et dont tous sail
lirent sus et coururent apres
lui. mais ilz ne le peurent
puis trouuer et dont tous ceulx
de cellui hostel firent penitẽce
pource quilz auoient si vilai
nement traictie si grant hõe.

Vng homme qui auoit nom
vital vouloit essaier sauoir se
il pourroit a saint iehan acqllu-
ne esleuer aucune male esclan
dre. Et saint iehan vint en une
cite et sen alla par tous les bor
deaux des foles femmes. Et di
soit a chũne par ordre donne
moy ceste nuyt et ne fais point
fornicacion. Et dont entroit en
la maison dicelle et estoit en
ung anglet toute nuyt a ge
noulx en oroison. et prioit pour
icelle. et au matin il sen alloit
et commandoit a chũne que ilz
ne le reuelassent a nul. Et q̃
une de ces femmes manifesta
sa vie et tantost sicomme saint
iehan oroit elle commenca a es
tre tourmentee du dyable. Et
toutes les autres femmes lui
disoient dieu ta rendu ce que
tu auoies desseruy: pource que
tu as menty. et ce tresmauuais
y entre pour fornicacion et nõ
pour autre chose. Et quant il
estoit vespre le deuant dit vi
tal disoit deuant tous. Je men
vueil aller car celle dame ma
tent. Et quant aucuns len blas
moient il respondoit. ne ay je
pas corps domme cõme autres
Et nest pas tant seulement
dieu courroucie aux moynes
ilz sont hommes vrayement
comme autres. Et aucuns lui
disoient. pren une belle femme
et mue ton habit si que tu nes
clandres pas les autres. Et ce
lui faisoit le courroucie et di
soit allez de cy. Je ne vous en
orray. va qui vouldra diffamer

sy diffame & le fiert du front
au mur. Ja nestes vous esta
blis de dieu sur moy pour iu
ges. allez & prenez garde de vo⁹
vous ne rendrez pas compte
pour moy. et le disoit hault en
criant. et quant len sen complai
gnist a saint iehan et dit lestat
dicellui dieu endurci si le cue
de lui que il naiousta nulle
foy a ces choses. mais deprioit
a dieu quil revelast a aucun se
cretes apres sa mort. et que ce
ne fust pas compte a peche ceulz
qui le diffamoient & il avoit co
verti a bien moult des devant
dictes femmes. et en mist plu
sieurs es monstiers. ¶ Ung
matin si comme il yssoit de lu
ne de ces folles femmes, il en
contra ung homme qui entroit
pour faire fornication et lui
donna une ioue et lui dit. pour
quoy tresmauvais ne tamen
des tu de ces deshonnestetez
que tu fais. Et il lui dit croy
moy. tu auras une telle ioue
que toute alexandrie si assem
blera. Et apres ce le diable
vint en semblance dun more
& lui donna une buffe & dit
cest la buffe que labbe vital
tenuoie et tantost il fut ravir
du diable & tourmente. si que to⁹
couroient a la voix de lui. Et
toutesfois cestui se repentit et
fut gary par la priere saint
iehan. ¶ Et dont quant lom
me de dieu approcha de mort
il laissa ceste escripture a ses
disciples. ne iugez pas devant
le temps. Et quant les femes
confessoient ce quil faisoit. to⁹
glorifioient dieu. Et saint ie
han se louoit mesmement di
sant. Pource que celle buffe q
cellui receust. ie leusse receue
pour moy. ¶ Ung poure ho
me en habit de pelerin vint a
iehan & lui demanda laumos
ne. et il appella son despensier
et lui donna .vi. deniers. Et
quant cellui les eust il mua
son habit & revint au patriarche
et demanda laumosne et il
appella son despensier et lui
dit donne lui .vi. deniers dor.
Et quant il lui eust donne et
il sen fut ale. le despensier lui
dit. pere a ta requeste. cestui a
ja deux fois eu laumosne et
a mue son habit. et saint iehan
faingnit aussi comme sil nen
sceust riens. et cellui mua en
cores son habit et vint la tier
ce fois a saint iehan & lui de
manda laumosne. Et dont le
despensier bouta son maistre
en lui demonstrant que cestoit
cellui. et saint iehan lui dit
donne lui .vij. deniers que par
adventure ce ne soit nr̃e seigne
ihesucrist qui essaie. se il pour
ra plus prendre que ie ne pour
ray donner. ¶ Une fois ad
vint que le patricien qui es
toit seigneur du pays voulst
mettre aucune pecune du pa
is en marchandise. et le patri
arche ne si voulst en nulle ma
niere consentir. mais vouloit q
elle fust donnee aux poures.
si que les deux contencerent
forment ensemble & se departi

tous courrouciez. Et quant leu
re de vespres vint le patriar
che demanda au patricien par
ung arceprestre. Sire le so
leil est a resconser. Et quant
le patricien lor il commencea
a plorer et vint a lui requerre
pardon ¶ Si comme ung sie
nepueu eust soustenu grant
iniure dun taverner. il sen
complaignit au patriarche en
plorant & ne pouoit estre con
forte en nulle maniere. et le
patriarche respondi qui est ce
lui qui ta ose courroucier de nul
le chose ne ouvrer contre toy. Croy
moy filz. car ie feray au iour
dui telle chose contre lui que
toute alixandrie se merveille
ra. Et quant cellui lor il se co
forta & cuida que il le feist grief
ment batre. Et quant iehan
vit que il estoit conforte il le
commencea a baisier & a dire filz
se tu es vray nepueu de mon
humilite si te appareille a estre
batu & a oyr laidenge de tous
quant vraie affinite nest pas
de sang et de char. mais est
de vertu de pensee Et il envoia
tantost querre cellui. et le fit
franc de toute pension et de
tout treu. Et tous ceulx qui
lorent furent merveillez. et
dont entendirent ce que il avoit
dit. Je feray telle chose en lui
que toute alixandrie sen mer
veillera ¶ Le patriarche oy q
tantost comme lempereur est
couronne. la maniere est tel
le que les ouvriers qui font
les monumens prennent quat

ou. v. petites pieces de marbre
de diverses couleurs et vont
a lui & lui dirent de quelle
maniere de marbre ou de me
tail commande ta seignourie
faire ton monument. Si q par
ceste cause. iehan fut amonnes
te de faire faire son monumet
mais toutesfois il le laissa est
imparfait iusques a son tres
passement. Et donc ordonna
aucuns qui aloient a lui quant
il estoit avecques le clergie a
une haulte feste & lui disoient
Sire ton monument est imp
fait commande que il soit acom
pli. pource q tu ne sces a quel
le heure le larron vient ¶ Ung
homme riche. pource que il vit
q le benoit iehan avoit vilz
draps en son habit pource q il
avoit tous les autres donnez
aux povres il acheta ung tres
precieux couvertouer. et le
bailla au benoit iehan. Et sico
me il lavoit une nuyt sur lui
il ne peust toute celle nuyt dor
mir. et pensa que. iii^c de ses sei
gneurs les povres en pouoiet
bien estre couvers. Et toute
nuyt il se dementoit et disoit
quans en ya il dembrez. quans
dempleis quans qui estraim
gnent les dens de froit q dor
ment entre le marchie. et tu
devorant les grans poissons
& reposant en ta chambre avec
tous tes maulx sur toy ung
couvertouer de .xxx. livres.
teschauffes ainsi. Et lhumilia
ble iehan ne le couvri oncques
autresfoys. mais tantost au

matin il le fist vendre. et donner
le pris aux povres. Et quant
le riche homme le veist il le ra
cheta et le bailla arriere au be
noist iehan et lui pria quil ne
le vendist plus. mais le tenist
sur soy. Et tantost comme il le
tint. il le commenca vendre et do
ner le pris a ses seigneurs. Et
quant cellui riche loy il le ra
cheta derechief et le raporta au
benoist iehan et lui dit moult
agreablement. Nous verrons
qui deffauldra ou toy au ven
dre ou moy au racheter. Et ai
si vendengoit il souvenent le
riche disant que aucun pouoit
bien despouillier les riches en
telle maniere sans peche po
sentente de donner aux povres
et les .ii. gaignent en celle ma
niere. sinsi que il sauve les amo
diceulx. Et pource que il a bo gue
redon Et quant il vouloit les
hommes attraire a aumosne
il avoit acoustume de raconter
de saint serapion quant il eut
donne son mantel a ung po
vre. il encontra ung autre q
estoit tout raempli de froit
il lui donna sa cote et sassist
tout nu. Et ung homme lui
demanda. Pere qui ta despoil
le. et il demonstra leuvangil
le quil tenoit et dit ceste ma
despoillie. Et une autre fois
il vit ung povre. et donc ven
di leuvangille et en donna le
pris au povre Et quant len
lui demanda ou est celle euva
gille. leuvangille comma(n)de
et dit va et vens quanque tu

as et donne aux povres. et je a
voie celle euvangille. je lay
vendue si comme elle coman
doit. ¶ Si comme il eust co
mande donner laumosne a
ung qui lui demandoit cellui
eust despit pource que il ne
lui donna que .v. deniers et co
menca tantost a tencier a lui
et a le despriser devant sa fa
ce. Et quant ses varlets le vei
rent ilz lui vouloient courre
sus et le vouloient griefment
batre. Et le benoit iehan leur
deffendi disant Souffrez fre
res souffrez quil me maudie
Jay bien .lx. ans et ay blasme
ihesucrist par mes euvres. et
je ne pourray pas porter une
tencon de cestui. Et dont co
manda a porter devant cellui
le sac aux deniers pour lui
laisser prendre ce que il vou
droit. ¶ Si comme le peuple
estoit une fois apres leuvan
gille leuee yssu hors du mo
stier et estoit illec en parlan
de paroles oyseuses le patri
arche sen yssi avec eulx et se
assist ou milieu deulx et to
sen esmerveillerent. et il leur
dit filz la ou les ouailles sont
la doit estre le pasteur ou vo
entrez en legle et je y entre
ray. ou vous demourez cy et
je demouray ensemble avec
vous. Et ainsi le fist une fois
ou deux. et ainsi entroduit
le peuple a estre en legle.
¶ Si comme ung ieune ho
me eust ravie une nonnain
et les clercs blasmoient ce iou

ne homme devant le benoit
iehan et disoient que il estoit
erronicque comme cil qui avoit
perdu deux ames. celle de lui
et celle de sa nonnain. Saint
iehan les refraingnit en disant.
filz il nest pas ainsi je vous
monstreray que vous faictes
deux pechiez. Premierement
vous faictes contre le comman-
dement de nostreseigneur qui
dit ne jugiez pas et vous ne
serez pas jugiez. Secondement
que vous ne savez pas de cev
aux se ilz ont peche jusques
a huy et ne sen repentent. ¶ C
omment advint que le benoit
iehan estoit entrans en oroi
son aussi comme esperdu. et
fut oy disputer a dieu. par telz
parolles. ainsi bon ihesucrist
ainsi je en depriant et ton
en administrant vivons seul
vaincra ¶ Et si comme il fut
corrompu de vieux et il veist
que il approchoit de mort il
dit. Je te rens graces sire dieu
pource que tu as enclose ma
ma servitute requerant ta bonte.
Et si que il ne soit demonstre
a moy mourant que une cho
se que je doubte et tremble.
ceste que je commande donner
aux povres les choses des
autres. Et quant il fu mort.
son corps honnorable fut mis
en ung sepulchre. Ouquel les
corps de ii euesques avoient
este enterrez. Et ces corps do
nnerent merveilleusement lieu
a cellui et lui laisserent le lieu
tout vuit. ¶ Ung pou de

temps avant que il mourust
une femme avoit fait ung tres
horrible peche. et ne losoit con
fesser a nul homme. Et dont
saint iehan lui dit aumoins
escrips le. car elle le savoit
bien escrire et le seellez et le me
apportez et je prieray pour vo'
et elle lottroia. et escript le pe
chie et le seella diligemment
et lapporta au benoist iehan et
lui bailla. Et pou de temps a
pres il fut malade. et se depar
ti en nostreseigneur. Et quant
celle oy quil fut mort elle cui
da estre vituperee et confuse
et cuidoit que elle eust laisse
lescript a aucun. ou quil fut
venu en la main dautruy. Et
dont sen alla au tombel. et la
crioit tres habondamment. plo
rant et disant. las. las. je cui
doie eschever ma confusion et
je suy faicte confusion a tous.
Et si comme elle ploroit tres
amerement et prioit le benoit
iehan que il demonstrast ou
il avoit son escript. Et dont
le benoist iehan yssi hors du
tombel en habit devesque a
environne de ca et de la de deux
euesques qui se reposoient avec
lui Et dit a la femme pour
quoy nous hastes tu tant et
ne nous laisses reposer moy
ne ces saints qui sont avec moy
vois nos estolles toutes moil
lees de tes lermes. Et lui bail
la son escript tout seelle si com
me il estoit avant. Et lui dit. Voi
es ce seel et ouvres ton escript
et le liz. Et quant elle leust

ouuert. elle le trouua tout effacie. & trouua escript en ceste maniere. Ton pechie est effacie pour iehan mon serget Et ainsy elle rendy tresgrans graces a dieu. Et ainsy le benoist iehan retourna au monument auecques les .ij. euesques: & il fut ennobly enuiron lan de nostre seigneur .vj.c. et .v. ou temps de focas empereur.

De la conuersion saint pol.

La conuersion saint pol apostre est dicte & faicte en ce mesmes an que nostre seigneur souffri mort et estienne fut lapide et non pas en lan naturel mais appurant. Car ihesucrist fut mort en le viij. kalende dauril. Et estienne souffri mort en ce mesmes an .iij. iours en aoust. Et estienne fut lapide en le viij.e kalende de feurier. Trois raisons sont assignees pourquoy la conuersion de lui est celebree plus que des autres sains. Premierement pour lexemple. pource que nul pecheur quel quil soit ne se despere dauoir pardon. quant il voit cellui qui estoit en si grant coulpe estre en si grant gloire. Secondement pour la ioye. car aussy comme leglise eust grant tristesse en sa persecution. aussy eust elle grant ioye de sa conuersion. Tiercement pour le miracle que nostre seigneur de

monstra de lui. quant d'un
tres cruel persecuteur il fist
un tres loial prescheur. ¶
La conversion de lui fut mer-
veilleuse par la raison de cel
qui l'ordonna et du pacient par
la raison de cel qui la fist. et
fut ihesucrist qui monstra il
lec sa merveilleuse puissance
en ce qu'il dit dure est a toy
estriver contre l'aguillon. Et
en ce qu'il le mua si soudai-
nement. car tantost cellui
mue respondit. Sire que veulz
tu que ie face. Et sur ceste pa-
role dit saint augustin. l'ai-
gnel occis des loups fist des
loups aigneaux. Car cellui
s'apareille ja a obeir qui for-
senoit avant pour persecuter.
Secondement il demonstra
sa merveilleuse sagesse. fut
en ce qu'il losta hors de l'esle-
ve orgueil en lui offrant les
enfermetes choses de humilite
et non pas les haultesces de
mageste. Car il lui dit Je sui
ihesus de nazareth et ne s'apelle
pas dieu ne filz de dieu. mais
prens les enfermetez de humili-
te et oste les eschardes de ton
orgueil. Tiercement il demon-
stra sa piteuse debonnairete
qui est signifiee en ce que cel
qui estoit ou fait et en la vo-
lente de persecuteur. il con-
vertir. Ja soit ce qu'il eust
mauvaise volente comme
cel qui souspiroit tout de me-
naces n'avoit mauvais ef-
forcement. comme cel qui aloit
au prince des prestres en soy
hastant par mauvais fait. que
il menroit les xpiens liez
en ihrlm. et pource paloit il
et estoit son voiage tres mau-
vais. et toutesfois le converti
la misericorde nostre seigneur.
Secondement elle fut mer-
veilleuse par la raison de l'or-
donnant c'est de la lumiere
qui l'ordonna a conversion
Et l'en dit que celle lumiere
fut dispositive soudaine grant
celestiel. et l'avironna soudai-
nement celle lumiere du ciel.
¶ Pol si avoit en soy .iii. vi-
ces. Le premier estoit hardies-
ce. et est signifie en ce qu'il dit
il aloit au prince des prestres
et comme la glose dit. non pas
appelle. mais a son gre et par
envie qui les mouvoit. Le se-
cond estoit orgueil. lequel est
signifie en ce que il dit. sous-
pirant et plain de menaces.
Le tiers estoit l'entente char-
nel que il avoit en la loy. Et
de ce dit la glose sur celle pa-
rolle Je sui ihesus dieu des
cieulx qui parle. lequel tu cui-
des mort par ton sens de Juif
et celle lumiere divine fust
soudaine pour espoventer cel-
lui hardy. elle fut grant. pour
ce que elle abatist cellui hault
et orguilleux ou fons d'umi-
lite. Elle fut celestiel pource
qu'elle muast sa charnelle en-
tente en la celestiel: ou il peut
estre dit. que ceste ordonnance
fut en trois choses. En la voir
cevant en la lumiere resplen-
dissant. et en la vertu de la.

puissance. ¶ Clerement es-
le fut merveilleuse par la rai
son du souffrant. Cest de ces-
lui pol. en quoy celle conversiõ
est faicte Car ces .iii. choses fu
rent faictes en lui par de hors mer
veilleusement. Cest assavoir
quil fut abatu a terre pour es-
tre resleve. Et augustin dit
pol fut abatu pour estre aveu
gle & fut aveugle pour estre mue
et fut mue pour estre envoye
il fut envoye pource que il souf
frist mort pour verite. Encore
dit augustin. le forsenant fut
blecie & fut fait croiant. le per
secuteur est blecie et fut fait
prescheur. le filz de perdicion
fut blecie & fut esdrecie et fait
vaissel delection. il fut aveugle
pour estre enlumine. & ce fut quãt
a son obscur entendement. Et
dont ces .iii. iours que il demou
ra aveugle dit on que il fut en
troduit de euvangille. car il ne
la prist oncques dome ne de per
sonne. sicomme il mesmes
tesmoigne mais par la reve
lation de ihesucrist. Et augusti
dit. Je di que pol fut vrai cham
pion de ihesucrist enseigne de lui
esdrecie de lui. crucifie avec lui
& glorieux en lui & amaigri
en char. si que celle char fut or
donnee a effect de bieneurte et
des apres ce le corps de lui fut
establi & ordonne a tout bien
il savoit bien souffrir fain &
habondance et estoit introduit
par tous. et en tous lieux. et
souffroit voulentiers toutes
adversitez tourmenteurs tiras
& peuples plains de forsenerie
il les desmoquoit aussi comme
mouches & les mors et les tor
mens et nul peines il ne les
tenoit que aussi comme ieu
de fans et les embracoit volen
tiers. et estoit plus enno
bli a estre lie dune chaaine
que a estre couronne dune co
ronne. et si recevoit plus volen
tiers plaies que nul autre
ne faisoit dons. Et est leu q
trois choses furent en lui. cõ
tre les .iii. qui furent ou pre
mier pere Car il fut en lui
esdrecement contre dieu. et
en pol fut au contraire. Il fut
estendu a terre. Il fut en pere
ouverture des yeulx. et en pol
au contraire il fut aveugle
mẽt des yeulx. Il fut en pere
morsure du fruit devee et au
cõtraire fut abstinẽce de vian
de convenable

De saincte paule

Pole fut tres noble da
me des romains de
laquelle le benoist
ierosme ordonna la vie par tels
paroles. Se tous les membres
de mon corps estoient tournes
en langue. & touts mes mem
bres parlassent voix humaine
si ne diroie nulle chose digne
aux vertuz de la saincte et ho
norable paule qui estoit
noble par lignage mais plus
noble par foy et par saincte
te et iadis puissant en richesse
mais elle est orendroit plus
ennoblie de la povrete de ihe
sucrist. Je tesmoigne en ihu

⁊ souffroit p[ar] la mieulx creance co[n]
tre les drois de nature. Et com
ment que son estorissant cou
raige convoitast la mort des
filz estre guerigneur selon natu
re elle desprisoit pour lamour
de dieu. Elle se confortoit seu
lement en esperance qui estoit com
paignon de son voyage. et entre
tant la nef couroit par la mer
⁊ tous ceulx qui avec lui estoient
portez regardoient le rivaige
⁊ elle tenoit ses yeulx tournez
que elle ne veist ce que elle ne
povoit veoir sans tourment.
¶ Si comme elle vint aux
lieux de la terre saincte. et le
prevost de la palestine qui co
gnoissoit tresbien la gent di
celle eimoni devant ses appa
riteurs pour appareillier ung
grant palais. mais elle esleut
une petite celle. ⁊ visitoit chun
jour les lieux sains a si grant
ardeur et a si grant estude q[ue]
se elle ne se hastast daller aux
autres. elle ne peust avoir este
ostee des premiers. Et quant
elle fut agenouillee devant la
croix elle aouroit en regardant
nostre seigneur aussi comme pe
dant. Et quant elle fut entree
ou sepulchre ou il resuscita elle
baisoit la pierre que lange a
voit ostee du monument. Et
aournoit le lieu ou le saint
corps avoit geu. et lechoit a
sa bouche les desirees eaues
de creance q[ue] elle convoitoit. ⁊
tout ihr[usa]l[e]m est tesmoing des
lermes espendues dicelle et
des pleurs ⁊ des cris. Et nostre
mesmes que elle deprioit. Et de
la ala en bethleem. et entra en
la fosse du sauveur et veist le
lieu saint et disoit moy oyant
q[ue] elle veoit aux yeulx de sa crea[n]
ce lenfant envelope en drap
pelles ⁊ plorant en la creche et
les roys aorans n[ost]re seigneur
⁊ lestoille resplendissant sus
la vierge mere ⁊ les pasteurs
nourrissant les bestes. qui vi
drent pour veoir le filz dieu q[ui]
estoit fait pour dedier adonc
le commancement de iehan leu
vangile. Cest. In principio erat
verbum ⁊ verbum caro factu[m] e[st]
etc. Et veoit herodes forsenant
⁊ les e[n]fans occis et marie et
ioseph fuians en egypte ⁊ par
loit a joie meslee avecques ler
mes. et disoit dieu te sauf beth
leem maison de pain. en laq[ue]lle
est ne le pain qui descendi du
ciel. Dieu te sauf effrata co[n]tree
plentureuse. de laquelle dieu
est plente daud par la fiabli
ment nous entrerons dedens le
tabernacle de celluy et la orer
ou lieu ou les piez de lui leste
rent. Et ie tresmalheureuse pe
cheresse suy digne iugiee a
baisier la creche en quoy nostre si
brest petit et orer en la fosse en
laquelle la vierge enfanta dieu.
Cy est mon repos car ie habite
ray en pource ie lay esleu ⁊ mo[n]
sauveur lesleut avant elle
se demena par si grant humi
lite que qui la veist et leust veue
en sa grant honneur il ne creust
pas que ce feust elle. mais la
meneur de ses chamberieres

Et quant elle estoit souvent
admonnestee de compaignie de
vierges elle estoit la meneur
de toutes et en parler et en ha
bit et en aller. Et puis que son
mary fut mort elle ne menja
avec homme combien que elle
le sceust saint. ne en bainsrete
deuesque. elle ne entra oncques
puis en baing se elle nestoit
malade. Et neust oncques puis
mol lit ne en tres griefve fie
vre mesmes. mais reposoit
a la dure terre sur estreces de
haire. Et toutesfois elle plo
roit ce repos. Et repos doit
estre dit iour et nuit. a oroisons
a bien pou continuee. Et si plo
roit aussi iour et nuit ses le
gieres pechiez que len cuidast
que elle fust coulpable de tres
griefz. Et si comme elle estoit
souvent admonnestee de nous
que elle espargnast a ses yeulx
et les gardast a la lecon de
leuvangille. elle disoit la fa
ce doit estre troublee que je
ay souvent painte de couleur
contre le commandement de dieu.
et le corps doit estre tourmen
te qui a actendu a moult de
delices. car le long ris doit es
tre compense par doulour. Et
les mols draps de soie pre
cieux sont a muer en asprete
de haire. Et je qui ay pleu a
homme et au siecle desire o
rendroit plaire a ihesucrist. Et
se je vouloie preschier en celle
chastete en tretant de vertus
ce seroit oultrage. Laquelle
quant elle estoit a romme fut

exemple de toutes les dames que
elle se mena si que oncques renom
mee de nul mal dit nul nose
roit fraindre dicelle. Et je confes
se mon erreur. Car quant elle
estoit trop habandonnee en do
ner je la reprenoie et lui propo
soie ce dit de lapostre. Il ne nous
appartient pas refroidement
come aux autres. mais tribula
cion mais doit estre dequalite
en temps. si que nostre habondan
ce soit a la mesaise dicculx. et
la leur habondance soit a nostre
souffraite. Et si convient pro
veoir. que ce que len feroit vo
lentiers len ne pourroit pas tous
iours faire. et disoie moult
dautres choses que elle couvroit
a merveilleuse vergongne par
parolle tres espugnable. Et en
apelle nostre seigneur tesmoing
que elle faisoit tout pour ihesu
crist et que elle desiroit de mo
rir poure. si que elle ne laissast
ung denier a sa fille. Et que
elle fust enclose au derrenier
en ung estrange suaire. et di
soit. se je le demande je trou
veray moult de gent qui le
me donront. Et se ung poure
na de moy ce que je luy puis
donner de lautrui se il est
mort. a qui demandera len la
me de lui. Elle ne vouloit pas
despendre pecune en ces pier
res qui sont transitoires avec
terre et siecle. mais les despen
doit en vives pierres qui sont
tournees sur terre. desquelles
iehan dit en lapocalipse que la
cite du grant roy est faicte

elle prenoit a peine huille en sa
viande aux iours de feste. si q̃
de ce une chose fut estimee. cest
que elle pouoit mengier du vin
des liqueurs des poissons du
lait du miel et des eufz. Et de
ces autres choses qui sont souef
ues au goust. esquelles choses
prendre aucuns cuident estre
tres abstinens. et se ilz en ont ē
pris leurs ventres ilz cuident q̃
ce soit ung despiteur homme
qui lui dit que le lignage des
hommes estoit vil et si debon
naire que pour la tres grant ar
deur de vertus il estoit advis
a aucuns q̃ ce estoit forsennerie
et que le cueur dicelle deust es
tre soustenu et nourri. Auquel
elle respondi. Nous sommes
fais regard au monde aux an
ges et aux hommes. et si sommes
folz pour ihesucrist et ung fol
dieu. dieu est plus saige des
hommes. ¶ Apres nre mõ
stier que elle avoit baille a
gouverner aux hommes. elle
ordonna .iii. monstiers. et mist
dedens .iii. compaignees de vier
ges que elle avoit assemblees
de diverses provinces tant no
bles comme moiennes et de bas
lignage en celle maniere que
ilz estoient departies a leur
et a la viande. mais ilz estoiẽt
iointes aux pseaumes et aux
oroisons tant seulement. Et
quant elles tenoiẽt souvent
entre elles. elle les recordoit
par tres sacieuses paroles et de
brisoit la char de la ieune es
gaiante par doublee et estr

ces ieunes. et avoit mieulx q̃
lestomac lui dolust que la pẽ
see disoit que la nectete du
corps et des vestemens est or
dure a lame. et que ce qui est
tenu pour legier et pour noi
ent entre les hommes du sie
cle elle disoit q̃ ce estoit grief
peche entre ceulx du mostier.
Et comment que elle donnast
toutes choses largement aux
languoureux et des viandes de
char. toutesfois nen prenoit el
le point pour soy quant elle
estoit malade. Et en ce nestoit
elle pas egal. car ce q̃ elle fai
soit aux autres par pitie. elle
faisoit en soy par durte. ¶ Je
raconterai ce dont ie suis ex
pert. Il advint es tres ardens
chaleurs de iuillet que elle es
toit en ardeur de fievre. et que
elle respira a vie plus que len
estoit en esperance de sa mort
par la misericorde de dieu. si
que les medecins distrent que
elle usast dun pou de vin foi
ble. et ne beust point deaue q̃
elle ne cheust en ydropisie. Et
ie priay au benoist eupphrone
pape que il lui amonnestast
et enioignist a boire du vin
Car elle estoit saige et de sub
til engin et tantost elle sceu
ce que iavoie espris. et me dit
ce que il lui diroit. Et que pl̃
quant le benoit evesque lui
apres mout damonnestemens
il yssi hors et ie lui demanday
que elle avoit fait. et elle res
pondit. Jay tant proffite que
iay a peine amonneste a cest

ancien homme que je ne loue
point de vin. ¶ Elle estoit
debonnaire vers son mary
et doloit de semblement vers ses
enfans. meismement car en la
mort de son mary et de ses en
fans elle fut tousjours en pe
ril de mort. Et quant elle sei
gnoit son vis et sa poictrine
limpression de la croix seffor
coit contre la doulour de la
mere pour assouagier et sur
montoit le couraige la crua
lte et la pensee de mere. et les
entrailles estoient acravantees.
et ainsi vainquoit en courai
ge la fragilite du corps et es
toit vaincue. elle tenoit remem
brement les sainctes escrip
tures. Et si come elle amast
lystoire et dit que cestoit le fo
dement de verite. sy tenoit el
le tousjours plus sentente es
pirituel. et par celle haultesse
deffendoit elle ledification de
lame et sy parloit une autre
langue. laquelle chose est veue
estre non creable aux envieux
et elle volt apprendre et aprist
la langue hebree. laquelle jay
appris des mon enfance a moult
grant peine et a moult de su
eurs pour partie et sans cesser
ay pense que je ne la delais
se et que elle ne me delaisse
et la prist en celle maniere
que elle chantoit ses pseau
mes en hebrieu. Et sonnoit
celle parolle. sans nulle au
tre propriete de latine langue
laquelle chose nous veons en
core au jour dhui en saincte
eustoit sa fille. ¶ Nous ava
insques cy nre nef amenee par
bons vens et nre nef a trenchie
les eaues tres puissantes de la
mer en courant. Et nre parolle
court maintenant en estaffes et
sont petites nefz. Qui est cel q
pourroit racompter paulle
mourant sans plorer. Elle chey
en tresgrant fieblesse et trouva
ce que elle desiroit pour nous
laissier et pour estre plus plai
nement avec nre s. pourquoy
attenje tant et fais ma dou
leur plus longue en demou
rant en autres choses. ¶ La
tressage des femmes sentoit
ia la mort estre en elle. et par
tie du corps refroidant. et ne se
toit seulement fors lame hoste
ter en sa saincte poictrine pour
aller avec les siens et pour de
laisser les autres. et elle disoit
basset en soy mesmes ces vers.
Sire jay ame la beaute de ta
maison et le lieu de labitation
de ta gloire. Et sy disoit. Sire
de vertus. combien ay je convoi
te tes ames tabernacles mon
ame deffailly en lestre de nre
seigneur. Jay plus esleu a estre
despite en la maison de mon
dieu que habiter es taberna
cles des pecheurs. Et quant je
luy demandoy pourquoy elle
se taisoit. et pourquoy elle ne
respondoit a moy criant et di
sant. elle me respondi en grec
que elle navoit nulle tristesse
et regardoit que tout estoit pai
siblement. Et dont elle recorda
ces vers a peu clos jusques

a rendre lame sy bas que ie ne
lentendoie point que a peine
Et il nauoit nul des moynes
atapissans en la celle ou deserui
ne nulle vierge qui le secret
de sa chambre tenist. qui ne cui
dast que ce eust este sacrilege
se il neust este a loffice tant q
elle fut honnorablement mise
en sa fosse. iouxte legle. ¶ Et
eustochie vierge honnorable fil
le dicelle ne pouoit estre traite
de dessus sa mere aussy com
me se elle lalaictast et la bai
soit et auoit tousiours les
yeulx ou boult dicelle et embras
soit tout le corps et vouloit es
tre enseuelie auecques sa mere
Et dieu en est tesmoing q elle
ne laissa oncques vng denier
a sa fille fors des estranges
monnoyes. Et qui plus forte
chose est. elle lui laissa grant
multitude de freres et de seurs
qui estoit forte chose a soustenir
et grant mauuaistie a chas
ser. Dieu te saulue paule et ai
de. Je te prie de la derreniere
viellesse de cil qui te honnore

De saint Julien

Julien vault autant
a dire comme iubi
lus chantant et
ana qui est a dire
hault Et est dit iulien aussy
comme iubilien. car il alla aux
haultes et souueraines choses
en chantant. Ou il est dit iuli
qui vault autant comme no
sachant. et anus cest viel car il
fut viel ou seruice de dieu par
long aage et non sachant. selo
ce que il se reputoit.

Julien fut euesque du
mans. et dit on que ce
fut simon le lepreux
que nostreseigneur garit du le
pre. et qui conuia nostreseigneur
au disner. qui fut ordonne e
uesque du mans des apostres
apres lascencion nostreseigneur
Et cestui fut ennobly de mout
de vertus. il susata. iii. mors
et apres ce reposa en paix
Cest cellui iulien que len dit
qui est requis de ceulx qui er
rent pour auoir bon hostel
pource q nostreseigneur fut le

bergie en sa maison mais il est plus vraiement veu ung autre estre. C'est assavoir cil qui occist son pere et sa mere par ignorance. du quel l'hystoire sera mise cy dedens. ¶ Et si fut ung autre Julien du noble lignage d'Auvergne mais il fut plus noble de foy. car de son gre soffroit aux persecuteurs par desir de martire. Et ci la parfin le prevost crispin envoia son serjent et comanda que il fut occis. Et quant cellui Julien ot ce il saillit hors et se offrit sans paour a cellui qui le queroit. et tantost cellui le ferit ung cop et l'occist. et dont le chief fut leve de terre et porte a saint ferreol son compaignon pour le menacier de mort semblable se il ne sacrifioit tantost. Et quant il ne se y voult consentir ilz l'occirent et mistrent le chief de saint Julien avec lui en ung tombel

¶ Et plusieurs ans apres saint mamert evesque de Viene trouva le chief saint Julie entre les mains saint ferreol aussi sain et aussi entier com se il eust este ensevelis ce meismes jour. ¶ Entre ces autres choses. les miracles de cestui seulent estre racomptez. car sicomme ung dyacre eust ravy les ouailles saint Julien et les pasteurs lui deffendoient de par saint Julien. Il respondy Julien ne mange pas moutons. Et ung pou apres ce il fut feru d'une forte fievre Et quant la fievre senforca il confessa quil estoit tout embrase de cellui martir. et commanda que on gettast de leaue pour refroidir. Et tantost si gette fumee et si grant puour en yssi si du corps de lui. que tous ceulx qui la estoient s'en fouirent. et il morust tantost apres.

¶ Sicomme gregoire dit ung paisant vouloit arer .j. champ au dimenche. et il fust tantost contrait des dois des mains. et la coignie a quoy il vouloit nectoier le soc ardi a sa main destre. et il fut gary deux ans apres en l'eglise de st Julien par les prieres de lui.

¶ Et avec ce fut il ung autre Julien qui fut frere de saint Julin. Et ces .ij. freres vindrent au tres crestien empereur theodosien et lui requistrent que en quelconques lieux que ilz trouveroient temples dydoles quilz les destruisissent et edifiassent eglises de jhesucrist. et lempereur le fist voulentiers. et escript que tous leur devoient obeir et leur aider sur peine du chief copper. Et dont si com les benois Julien et Julin faissent une eglise en ung lieu qui est dit gaut et par le comandement de lempereur. tous les trespassans la leur aidoient a leur ouvrage. ¶ Or advint que aucuns passoient avec ung char. et distrent lun a lautre quelle excusation ferons nous pour passer franchement. que nous ne soions

acrappez en ceste eaue. et dis
trent adont venez et gettés lui
de nous ou char entiers. et le
couurons de drap si disons
que nous portons en nre char
ung homme mort. Et ainsi
pourrons passer franchement
Et donc prisrent ung home
et le getterent ou char et lui di
rent tais toy et les yeulx clos.
et te gies comme mort tant q
nous serons passez. Et quant
ilz eurent couuert cellui com
mort et ilz vindrent aux sergens
de dieu Julien et Julin les ser
gens de dieu leur distrent filz
arrestez vous ung peu. et nous
aidiez ung pou en ceste eaue
Et ilz respondirent. nous ne
pouons ce faire. car nous por
tons ung homme mort dedens
ce char. Et saint Julien leur dit
pourquoy mentez vous ainsi
filz. Et ceulx distrent nous ne
mentons pas sire mais est
si comme nous disons. Et sai
Julien leur dit ainsi vous
auiengne il selon la verite de
vre dit. et ceulx poignirent
leurs beufz et alerent oultre
Et quant ilz furent alez loing
ilz alerent au char et comme
cerent a appeller leur compai
gnon par son nom disans lie
ue sus doresenauant et es
meuz les beufz pource que
nous passons plus legiere
ment et plus tost. Et quant il
ne se mut en nulle maniere
ilz lui commencerent a crier
et dire pourquoy actens tu
lieue sus et esmeuz les beufz

Et quant il ne respondi point
ilz alerent et le descouurirent
et le trouuerent mort. Et dont
si grant paour aduint a eulx
et aux autres. que nul nosa de
puis mentir aux sergens de
dieu. Il fut ung autre Ju
lien. qui occist son pere et sa me
re par ignorance. Car comme
cellui Julien ieune et noble estoit
ung iour veneur il trouua ung
cerf et le suiuy. et le cerf se re
tourna soudainement vers lui
et lui dit tu me suis toy qui
occiras ton pere et ta mere. Et
quant il oy ce il se doubta for
ment que ce ne lui aduenist
que il auoit oy du cerf. Et
dont laissa tout secretement
et sen partit et vint en une mout
lointaine contree. et se mist la
a seruir ung prince. et se porta
noblement par tout et en batail
le et en palais. Et dont le prince
le fist cheualier. et lui donna
une chastellaine vefue a femme
et prist ung chastel pour son
douaire. Entretant les parens
de Julien estoient moult dolens
pour lamour de leur filz. et
aloient par tout foloiant. et
enqueroient en chascun lieu de le
filz curieusement. Et la par
fin ilz vindrent au chastel dont
Julien estoit seigneur. et Julie
sen estoit adonc parti. Et quant
la femme de Julien les veist
et eust enquis qui ilz estoient
et ilz lui eurent tout compte
ce que il estoit aduenu de leur
filz. elle entendi que ilz estoient
pere et mere de son mary. si ce

celle qui par adventure l'avoit
oy souvent de son mary. et les
receust debonnairement. et leur
laissa son lit pour l'amour de
son seigneur. et fist ung autre
lit pour elle ailleurs. Et l'en
demain au matin la chastelaine
alla a l'eglise. et Julien vint au
matin pour esveiller sa fem
me et trouva .ii. dormans en
semble et souspeconna que ce
ne feust sa femme et ung ri
bault. si trait tout souef l'es
pee et les occist tous deux en
semble. Et quant il yssy de sa
maison il vit sa femme repai
rant de l'eglise et s'esmerveilla
et demanda qui c'estoit qui
dormoit en son lit. Et elle dit
ce sont vostre pere et vostre mere qui
vous ont quis tres longuement
et je les avoye mis en vostre
chambre. Et quant il ouy ce il
fut a bien pou devenu mort et
commenca a plourer tres ame
rement et a dire. Las chetif
que feray je car j'ay occis mes
tres doulx pere et mere. Or est
la parolle du cerf acomplie.
Et quant je le cuiday eschie
ver a faire je tres maleureux
l'ay acomply. A dieu tres chiere
seur. car je ne reposeray doresen
avant devant que je sache
que nostre seigneur aura receu
ma penitence. Auquel elle dit.
Doulx frere ja ne soit ce que je
te delaisse et que tu t'en voises
sans moy. car j'ay este avec
toy participant a la joye. si que
je seray par tout a la doulour.
Et dont s'en allerent ensemble

delez ung moult grant fleuve
ou moult de gens perissoient
et firent ung hospital en ce de
sert pour faire illec penitance
et pour porter tantost oultre
tous ceulx qui y vouldroient
passer et pour recevoir en l'hos
pital tous povres. ¶ Et moult
de temps apres ce quant Julie
se reposoit tout lasse entour
mynuit que la gelee estoit grief
ve. Il oy une voix qui plouroit pi
teusement et appelloit Julien
a lui passer a voix piteuse. Et
quant il l'oy. il se leva tout es
meu et trouva cellui qui se
mouroit de froit. si le porta
en sa maison et aluma le feu
et s'estudia a lui eschauffer.
Et si comme il ne le povoit es
chauffer et se doubta que il ne
deffaulsist par froit. il le por
ta en son lit et le couvry dili
gemment. Et ung pou apres ce
lui qui apparoit estre si mala
de et aussi comme lepreux mon
ta resplendissant es cieulx et
dit a son hoste Julien nostre seig
neur m'a envoye a toy te man
dant que il a receu ta penitance
et vous deux reposerez en nostre
seigneur dedens pou de temps
et tantost cellui s'esvanouy. Et
dont ung pou apres Julien et
sa femme plains de bonnes
euvres et aumosnes repose
rent en nostre seigneur. ¶ Et
si fut ung autre Julien qui
ne fut mie saint. mais fut tres
excommenie cestassavoir Julien
l'apostre. Cellui Julien fut pre
mierement moyne et faingnoit

estre de grant religion. Et si co[mme]
maistre iehan beleth racompte
en sa somme de loffice de leglise
Une femme avoit .iii. pos plains
dor. et la femme couvry ces pos
par dessus de cendre que lor
napparust. et dont bailla a iu
lien q[ue] elle cuidoit tressaint ho
me ces pos a garder devant au
cuns moines. et ne demonstra
point autrement q[ue] il y eust au
cun or. Et dont iulien prist ces pos
et trouva si grant habondance
dor dedens et embla tost cel or
et emply les pos de cendre. Et
aucun temps apres q[ue] la feme
requist ce que elle lui avoit
baille. il lui rendi les pos tous
plains de cendre. Et quant el
le demanda son or. elle ne le pot
prouver car elle nen avoit nul
tesmoing car les moines de
vant qui elle lui avoit baille
navoient veu dedens fors cen
dre. Et ainsy eust iulien cel or
et senfouy a romme a tout. Et
par cel or il fist tant ou temps
ensuivant que il fut consul de
romme. et apres ce fut soubzhau
ce en lempire. Et des son enfan
ce il estoit introduit en art ma
gicq[ue] et lui plaisoit moult et
avoit avec lui plusieurs mai
stres. Ung iour si comme
lystoire partie en .iii. le tient
q[ue] son maistre qui la prenoit
en enfance sestoit parti de lui
et il estoit seul il se prist a lire
les conjuremens. Et tantost une
grant multitude de diables
en maniere de noirs ethiopi
ens sassemblerent devant lui

et dont iulien les veist. et les
doubta et fist le signe de la
croix. et tantost celle multitu
de de diables sesvanouirent
Et quant son maistre fut re
venu et il lui eust dit ce que
avenu lui estoit. son maist[re]
lui dit. les diables doubtent
moult et heent le signe de la
croix. ¶ Et dont quant iu
lien fut soubzhaulce en empe
reur. il se remembra de celle
chose. et dont devint du tout
apostat. quant il voulst ouvrer
par cest art magicq[ue] et des
truit le signe de la croix en
quelque lieu que il fut. et fut
persecuteur des crestiens tant
comme il peut. et cuidoit que
autrement les diables ne
lui obeiroient point. ¶ Et
si comme on lit en la vie des
peres. quant iulien fut des
cendu en perse. il envoia ung
diable en occident pour ra
porter la responce de la. Et
quant ce diable vint en ung
lieu long par .x. iournees
il sarresta illec sans mou
voir. car ung moyne oroit
illec iour et nuyt. Et dont sen
retourna sans nul effect.
Et iulien lui dit. pourquoy
as tu tant tarde. Et le dia
ble dit Jay actendu ung moy
ne qui oroit. savoir se par
aucune adventure il cessast
de orer. si que je passasse et
il ne cessa point. si que je
nay peu passer. et suis retour
ne sans riens faire. Et dont
iulien dit par despit. q[ue]

quant il vendroit la il pren
droit vengence du moyne.
Et sicomme les diables lui
promettoient victoire des per
sens. son maistre dit a vng cre
stien Et que cuide tu que le
filz du feure face maintenat
Et il respondi il appareille a
Julien son sepulcre T Sicom
me len dit en lystoire de saint
basille. z p hilebert euesque de
chartres le tesmoingne. quat
Julien vint en cesaree de capa
dace saint basille lui vint en
lencontre z lui enuoia trois
pains dorge. z iulien en eust
despit z ne les daigna prendre
et lui enuoia du foing pour
les pains. et dit tu nous as
enuoie viande a bestes mues
prens ce q tu as enuoie. Et ba
sille dit. nous tauons enuoie
ce de quoy nous viuons. et tu
nous as enuoie ce de quoy tu
nourris tes bestes. Et dont Ju
lien courrouce dit. Quant ie
auray soubzmis les persans
ie destruiray ceste cite et lab
oureray. si que elle sera mieulx
nommee portant fourment
que soustenant hommes. Et
la nuyt ensuiuant basille vit
en vision en leglise de saincte
marie grant multitude dan
ges. Et ou milieu deulz vne fe
me seant en vng trosne. qui
disoit a ceulx qui la estoient
appellez moy tantost mercure
qui occira Julien lapostat qui
blasme orguilleusement moy
z mon filz. Et cellui mercure
estoit vng cheualier q auoit
este occis de cellui Julien pour
la foy ihucrist. Et tantost saint
mercure vint auecques ses ar
mes qui estoient gardees leans
z elle lui commanda quil sen
alast a la bataille. et il y alla.
Et quant basille sesueilla. il
ala au lieu ou saint mercure
reposoit auec ses armes. et ou
urir le monument. z ne trouua
la ne le corps ne les armes. Et
dont enquist il a cel[illegible] gar
doit qui les en auoit portees
et il lui iura que ce soir ilz es
toient la ou len les gardoit
tousiours. Et dont basille sen
alla z reuint au matin et re
trouua le corps de cellui et les
armes et la lance toute sangla
te. Et tantost vng qui venoit
de lost dit. Sicomme Julien
lempereur estoit en son host
vng cheualier mescongneu
vint en ses armes z constrai
gnist le cheual des esperons
et requist Julien de hardie per
see. z brandi forment la lance
et le perca villennement par
et sen alla soudainement ne
puis ne sapparut. T Et cel
lui Julien sicomme il dit en
lystoire partie en iij. sicome
il souspiroit encores. il emplist
sa main de son sang. et dit. tu
as vaincu galileen tu as vain
cu z getta son sang en lair.
Et criant ainsi il mourut
maleureusement

Du temps de desuoiement

NOus auons dit des
festes qui escheent
dedens le temps de

reconsiliation. & en partie soubz
le temps de pelerinage. lequel
temps leglise represente de la na
tivite iusques a la septuagesi
me. Et y ensuit a Reou du temps
de desuoiement et des festes
qui y escheent. Lequel temps co
mencea Adam et dura iusques
a moyses. Lequel temps leglise
represente de la septuagesime
iusques a pasques.

[L]a septuagesime signi
fie le temps de desuoie
ment. La sexagesime
signifie le temps de renouve
lement. La quinquagesime
signifie le temps de remission
La quadragesime signifie le
temps de penitence espiritu
el. Et la septuagesime commen
ce le dimenche que on chante
Circumdederunt me. & fenist
le samedi apres pasques. Et
la septuagesime est establie
pour .iij. choses & raisons. si com
me il est contenu en la somme
de loffice de leglise que maistre
iehan beleth fist. cest pour la
redempcion que les sains pe
res establirent. Et pour ce que pour
lonneur de lascension nostre seigneur
en laquelle nostre nature humaine
monta. Et fut soubzhaucee
sur toute la compaignie des
anges. ce ieudi iour fut tous
iours solemnel & honnorable
et que len ny gardast point
ieune. Car en leglise premiti
ue ce iour estoit solemnel com
me le dimenche. Et dont es
toit faicte procession des dis
ciples ou des anges. Et pour ce

est il trouve en commun prou
be. que ce iour de ieudi soit
dit cousin du dimenche. pource
que anciennement il estoit aus
si solemnel. mais pource que
les festes des sains sont sur
venues & celebrees. si que tant
de festes estoient aussi comme
chose grevable Et pource cessa
celle solemnite. Et dont pour
racheter ceulx iours les sains
peres adiousterent une sep
maine & la ioingnirent en
abstinence a la quarantaine
et lappellerent septuagesime

[L]a autre raison est signifian
ce. car par cellui temps est si
gnifie desuoiement exil et tri
bulation de tout humain ligna
ge des adam iusques a la fin
du monde lequel exil est de
mene par le retournement de
sept iours et de .vij.m. ans. car
par la septuagesime nous en
tendons .lxx.c. ans des le com
mencement du monde iusques
a lascension nous comptons
.vj.m. ans. et tout quanque il se
suit apres iusques en la fin
du monde est compris soubz
le .vij.e. millier duquel dieu
seul scet le terme. Et ou .vj.e
aage du monde. ihesucrist nous
osta de cest exil. et nous redi
par baptesme. lestole dinno
cence en esperance de guerredon
pardurable. mais quant le
temps de nostre exil sera acom
pli il nous enoblira de lune
et de lautre estolle. Et pour
ce en ce temps de desuoiement
et dexil ostons nous le chant

de leesce. Et toutesfoiz chantons
nous une alleluye le samedi
de pasques esjoyssans nous en
esperance davoir la paix par
durable. Et comme recouvrans
lestolle dinnocence par ihesucrist
ou vi.e aage du monde. Et apres
celle alleluye dit len le trait
par lequel il est signifie le tra
vail que nous devons avoir
en acomplir les commandemens
de dieu. Et le samedi apres pas
ques ou quel si comme il est dit.
la septuagesime cesse. nous chan
tons deux alleluyes. Car quant
le terme de ce monde sera acom
pli nous aurons double estolle
de gloire. Lautre raison est
pour la representation que la
septuagesime represente lor
ance que les filz disrael furent
soubz la chetivoison de babi
lonne. Et aussi comme ilz oste
rent leurs chans disans com
ment chanterons nous chans
de nostre seigneur en terre estran
ge. aussi ostons nous le chant
de louenge. Et apres ce leur
fut donne licence daler sen de
tir ou lx.e an Et dont commen
cerent a soy esjoir et nous le
samedi de pasques tant comme
au lx.e an chantons lalleluye
en representant leur leesce.
Mais toutesfois travaillerent
ilz moult en appareillier soy
a retourner et en recueillant
leurs choses. Et pource chan
tons nous tantost le trait a
pres qui signifie leur travail
Et ou samedi que la septua
gesime fault nous chantons
deux alleluyes en figure de le
psalme lore. pour quoy ilz ven
drent en leur pays. Et ce temps
de la chetivoison des filz israel
represente le temps de nostre pe
lerinage. car tout aussi comme
ilz furent delivrez au lx.e an
aussi feusmes nous ou vi.e aa
ge du monde. Et aussi comme
ilz travaillerent encores en re
cueillir leurs choses et a porter
leurs fardelez. aussi travail
lons nous en acomplir les com
mandemens de dieu. mais
quant nous serons venus au
pays nostre travail sera acompli
et la joye sera parfaicte et chan
terons double alleluye en corps
et en ame. Et en ce temps de le
vil de leglise acravantee par moult
de tribulations et mise a bien
pou en langoisse de desespe
rance souspirant haultement
se escrie en loffice et dit les pleurs
et les gemissemens de mort
avironnee et demonstre leglise
sera multipliant tribulations
que elle a mesmement pour
la maleurete faicte pour la
double peine embatue en lui
et pour la peine commise quant
aux autres mais pource que
elle ne se desespoire il lui est
propose triple remede de la
lui en levvangille. et en lepistre
triple foiz. Le remede est
que se elle veult par faicte mi (?)
estre delivree que elle laboure
en la vigne de lame et en es
rachant vices et pechiez. Et puis
que il coure en lestat de ceste
presente vie par euvres (?) de pe

intance. Et apres q il se combi
te forment en la lutte contre
les temptations du diable.
& ce il le fait il aura tripple loier
car le denier sera donne au
labourant et au courant en
finant & au combatant couro
ne. Et pource q la septuage
sime signifie le temps de nre
chetivoison nous est donne
ce remede. par lequel nous pou
ons estre delivrez de nre cheti
vete par courre en finant. par
bataille en combatant. par le
denier en nous rachetant

De la sexagesime

La sexagesime commen
ce le dimanche que on
chante Exurge que
et est terminee ou .iiij.e ferie
apres pasques. et fut establie
pour redemption pour signifi
cation & pour representation
pour redemption laquelle mel
chisedech & seluestre pape esta
blirent. car il estoit establi en
la loy que chascun samedi len me
geast .ii. fois. si comme pour lab
stinence q les hommes avoient
soustenu au vendredi. ou quel
len doit jeuner tous temps
nature ne fut afoiblie. Et dont
pour la redemption des same
dis en ce temps ilz adjousterent
une sepmaine a la quarantai
ne. & lappellerent sexagesime
Lautre raison est pour signi
fication. pource que soixante
signifie le temps de vefuete
de legle et le plour dicelle po
labstinence de son espoux car
le fruit soixantime est deu

aux vefues & en reconfortant
icelle de labsence de son es
poux qui est ravi es cieulx
sont deux euvres donnees
a legle. Cest assavoir le hault
des .vi. euvres de misericorde
et lacomplissement des .x. co
mandemens de la loy. Et dont
la soixantaine some par .vi.
fois .x. si que par les .vi. soi
ent entendues les .vi. euvres
de misericorde. et par les dix
soient entendus les .x. comma
demens de la loy. ¶ La tierce
raison est. car la sexagesime
ne signifie pas tant seulement
le temps de vefuete. mais re
presente le mistere de nre re
demption. car par dix homme
est entendu qui est la .x.e dra
me ou fusee. car il est fait po
ce que il repareille la trebu
cheure de la .ix.e ordre. Ou ho
me est entendu par les .x. po
ce que il est de quatre humeurs
quant au corps et si a trois
vertus en lame. cest memoi
re entendement & volente qui
sont faictes pour servir a la
benoite trinite. si que nous
croions loyaument icelle. et
la tenons en amour et lamons
ardemment & la tenons en me
moire. Par les .vi. sont enten
dus .vi. misteres. par quoy ho
me fut rachete. Cest lincar
nation la nativite la passion
la descendue en enfer la resur
rection lassention. Et pour
ce est dicte la sexagesime jus
ques au .iiij.e ferie apres pas
ques que len chante ben te

benedicti &c. Car ceulx q chantent leuure de misericorde orent ce chant. Venez les benois de mon pere. Si comme cellui ihūcrist tesmoigne. La ou la porte est ja ouuerte a son espouse ⁊ vsi. a dicoler son espoux. et lamoneste en lespitre que elle seuffre paciemment comme fist labsence de son espoux en sa tribulation. et le euangille lamoneste que elle soit tousiours en semant bones euures et que celle qui auoit este aussi comme desesperant les gemissemens de mort mont auironne &c. Que maintenant celle respirant en son requiert en loffice estre aidie en ses tribulations. et a estre en ostee disant lieue toy sire pour quoy dors tu &c. Comme la iii fois. lieue toy car aucuns sont en legise qui sont greuez par aduersitez mais ilz ne sont pas gettez hors. et aucuns q sont greuez ⁊ degettez. toutesfoys ceulx qui ne seuffrent nulles aduersitez il est vray que les prosperitez ne les seuffre froissier. Et dont legise crie que il se lieue quant aux premiers en les confortant quil leur est aidans que il dort. Et si crie quant il se lieue quant aux secondz en les conuertissant ⁊ lui est aidans que il leur a tourne les faces en deboutant en une maniere. Et si crie q il se lieue quant aux tiers en les aidant en prosperite. et en eulx deliurant

De la quinquagesime

La quinquagesime dure du dimenche que len chante Esto michi domine. ⁊ finist le iour de pasques. et elle est establie ⁊ pour supplement pource que nous deuons ieuner xl. iours a la semblance de ihūcrist. et il nen a q xxxvi. ieunables pource q len ne ieune point aux dimenches. pour la ioie ⁊ la reuerence de la resurrection et pour lexemple de ihūcrist qui mengea ii fois a ce iour quant il entra auecques ses disciples les portes closes. et ilz lui apporterent dun poisson rosti et vne raie miel ⁊ mengea derechief auec ses disciples qui aloient en emaus. et pour supplier les dimenches les quatre iours sont adioustez ¶ Et derechief les clers virent que ilz aloient deuant le peuple par ordre. ⁊ aussi deuoient ilz aler deuant eulx par sainctete si que ilz commencerent a ieuner deux iours auant le commun. Et y que vne sepmaine est adioustee qui est appellee quinquagesime ¶ Et si comme saint ambroise dist. Lautre rayson est. pource q la quinquagesime signifie temps de remission. cest de penitance en quoy toutes choses sont pardonnees. ¶ Le .L. an estoit de ioie. cestoit an de remission car adonc debtes estoient delaissees. les serfz estoient deliurez ⁊ tous retournoient a leurs possessions. par lequel an il

estoit signifie. que par penitence
de bittes des pechiez estoient de
livres et tous estoient ostez du
servage au diable. et retour
noient aux possessions des mai
sons celestiaux. ¶ La tierce
raison est pour la representa
tion. car la quinquagesime ne
signifie pas tant seulement
temps de remission. mais re
presente temps et estat de beneu
rete. Et au .l.e jour du jour de
l'aignel sacrifie. la loy fut do
nee au .l.e jour de pasques. le
saint esperit fut donne. Et
pource represente ce nombre
beatitude la ou verite de fran
chise estoit et congnoissance de
verite et perfection de charite.
Et .iii. choses qui sont proposees
en levvangille sont necessai
res a ce que les euvres de pen
tance soient parfaictes. C'est
charite. qui nous est proposee
en l'epistre. Le memoire de la
passion nostre seigneur. et par
l'enluminement de l'aveugle est
entendue ferme creance qui est
proposee en levvangille. car
celle creance fait ses euvres a
greables. car il est impossible
de plaire a dieu sans foy. Le
memoire de la passion de crist
saint gregoire dit. Se la pas
sion ihesucrist est amenee a me
moire. il n'est chose que l'en ne
seuffre onniement a bon coura
ge. elle fait estre charite conti
nuee. car sicomme il dit. La
mour de dieu ne peut estre oy
seuse. elle fait grans choses
la ou elle est. mais se elle ref
pit a douleur ce n'est pas amour.
Et aussi comme au commence
ment. l'eglise soy desesperant a
voit eue les gemissemens de
mort. &c. Et apres ce en reve
nant a soy elle requist aide aus
si celle quant elle ot conceu
fiance de esperance de pardon
elle pria et dit. Soiez moy
deffendeur et esle en dieu. Et en cel
le office elle requiert quatre
choses. c'est deffence fermete
refuge et conduit. Car tous les
filz de l'eglise ou ilz sont en gra
ce. ou ilz sont en coulpe ou en
adversite ou en prosperite. Et
elle requiert a ceulx qui sont
en grace fermete que ilz soient
confermez a ceulx qui sont en
coulpe elle requiert refuge de
dieu a ceulx qui sont en adver
sitez. elle requiert deffension
et a ceulx qui sont en prosperi
te elle requiert conduit. que
ilz soient menez a dieu par ordon
nance. Et la quinquagesime
finist sicomme il est dit le jour
de pasques et fait renouveller
penitance de vie. et la fait res
soudre. Et en cellui temps est
souvent chante le .l.e pseaulme
miserere mei deus qui est pseau
me de penitance et de remission

De la quarantaine

La quarantaine comme
ce le dimenche que l'on
chante invocavit me
&c. Et l'eglise qui estoit agravan
tee avant par tant de tribula
tions. avoit eue les gemisse
mens de mort. &c. Et apres el
le estoit ung pou respiree en

appellant aidie disant. Sire sire
ne sue &c. Or demonstre mai
tenant a nous ceste ordre. Et dit il
ma apelle de savoir &c. Et est
assavoir que la quarantaine
contient viii iours les dimanches
comptez. Et quant les vi dimen
ches sont ostez il demeure xxxvi
iours dabstinence qui sont la
disme de tout lan. mais les iiii
iours devant y sont adioustes
si que le nombre des quarante
iours soit acompli. pource que le
sauveur les iaina par ieune.
¶ Et iii raisons peuent estre
assenees pourquoy nous gar
dons la ieune en ce nombre de
la quarantaine. La premiere
dit augustin mathieu mist xl
generations. Et pource descen
di nostreseigneur a nous ou xl
nombre. pource que nous mon
tons a lui en ce xl nom
bre. Et cellui mesmes en assi
gne une autre & dit. Affin que
nous avons le nombre de la
quarantaine pour adiouster
au nombre xl nous y devons
adiouster le denier. car se nous
voulons venir au benoit repos
il nous convient labourer
tout le temps de ceste presente vie.
Et nostreseigneur demoura xl
iours avecques ses disciples
et le x iour apres il leur en
voia le saint esperit. ¶ La
tierce cause assigne le maistre
en la somme de loffice de le
glise et dit. Le monde est devise
en quatre parties et lan en iiii
temps. et lomme si est des iiii
elemens & des iiii quatre com
plections. Et la nouvelle loy est
establie par iiii euvangelistes
et la vielle que nous avons pas
see estoit en x commandemens
si convient que le denier soit mo
teplie par quatre. et quatre cest
que nous facons ainsi la xl. cest
que nous acomplissons les co
mandemens de la vielle et de la
nouvelle loy tout le temps de
ceste vie. Et sicomme nous avons
dit. Nostre corps est de quatre ele
mens. Et ot en nous aussi ces
quatre sieges. car le feu est es
yeulx. lair en la langue et es
oreilles. leaue es membres en
gendrans. la terre es mains
es autres membres. Et dont
est curiosite es yeulx en la lan
gue et es oreilles legierete de
parler. es membres engendrans
delit. et es mains et es autres
membres est cruaute. Et ces
quatre confessa le publicain
et eston de long. Il confessa
luxure. qui est puante aussi
comme sil dit. Sire ie nose a
procher que ie ne pue en ton nez.
En ce que il nose lever ses yeulx
il confessa curiosite. en ce que
il bat son pie de ses mains. Il
confessa cruaute. en ce que il
dit. Sire soies debonnaire a
moy pecheur. il confessa leche
rie & legierete. ¶ Et gregoi
re en ses omelies si met iii rai
sons et dit pourquoy le nombre
de quarante iours est garde
en abstinence. Cest pource que
la vertu des x commandemens
de la loy soit acomplie par les
quatre livres de leuvangille

Et en ce mortel temps nous sommes de .iiii. elemens. Et par le delit de ce mesmes corps nous cōtrarions aux dix commandemens nr̄e seigneur. Et pour ce dont que nous auons despit les .x. commandemens de la loy par les desirs de la char digne chose est que nous tourmentons celle char par le nombre de quatre fois .x. Et du p̄mier iour de la quarantaine iusques a pasques a .vi. sepmaines ce sont .xlii. iours. Et quant .vi. dimenches en sont ostez il demeure .xxxvi. iours en abstinence. Et quant len est demene par .iii.ᶜ et .lxv. iours ainsi donnons nous a dieu aussi comme la disme de nr̄e annee. ¶ Et quatre raisons sont assenees pour quoy no9 ne gardons ceste ieune en ce temps que ihesucrist ieuna q̄ commenca a ieuner tantost apres le baptesme. mais la cōtinuons iusques a pasques. Et ces .iiii. raisons assigne maistre iehan beleth en sa somme. La premiere si est que se no9 voulons resusciter auec ihucrist pource que il souffri pour nous et nous deuons aussi souffrir peine auecques lui. La seconde est que par ce no9 ensuiuons les filz disrael qui en ce temps yssirent degypte premierement et apres ce yssirent ilz de babilone. et est prouue par ce que tantost q̄ ilz furent hors ilz celebrerent la pasque. Et ainsi nous enseignent iceulx. Ieunons en ce temps si que nous yssus degypte et de babilone cest de ce monde desseruons entrer en la terre de heritage pardurable. La tierce est pource q̄ le temps de ver lardeur de luxure nous seult plus eschauffer. si que cest pour refraindre lardeur du corps q̄ nous ieunons mesmement en ce temps. La quarte cause est pource q̄ tantost apres la ieune nous deuons receuoir le corps ihesucrist. car tout aussi comme les filz disrael se tormentoient. lectues sauuages et ameres mengoient auāt que ilz mengeassent laignel aussi deuons nous estre p̄mierement tourmentez pour penitance. si que nous dignes puissions mengier tresnettement laignel de vie.

Des ieunes des .iiii. temps.

Les ieunes des quatre temps furent establies de calixte pape. Et ces ieunes sont faictes quatre fois lan selon les quatre temps de lan. Et de ce sont moult de raisons. La p̄miere est pource que ver est chault et moiste. Este est chault et sec autompne froit et sec et yuer froit et moiste. Nous ieunōs en ver pource que nous attēprons en nous la nuisant humeur cest luxure. En este pource que nous chastions en nous la nuisant chaleur cest auarice. En autompne pource que nous chastions la secheresse dorgueil. En yver pource que nous chastions la froideur de dessonnue et de malice.

La seconde raison pourquoy nous ieunons quatre fois lan est. Car ces premieres ieunes sont faictes en mars en la premiere sepmaine de quaresme pource que les vices flestrissent en nous se ilz ne peuent estre du tout estains et que les fleurs de vertus y naissent. Les secondes sont faictes a penthecouste pource que adonc sont les fruiz creissiz. Et nous devons adonc rendre a dieu les fruis de bonnes euvres. Les quartes sont faictes en decembre pource q les herbes meurent adonc. et nous nous devons mortiffier au monde.

La tierce raison est pource que nous ensuivons les iuifz. Les iuifz ieunoient quatre fois en lan. devant pasques devant penthecouste en septembre avant que ilz fichassent les tabernacles et en decembre avant la dedicacion.

La quarte raison est pource que lomme est de quatre elemens quant au corps et de trois poestes cest raisonnable concupiscence et yreuse quant a lame. Et pource dont que ces choses soient attrempees en nous. nous ieunons quatre fois lan par .iii. iours. si que le nombre de quatre soit rapporte au corps et le nombre de trois soit rapporte a lame. Et ce sont les raisons maistre iehan beleth. Et selonc iehan damacien dit. La quinte raison est pource que en ver le sang monteplie. En este la cole est. amptonne melecolie et en yver fleume. Et dont nous ieunons en ver pour afoiblir le sang de convoitise charnel. et de desordonnee leesce car le sanguin est luxurieux et lie. En este pource que la cole de ire et de fallace soit afoiblee. car le colorique est naturelment yreux et barateux. En amptonne pource q la melencolie de convoitise et de tristesce soit afoiblie. Car le melencolieux est naturelment froit convoiteux et triste. en yver pource q la fleume de moisteur et de paresce soit afoiblee. car le flematique est naturelmet moiste et pareceux.

La vi. raison pource que ver est acompaignie a lair. Este au feu. amptonne a la terre. yver a leaue. et nous ieunons en ver pour attemprer lair de lastion et dorgueil. En este pour dapter le feu de convoitise et davarice. Et en amptonne pour dampter la terre de la froideur et de lobscurte dignorance. En yver pour dampter leaue de legierete et de desatrempance.

La vii. raison est pource que ver est rapporte a enfance. Este a croissance. amptonne a meur ou a force daage. en yver a viellesse. Nous ieunons en ver pource que nous soions enfans par humaine. En este que nous sommes fervens par bonne croissance. En automne que nous sommes meurs par attrempance. En yver que nous sommes vielz par sagesse et par honneste vie. Ou pour le meilleur que nous satisfions de ce que nous avons meffait en ces .iiij. aages. La .iiij.e raison met maistre Guillaume Dauxerre et dit que nous jeunons les .iiij. temps de l'an pource que nous facions satisfation de ce que nous avons meffait en tous les temps de l'an. Et est la jeune faicte par .iij. jours affin que nous satisfions en ung jour ce que nous avons meffait en ung an. Ou ilz sont faictes au mercredi pource que ihucrist fut trahy a ce jour de Judas. au vendredi car il fut crucifie a ce jour. au samedi pource que a ce jour il fut enseveli et jut au sepulchre. et ses disciples estoient tristes de la mort de leur seigneur.

De saint Ignacien

Ignacien fut disciple du benoit Jehan. et fut evesque d'Anthioche. Et nous lysons que il envoya ces lettres a la benoite vierge marie en ces parolles. A marie portant ihucrist le sien Ignacien moy nouvel ami de Jehan et ton disciple. Deusses tu avoir conforte et estre conforte de ihucrist. car je tant apperceu de merveilles a dire que je suis esbahi de soir. Et je desire en mon courage a estre fait plus certain des choses oyes de toy qui estoies sa familiaire compaigne a lui. et sachante de ses secrez. Dieu te sault. et les nouviaux hommes qui sont avec moy se confessent de toy et en toy et par toy. Et la benoite vierge marie mere de dieu lui respondi en telz parolles. A Ignace chier ami humble disciple. l'ancelle de ihucrist. Ce que tu as oy et apris de Jehan de ihucrist sont vraies choses et te prie a celles et tien fermement le veu de crestiente et acorde tes meurs et ta vie a ton veu. et je yrai ensemble avecques Jehan certifier ceulx et toy qui avecques toy sont. Soies et estre fermement en la foy. ne la cruaute de persecution ne te esmeuve. mais ton esperit haulce et s'esleesse en dieu ton salut.

Ignacien fut de si grant auctorite que denis disciple de pol qui fut souverain en philozophie et si parfait en science divine amena a confermer ses dis la parolle du benoit Ignacien pour auctorite. Si com il tesmoingne ou livre des divins nons. aucuns nous reprenoient le nom d'amour es choses divines. et disoient que nom divin est tout nom d'amour comme de dilection. Il voult monstrer que de ce nom d'amour appartient a user es choses divines. et escript ainsi le divin Ignacien dit le

cuaste est mon amour. Il se
list en listoire partie en iij. que
ignacien oy chanter les anges
antiennes sur une montaigne
: de la establi il a chanter les
anthiennes en leglise et a antor
ner les pseaumes selon les an
tiennes. ¶ Et comme le be
noit ignacien eust longuement
prie nostreseigneur pour la paix
de leglise doubtant le peril non par
de lui. mais daucuns non pas
fermes en la foy. il sen alla con
tre troien empereur qui fut lan
cent de nostreseigneur. et retour
noit de la bataille : menacoit
les xpiens de mort. et lui dist
franchement quil estoit crestien
: troien le lia de fer et bailla a
x. chevaliers et le commanda
mener a romme. il enmoioit lites
par toutes les eglises. et les con
fermoit en la foy ihesucrist. En
tre lesquelles il en escript unes
a leglise de romme. si comme il
est leu en listoire ecclesiaste en
depriant que ilz nempeschassent
son martire. en laquelle il dit
ainsi. Je suis mene de syrie jus
ques a romme. et me combatz a ter
re et a mer jour et nuyt. enlacie
: lie de chaynnes avecques .x.
liepars chevaliers donnez a moy
garder. lesquelz sont plus cru
eulx pour noz biens faiz. et
nous sommes mieulx enseignez
par leurs felonnies. come cest
saine chose que ces bestes qui
ne sont appareillees quant vien
dront ilz quant seront ilz lais
ssees. quant leur plaira il a
user de ma chair. et les depriray

que par adventure ilz ne doub
tent point a touchier mon corps
comme ilz ont fait a aucuns
et silz me sont adonc donnez
ie les efforceray et me bateray
en eulx pardonnez moy. Je scay
bien quil me convient cest seu
tir les bestes. departement des
os. defroissemens de tous les
membres : de tout le corps. Et
tous ces tourmens soient a bien
venu que le corps moy par lart
du deable : soient acomplis
en moy. pourtre que ie deservie
a avoir ihesucrist. Et quant il
fut venu a romme. troien lui dit.
ygnacien pourquoy fais tu re
beller antioche : convertis ma
gent a ta crestiente. Auquel ig
nacien dit. La moie voulente feust
que ie te peusse convertir et q
tu tenisses tousiours la fort
prince. : troien dit. Sacrifie
aux dieux et tu seras prince
de tous les prestres. Et ygna
cien dit. ne ie ne sacrifieray
a tes dieux. ne ie ne convoite
avoir ta dignite. tu peulz faire
de moy ce que tu vouldras. mais
tu ne me muceras en nulle ma
niere. Troien dit. batez les es
paulles de plombees. : lui des
rompez les costez aux ongles
: frotez son dos de dures pier
res. Et quant ilz eurent tout
ce fait en lui. et il estoit tout
sans sor mouvoir. troien dit
apportez charbons vifz. et le
faictes aller dessus les plates
nues. Auquel ignacien dit ne
feu ardant ne eaue boullant
ne pourra estaindre la charite

que iay en ihucrist. Et troien dit ce sont malefices que il seuffre tant et ne veult consentir. Et ygnacien dit. Nous crestiens ne sommes pas malefices mais deffendons en nostre loy que les malefices ne vivent mais oste ces malefices qui aourent les ydoles. Et troien dit desiropez son dos aux ongles et puis arrousez les plaies de sel. auquel ygnacien dit Les passions de ce temps ne sont pas dignes de la gloire advenir que nous sera revelee. Et troien dit ostez le tost et le liez de liens de fer a une estache et le gardez en la plus basse chartre et le laissiez la sans mengier et sans boire. et .iij. iours apres le donnez aux bestes sans delay a devorer.

¶ Le tiers iour apres lempereur les senateurs et tout le peuple sassemblerent pour veoir levesque dantioche soy combatre aux bestes. Et troien dit. pource que ignacien est orgueilleux et despit liez le et laissiez deux lyons venir a lui Et que ilz ne laissent nul remenant de lui. Et ygnacien dit au peuple qui la estoit. hommes de rome qui regardez ceste estrif Je nay pas travaillie pour neant car ce ne seuffre ie pas pour mauvaistie. mais pour pitie. et sicomme le list en hystoire ecclastique. Il commenca a dire le forment de ihucrist seray molu par les dens des bestes pource que soie fait pain net. Et quant lempereur loy il dit la patience des crestiens est grant. lequel des grecz souffreroit tant pour son dieu. Ignacien respondi. Ce nest pas par ma vertu que ie seuffre. mais par laide de ihucrist. Et dont saint ygnacien commenca a appeller les lyons a soy. pource que ilz acourussent a lui devorer. Et dont deux cruelx lyons acoururent et lestranglerent tant seulement mais la char ne touchierent ilz oncques. Troien adonc voiant ceste chose sen alla forment merveillie. et commanda que se aucun le vouloit enterrer il ne lui fut pas deuee. Pour laquelle chose les crestiens emporterent le corps et lensevelirent honnorablement.

¶ Et sicomme troien eust receues les lettres esquelles le second prevost louoit forment les crestiens que troien avoit commande a tuer. Il se dolut de ce quil avoit fait a ygnacien. et commanda que doresenavant ilz ne feussent plus quis. mais se aucun escheust quil fut pugnir.

¶ Len list que le benoist ignacien entre tant de manieres de tourmens ne cessa oncques dappeller le nom ihucrist. Et quant les tormenteurs lui demandoient pourquoy il nommoit sy souvent ce nom il respondit ce nom est escript en mon cueur. Et pource ne me puis je tenir de le appeller. Et ceulx qui avoient ce oy voulsdrent esprouver apres sa mort de ceste chose. Et lui osterent le cueur du corps et le

couppierent parmi. et le trouue
rent tout escript en lettres dorees
de ce nom ihesucrist et plusieurs
creurent en dieu pour ce mira
cle. ¶ De cestui saint dit st
bernard sur le pseaume de q
habitat. Cestui ignacien fut grant
auditeur du disciple que ihesus
amoit. Des reliques duquel
martir nre pourete est enri
chie. en plusieurs epistres q
il escript il salue marie por
tant crist

De la purification nre dame.

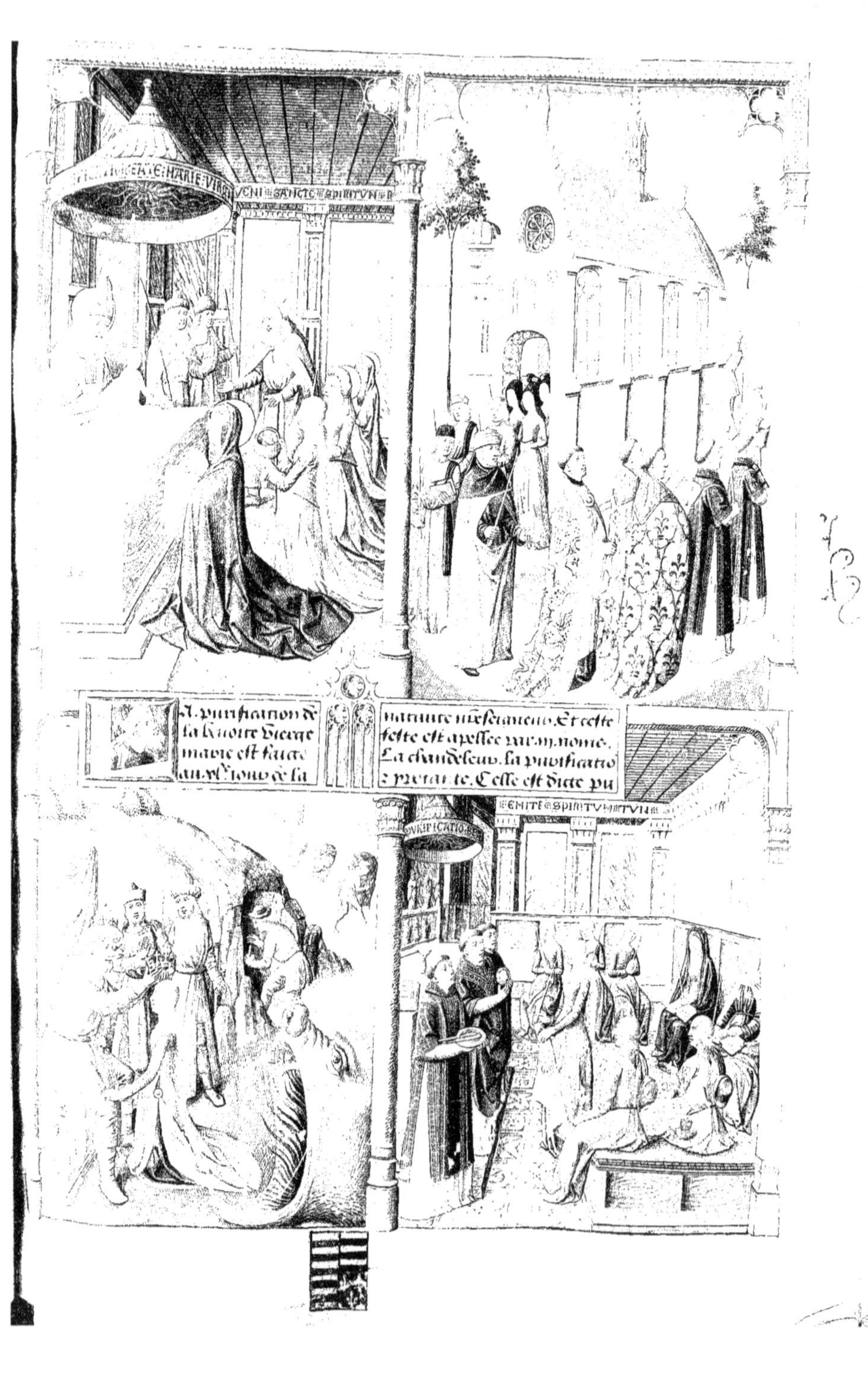
VENI SANCTE SPIRITUS
a purification de
la benoite vierge
marie est faicte
au xl^e iour de la
nativite nr̃e seigneur. Et ceste
feste est apellee par iij. nomes.
La chandeleur. la purificatio
Celle est dicte pu
EMITTE SPIRITUM TUUM
PURIFICATIO BEA

rification. pource q au xl^e iour
de la natiuite nre seigneur la be
noite vierge vint au temple pr
estre purifiee selon la loy com
ment q elle ne fust pas tenue
soubz celle loy. Car la loy com
mandoit en leuitique q feme
qui receuoit semence et auoit
son masle nestoit pas necte
Et que elle se tenist par. vij. sep
maines de compaignie dom
me. z dentrer ou temple. et vij.
iours passez elle estoit necte.
quat a compaignie domme.
mais non pas quant a entrer
ou temple deuant au. xxxiij^e
iour. Et quant ces. xl. iours es
toient passez z acomplis. elle a
loit au temple z lenfat auec
lui. et loffroit au temple auec
dons. Et se elle auoit fille les
iours estoient doublez z quat
a la compaignie dome et quat
a entrer ou temple. ¶ Et iiij
raisons peuent estre. pourqy
la loy commadoit que lenfant
fust offert au temple au xl^e io
Lune si est que il fust entendu
par ce que aussi lenfant est co
uerti au xl^e iour de sa concep
cion en temple materiel. aussi
au xl^e iour lui est soumet mi
se lame dedens le corps Ja soit
ce que les phylozophes dient
que le corps est parfait au xl^e
iour ¶ La seconde raison si
est. que tout aussi comme la
me au xl^e iour est mise ou corps
et est cueillie du corps q corps
et ame esemble entrans au
xl^e iour au temple soit noit
toiee de celle conceue par les

sacrifices ¶ La tierce que par
celle entree. il soit donne a en
tendre q ceulx desseruiront e
trer ou temple celestiel q gar
deront les. x. commandemes
de la loy. auec la foy des. iiij.
euuangelistes. Et en celle qui
estoit femme les iours sont
doubles quant a lentree du te
ple. aussi comme ilz sont dou
bles quant a la formation du
corps. car tout aussi comme es
xl. iours. le corps du masle est
forme z parfait et lame est
mise dedens. Tout aussi le
corps de la femme est parfait
en. iiij^xx. iours et lame mise est
dedens. Et pourquoy le corps
de la femme est plus tart par
fait ou ventre que le corps de
lomme z q lame y est plus tart
mise peut estre monstre par
trois raisons. Et les raisos na
turelles laissees ¶ La prime
re est. pource que nre seigneur
deuoit prendre char en la four
me de lomme. Si que pource
que il honorast ce sexe de lome
z lui feist greigneur grace. il
voulst que le masle fust plus
tost fourme. z q lame fust
plus tost purifiee ¶ La seco
de pource que femme pecha
plus q homme si que tout ai
si comme la maleurete de la
femme fut plus doublee au
monde q lomme aussi deust
elle estre doublee par dedens
ou ventre ¶ La tierce si que
par ce il fust donne a etendre
que la femme trauailla plus
dieu en vne maniere q homme

pource que elle meffeist plus
car dieu est vne maniere
trauaillie en noz mauuaises
euures dont ysaie dit ou xliiii^e
chapitre. Tu me feiz seruir a tez
iniquitez et je trauaille en son
sten. ¶ La benoite vierge
nestoit point tenue a ceste pu
rification. car elle nen fanta
point par semence receue dome
mais par diuin espirement.
Et pource dit moyses. celles q
auroient receu semence et il
nestoit mestier du dire quat
aux autres femmes. car les au
tres enfantent par semence receue
fors celle. Et pource le dit il. car
il ne vouloit pas esleuer blas
me en sa mere nostreseigneur. sico
me saint bernard dit. mais el
le mesmes se voult soubzmett^e
a la loy pour .iii. raisons. La p^e
miere raison est. pource que el
le donnast aux autres exemple
de humilite. dont bernard dit.
Vraiement benoite vierge. tu
nauoies cause ne mestier de pu
rification. mais aussi nauoit
ton filz de circoncision. Soies
entre les femmes comme vne
dicelles. Car ton filz est aussi
ou milieu des enfans. Et ceste
humilite. ne fut pas seulemet
de par sa mere. car elle fut aus
si de par le pere qui se voult
en ce soubzmettre en sa loy. car
en sa natiuite il se tint come
poure homme et pecheur et serf
sicomme poure. car il esleut lof
frande de poure sicomme pe
cheur. car il voult estre purifie
auec sa mere. sicome serf. en

ce quil voult estre rachete. Et aus
si voult il estre baptize apres
et non pas pour purgier sa coul
pe. mais pour demonstrer sa
tresgrant humilite. Car il voft
prendre en lui tous les remedes
qui estoient establis contre le
pechie originel non pas pource
que il lui fut besoing. mais po^r
demonstrer par grant humili
te que ces remedes estoient bo
pour le temps. Et .v. remedes
estoient establis contre le peche
originel par le proces du teps
Et selonc ce que hue de saint vic
tor dit. les .iii. en sont establis
en la loy de nature. Ce sont o
blations disines et sacrefices
et par ces choses estoit exposee
seruice de nre redempcion. car
la maniere de racheter estoit si
gnifiee par loblation. et le pris
estoit signifie par le sacrifice
ou quel il auoit effusion de sag
Et le rachat estoit signifie par
la disme que homme est signi
fie par la .x^e. disme. Et dont le
premier remede fut oblation
Et caym offrir done a dieu de
ses blez. et abel lui offrir de ses
bestes. Le second fut les disines
que abraham offrir a melchis
dech prestre. car selon augustin
ce de quoy len prenoit cure es
toit disine. Le tiers selon ce q
dit saint gregoire les sacrefices
estoit le tiers remede contre le
pechie originel. car il apparte
noit que lun des parens au
moins fust loyal. Et pource
que par aduenture aucunesfois
lun et lautre estoient desloiau

pource vint le quart remede c'estoit circoncision laquelle vn[?] soit. se ses parens estoient sonnus[?] ou dessonnus[?]. mais pource que nul remede ne pouoit appartenir fors que aux masles. ne la porte de paradis ne leur pouoit estre ouverte. Vint apres le baptesme qui est commun a tous et ouvry la porte de paradis. Et nostre seigneur prist le premier remede quant il fut presente au temple de ses parens. Et le second remede il prist en une maniere quant il jeuna xl. jours et xl. nuys. et pource que il n'avoit de quoy il paiast a dieu dismes de choses. il offry a dieu dismes de jours. Il prist le tiers quant sa mere offry une paire de turtres ou coulons pour lui a faire sacrifice. Ou quant fut offert lui mesmes sacrifice en la croix. Le quart quant il se laissa circoncire. Le quint quant il receust baptesme de jehan.

¶ La seconde raison est pource que il acomplisist la loy. car il n'estoit pas venu destruire la loy. mais acomplir. car s'il eust trespassé la loy en ceste chose les juifz se peussent excuser et dire. Nous ne recevons pas ta doctrine pource que tu es dessemblable a noz peres ne ne gardes pas les commandemens de la loy. Et au jour d'ui ihesucrist sa vierge mere se soubzmistrent a la loy tripple. Premierement a la loy de purification en signifiance de vertu. Si que puis que nous avons bien fait toutes choses nous puissons dire. nous sommes sergens proffitables. Secondement a la loy de redemption en exemple de humilite. Tiercement a le exemple d'oblation en exemple de humilite et de purete.

¶ La tierce raison est que il fist cesser la loy de purification. car tout ainsi comme la lumiere vient en tenebres cessent et quant le soleil vient, l'ombre s'en part. aussi quant nostre vraie purification vint c'est ihesucrist la purification figuree cessa. car il nous purifia en telle maniere que les peres ne sont tenus a absolution ne les meres a purification ne a entrer au temple. ne les filz a faire celle redemption.

¶ La quarte raison est que il nous enseignast a estre purifiez. Et purification est faicte en v. manieres de cas de diffame selon lesquelles nous nous devons purgier. C'est assavoir par serment qui signifie renonciation de peche. par eaue qui signifie lavement de baptesme. par feu qui signifie l'infusion du saint esperit. par tesmoingz qui signifie plante de bonnes euvres. par bataille qui signifie reffusement de temptation.

¶ Quant la benoite vierge vint au temple. elle offri son filz. et le racheta de v. sicles. c'estoit une maniere de monnoie de certain pois. Et est assavoir que aucuns premiers enfans estoient rachatez. si comme les premiers engendrez de li[?]

signees qui estoient rachetez de v. sicles. aucuns n'estoient point rachetez sicomme les premiers des leuites. mais quant ilz venoient en leur derrenier aage ilz seruoient tousiours ou temple nostre seigneur. tout ainsi comme les premiers filz des bestes qui n'estoient pas mondes qui n'estoient point rachetees mais estoient offertes a nostre seigneur. Et aucunes estoient changees sicomme les premiers poulains de l'asne qui estoient changiez a ouailles. Et aucuns estoient occis sicomme les premiers faons de chien. Et dont ihesucrist qui estoit de la lignie de iuda qui fut vne des .xij. il appert que il deust estre rachete. si offrirent a nostre seigneur pour lui vne paire de turtres ou .ij. poucins de coulons car c'estoit l'offrende des poures. mais vng aignel estoit l'offrende des riches. Et il ne dit pas poucins de turtres comme poucins de coulons pour ce que poucins de coulons sont tousiours trouuez mais ceulx de turtre non. Et si ne dit pas vne paire de coulons aussi comme vne paire de turtres. car la coulombe est oysel luxurieuse. Et pource ne voult pas dieu soffrir en son sacrifice. La turtre si est oysel chaste. mais vng peu auant la benoite vierge marie auoit vng peu auant receu grant coup d'or. si est a dire que adonc elle peust bien auoir achate vng aignel. mais il est a sauoir sans doubte se

lon saint bernard. que les roys offrirent moult grant charge d'or: car il n'est pas semblable a vray que telz roys offrissent petis dons a tel enfant. mais toutesfoiz la benoite vierge ne le retint pas a soy mais le donna tantost aux poures. ou par aduenture elle le garda pour faire sa pourueance. vn an que elle fut en egypte. Ou par aduenture ilz n'en offrirent pas en grant quantite pour ce ilz soffriroient en la diuine signification. Et l'expositeur met trois oblations auoir este faictes de nostre seigneur. La premiere fut faicte de lui par ses parens. La seconde fut faicte pour lui des oyseaux. et la tierce il fist en la croix pour tous. La premiere demonstre son humilite. car le seigneur des loys se soubzmist a la loy. La seconde sa pourete car il esleust l'offrende des poures. La tierce monstre sa charite. car il souffri pour les pechie. Et proprietez de la turtre sont elle volle hault. elle gemist en chantant et denonce quant son masle vient. elle vit chastement elle n'a que vng masle elle nourrist ses poucins par nuyt elle fuit toute chose morte. Et les proprietez du coulon sont que il queillist les grains il vole en compaignie. il eschieue charoignes il n'a point de fiel il se plaint et atouche son compaignon par le bec. Il fait son nid en pierres. il fuit l'espreuier comme son ennemy. il ne blece

point du bec. Il nourrist ses pou
cins de iour et de nuit. ¶ Seconde
ment ceste feste est dicte ypapā
te. cest adire presentacion pour
ce que ihūcrist est presente au tē
ple. Ou ypapante peult estre
dit encontrement. pource que
symeon et anne alerent a len
contre de nrē seigneur quāt
il fut ou temple. et est dit ypo
paite de ypo qui vault autāt
comme encontre. Et donc le
prist symeon en ses bras. Et
est assavoir que .iii. portees
ou mouvemens furent au io
dui faictes de nrē seigneur.
La premiere fut de verite. car
cellui qui est verite qui maine
tout homme lui meisme qui
est voie en soy meisme se souf
fri au iourdui a estre mene
et porte dautres. Et dit leuā
gille si comme ilz le menoiēt
lenfant en portant ou tēple
La seconde est de bonte car cil
qui est seul bon et saint voult
estre purifie avec sa mere aus
si comme sil fut ort. La tierce
est de maieste. car cil qui porte
toute chose par la parolle de sa
vertu se laissa recevoir et porter
es bras dun viellart qui por
toit toutesfois cellui qui le por
toit si comme il est dit. le viel
lart portoit lenfant. et lenfāt
gouvernoit le viellart. Et sy
meon le beney disant Sire de
laisse ton servent a paix selon
ta parolle. etc. Et symeon lap
pelle par .iii. noms. Cest sau
vement. lumiere et gloire du
peuple disrael. Et la raison
de ces .iii. noms. peut estre pri
se en .iii. manieres. Premieren
ment selon nrē iustificemēt. si
quil soit dit sauuemēt en de
laissant et pardonnāt nos pe
chiez. Car ihūs est adire sau
vemēt. pource que il fait sauf
son peuple de leurs pechiez.
que il dit lumiere cest en do
nant grace et gloire de peuple
ou donnāt gloire. ¶ Secon
dement pour nrē regeneracio
Car premierement lenfant est
beney et baptise et aussy est il
nectoie de peche quant au p̄
mier. Et la chandelle alumee
lui est baillee quant au secōd
et quant au tiers. il est offert
au temple. ¶ Tiercement
pour la procession dui. Car
premierement les chandelles
sont beneicts. Secondement
elles sont alumees. Tiercemēt
elles sont baillees es mains
des loyaux crestiens. Quar
tement ilz entrent en leglise
chantant ¶ Quartement
pour le tripple nom de ceste
feste. car elle est dicte purifi
cacion quant au purgemēt
de peche. par ce est il dit sau
vement Elle est dicte chande
leur quant a lenluminement
de grace. et pource est il dit lu
miere. Et est dicte ypotante
cest pñtation quant au don
de gloire. Et pource acouronne
nous en lencontre ihūcrist en
laur. ¶ Ou il peut estre dit
car nrē seigneur est loue en ces
te cantique. aussy comme par
salu lumiere et gloire. Sicōe

pur car il est mediateur cōme
filz. car il est redempteur cōe
lumiere. car il est conditeur cō
me glous. car il est guerredon
neur. Et ceste feste est dic
te tiercement la chandeleur. q̄
ce que len porte chandelles ar
dans es mains pource q̄ legli
a ordonne porter chandelles ar
dans es mains. quatre raisōs
peuent estre assignees. Premie
rement pour oster la coustūe
derreur. car iadis es kalendes
de feurier toute la cite de rome
estoit de .v. ans en .v. ans au
tournee de gēs et aloient ētour
a cierges & a brandons en lon
neur de februs mere de mar
tis qui estoit dieu de bataille
pource que son filz leur don
nast victoire de leurs ēnemis
qui estoit dieu de bataille diugs
ilz aouuroient la mere. Et celle
espace de temps estoit dit lu
stre. Cest adire resplendeur de
lumiere. et les romains aus
si sacrifioient a februs. Cest
le dieu denfer en cellui tēps. et
aux autres dieux denfer. et le
faisoient affin q̄ ilz eussēt mer
cy deulz. Derechief ilz leur of
froient sacrefices solennelz et
estoient toute nuyt es louen
ges dicculx a cierges & a brā
dons ardans. Et les femmes
des romains. si comme innocēt
pape dit. faisoient en ce mes
mes iour feste de luminaires
& en prisrent le commencemēt
des fables des anciens poetes.
Car ilz dient que proserpine
estoit si belle que pluto le dieu

denfer la couuoita & rauit. et la
fist deesse. Et les parens la qui
rent moult de temps. par bois
& par forestz a cierges & a bran
dons. si que les dames de ro
me representoiēt ceste chose et
tournoient ētour rome a cier
ges & a lumieres. Et pource q̄
cest forte chose a delaisser vne
chose acoustumee. les crestiens
qui estoient conuertis a la for
peurent a peine laissier ceste
coustume des paiens. Et pour
ce sergie pape mua ceste cousti
me en meilleur. Cest assauoir
q̄ les xp̄iens chun iour a ce io²
aurournassent legli a cierges
benois et alumez en lonneur
de la mere dieu. si que celle so
lemnite tenist. mais q̄ elle fust
faicte par autre entencion. Se
condemēt pour demonstrer
la purte de la vierge. car au
cuns qui orssent que la vierge
auoit este purifiee cuidissent
que elle eust mestier de puri
fiement. Et pour demonstrer
que elle fut toute trespure et
tresblanche. pource ordonna
legli. que nous portons cierges
luisans. tout aussy se leglise
dit par ce signe. la benoite vier
ge na mestier de purificatiō
mais resplendist toute de pur
te. et elle fut conceue de semē
ce qui fut nette & toute puri
fiee ou ventre de sa mere. et ou
ventre de sa mere. et en la ve
nue du saint esperit elle fut
sanctifiee & mondee. si q̄ nul
le inclination de pechie ne re
maint a elle. mais la vertu

P et la sainctete dicelle sestendoit
iusques aux autres. et estoit es-
pandue. si que elle estaingnoit
es autres tous les mouvemens
de char nes cognoistise. Et dient
les iuifz que combien que marie
fut tres belle. si ne peut elle estre
congneue dome. Et la raison est
car la vertu de sa chastete tresp
coit tous ceulx qui la regardoient
et estoit hors dicelle toute con
noitise mauvaise. Et pource est
elle acompaingnee au cedre. car
le cedre occist tous les serpens
par son odeur. Et la sainctete
dicelle rayoit es autres que elle cor
rompoit tous charnelz mouve
mens. Et si est acompaingnee au
mierre. car tout aussi comme
le mierre occist les vers. tout
aussi corrompt la sainte dicel
le les charnelz congnoissés. et
elle prerogative devant toutes
les autres. sanctifiez elle et de
vant toutes vierges. car leur
saintete nestoit pas espandue
es autres. ne leur chastete nes
taingnoit point les charnelz
mouvemens es autres. mais la
vertu de la chastete de la vier
ge marie tres perçoit du tout
les cueurs des non chastes. et
les rendoit tantost chastes quant
a elle. Tiercement pour la re
presentation de la procession
du. Car marie et ioseph et si
meon et anne firent au iour
dui une honnorable procession
et presenterent lenfant ihesus ou tem
ple. si que a ce iour nous faisons
processions et portons en noz
mains cierges ardans. Et par q

par le cierge que chascun porte nous
signifions ihesucrist porte ou
temple et le portons iusques en
leglise. Il est assavoir que
trois choses sont ou cierge. cire
lumignon et feu. Et par ces. iii.
sont signifiez. iii. choses qui es
toient en ihesucrist. Cest cire qui
signifie la char ihesucrist qui fut
ne de vierge sans corrupcion
aussi comme les mouches font
la cire sans commixtion de lu
ne a lautre. le lumignon cou
vert en la cire signifie la tres
blanche ame de celluy atapis
sant en la char le feu ou la lu
miere signifie la divinite. car
nostre seigneur est feu degastant
dont ung versifieur fist ces
vers. Hanc in honore pie can
delam porto marie. Accipe per
ceram carnem de virgine veram.
Per lumen numen maiesta
tis quoque lucamen. Cest a dire en
francois. en lonneur de la de
bonnaire marie porte ce lumi
naire. Si pren par la cire du
cierge la char vraye dicelle vier
ge de magesté par la lumiere
deite haultesse plainere. Quar
tement pour nostre enseignement
car nous devons estre enseignez
en ce que se nous voulons estre
purifiez devant dieu et nec
toiez nous devons avoir en
nous. iii. choses. vraye foy bieu
ree et entencion droicturiere.
Car la chandelle ardant en la
main avec bonne euvre est
vraye foy. Car tout aussi que
la chandelle sans lumiere par
soy sans chandelle ne luist

point. mais sont tous deux
mors ensemble. Tout aussi est
euure sans foy et foy sans bon
ne euure est morte. Et le lumi
gnon qui est muce dedens la
cire signifie droitte foy dont gre
goire dit Se leuure est en co
mun. si appartient il que len
tencion soit mucee dedens ¶
Une dame de noble lignage
auoit tresgrant deuocion en
la benoite vierge marie Et el
le auoit faicte une chapelle de
lez sa maison et auoit son pro
pre chapellain et vouloit chun
iour oir messe de la benoite
vierge marie Et si comme la
feste de la purification appro
cha le chapellain alla hors pour
aucunes de ses necessites bien
loing Et celle dame ne peust
ce iour auoir messe. Ou si com
me len list ailleurs elle donnoit
pour lonneur de la vierge tout
tant quelle pouoit auoir et
ses vestemens mesmes. Et quant
quant elle eust donne son man
tel elle ne peust aller a leglise
mais fut sans messe celui iour
dont elle fut moult dolente.
Dont entra en sa chapelle et
fut soudainement rauie aus
si comme en transes deuant
lautel de la benoite vierge ou
elle estoit. Et lui fut aduis que
elle estoit en une tresbelle eglise
noble et regarda et veist en
leans une grant compaignie de
vierges qui venoient et une
tresbelle vierge couronnee du
ne couronne aloit deuant. Et
quant toutes se furent assi

ses par ordre. il vint une autre
compaignie de iouuenceaulx
qui sassirent aussi par ordre.
Et dont vint ung homme qui
portoit une tresgrant assemblee
de cierges. et bailla le premier
a la vierge qui aloit deuant
les autres. Et apres a chun des
iouuenceaulx et des vierges.
Et apres vint a celle dame et
lui offrir ung cierge que elle prist
voulentiers. Et dont elle re
garda ou cueur et veist deux cier
ges que deux iouuenceaulx portoi
ent et le diacre et soubzdiacre
et le prestre reuestus aloient a lau
tel comme ceulx qui vouloient
chanter la messe et lui estoit
aduis que laurens et vincent es
toient acolistes et que deux an
ges estoient diacre et soubzdia
cre et ihesucrist estoit le prestre.
Et quant le confiteor fut fait
deux tresbeaulx iouuenceaux
alerent ou cueur et commence
rent loffice de la messe a haul
te voix tresdeuotement et ces
autres qui estoient ou cueur
le poursuiuirent. Et quant vint
a loffrande la royne des vier
ges auec les autres qui estoient
ou cueur offrirent leurs cier
ges au prestre a genoux si com
me il est acoustume. Et si comme
le prestre attendoit celle dame
que elle offrist son cierge et el
le ny vouloit aller. La royne
des vierges lui manda par ung
messaige que elle faisoit vilai
nie de faire tant attendre le
prestre. et elle respondit que le
prestre procedast en sa messe

⁊ que elle ne lui offreroit point son cierge. Et la royne envoia ung autre messaige. Auquel elle respondy. q̃ le cierge qui lui avoit este donne. elle ne donroit a nul. mais le tendroit en devocion. Et dont la royne commanda au message ⁊ dit. Va derechief ⁊ lui prie que elle offre son cierge. ou tu lui ostes a force des mains. Et dont il prist a force le cierge quant elle lui eust dit que elle soffrist ou que elle lui osteroit. Et si comme il sefforcoit de lui oster ⁊ celle le tenoit plus fort ⁊ le deffendoit forciblement. quant ilz eurent fait long estrif. et le cierge estoit aux deux ⁊ de la le cierge fut rompu soudainement. et la moitie demoura en la main du message ⁊ lautre moitie en la main de la dame. Et a ceste hastive rompeure elle revint tantost a soy. ⁊ vit que elle estoit devant lautel la ou elle sestoit mise ⁊ trouva le cierge brisie en sa main de quoy elle fut moult merveillee. et en rendi grans graces. a la benoite vierge marie qui ne lavoit pas ce iour laissee sans messe. mais lavoit fait estre a tel service. Et dont celle mist en sauf le cierge ⁊ le tint pour grans reliques Et si comme lon dit tous ceulx qui sont atouchez de ce cierge sont tantost guaris de quelconques maladies q̃ ilz soient malades. ¶ Une dame vit une nuyt en dormant sicomme elle estoit grosse. que elle portoit une baniere tainte en couleur sanguine. Et tantost que elle sesueilla elle perdy le sens. Et le deable la tourmentoit si que il lui estoit advis que la foy xpienne que elle avoit tenue iusques a lors elle avoit entre ses .ii. mamelles et len yssoit hors tantost. et elle ne pouoit estre curee en nulle maniere. ⁊ dont veilla toute la nuyt de la purification en une eglise de la benoite vierge ⁊ receut entiere sante

De saint blaise

Blaise est autant a dire comme souef. ou
blaise est dit a bela
qui est a dire habit ⁊ de sius q
vault autant comme petit. il
fut habit de vertus et petit par
humilite de bonnes meurs

Si comme blaise resple
dissoit en toute debo
nairete ⁊ saintete les
xpiens lesleurent a estre eves
que en la cite de sebaste en ca
padoce. et quant il eust receue
leueschie il sen alla en vne fos
se pour la persecution de dyo
clecien ⁊ la mena vie dermite
et les oyseaux lui apportoiet
sa viande et venoient esemble
a lui ⁊ ne sen partoiet deuāt
que il les eust aplaniez ⁊ be
neis. Et tantost comme au
cun oysel estoit malade il ve
noit a lui et en reportoit plai
ne sante. Le preuost adoc
de celle region auoit enuoie
ses cheualiers veneur. et ilz ne
pouoient riens trouuer ailleurs. Sy vindret daue ture
a la fosse ou saint blaise estoit.
⁊ trouuerent grant multitude
de bestes qui estoient deuant
lui. Et dont les assaillirent
et nen peurent nulles actain
dre ⁊ sen partirent tous esba
his. et le dirent a leur seig
neur. Et tantost il enuoia plu
sieurs cheualiers ⁊ commāda
q on lui amenast celui auec
tous les xpiens. Et celle nuit
nr̄e seigneur sapparut a lui.
disant. lieue sus. offre moy sa
crefice. Et tantost les cheualiers
vindrent ⁊ lui dirent. lieue
sus le preuost te mande. Et
blaise respondy. filz vous soiez
bien venuz. Je voy bien q dieu
ne ma pas oublie. Et dōt sen
ala auec eulx. ⁊ ne cessa de ps
cher et fist moult de miracles
deuant eulx. Et dōt vne
femme auoit vng filz q auoit
vng os de poisson trauersie en
la gorge ⁊ se mouroit. et elle
lapporta aux piez du saint. ⁊
lui requeroit a larmes que il
fut gary. Et saint blaise mist
sa main sur lui et pria a dieu
que celui ēfant et to ceulx q
requeroient sante ou nom de
lui feussent garis. et il fut
tantost gary. Une fe
me nauoit q vng seul pourcel
si que le lou lui osta a force
et dont depria saint blaise q
il lui fist rendre son pourcel.
et il lui dist en sousriant. fe
me ne soies pas courroucee
ton pourcel te sera rendu. Et
tantost le lou vint et rendy le
porc a la femme. Et quāt

il fut entre en la cite il fut mis
en chartre du commandement
du prince. et lautre iour il co
manda quil fut prins deuant lui.
Et quant il le veist il dist et le
salua par doulces parolles aues
vous blaise amy des dieux. Au
quel blaise respondy et toy eslon
toy bon preuost. mais ne dy pas
que ilz soient dieux mais dy
les estre diables. car ilz seroient
baillez ou feu pardurable auec
ceulx qui les honnorent. Et dont
fut le preuost yre et le fist batre
de bastons et estre reucloz en la
chartre. auquel blaise dit. for
sene cuides tu oster de moy la
mour de mon dieu par tes pei
nes de cellui que iay en moy co
fortteur. Et donc la vefue fem
me qui auoit recouure son porc
sy latuist et en porta a saint blai
se la queue et les piez auec vng
pain et vne chandelle. Et cellui
rendy graces et en mengea. Et
lui dit offre chun an en leglise
vne chandelle en mon nom et
quiconques le fera il lui sera
bien. et elle le fist tousiours. et
elle eust moult de biens. Et apres
quant le preuost leust fait
mettre hors de la chartre et il
ne le peust encliner a ses dieux
il le commanda estre pendu a
vng fust et la chair estre desro
pue a pignes de fer. et apres
estre reporte en la chartre.
Et .vii. femmes aloient en suiuant
les gouttes de son sang et les
queilloient Et tantost elles fu
rent prises et constrainctes a fa
crifier aux dieux. Lesquelles
distrent. Se tu veulx que nous
aorons tes dieux enuoie les a
lestang et les fais lauer si que
nous les puissons aorer plus
nettement Et dont fut le pre
uost lie. et le plus tost quil peust
il acomply ce que elles auoient
dit. Et dont prindrent les fem
mes leurs dieux et les getterent
en lestang et distrent nous ver
rons se ilz sont dieux Et quant
le preuost loy. il forsena de ire.
et batoit et dit a ses menistres
pourquoy ne retenistes vous
noz dieux quilz ne feussent get
tez ou parfont du lac. et ilz di
rent ces femmes parlerent a
toy par tricherie et les getterent
en lestang. Et les femmes res
pondirent le vray dieu ne seuf
fre nulles tricheries. mais se
ilz feussent dieu. ilz eussent seu
auant que nous voulsions fai
re. Et dont le preuost yre com
manda quon lui apportast du
ne partie plomb fondu et pi
gnes de fer. et .vii. haubers to
ardans. Et dautre part. sept
chemises de lin. et dit que ilz
esleussent lequel des .ii. quilz
vouldroient. Et lune dicelles
qui auoit deux enfans courut
hardiement et print les chemises
et les getta en la cheminee ar
dant. Et les enfans distrent a
la mere tresdoulce mere ne nous
delaissiez pas apres vous.
Mais aussy comme tu nous
as repeuz de la doulceur de ton
lait. remplis nous aussy de
la doulceur celestiel. Et dont
le preuost commanda que elles

feussent rendues & desrompue la chair a pignes de fer. Et la char d'icelles estoit plus blanche que lait. Et lait decouroit pour le sang. Et si comme elles estoient ou tourment & le souffroient l'ange de nostre seigneur vint a elles et les conforta et dit. Ne doubtez pas le bon ouvrier qui bien commence & bien parfait il desservit estre loue. Et quant l'euvre est acomplie il recoit son loier. et pour son travail & pour sa ioye pour son loier. Et dont commanda le prevost q elles feussent ostees & mises en ung feu ardant et le feu fut diminue estaint. et en yssirent sans lesion. Ausquelles le prevost dit. Delaissiez voz enchantemens et aourez noz dieux. Et elles respondirent parfaiz ce q tu as entrepris. car nous sommes ja appellez au regne des cieulx. Et dont il donna sa sentence & les commanda a estre decolees. Et quant elles deurent estre decolees. elles aourerent ihucrist a genoulx disans dieu q nous as ostees de tenebres et nous as amenees a ceste doulce lumiere. & qui nous as fait ton sacrifice recoy noz ames & les fay venir a vie pardurable. Et ainsi eurent les chiefz coppez. & trespasserent en nostre seigneur. Et apres ce le prevost commanda que blaise lui fut amene et lui dit ou tu aoureras maintenant noz dieux ou non. Et blaise dit felon. Je ne te doubte. fais ce que tu vouldras. car ie te baille mon corps du tout en tout. & dont commanda il q il fut gettez en l'estang. et blaise seigna l'eaue. & tantost tout fut sec et leur dit se voz dieux sont vrais demonstrez nous la vertu d'iceulx & entrez ca. Et lxv. hommes entrerent en l'estang qui furent tantost noyez. Et l'ange de nostre seigneur descendi du ciel. & dit. yssez hors blaise. et recoy la couronne q t'est appareillee de dieu. Et quant il yssy hors. le prevost lui dit. Tu as du tout ordonne que tu n'aoreras plus noz dieux. Et blaise dit. Chetifz chetif que ie suis serviteur de dieu & n'aoure pas les diables. Et tantost il le commanda a estre decole. & il depria a nostre seigneur que quiconques pour enfermete du gosier. ou pour quelque autre enfermete requerroit son aide q il fut tantost oy. Et une voix du ciel dit. que il seroit fait comme il avoit depriee. Et ainsi fut il decole avec les deux petis enfans environ l'an de nostre seigneur. ij.c iiij.xx & vij.

De saincte agathe

Agathe est dicte de agyos. qui est autant comme saint & theos dieu. C'est aussi comme saincte de dieu. Et si comme crisostome dit. trois choses font homme saint. Lesquelles furent parfaictement en elle. C'est nettete de cueur. la presence du saint esperit. & plante de bonnes euvres. Ou elle est dicte de a qui est

a dire. sens et de gros terre. & de
thaor dieu aussy comme deesse
sans terre. c'est sans amour ter
rienne. Ou elle est dicte de aga
qui est a dire parlant. & de thun
qui est perfection. C'est aussy co
me parlant acompliemet et
parfaictemet. et il appert en ses
responses. ou elle est dicte de
gath qui est servage et thaos
souverain. C'est aussy comme
souverain servage et pource q
elle dit ce servage est souverai
ne noblesse. Ou elle est dicte
de ga qui est solemnel & de thau
qui est perfection. car la pfec
tion fut solemnelle. si comme
il appert aux anges qui l'ense
velirent.

Agathe noble vierge
fut tresbelle de corps
& de pensee et aouroit
tousjours dieu en toute saincte
te en la cite de catenouse. Quin
cien adonc qui estoit consule
de cecille sy n'estoit pas noble
mais estoit luxurieux & aver
et aouroit les ydoles. sy s'effor
ca de prendre agathe. Et par
que cellui nom noble fut doub
te en prenant une noble da
me. Et que lui qui estoit lu
xurieux usast de la beaute di
celle. & que lui qui estoit aver
prist ses richesses. et que lui
qui estoit ydolatre la feist sa
crifier aux ydoles. et il la fist
amener a lui. Et quant elle
fut amenee. et il congneust
que son propos estoit no(n) mua
ble. il la bailla a une folieuse
femme nommee affrodisse & a
ix. filles que elle avoit. sy que
par leur folie & laidure & mau
vaistie ilz muassent son cou
raige en lui promettat mainte
nant leesse. maintenant tri
stesse. Sy que par promesses &
par espoventemens ilz pensoi
ent la oster de son bon propos.
Ausquelles agathe dit. ma pe
see est plus ferme q pierre et
est fondee en ih(es)ucrist. Voz paro
les sont vent. voz promesses sont
pluies. voz espoventemes sont
fumees. Et quelle chose que ilz
me facent. sy ne pourront ilz
faire cheoir le fondemet de ma
maison. Et en ce disant elle plo
roit & oroit chascun jour et savoit
bien que elle vendroit a gloire
de martire. Et quant elle eust
este la .xxx. jours. et affrodisse
veist que elle estoit sans mou
voir de son propos. Sy dit a
quinctien. Une pierre pourroit
estre plus tost amolie & le fer
converty en molete de plomb
que la pensee de ceste pucelle
fust rapellee de l'entencio crestie
ne. Et dont quinctien la fist
amener a lui & lui dit de qlle
condition es tu. elle dit. Je ne
suis pas seulement noble fe
me mais suis de noble ligna
ge. si comme tout mon parente
tesmoigne. A laquelle quincien
dit. Se tu es noble pourquoy
monstres tu par tes meurs
estre personne serve. Et elle
respondi. Je me monstre per
sonne serve. pource que je suis
ancelle ih(es)ucrist que je serfs.
Et quinctien dit. se tu te dis

estre noble. comment affermes
tu estre ancelle. Et elle respondi
que cest souveraine noblesse que
destre ou servage de ihucrist.
Et quincien dit. Eslis lequel
que tu vouldras. ou sacrifier
aux dieux ou soustenir divers
tourmens. Telle soit ta femme
comme venus ta deesse est et tel
soies tu comme Jupiter ton dieu.
Et dont quincien commanda
que elle fust batue de buffes ⁊
de colees disant. ne iangles pas
de ta folle bouche en liniure du
iuge. Et agathe lui dit. Je me
merveille que toy homme sage
es enveloppe en si grant folie
que tu dies. que ceulx sont tes
dieux. ausquelz toy ne ta fem
me ne vouldroies pas ressem
bler. et dis que cest iniure se
tu vis a leur exemple. car se
ilz sont tes dieux. Je tay dit bo
ne chose. et se tu blasme leur
compaignie. tu sans ce que je
sans. Et quincien dit que ar
re a faire de ces vaines paroles.
Ou tu sacrifies aux dieux. ou
je te feray mourir par divers
tourmens Et agathe respondi
se tu me prometz bestes sau
vages. ⁊ ilz oient le nom de dieu
ilz sassouageront. Se tu me
baillez feu. les anges du ciel
maministreront saine rousee
Se tu me faiz plaies ou tour
mens. Jay le saint esperit par
quoy je despis toutes ces cho
ses. Et dont commanda il que
elle fust trainee en la chartre
car elle le confondoit par sa
parolle devant le commun. Et

elle aloit liement ⁊ glorieuse
ment. aussi comme se elle fust
conviee au disner. et comman
doit sa contencion a nostre se
igneur. Le iour ensuivant quincien dit Re
nie ton crist ⁊ aoure les dieux
Et quant elle leust refuse. il
la commanda pendre en la croix
de travers. ⁊ a estre illecques
tourmentee. Et agathe dit. Je
me delicte aussi en ces peines
comme cellui qui ot bones nou
velles ou qui voit ce quil a lon
guement desire ou qui a trou
ve moult de tresors. le pur fro
ment ne peut estre mis ou gre
nier se la paille nest forment
defoulee et ostee. aussi ne peut
mon ame entrer en paradis
avec couronne de martire se
je ne fais la char bien tourmen
ter aux bouchers. Et dont quin
cien commanda. que ces mam
melles feussent torses. Et quant
elles avoient este longuement
torses. que elles feussent cop
pees. Et agathe lui dit. felon
cruel. ⁊ ouvert tirant nes tu
pas confus. qui a fait copper
a une femme. ce que toy mes
mes suças en ta mere Jay de
dens mon ame les mamelles
entieres. desquelles je nourris
tous mes sens lesquelz jay des
mon enfance voues en nostre s.
Et dont la commanda il estre
mise en la chartre. ⁊ deffendist
que nul mie ny entrast. ne
que pain ne eaue ne lui fust
administre. Et environ mie
nuit vng homme ancien vint
a elle et aloit vng enfant q

portoit lumiere [et] diuers medi
cinemens. et disoit. Ja soit ce que
le preuost forsene tant tourmen-
te de ses tourmens. tu las plus
tourmentee de tes responces. car
ia soit ce que il tant tors les ma
melles la grant plante de les
tourmentes lui tourneront en
amertume. Et pource que ie
estoie la quant tu le souffroies
Je vey bien que tes mamelles pou
oient receuoir cure de sante. Au
quel agathe dit. Je ne mis onc
ques medecine charnel a ma
char. [et] laide chose est. ce que iay
tant garde ie perde maintenant
Et le viellart lui dit. fille je
suis xpien naies vergongne.
Et agathe lui dit. Je ne puis es
tre vergondee quant tu es ancien
[et] de grant aage et ie suis ainsi
desrompue cruelment. que nul
homme ne pourroit prendre de
lit en moy. mais je te rens gra
ces sainct pere de ce que tu veulx
mettre en moy ta cure. Et il dit
pourquoy ne seuffres tu que
ie te cure. et elle dit Car jay
mon seigneur ihesucrist qui par
sa parolle cure tout [et] restore tou
tes choses par son commandement
Et le viellart souriant dist.
Je suis apostre de lui et ma en
uoie a toy et saches que on nom
de lui tu es garie. Et tantost
saint pierre apostre se desappa
rust. Et dont la benoite aga
the sagenoulla [et] rendi graces
a dieu de ce quelle se trouua
garie par tout [et] sa mamelle
restablie a son pis. Et si comme
les gardes estahis pour la

tresgrant lumiere sen feussent
fouis. et eussent laissee la char
tre ouuerte. Lun lui requist que
elle sen allast. Et elle dit. Ja ne
soit ce que ie men fuie. et perde la
couronne qui mest appareillee
et que ie mette mes gardes en
tribulacions. Et huit iours apres
quinacien lui dit quelle aourast
les dieux. ou que elle souffrist
griefz tourmens. Et agathe lui
dit. tes parolles sont folles [et] va
nes [et] conchiet lair malereux
sans sens et sans entendement
comment veulx tu que ie aoure
tes dieux et delaisse le dieu du
ciel qui ma garie. Et quinacien
dit qui ta garie. et agathe dist
ihesucrist filz de dieu. et quinace
dit. oses tu nommer crist de re
chief celui que ie ne veuil pas o
oir. Et agathe dit tant comme
ie viuray iapelleray crist par
cueur [et] par bouche. Et quinace
dit. Or verray je se crist te ga
rira. Dont commanda a espandre
ces busches [et] a espandre feu ar
dant sur les tes et a tourner
la dessus toute nue. Et si comme
len faisoit ce tresgrant tremble
ment de terre fut fait. qui tour
menta si la cite que vne partie
en trebucha et tourmenta si
les conseilliers de quinacien [et]
agrauanta. que tout le peu
ple vint a lui criant. nous souf
frons telz choses. pource que tu
tourmentes ainsi agathe sans
raison. Et dont quinacien doub
ta dune partie le tramblement
de terre. Et dautre partie les
mouuement du peuple si comma

di que elle fut remise en la chartre la ou elle ora disant. Sire ihesucrist qui me formas et mas gardee des mesfance qui as garde mon corps de conchieure et as oste lamour de moy du siecle qui mas fait vaincre les tormens. et mas donne contre eulx vertu de pacience. reçoy mon esperit et me commande prendre a ta misericorde. Et quant elle ot ce dit a haulte voix elle mist hors lesperit. lan de nostreseigneur .cc l. soubz decien empereur. Et si comme les bons xpiens oingnoient le corps. et le mettoient ou sercueil. vng iouuencel vint vestu de soye avecques plus de cent hommes tresbeaulx et bien aornez vestus de blanc. qui oncques mais navoient este veuz et mist au chief du corps vne table de marbre et puis se desaparut tantost de la veue de tous. Et en ladicte table estoit escript pensee sainte de voulente honneur a dieu et au pays delivrance. Laquelle chose est ainsi entendue. Elle ot pensee sainte. elle souffrir de voulente. elle donna honneur a dieu. elle fist delivrance au pays. Et quant ce miracle fu publie es payens et iuifz commencerent a honnorer son sepulchre. Et dont quant quintien aloit enquerre ses richesses. ii chevaulx commencerent a rechaner ensemble et a getter des pies si que lun des chevaulx le mordi. et lautre le fery du pie et le getta en vng fleuve. si que le corps de lui ne pot oncques estre

trouve. Et quant lan fut retourne entour la feste dicelle vne tresgrant montaigne pres de la cite rompi et mist hors feu qui descendoit de la montaigne comme ruissel et fondoit roches et terre. et venoit a grant force a la cite. Et dont grant multitude de payens descendi de la montaigne et sen fouir au sepulchre dicelle. et prindrent la couverture de quoy le sepulchre estoit couvert et le mistrent contre le feu et tantost le feu sarresta. et ne passa point oultre. Et de ceste vierge dit ambroise. O la beneureuse vierge et noble qui deservis que nostre seigneur ennoblist son sang par la louenge de martire. O la noble et glorieuse ennoblie de double beaute qui entre les aspres tourmens fus devant mise a tous par miracles resplendissans par laide divine qui deservis estre curee par la visitacion de lapostre et ainsi mariee a dieu. les airs te receurent et les glorieux services de tes membres resplendissent la ou la compaignie des anges demonstra ta saintete et la delivrance du pays.

De saint vaast

Vaast est dit aussi comme vraiement donnant chaleurs daffliction et de penitance. Ou vaast est dit aussi comme de vé qui est a dire las et de distans de semble que cest mot las est dissemble de lui en pardurablete aux ceulx qui seront dampnez duront to⁹iours. Las. pource que ie courroucay dieu. Las que ie me cõsenti au dyable. Las que ie fu oncques nez. Las que ie ne puis morir. Las que ie suis malement tourmentez. Las que ie ne seray iamais deliurez.

Vaast fut ordonne de saint remy euesque darras. Et quant il vint a la porte de la cite il trouua la deux pouures qui demandoient laumosne. Lun clop et lautre aueugle. et il leur dit. Je nay auecques moy ne or ne argent. ie vous donne ce q̃ iay. Et dont fist son oroison et garit lun et lautre. ¶ Et si comme ung lou habitoit en une eglise delaissee et couuerte de ronces il lui commãda que il sen partist et ne reuenist plus. et il le fist. ¶ Et quant il ot conuerti moult de gens par parolle et par euure. ou .xl.e an de son eueschie il veist une colompne de feu qui estoit du ciel iusques en sa maison et il cõsidera q̃ ce estoit sa fin enuiron lan de nostreseigneur .v.c. Et quant le corps de lui fut porte enterrer au demeure ung aueugle estoit moult dolant que il ne pouoit auoir veu le corps du saint. et il receust tantost sa lumiere. et apres ce il perdi sa lumiere a sa requeste et de son gre.

De saint amant

Interpretació de sõ nõ. Amant est dit aussi cõme amable et il eust trois choses en soy qui font hõme amable. La premiere est compaignie. la seconde est de honneste conuersation si cõme il est dit de hester que il estoit amable a tous. Le tiers est vertu de proesse. si comme il dit en paralipomenõ. Saul et ionathas estoient amables et preux.

Amant fut nez de nobles parens. et entra en ung monstier. Et si cõme il aloit par le monstier il trouua ung grant serpent q̃ tantost le constraint par son oroison et par le signe de la croix a aller a sa fosse sans iamais yssir. ¶ Et amant sen alla au sepulchre saint martin et demoura la .xv. ans. et vestoit la haire. et estoit soustenu de pain dorge et deaue. Et apres si cõme il fut venu a romme et il veilloit une nuyt en leglise saint pierre. la garde de leglise le bouta hors deshonnestement. Et dont saint pierre sapparut a lui en dormant deuant les portes de leglise. et lamonnesta daler en france et de blasmer le roy dagobert pour ses malefacons. et il le feist et le roy en fut courroucie et le bouta hors du royaume. Et si comme le roy nauoit nulz filz il fist oroison a dieu. et il eust ung filz. Et dont commenca a penser le roy a qui il il feroit baptiser son filz. et il lui vint a pensee que il le feroit baptiser a amant. Et dont

qui seront dampnez durront tousiours. Las. pource que ie courrouçay dieu. Las que ie me cõsenti au dyable. Las que ie fu oncques nez. las que ie ne puis morir. Las que ie suis malemẽt tourmentez. Las que ie ne seray iamais delivre.

Vaast fut ordonne de saint remy euesque darras. Et quant il vint a la porte de la cite il trouua la deux pouures qui demãdoient laumosne. Lun clop et lautre aueugle. et il leur dit. Je nay aucques moy ne or ne argent. ie vous donne ce q iay et dont fist son oroison et garist lun et lautre. ¶ Et sicomme vng lou habitoit en vne eglise delaissee et couuerte de ronces il lui commãda que il sen partist et ne reuenist plus. et il le fist. ¶ Et quant il ot conuerti moult de gens par parolle et par euure. ou .xl.e an de son eueschie. il veist vne colompne de feu qui estoit du ciel iusques en sa maison et il cõsidera q ce estoit sa fin enuiron lan de nre seigneur .vi.c. Et quant le corps de lui fut porte enterrer au dernier. vng aueugle estoit moult dolant que il ne pouoit auoir veu le corps du saint. et il recueust tantost sa lumiere. et apres ce il perdi sa lumiere a sa requeste et de son gre.

De saint amant

Interpretacio de sõ nõ. Amant est dit aussi cõme amiable et il eust trois choses en soi qui font hõme amiable. La premiere est compaignie. La seconde est de honneste cõuersation sicõme il est dit de hester que il estoit amiable a tous. Le tiers est vertu de proesse. sicomme il dit en paralipomenõ. Saul et ionathas estoient amiables et preux.

Amant fut nez de nobles parens. et entra en vng monstier. Et sicõme il aloit par le monstier il trouua vng grant serpent q tantost le constraint par son oroison et par le signe de la croix a aller a sa fosse sans iamais yssir. ¶ Et amant sen alla au sepulchre saint martin demoura la .xv. ans et vestoit la haire. et estoit soustenu de pain dorge et deaue. Et apres sicõme il fut venu a romme et il veilloit vne nuyt en leglise saint pierre. la garde de leglise le bouta hors deshonnestemẽt Et dont saint pierre sapparut a lui en dormant deuant les portes de leglise et lamonnesta daler en france et de blasmer illec le roy dagobert pour ses malefacons. et il le feist et le roy en fut courroucie et le bouta hors du royaume. Et si comme le roy nauoit nulz filz il fist oroison a dieu et il eust vng filz. Et dont commenca a penser le roy a qui il le feroit baptiser son filz. et il lui vint a pensee que il le feroit baptiser a amant. Et dont

amant fut quis et amene au
roy. Et le roy sagenouilla a ses
piez et lui pria que il lui par
donnast. & baptisast son filz q̃
nr̃e seigneur lui avoit donne
et il lui octroia bonnement la
premiere requeste. mais il se
doubta destre occupe es seculie
res negoces. si reffusa la seco
de requeste & sen parti. Et tou
tesfois fut il vaincu par prie
res & soctroia a la volente du
roy Et si comme il baptisoit
lẽfant. et tous se taisoient. le
fant respondi. amen. Et dont
le roy le fist evesque de troies
Et si cõme il veist que le peu
ple desprisoit la parolle de p̃
dicacion il alla en gascongne
Et si comme ung iugleur se mo
quoit de ses parolles. il fut ra
vy du dyable & se destrompit
a ses propres dens. et confes
soit que il avoit fait iniure a
lõme de dieu et mourut tãtost
maleureusement. ¶ Si cõme
il lavoit une fois ses mains
ung evesque fist garder leaue
ou il les lava. et apres ce ung
aveugle en fut gary ¶ Si
cõme il vouloit faire ung mo
stier en ung lieu de la volẽte
du roy ung evesque de la pro
chaine cite dillec en fut trist.
Si commãda a ses sergens
que ilz en boutassẽt amant
ou que ilz le tuassent. Et ilz
vindrent la & lui distrent par
tricherie que ilz yroient avec
lui & lui mostreroient ung
lieu convenable pour ung
mostier. Et il congneust le

malice diceulx. Et dont sen a
la avec eulx ou hault dune
mõtaigne. ou ilz le cuidoient
occire. pource q̃ il desiroit fort
martire. mais tantost celle
montaigne fut couverte de si
grant tempeste que ilz ne se
pouoient veoir & que ilz cuidoi
ent bien mourir. Et dont sage
nouillerent et requirẽt pardon
et que il les en laissast aller
vifz. Et dont fist il son oroison
et impetra souef temps & bel.
et dont sen revindrent a leurs
propres lieux. Et saint amãt
eschappa. et fist moult dau
tres miracles. et puis se repo
sa en paix et flori environ lan
nr̃e seigneur. vj^c et xx. ou temps
eraclee

De saint valentin

Valentin est dit aus
si cõme contenant
valeur. cest perse
verant en saintete. Ou valen
tin est dit aussi cõme vaillãt
chevalier. Il fut chevalier de
dieu & le chevalier est dit vail
lant qui ne senfuit pas & fiert
et se deffent vaillamment et
vaint puissamment. Et ainsi
fist valentin. Il ne eschieva pas
martire par son fouir il feri
en destruisant les ydoles. il
deffendi la foy. Il vainquit en
souffrant

Valentin fut ung ho
norable prestre. Le
quel claudien empe
reur fist venir a lui. et lui de
mãda et dit. Qui es tu valen
tin. pourquoy nes tu de nr̃e

amitie ⁊ amour noz dieux et re
nonces a ta mauuaise foy plai
ne de vanite. auquel valentin
dit. Se tu sauoies la grace de
nostre seigneur. tu ne diroies pas
ce mais osteroies ton courai
ge des ydoles ⁊ aoureroies dieu
qui est es cieulx. Et dont dist
lun qui estoit deuant claudien
valentin q̃ veulx tu dire de la
saintete de noz dieux. Et vale
tin dit. Je ne dy nulle chose de
eulx fors que ilz furent hom
mes maleureux ⁊ plains de
toute ordure. Et claudien dit.
Se ton crist est vray dieu. pour
quoy ne dis tu que il est vray
Et valentin dit. Vrayement crist
seul. ⁊ se tu crois en luy ta ame se
ra sauuee. La chose du comm
acroistra victoire te sera donnee
sur tous tes ennemis. Et dont
dit claudien a ceulx qui la estoi
ent hommes de romme. escoutez
comme cestuy parle sagement
⁊ droicturierement. Et dont dit
le preuost. lempereur est deceu.
comment laisserons nous ce que
nous auons tenu de nostre enfan
ce. Et dont fut mue le cueur
de claudien. ⁊ valentin fut bail
le a vng prince en garde. Et
quant il leust mene en sa mai
son il dit. Sire ihesucrist qui es
vraie lumiere enlumine ceste
maison. si que ilz te cognoissent
comme vray dieu. Et dont ce
prince luy dit Je me esmerueil
le q̃ tu dis que crist est vraie
lumiere. mais se il enlumine
ma fille qui a este longuement
aueugle. Je feray ce que tu di
ras. Et dont valentin ora et en
lumina sa fille aueugle ⁊ con
uerti tous ceulx de la maison
Et dont le preuost commanda
valentin estre decole enuiron
lan de nostre seigneur. ij.c. lxx.

De saincte Julienne

Julienne est dicte ainsi
si comme aidant plai
nement car elle se aida
plainement contre la temptation
du deable qui la vouloit dece
uoir. ⁊ aida plainement a moult
dautres a croire en la foy ihesu
crist

Julienne fut espousee
a eulogius preuost de
nicomedie. mais elle
ne vouloit en nulle maniere
coupler a luy. se il ne receuoit
la foy ihesucrist. Et dont son pe
re commanda. que elle fut des
pouillee ⁊ griefment batue et
baillee a cellui preuost. Et le
preuost dit tresdoulce Julienne
pourquoy mas tu si despit
que tu me refuses ainsi. Et el
le luy dit. Se tu aoures mon dieu
Je obeiray a toy. ou autrement
tu ne seras ia mon mary. Et
le preuost luy dit. dame ce ne
puis Je faire. car lempereur
me feroit trancher le chief. Et
iulienne dit. se tu doubtes si
lempereur mortel comment
cuides tu que ie ne doubte pas
lempereur immortel. faiz ce q̃
tu vouldras. car tu ne me pour
ras deceuoir. Et dont le pre
uost la fist tresgriefment batre
de verges. ⁊ la fist pendre dej
iour par ses cheueux ⁊ arroser

sur son chief plomb fondu. Et
quant il veist que il ne luy nui
soit riens il la fist de chiriences
et lencloist en la chartre. Et
le diable vint a elle en sembla
ce dange & luy dit Julienne je
suis ange de nre seigneur q
menuoie a toy pour te amon
nester que tu sacrifices aux
dieux. si que tu ne soies pas
tant tourmentee et ne meures
pas si mauuaisement. Et dont
julienne ora en plorant et dit.
Sire dieu ne me laisse pas per
dre. mais demonstre moy qui
cestui est qui me amonneste
telle chose. Et vne voix luy dit
que elle le prist & luy deman
dast qui il estoit et le contrain
gnist de dire. Et quant elle le
tint & elle luy ot demande qui
il estoit. il dit que il estoit vng
diable. et que son pere lauoit
enuoye a la decepcion. et Julienne
dit. qui est ton pere. et il respon
dy. belzebus qui nous enuoie a
tous maulx et nous fait griefment
batre quant nous som
mes surmontez des xpiens. Et
pource scay je bien que je suis
cy venu pour mon mal. car
je ne tay peu surmonter. Et en
tre les autres choses quil con
fessa il dit que il esloingnoit
forment des xpiens quant len
faisoit le mistere du corps nre
seigneur. et quant oroisons &
predications estoient faictes.
Et dont Julienne luy lia les
mains derriere le dos et le
getta a terre & le batit durement
de quoy elle estoit liee. Et le

diable crioit & luy disoit Mada
me Julienne aies pitie de moy
Et apres ce le preuost comman
da que Julienne fut amenee
Et quant elle yssi elle trainoit
apres le diable lie et il la dep
rioit disant madame julienne
ne me fais plus despit. car ja
mais ne feray a nul ennuy. len
dit que xpiens sont piteux. et
tu nas nulle pitie de moy. Et
elle le trayna ainsi par tout
le marchie. et apres ce elle le get
ta en vne tres orde fosse. Et quant
elle fut venue au preuost. elle
fut gettee en vne roe si que tous
ses os furent froissiez jusques
a la moelle espandue. Et dont
lange de nre seigneur destrom
pi la roe & la gari en vng mo
ment. Et quant ceulx qui la es
toient la veirent ilz crurent en
dieu & furent tantost decolez
Et furent par nombre v.c. hom
mes. et vj.xx. et v. femmes. Et apres
ce elle fut mise en vng vaissel
plain de plomb fondu. le plomb
fut attrempe comme vng baing
Et dont le preuost maudit ses
dieux qui ne pouoient punir
vne pucelle qui leur faisoit
tant diniure. & la commanda
a decoler. Et quant len la me
noit decoler. le diable que elle
auoit batu sapparut en four
me dun iouuencel et crioit en
disant ne lespargnes pas car
elle a blasme noz dieux & ma
batu ceste nuyt griefment ren
dez luy ce quelle a deserui. Et
quant Julienne ouury vng
pou les yeulx pour veoir qui

cestoit. qui disoit telz choses. Le diable sen fuy criant. las las. je cuide que elle me veulst encore prendre et lier. Et quat la benoite iulienne fut decolee. le prevost nagoit en la mer avec xxxiiii. hommes. et une tempeste vint qui les noia. Et quant la mer ot gette hors les corps. ilz furent devourez des bestes et des oyseaux

De saint pierre a la chaiere

Men dit que trois manieres de chaires sont. lest. royal. si comme il est ou livre des roys seant en sa chaire 2 si est chaiere de prestre ou premier des roys hely prestre seant sur la selle et si est magistral. matheu le dit ou. xxiii^e. sur la chaiere de moyses dont le benoist pierres sist en la chaiere royal. car il fust prince des apostres. et sist en chaiere de prestre. car il fut seigneur de tous les prestres. et en chaiere de mageste. car il fut docteur de tous xpiens

La chaiere saint pol lapostre. si est solennelmet honnoree de legle. Car le benoist pierre apostre fut soubzhaucie en chaiere devesque en antioche. Et le stablissemet de ceste solemnite a quatre causes. La premiere est que quant le benoist pierre preschoit en atioche. theophile premier de lautre lui dit pierre pour quelle raison bestourneras tu mon peuple. et il lui preschia la foy ihesucrist et il le fist mettre en liens et le fist estre sans boire et sans mengier. Et si comme pierre deffailloit a bien pou de faim il prist force en lui et leva les yeulx au ciel et dit. Sire ihesucrist aideur des maleureux aide a moy deffaillant en ces tribulacions. auquel nostreseigneur respondy pierre cuides tu estre delaissie de moy ou tu despis ma bonte se tu ne doubtes a dire telz choses. je suy prest que aidera a ta maleurete. Et lors saint pol oy parler de la prison saint pierre. et vint a theophile et lui dit que il estoit homme renommez en plusieurs ars et quil savoit entailler en fust et en pierres et peindre tentes et faire moult dautres nobles euures. Et dont fut forment prie de theophile que il fut avecques lui en sa court. Et pou de iours apres pol vint secretement a pierre en sa chartre. et quant il le veist aissi comme mort et degaste il commenca forment a plorer. et a pou quil ne deffailloit en plorant a le acoler. et commenca ainsi a dire. hai pierre frere. ma gloire ma ioie lamoitie de mon ame reprent tes vertus pour ma venue. Et dont ouury pierre les yeulx et le congnut et commenca a plorer. mais il ne pot parler a lui. Et dont pol lui couurist ouurir la bouche et mist la viande dedens. et le repeust Et quant pierre fut reconforte de la viande. il courut a pol et le baisa. et plorerent forment tous deux. Et dont pol sen torna secretement et dit a theophile. hai bon theophile. ta gloire est grant et ta curieusete est amie a honnestete. mais vng pou de mal vous diffame. recordez vous que vous avez fait a cellui la qui aoure dieu qui est nomme pierre. aussy comme se ce fust vng enchanteur. il est si lait et si degaste de mesgriete en toutes choses que il est trop avise ne na mais que la parolle. vous appartient il a mettre tel homme en chartre. mais sil fut a ta volente comme il souloit. il te pourroit estre moult proffitable en aucune chose. car sicomme aucuns dient de lui. il garist malades il suscite mors. et theophile dit pol. ce sont fables que tu dis. car se il pouoit resusciter les mors il se delivrast lui mesmes de la chartre. et pol lui dit. Il fait aussy comme son ihesucrist qui suscita de mort sicomme ilz dient et si ne voult pas descendre de la croix. ainsi par cest exemple ne se voult pas pierre delivrer et ne doubte pas souffrir mort pour ihesucrist. auquel theophile dit. fais de que il suscite mon filz qui est mort. xiiii. ans a et quil le me rende tout sain et dont pol lui promist. Et pol apres ce entra en la chambre

et lui dit comment il avoit pro
mis le resuscitateur du filz au pre
ce. Et pierres lui dit vos tu as
promis grant chose. mais se
dieu plaist elle te sera tres legie
re. Et dont pierre yssy hors de
la chartre. Et quant ilz orent
ore sur le monument de cellui
qui estoit ouvert. tantost cel
lui suscita. mais il nest pas
par tout semblable a voir que pol
par humaine folie faillist que
il feust faux telz choses. ou que
la sentence de cellui iouvencel
eust este souspendue .viii. ans.
Et dont theophile et tout le peu
ple & plusieurs autres creurent
en nostre seigneur. et firent une
glorieuse eglise et misdrent ou mi
lieu une haulte chaiere. et soub
haucierent la pierre si que il
peust la estre ouy & veu de tous.
¶ Et de la premiere honneur
leglise fait feste. car les prelas
de leglise commencierent adont pre
mierement a estre souslauciez
par lieu & par feste & par nom
Et dont est acompli ce qui est
dit en david. ilz lessaucerent en
leglise. &c. Et est a savoir que il
est .iii. manieres deglise. leglise
en laquelle saint pierre fut ex
aulcee cest leglise des chevauchans
des malfaisans & des victorians
Et en ceste triple eglise est il es
aucie selon triple feste que leglise
celebre de lui. il est essaucie en le
glise des chevauchans en seignou
rant la en foy et en meurs loua
blement. Et ce appartient la so
lemnite de cellui iour qui est
dicte la chaiere. Car il presida adont
la chaiere deuesque sus anthioche.
& la gouverna .vii. ans louable
ment. Secondement il fut exau
cie en leglise des mauvais en de
gastant la & en la convertissant
a la foy. et ce appartient a la se
conde feste qui est dicte aux liens.
car adonc degasta il leglise des
mauvais & en convertit moult
a la foy. Tiercement il fut exau
cie en leglise des victorians en
trant beneureement en icelle. et
est quant a la tierce solemnite.
laquelle fut sa passion. car a
donc entra il en leglise des victori
ens. ¶ Et il est a savoir que
leglise fait .iii. fois la solemnite
de lui. par plusieurs autres
raisons. Cest assavoir pour son
previlege pour loffice et pour
le benefice pour le deu et pour
lexemple. pour le privilege car
le benoit pierre fut privilegie
plus que les autres en trois cho
ses. pour lesquelz .iii. privileges
leglise lonneure trois fois en lan
il fut devant les autres plus
digne en auctorite. car il fust
prince des apostres et prist les
clefz du regne des cieulx. Il fut
plus ardant en lamour de dieu
car il ama ihesucrist de plus grant
ardeur que les autres si comme
il est tesmoignie en moult de
lieux en levvangille. et fut plus
proffitable en vertu. Car si com
len list es faiz des apostres. les
malades estoient garis en lom
bre de pierre. Secondement pour
loffice. car il eust office de pre
lat sur toute leglise. Et aussi
comme pierre fut prince et

de leurs parens. et les umbres les gastoient par nuyt. et les parens cuidoient q elles fussent vexees des ames errates entour les tombeaux. lesquelles ilz appelloient ombres. Et sicomme cellui mesmes dit. les anciens souloient dire q quant les ames sont es corps humains ilz sont dictes ames. et quant ilz sont en enfer ilz sont dictes mannes. Et quant ilz ny montoient es cieulx. ilz les apelloient esperits. Et quant ilz estoient mis nouuellement en sepulture ilz estoient dictes ombres. Et aussi quant ilz folioient entour les tombeaux. Et ceste coustume peust a peine estre ostee des crestiens. laquelle chose quant les sains peres le virent ilz entendirent et vouldrent du tout oster ceste chose. et establirent la feste de la chaiere saint pierre. tant de celle qui fut a romme. comme de celle q fut en antioche. Et encor mesme iour. q telz choses estoient faictes et de ces viandes. est encores apellee daucuns. la feste saint pierre des viandes. ¶ Quartement elle est establie pour la reuerence de la couronne de clerc. Et est assauoir selon ce q aucuns dient. la couronne des clercs commenca la premierement. Car quant pierre preschoit en antioche ilz lui raisoient la teste au plus hault ou despit du nom crestien. laqlle chose fut apres donnee a honeur a tout le clergie q pour ihucrist auoit este fait a lapostre en despit. ¶ Et .iii. choses sont entendues en la couronne du clerc. La premiere est la rature du chief. le coupement des cheueux et la fourme du cercle. La rature de la souueraine partie du chief est faicte par trois raysons. desquelles saint denis assigne en deux. en la gerrarchie de eglise et dit. La tonture des cheueux signifie nette et non cointe vie. a la tonsure des cheueux ou a la rature appertient .iii. choses garde de nettete laidure et nueste. garde de nettete. car les ordures sont en lassemblee des cheueux laidure car les cheueux sont vne maniere daornement. Et dont la tonsure signifie vie nette et no pas cointe. Cestadire que les clercs doiuent auoir nettete de pensee par dedens. et non pas cointe habit par dehors. Le nu de la teste signifie q le clerc doit estre ioinct a dieu. sans nul moyen et regarder a lie chiere la gloire de nostreseigneur. Le coupper des cheueulx est fait pource que il est a entendre q toutes oultrageuses et folles pensees doiuent estre couppees hors de la pensee du clerc et doiuent auoir tousiours loreille preste et appareillee a oyr la parolle de dieu et oster du tout de soy toutes temporalitez fors q a sa necessite. ¶ Et la figure du cercle est faicte par moult de raisons. premierement. ceste figure na ne fin ne comencement. par quoy il est donne a entendre que les clers sont ministres de dieu qui na ne fin ne commencement. Secondement car ceste figure na nul angle. sy signifie que les clers ne doivent avoir nulle conchieure en leur vie. car la ou il ya angle la est lordure. Et saint bernard dit que ilz doivent avoir verite en leur doctrine car verite naime point angle. Et ierome dit tiercement pource que ceste figure est la plus belle de toutes les figures. car dieu fist a ceste figure toutes les celestiaux creatures. par quoy il est signifie que clercs doivent avoir beaute dedens en la pensee et par dehors en la conversation. Quartement. pource que ceste figure est la plus simple de toutes figures. Car si comme augustin dit. nulle figure nest si tres simple. car elle est dune seule ligne. la figure du cercle est qui est enclose tant seulement dune ligne. par laquelle il est signifie que les clercs doivent avoir simplesce de coulon. selon lauctorite de pol simples comme coulombes

De saint mathias apostre.

Mathias en hebrieu est a dire donne en latin ou donnaison de dieu. ou humble ou petit. car il fut donne de nostre seigneur quant il leslut du monde et le mist entre les .lxxij. disciples. Et il fut donnaison de nostre seigneur. quant il fut esleu par sort et nombre avec les apostres. il fut petit car il ot vraie humilite tousiours en soy. Et il est iij. manieres de humilite. si comme ambroise dit. La premiere est daffliction. par laquelle aucun est dit humilie. La seconde est de consideration. qui vient de la consideration de soy. La tierce est de devotion qui est de la congnoissance du creatour. Saint mathias ot la premiere en souffrant martire. La seconde en soy desprisant. et ot la tierce en merveillant la maieste nostre seigneur.

Ou mathias est dit aussy ade
mettant bien pour mal. car
lui bon fut mis en lieu de Ju
das le mauuais. Et sa vie est
leue par les eglises. bede lescript
sicomme aucuns dient.

Mathias apostre fut mis
ou lieu de Judas. mais
nous deuant dirons pre
mierement la natiuite & le ligna
ge de cellui iudas le traictre.
¶ Len list une hystoire. Ja
soit elle apocriffe. que ung hō
me en ihrlm qui auoit nom ru
bem. qui par autre nom fut ap
pelle symeon. & fut de la ligne
de Juda. Et selon ihrome de la
ligne ysachar. et cellui hōme
eust femme qui fut nommee
cyborea. Et une nuyt sicomme
ilz orent couple ensemble cyborea
sendormi & veist ung songe en
dormant ou quel elle fut espou
tee et le dit a son mary a plais
& a souspirs. Il mestoit aduis
que ienfantoie ung filz trop
mauuais. qui estoit destruc
cion de toute nre gent. Et rube
lui dit. cest une mauuaise cho
se. & nest pas digne destre recor
dee. et tu as este rauie en faint
esperit. Se ie me sens dit elle
auoir conceu. et ie enfante ung filz
sans doubte ce ne sera pas faint
esperit. mais certaine reuela
cion. Et dont le temps passant
auant elle enfanta ung filz. Et
dont pere & mere se doubterent
forment et commencerent a pē
ser q̄ ilz feroient. Et sicōme ilz
doubtoient occire leur filz et
ne vouloient pas nourrir le
destruiseur de leur lignage
sy le misterent en une nacelle
et le misterent en la mer & les
ondes de leaue le menerent a
lisle de la scariotiere. Et de la
fut il nommez Judas scarioth
Et la royne dicellui lieu qui
nauoit nul enfant sy alla au
riuage de la mer pour soy es
batoier. Sy vit celle nacelle
que les ondes demenoiēt & cō
manda q̄ len louuriſt. et de
trouua dedens ung enfant de
belle forme et dit en souspirant
hua que ie feusse reconfortee
de sy belle lignee. qui ne fut
pas priuee hors de mon royau
me. mais fut successeur aps
moy Et dont elle feist cestui ē
fant nourrir en secret. et se fai
gnit estre grosse. Et en la par
fin mentit que elle auoit enfan
ce filz. et la renōmee en fut pu
bliee partout le regne. Et le
prince ot forment grant ioye.
pour celle lignee que il auoit
et le peuple en fut aussy esleес
cie. Et dont le fist nourrir se
lon la noblesce royal. Et dede
pou de temps apres la royne
conceut du roy et enfanta a
temps ung filz. Et quant les
enfans furent creus ilz iouе
roient souuent ensemble. Et Ju
das faisoit souuent iniure
au filz du roy. & le faisoit sou
uent plorer. Et la royne en es
toit courroucee qui sauoit bie
que Judas ne lui appartenoit
point. Sy le batoit bien souuent
mais pource ne laissoit il poit
a mesfaire a lenfant. Et en la

par fin la chose fut sceue et sa de
nee que il nestoit pas vray filz
de la royne. Et quant iudas le
sceust il fut forment honteux. et
occist secretement le filz du roy
que il cuidoit son frere. Et dont
doubta que il ne fut iugie a mort.
il sen fouy en iherusalem avecques ceulx
qui portoient le treu. et se mist
en la court pylate qui estoit a
donc prevost. Et pource que choses
semblables sentresemblent. pylate trouva
iudas convenable a ses meurs.
Et pource le commenca il a avoir
moult chier. Et fut iudas mai
stre de toute la court et tout es
toit ordonne a sa volente. Or re
garda ung iour pylate de son
palais et veist ung pommier et ot
si grant desir de ces pommes
que a poi quil ne mouroit. Et
ce pommier estoit a ruben pere de
iudas. mais le pere ne congnois
soit le filz ne le filz le pere et ru
ben cuidoit que il fut pery es
ondes de la mer. Et iudas ne
savoit qui estoit son pere ne
son pays. Et dont pylate ap
pella iudas et lui dit. Jay si
grant desir davoir des fruis
de ce iardin. que se ie nen ay ie
mourray. Et dont iudas fust
esmeu et sen alla tantost et sail
li ou pommier et prist hastive
ment des pommes. Et entre
tant ruben vint et trouva iu
das prenant ses pommes si com
mencerent forment a estriver
ensemble et a tencier. Et apres
les tencons se prisrent a entre
batre et a faire assez diniures
lun a lautre. Et la fin fut telle
que iudas ferir ruben dune pier
re en la partie ou le col ioinct
a la teste et locist et dont emporta
les pommes et racompta a py
late ce qui lui estoit advenu. et
quant le iour declina et la nuyt
vint ruben fut trouve mort
et fut cuide que mort subite leust
pris. Et dont pylate donna a
iudas toutes les facultez de ru
ben et lui donna cyborea sa me
re a femme. Ung iour
que cyborea souspiroit forment
et iudas enqueroit diligemment
que elle avoit. Elle respondit. las
se ie suy la plus desolee fe
me de toutes femmes. car iay
noye mon enfancon es ondes de
la mer et si ay ia trouve mon
mary mort. Et encores a pyla
te adiouste douleur avec dou
leur de moy maleuree que moy
tres triste a mis en mariage.
Et moy non voulentive acou
plee a toy par mariage. Et quant
celle ot tout racompte ce qui
estoit avenu de lui. et iudas lui
eust tout racompte ce qui lui
estoit advenu il fut trouve que
iudas avoit tue son pere et a
voit sa mere a femme. Et dont
il fut meu a penitance par la
monnestement sa mere et ala
a nostre seigneur ihesucrist. et lui
requist pardon de ses pechiez.
Et iusques cy est il leu en ladicte
hystoire apocrisse mais se elle
appartient a lire ou non ce de
laisse ie en la volente du lec
teur. ¶ Et dont nostre seigneur
le fist son disciple et de disci
ple il esleut en apostre. Et fut

sy amie et familiaux de luy. quil
le fist son procureur et por
toit les bourses aux deniers et
embloit ce qui estoit donne a
dieu. Et ou temps de la passion
nostreseigneur il fut dolent que
longuement qui valoit .iii.c de
niers ne fut vendu pour avoir
emble ces deniers. Et dont ala
et vendi nostreseigneur .xxx. de
niers desquelz deniers chascun va
loit .x. des deniers coursans. et
ainsy retourna le dommaige
de longuement qui valoit .iii.c
deniers. Ou si comme aucuns
dient de tout ce qui estoit a ihe
sucrist il embloit la .x.e partie
Et pource pour la .x.e partie de
longuement quil avoit perdu
il vendi nostreseigneur .xxx. de
niers. lesquelz toutesfois celui
ramene a soy par penitance les
raporta. et dont sen ala et se pen
di a ung laz. Et quant il fut pen
du il creva parmi et les entrail
les de luy espandirent. Et fut
la bouche deffendue que il nis
sist riens par la bouche que ce
nestoit pas digne chose que la
bouche qui avoit atouchie sy
glorieuse bouche comme la bou
che de ihucrist fust enordie si
vilement. Et si estoit digne
chose que les entrailles qui avoient
conceue tel traison feussent
rompues et cheussent. et que le
gosier duquel la voix de trai
son estoit yssue fust estrainct
dun laz. Et si mourust en
lair. pource que cil qui avoit
courroucie les anges ou ciel
et les hommes en terre fust
oste de la region et de la contree
des anges. et des hommes et fut
mis en lair avecques les dya
bles. Et quant les apostres
estoient ensemble en ung di
ner entre lascention et la penthe
couste. pierre veist que le nom
bre des .xii. apostres estoit di
minue lesquelz nostreseigneur
avoit esleuz en ce nombre pour
preschier la foy de la trinite es .iiii.
tre parties du monde il se leva
ou milieu des freres et dit hom
mes freres. il convient que nous
establissons ung autre en lieu
de judas qui tesmoingne avec
nous la resurrection ihucrist
Car nostreseigneur nous dist.
vous serez tesmoings de moy
en ihrlm. et en toute judee et sa
marie. et jusques a la fin de la
terre. Et pource que nul ne doit
porter tesmoignage. fors cil
qui la veu. lun de ces hommes
doit estre esleu qui ont continuelement
este avec nous et ont veu les
miracles de nostreseigneur et oy
sa doctrine. Et dont ilz establi
rent deux des disciples
ce fut ioseph qui fut surnom
me le juste pour sa saintete
et fut frere de iaques alphe
Et mathias de la louenge du
quel je me tais car il luy souf
fist pour louenge estre esleu a
apostre. Et dont alerent a oroi
son et distrent. Sire qui con
gnois les cueurs des hommes
demonstre nous lequel tu es
lis de ces .ii. hommes qui pren
gne le lieu de ministere et da
postre. lequel judas perdi. Et

dont leur donnerent los. et le
los escheu a mathias ⁊ fu nōs
auec les .xj. apostres. ¶ Et si
comme dit ierosme. il nappar
tient pas par ceste exemple vser
de los ou de sort. car les preuile
ges de pou de gent sy ne sont pas
loy commune. Et derechief si com
me bede dit. Il appartenoit gar
der la figure iusques a tant q̄
la verite venist. car le vray sa
crifice fut sacrefie en la passion
mais il fut acompli a penthe
couste. Et pource vserent ilz de
sort en lellection de mathias q̄
ilz ne se descordassent de la loy
en laquelle le souuerain prest^re
estoit esleu par sort. Mais ap̄s
la penthecouste que la verite
fut acomplie. ilz furent sept di
acres non pas par sort mais par
lellection des disciples. et par
oroison ⁊ la main des apostres
mettre sur eulx ilz furent ordō
nez. Et de ces sors quelz ilz fu
rent dient ierome ⁊ bede q̄ ilz
furent telz comme ilz estoient
en la vielle loy desquelz len v̄
soit souuent. Et saint denis q̄
fut disciple de saint pol dit
que ce fut desordonnee chose a
cuider que il luy eust sort ⁊ dit
que il luy est aduis que ce ne
fut autre chose que vng ray ⁊
vne resplendeur diuine qui
fut enuoiee sus mathias. par le
quel il estoit demonstre que il
deuoit estre receu en apostre. et
ce dit il ou liure de la ierarchie
celeste ⁊ du sort qui cheï di
uinement sus mathieu. aucuns
autres dient en autre manie
re. ⁊ non pas hommestement si cō
me je cuide et ie diray celle en
tencion et la morale car il mest
aduis a non ceste parolle sort
cest vne seigneurie de dieu de
monstrant vng don. ⁊ fut re
ceue a la compaignie des apo
stres par ce don de dieu. Et ces
tui prist aussi iudee en sort. et
la fut il en predication cōme
apostre. ⁊ fist moult de mira
cles et reposa en paix. Et il est
leu en plusieurs liures que il
souffri le gibet de la croix et
que cellui couronne par tel
martire monta es cieulx. et
dit on que son corps est a rom
me en vne pierre de marbre
en leglise de saincte marie la
maiour. Et que son chief est
la monstre au peuple. et en
vne autre legende qui est trou
uee a treues est leu entre ces
autres choses. mathias fut
nez en bethleem de la noble li
gnee de iuda. lequel fut mis
aux lettres. et en brief temps
il aprist toute la science de la
loy et des prophetes ⁊ doub
toit luxure ⁊ vainquoit par
bonnes meurs les ans enfā
tibles. et son courage estoit ē
forme en vertus et que il fut
conuenable a entendre. le
ger a misericorde. et non pas
esleue en prosperitez. ferme
en aduersitez ⁊ sans paour.
Et si sentremettoit que ce q̄
il appartenoit par sens. il
lacomplissoit par euure. Et
demonstroit la doctrine de la
bouche par leuure des mains.

Et si comme il preschoit par judee et enluminoit aveugles, il nectoioit mesiaux, il chassoit les diables et garissoit les boiteux et les sours et rendoit vie aux mors. Et quant il fut accuse devant l'evesque il respondi a moult d'obiections que vous nommez blasmes et crime et dit il ne m'apartient pas d'ux moult de choses car le nom de estre crestien n'est pas nom de crime mais nom de gloire. Au quel l'evesque dit. Se espace de temps t'est donnee te veulx tu repentir. Et il dit. Ja ne soit ce que je me departe de la verite que j'ay une fois trouvee, ne ne soie renie. Et mathias estoit adonc tres saige en la loy, net de corps, sage de couraige et ententif a souldre les questions de la saincte escripture, pourveu en conseil et especial en parler. Et si comme il preschoit par judee il convertissoit moult de gent par signes et par demonstrances et les juifz orent envie sur lui et le mirent en jugement. Et deux faulx tesmoings l'accuserent et lui getterent contre lui plusieurs pierres. Et quant l'en le lapidoit il fut feru d'une coingnee a la maniere de Romme. Et dont les mains estendues au ciel il rendi l'esperit. et requist que ces pierres feussent mises avec lui en sepulture en tesmoignage de son martire. Et le corps de lui fut porte jusques a Romme et de Romme il fut transporte a Treves. Et si est leu en une autre legende que mathias vint en macedoine et il preschoit la foy ihucrist. Ilz lui donnerent ung beuvrage entouchie de poison qui aveugloit tous ceulz qui en beuvoient. et il en beut ou nom de ihucrist et il n'en ot oncques mal et si en avoient este aveugles plus de .ii^c. et cinquante. lesquelz il atoucha de ses mains et les enlumina tous. Le dyable adonc s'apparut a eulx en semblance d'enfant et leur dit qu'ilz occissent mathias qui destruisoit leur loy. Si comme mathias estoit ou milieu d'eulz ilz le quirent .iii. jours et ne le povoient trouver. Au tiers jour il s'apparut a eulx et dit. Je suis cil que vous tourmentastes et traisnastes les mains derriere le dos et la corde ou col et dont le mistrent en chartre et la s'apparissoient les diables a lui et lui rechignoient mais ilz ne se povoient approchier. Et dont nostreseigneur vint a lui a grant lumiere et le leva de terre et le deslia des liens et le conforta doulcement. et lui ouvry l'uis. Et quant il fut yssu hors il prescha la parole de nostreseigneur. Et quant il veist que aucuns estoient endurcis en leur malice il leur dit. Je vous denonce que vous descendrez vifz en enfer. Et tantost terre ouvri et les engloutit. et les autres se convertirent a dieu

De saint gregoire.

Gregoire est dit de grex qui vault autant a dire come assemblee et de gere qui est a dire prescheur ou dire. Gregoire donc vault autat a dire comme prescheur a lassemblee des gens. car il fust noble prescheur. ou gregoire signifie en nre langue estre esveille. car il veilla a soy et a dieu et au peuple a lui par garde de nectete a dieu par bonne contemplacion au peuple par cotinuee predicacion. Et par ces trois est deservie la vision de dieu. Et augustin dit ou liure de ordre. qui voit dieu il vit bien il estudie bien et si euure bien. Et pol ystorien des lombers escript sa vie de lui. et iehan diacre lordonna plus apres diligemment

Gregoire fut de la lignee des senateurs de rome. Et son pere auoit nom gordien et sa mere silvia. Et a sa ieunesse il attaigny a la souveraine haultesse de philozophie. et estoit molt habondant en richesses. mais toutesffoys se pensa il de tout delaissier et de soy mettre en religion. mais de tant comme il se tarioit plus long de so pire de tant pensoit il plus seurement servir a dieu. Et dont servi par sept ans au monde soubz habit de iuge. Et dont se commencerent a embatre en lui moult de la cure du monde. si que il estoit au rete mis et par esperance et par pensee. En la parfin que il fut orphelin de pere il fist. vi. monstiers en cecille et. vii. dedes les murs de la cite de rome. et en son propre heritage en somme de saint andry apostre et du quel il laissa les aornemens resplendissans dor et de soye. et se vesti dun vil habit de moine. et la en brief temps vint il a si grant perfection que au commencement de sa conversion. peust il avoir este copte ou nombre des parfais. Du quel la perfection peut estre apperceue par ses parolles que il mist sur le dyalogue la ou il dit ainsi. Mon malheureux de courage deboute de son occupacion par sa plaie se remembre que il fut aucunesffoys ou mostier. comment il avoit mis soubz le pie toutes choses modaines. comme il apparoit noble par toutes les choses qui

sont donnees. si que il navoit
acoustume a penser fors es cho
ses celestielles. que comme q̃ il
fut retenu ou corps. si trespas
soit il par les cloistres de la char
par contemplacion. Si que la
mort q̃ a bien pou est peine a
tous. il lamoit aussi comme
entree de sa vie ⁊ guerredon de
son travail. ¶ Et en la par
fin il tourmenta son corps par
telle destresse. que il estoit si
malade en lestomac q̃ a peine
pouoit il digerer sa viande.
⁊ souffroit par heures si grans
angoisses que il estoit presq̃
mort. ¶ Une fois que il es
toit ou monstier dont il estoit
abbe ⁊ escrivoit daucunes cho
ses. lange de nr̃e seigneur vint
a lui en guise de povre et lui
requist en plorant que il eust
pitie de luy. il luy fist donner
six deniers dargent. Et dont
sen ala ⁊ revint ce mesme io͞r
et dit q̃ il avoit moult perdu
et pou receu et il luy fist don
ner autant dargent. Et il re
vint encores au tiers iour. et
commenca a crier forment que
il eust pitie de luy. mais quant
gregoire oy du procureur
du monstier que il navoit pl᷑
que donner que une escuelle
dargent que sa mere lui avoit
laissee en laquelle elle souloit en
voier du potaige. il comman
da tantost que elle lui fut do
nee. Et celluy la print voulen
tiers et sen ala tout lie. Et si
comme celluy lui revela puis ce
fut ung ange de nr̃e seigneur

¶ Saint gregoire aloit ung
iour par le marchie de la cite
de romme. si veist enfans tres
beaulx par forme. les cheveulx
de meisme beaute ⁊ honnorables.
Et dont demanda il au mar
chant de quel pays il les avoit
apportez a vendre. qui respondi
de la grant bretaigne ou les
habitans sont en semblable beau
te. Et dont demanda il se ilz
estoient crestiens. et le mar
chant dit que non mais sont
tenus es paiennes erreurs.
Et dont gregoire cria et ge
mist aigrement. et dit. Las
quelle douleur comment pour
suit orendroit le prince de tene
bres si belle gent. Et dont de
manda gregoire comment celle
gent avoient nom. et le mar
chant dit anglois. Et gregoi
re dit ilz sont bien nommez
anglois. aussi comme ange
lieux. car ilz ont vis dangres.
Et dont demanda de quelle
province. Et il dit ilz sont deirois.
Et gregoire dit. Ilz sont bien de
irois. car ilz appartiennent a
estre ostez de lire de dieu et lui
demanda derechief de lire du
roy. Et le marchant dit. quil
avoit nom alle. Et gregoire
dit. il est bien nomme alle car
il convendra chanter en son
pays alleluya. Et tantost gre
goire alla au pape et impetra
de lui a moult grant peine q̃
il fut envoie pour convertir
ceulx dangleterre. Et si comme
il avoit ja empris la voie. les
romains furent forment cour

rongiez de son alee. et alerent
au pape et lacuserent en
telle maniere. Tu as corrou-
cie saint pere. tu as destruit
rome qui as laissie aller gre-
goire. Et dont le pape eust
paour. et envoia tantost pour
rapeller gregoire. et gregoire
avoit ja erre trois journees
il se reposa en ung lieu. et
si comme tous les autres dor-
moient il se tapissoit en ce lieu
et lisoit. Et dont vint sur lui
une langouste qui est apellee
lousterelle qui le contraign-
it laissier a lire. et par lexposi-
cion de son nom qui est dit
locusta. cest a dire ester en lieu
elle len seigna que il se seroit
illec sans passer. Et dont ain-
si comme par esperit de prophe-
te il amonnesta ses compaignons
daller sen tantost. mais les
messages du pape survindrent
et la forcerent q il en fut moult
courrouce. si fut il contraint
a retourner. Et dont le pape
lestraint a son monstier et lor-
donna en diacre cardinal.
Et ung temps le tybre ung fleu-
ve de rome yssi de son cours et
crut tant que il courut par des-
sus les murs de la cite et tre-
bucha plusieurs maisons. et
parmy ce fleuve il descendi
en la mer ung grant dragon
avec grant multitude de ser-
pens. mais quant ilz furent
noiez la mer les getta. si quilz
corrompirent lair par leur
pourreture. Et aussi fut apres
et vint une tres grant pestilence

si que len veoit appertement
saiettes venir du ciel. et veoit
len que ilz ferroient plusieurs
et ceulx que ilz vouloient. Et le
premier de tous fut pape pel-
lagien et locist sans demeure.
Et apres descendi si en laut-
commun que il y eust moult de
mors des habitans. et que plu-
sieurs maisons demourerent
vuides en la cite. mais pource
que leglise de dieu nestoit pas
ne ne povoit bien demourer
sans gouverneur. tout le peu-
ple esleut gregoire pape. ja soit
ce que il se refusoit de tout son
povoir. Et quant il deust estre
beneit. et celle corruption des-
truisoit tout le peuple. il fist
ung sermon au peuple et fist
processions et establi letanies
et les amonnestacions que ilz
depriassent nostreseigneur plus
ententivement. Et si comme tout
le peuple estoit assemble et de-
prioit nostreseigneur celle cor-
rupcion se forsena. si que en
une seule heure elle occist .iiii.xx
hommes. mais non pourtant
ne laissa il pas a amonnester
le peuple de orer jusques a
tant que la pitie divine cha-
cast hors celle pestilence. Et
quant la procession fut finee
il sen voulst fouir. mais il ne
peust. car len gardoit jour et
nuyt les portes et veilloit len
pource. Et en la parfin il mua
son habit et impetra devers
aucuns marchans que il se-
roit mis hors en ung tonnel sur
une charrette. Et tantost comme

il fut lors il senfouir es forestz 2 quist les lieux repostz des cauernes. et la fut. iij. iours 2 .iij. nuys. Et si comme ilz le queroient curieusement. vne coulompne de feu pendoit du ciel sur le lieu ou il se tapissoit. et vng religieux veist les anges descendans et montans par celle coulompne Et dont fut pris de tout le peuple 2 fut mene et fait souuerain euesque. et toutesfoiz monta il en celle haultesse donneur oultre sa voulente. et cil qui list ces paroles la percoit clerement car il dit ainsi en son epistre a narse patricien quant vous mescriuiez les haultesses de ma contemplation. vous me renouuellez le pleur de ma ruine. car iay oy ce que iay perdu dedens moy quant ie montay par dehors a la cure de ce gouuernement sans ma deserte. Et sachiez que ie suy si arrose de tristesse que ie puis a peine parler ne mappellez plus bel. mais appellez moy marry. car ie suis tout plain damertume. Et si dit aussi ailleurs. vous qui me congnoissiez 2 sauez que ie suy paruenu a lordre dapostole. se vous maimez si me plorez. car ie pleure sans cesser. et vous prie que vous depriez dieu pour moy. Et si dit en vng prologue sur le dyalogue par locasion de cure pastourel mon courage souffre les negoces des hommes seculiers et est conchie de la pouldre des fais terriens apres la belle fourme de son

repos. Et ie regarde que ie seuffre et regarde que iay perdu ce que ie porte mest fait grief. et ie suis maintenant deboute les grans fleuues de mer et la nef de ma pensee coulee es vens de forte tempeste. Et quant ie me remembre de la premiere vie. et ie retourne mes yeulx a veoir derriere moy et ie voy le riuage ie souspire. C mais pource que ceste pestilence estoit encores a romme elle estoit auant. il fist les processions parmi la cite en la maniere acoustumee et enuiron la ville a letanies 2 a plusieurs en vng temps de pasques. Et si comme aucuns dient vne ymage de la benoite vierge marie estoit a romme laquel ilz dient que lucas apostre qui estoit painteur 2 noble medecin auoit faicte laquelle ilz dient que elle estoit tresressemble a la benoite vierge en toutes choses. et il faisoit porter celle ymage honnorablement deuant la procession Et dont toute lobscurte et le trouble de lair donnoit lieu a lymage et sen alloit tout aussi comme sil senfuit 2 ne peust souffrir la prince de lymage. Et apres lymage toute doulceur et clarte. et purte de temps estoit. Et dont si comme celui pape dit voix dangeles furent ois delez celle ymage chantans et disans. Royne du ciel esleesse toy alleluia car cil que tu deseruis porter alleluia. resurrexit sicomme il dit alleluia. Et dont saint

gregoire adiousta . prie dieu pr
nous. nous ten prions alla
Et tantost saint gregoire vit
sus le chastel de cresent lan
ge de nreseigneur qui tenoit
vng glaive ensanglante et le
torchoit et le mettoit en sa gar
ne . et dont entendi que la pe
stillence cessoit. Et dont tous
iours apres . ce chastel fut ap
pelle le chastel de lange. ¶
Et apres gregoire sicomme il
avoit tousiours en volente en
voia augustin mellit et iehan
et aucuns autres en angleter
re et les convertirent par leurs
prieres et par leurs merites
a la foy crestienne . Et le benoit
gregoire estoit de si grant hu
milite que il ne se laissoit loer
a nul. Car il escript en ceste
maniere a estienne evesque q
lavoit loe en ces lettres. Vous avez
monstre a moy non digne
moult plus de faveur que ie
ne deusse ore et par voz lettres.
Et si est escript ne loe nul ho
me tant comme il vit. Et tou
tesfois se iay este non digne
dour telz choses. ie vous requier
que ien soie fait digne par voz
prieres. si que se vous avez
dit aucun bien estre en moy
que ie soie par vous ce que ie
ne suy mie. pource que vous
lavez dit. ¶ Et il dit en le
pistre a narsien patrician Vo'
formez loenges par les clau
ses de voz escriptures en fai
sant similitude de ma cause
et de mon nom. Certes cher
frere tu appelles le singe lyon

pourquoy louons nous q' vo'
faictes en telle maniere. car
nous appellons souvent les
chiens tignieux pars ou ti
gres ¶ Et en lepistre a ana
stase patriarche dantioche dit
il. pourquoy mapellez vous
bouche de dieu et dictes que ie
suy lumiere qui en parlat pues
proffiter et luire a moult de gen
ie vous confesse que vous avez
mene mon fol cuider en grant
doubte. Je considere qui ie suy
et ne treuve en moy nulle chose
de ce bon signe. ie considere q
vous estes et ne cuidez mie q
ne peussiez mentir. Et quant
ie vueil croire ce q vous dictes
mon escrimete le me contredit.
Et quant ie vueil disputer ce
que vous dictes en ma louenge
vre sante le me contredit. Et
vraiement moz qui signifioiet
ventance ou vanite il les refu
soit du tout en tout. Et il escript
a eulogien patriarche dalixan
drie. En lescripture de vostre
epistre que vous avez voulu es
crire vous avez voulu empraint
dre parolle orgueilleuse ap
pellation en moy appellant pa
pe universel. pourquoy ie re
quier vre saintete que elle ne
le face plus car il nous est sou
strait ce qui donne auvantage
plus que raison ne requiert
de parolles. ne vueil ie point
estre souffisance mais de meurs
ne ie ne repute point estre ho
neur ce en quoy ie congnois
les freres perdre leur homme
voisent sen dautres parolles

qui estoit par lunite z blessee
charite. Et pource que iehan
euesque de constantinoble voult
prendre a lui ce nom de vnite
z ot lestior du sang destre ap
pelle pape vniversel. il escript
ainsy de cellui iehan qui est
cellui qui contre les status de le
vangille z contre les decres des
canons veult prendre nouuel
nom a lui par ma volente soit
il lui dicculo qui conuoite
estre le tout. il vouloit estre dit
parolle de commadement des
euesques ses compaignons.
¶ Ensuivque tout. il ne vou
loit pas que les dames de ro
me sappellassent ses chambe
rieres. dont il escript a rusticane
femme du patricien. Jay receu
en tes lettres vne chose qui me
desplaist. car ce qui pouoit est
dit vne seule foix. est dit sou
uent vre ancelle. ie qui par la
charge de leueschie suy fait
serf a tous. par quel raison di
tu que tu es ma chamberiere
tor de qui de propre subiect a
uant que ie receusse leueschie
Et pource requier ie pour le
dieu omnipotent que vous ne
me nommez plus nulle fois. nul
les telles parolles en voz escrip
¶ Ce fut le premier qui se
nomma en ses lettres serget
des sergens nostre seigneur et es
tably a nommer les autres ain
sy. Et encores quant il vinoit
ne vouloit il pas publier ses
liures pour sa grant humili
te z disoit que les siens ne va
loient nulle chose a la compa
raison des autres. dont il escript
a Innocent preuost dauffriq
que en celle maniere pource q
tu nous as voulu enuoier lex
posicion de saint iob nous nous
en esiorssons en nre estude ¶
Mais se vous conuoitiez estre
engressiez dune bonne pastu
re. lisiez les euures du benoit
augustin nre compaignon
Et a la comparaison du seigle
dicellui ne requiert pas nre
bren. Et certes ie ne vueil pas
que sil auient que ie aye dit
aucune chose tant comme ie
suy en ceste chartre il soit le
gierement publie aux hommes.
¶ On list certainement en
vng liure translate de grec
en latin que vng saint pere q
auoit nom labbe iehan ala a
romme pour visiter les religs
et leglise des corps sains pier
re z pol apostres. Et sicomme
il fut venu la. le benoit gregoi
re pape aloit parmi la cite de
romme. Et quant il le veist il
voult aller encontre lui. Et si
comme il disoit pour lui faire
reuerence. Et quant le benoit
gregoire vit quil se vouloit
agenouiller. il sagenoulla le
premier deuant lui et ne se
voult oncques leuer de la deuant
q labbe fut le premier leue.
Et en ce fut moult loee la grant
humilite de lui. Et il fut si lar
ge de donner aumosnes que
il administroit leurs necessi
tez. non pas seulement a ceulx
qui estoient presens mais a
ceulx qui estoient ou mont de

Et dont lui fut reuele vne nuyt que ce seroit auecques gregoire eu ciel que de romme. que il deuoit estre deuant auoir mansion auecques lui. mais il commença forment a iamdre. et cuidoit que sa volentaire pouerte lui eust petit proffite se il auoit son guerredon auec luy qui habondoit en tant de richesses mondaines. Et si comme cel hermite faisoit iour et nuyt en souspirant collation de la richesse gregoire a sa pouerte. il oy vne autre nuyt nostre seigneur qui lui dit La possession des richesses ne fait pas le riche. mais la conuoitise. pourquoy oses tu acomparager les richesses de gregoire a ta pouerte. que tu aymes mieulx celle chate que tu aplanies tous les iours que il ne fait ses richesses que il desprise et ne les ayme pas. mais les donne a chascun franchement. Et cel hermite rendy graces a dieu et cuidoit que il eust bien or donne sa merite se il estoit acompaignie a gregoire. et commença a prier quil peust deseruir aucunesfois auoir mansion auec gregoire. ¶ Si comme gregoire fut accuse faulsement vers lempereur morice et vers ses filz sus la mort dun euesque que il dit ainsi en vne lettre que il enuoia sans son nom vne chose est que tu diras briefment a noz seigneurs. que se nous serfz tenes dieulx me voulsisse estre entremis de la mort et du dommaige des lombars la gent des lombars neust au iourdui ne roy ne duc ne conte. et fut en sa confusion. mais pour ce que ie doubte dieu ie me doubte a mesler en la mort de chascun. ¶ Veez comment il estoit de grant humilite. car comme il estoit souuerain euesque si lappelloit il sergent de lempereur et lappelloit son seigneur. Et veez de quelle innocence il estoit plain car il ne se vouloit pas consentir en la mort de ses ennemis. ¶ Si comme lempereur morice persecutoit gregoire et leglise il lui escript ainsi entre ces autres choses. pource que ie gregoire suis pecheur. ie croy que de tant apaisez vous plus nostre seigneur comme vous me tourmentez plus.

Une fois vng homme vestu en habit de moyne tenoit vne espee nue en sa destre et estoit en estant hardiement contre lempereur et lui brandissoit ce glaiue contre luy et luy dit que il mourroit. Et donc morice fut espouente et cessa a faire la persecution des adonc et depria gregoire que il orast pour lui si que nostre seigneur le punist en ce siecle des maulx que il auoit fais et ne lattendist pas a punir au derrenier iugement. ¶ Et vne fois morice se veit en iugement deuant le iuge et que le iuge crioit amenez morice. et les ministres le prindrent et lamenerent deuant le iuge auquel le iuge dit. ou veulx tu que ie te rende les maulx que tu as fais. et il respondy. Ier

monseigneur. et ne les me quier
redonner mie ou siecle avenir.
Et tantost la voix divine com
manda que morte sa femme ses
filz et ses filles feussent livrez
a ses chevaliers pour estre occis.
Et ainsi fut fait. car ung pou
de temps apres l'un de ses
chevaliers l'occist luy et toute
sa mesgnie par glaive et fuert
di en lempire. ¶ Si comme
gregoire celebroit la messe le io
de pasques en leglise nostre dame
la maiour. et il ot dit. pax domini
l'ange respondi Et cum spiritu tuo
Et pource fait le pape station
le iour de pasques a celle eglise
Et quant il dit. pax dn̄i. nul ne
respont en signe dicellui mira
cle. ¶ Il fut ung temps que
troien empereur se hastoit for
ment daller a une bataille. et
une femme vefue luy vint plo
rant a lencontre et dit. Monsi
re ie te prie que tu dugnes venger
le sang de mon filz innocent q̄
est occis. Et troien luy dit que
sil retournoit sain de la batail
le il le vengeroit. Et la vefue
luy dit. et qui le vengera se tu
demeures en la bataille. Et
troien luy dit. Cil qui sera em
pereur apres moy. Et la vefue
luy dit. et que te proffitera il
se ung autre me fait droictu
re. Et troien luy dit. certes nul
le chose. Et la vefue luy dit ne
te sera il mieulx a moy faire
droicture. et que tu aies pour
ta merite que tu la delaissas
ses faire a ung autre. Et dont
troien meu en pitie descendi

du cheval. et vengea le sang du
nocent. Et len dit que si comme
le filz de troien chevauchoit par
la cite de romme trop iolietement
et couroit son cheval. il occist le
filz dune vefue femme. Et quant
celle vefue le dit en plorant a
troien. il bailla cellui filz qui
ce avoit fait a la vefue femme
en lieu de son filz mort. et la
douagia moult grandement.
¶ Et une fois apres la mort
de troie que gregoire aloit par
le marchie de troien. il luy sou
vint de la debonnairete de celui
iuge. il vint a leglise de saint
pierre et commenca a plourer
pour lerreur dicellui tres fer
mement. Et dont luy fut respon
du divinement. veez cy que iay
acompli ta requeste. Car iay
espargne troien de la peine p
durable. mais gardes toy do
resenavant diligemment que tu
ne pries pour nul dampne.
¶ Damacien raconpte en
ung sermon que gregoire de
priant pour troien oy une voix
qui luy dit. Iay oye ta voix et
ay donne pardon a troien. Et
si comme il dit sa mes tout
orient et occident en est tesmoing
Et sus ceste chose dient aucuns
que troien fut rapelle a vie et
eust grace de desservir pardon
Et ainsi ot il gloire. et il nes
toit pas finablement depute
en enfer. ne dampne par sente
ce diffinitive. Et aucuns au
tres dient q̄ lame de troien ne
fut pas simplement absoulse
de sa peine pardurable. mais

sa peine fut souspendue iusques
au iour du iugement. Et les
autres dient que sa peine de
son tourment quant au lieu
et a sa maniere fut tenuee soubz
condicion tant que gregoire
ora pour luy. si que par la mi
sericorde de dieu le lieu et la
maniere fut muee autrement
Et les autres si comme iehan
le diacre qui compila ceste legende
dit que len ne treuve pas quil
leust ore mais plore. Et dieu
a souuent pitie et pardonne ce
que ia soit que homme le desi
re. si nose il requerre. Et dit
que lame de luy nest pas du tout
delivree denfer ne mise en pa
radis. mais simplement deli
vree des tourmens denfer.
Cest assavoir que lame est en
enfer et par la pitie de dieu elle
ne sent nul tourment. Les au
tres dient que la peine pardu
rable est en deux choses en pei
ne du sens et en peine du dom
mage. laquelle est estre sans
veoir ihucrist. quant a la pre
miere la peine pardurable
luy est delaissee. mais quant
a la seconde elle luy est retenue
Et len dit que lange dit a gre
goire ceste chose. Et pource que
tu as prie pour ung dampne
eslis lune des .ii. choses. ou tu
seras tourmente deux iours en
purgatoire. ou tu seras alasse
mee toute ta vie par langueurs
et par enfermetez. lequel eslut
avant toute sa vie estre debou
te de douleurs et de maladies
que estre deux iours tourmente

en enfer. Dont il advint que
tousiours puis ou que il fut
malade de fievres. ou que il
fut tourmente de podagre ou
que il fut moult grieve daul
tres forces de leurs. ou tour
mente de la douleur de lestomac
merveilleusement. dont il dit
en une epistre. Je suis grieve de
si grans podagres et de si grans
douleurs que ma vie mest fai
te tresgrievez batailles que ie
deffail en douleur chascun iour
et souspire en actendant le re
mede de mort et ailleurs dit
il ma douleur mest aucuneffois
trop lante et aucuneffois trop
grant. mais elle nest pas si
lante que elle se departe ne
si tresgrant que elle mocie
mais elle est faicte telle que
ie qui suis chascun iour pres de
mort suis boute hors de mort
et ceste encouchement de ceste
humeur nuisant ma bouue
si que vivre mest peine et que
iactende la mort desiree. laquel
le ie cuide estre remede a mes
gemissemens. Une femme
si offroit tous les dimenches
pains au benoist gregoire. et
apres ce qui lot chante la messe
il luy offrir le corps nostre seigneur
et luy dit. Le corps nostre seigneur
ihucrist te gart a la vie par
durable. et celle par sa sotie
soubzrist. et gregoire retour
na tantost et mist sa main av
ant. et mist une partie du
corps nostre seigneur sus lautel
Et adonc demanda a celle da
me devant tout le peuple.

pour quelle cause elle auoit o
se rire. Et elle dit pource que
tu apelles le pain que iay fait
de mes propres mains corps
de nre seigneur. Et dont gregoi
re se mist en oroison pour la
mescreantise de la femme. Et
quant il se leua il trouua sur
lautel celle partie du pain que
il y auoit mise aussi comme
plain doy conuerti en char. et
ainsi retourna celle dame a
la foy. et dont ora derechief et
il trouua celle partie de char
conuertie cõuertie en pain et
dont la bailla a celle dame a
vser. ¶ Il y eust aucuns prin
ces qui lui demanderent aucu
nes precieuses reliques. et il
leur donna vng petit de la dal
matique saint iehan leuuan
geliste. laquelle ilz prisrent. et
puis lui rendirent par desdaing
comme se ce feussent vilz reliqs.
Et le benoit gregoire fist son
oroison et demanda vng coutel
et commenca a poindre ce drap
et le sanc yssi tantost des poin
tures Et ainsi fut demonstre
diuinement comme ces reliqs
estoient precieuses. ¶ Vng
des riches hommes de romme de
laissa sa femme. et pource fut
il priue de la cõmunaute de
romme par leuesque. et il en fut
moult triste. mais il ne pou
oit pas tantost esleuer lauc
torite de si grant euesque.
Et requist laide des ars ma
giques. Et tant q les maistres
lui promisdrent que ilz lui
feroient par leurs charmes

que ilz enuoieroient vng dyable
qui tourmenteroit si longue
ment le cheual de leuesque q
le cheual et le maistre periroit
Et si comme gregoire estoit
vne fois monte sur son cheual
les enchanteurs enuoierent
vng dyable et firent forsener
si forment le cheual que nul
ne le pouoit tenir. Et dont gre
goire par la reuelacion diuine
congneust q le dyable auoit
este enuoye et fist le signe de la
croix et deliura le cheual de
ceste pute forsenerie. Et les
maistres de celle forsennerie
furent perpetuelmẽt aueugles
Et dont confesserent leur pe
chie. et vindrent a la grace du
saint baptesme. et il ne leur
voulst rendre leur veue que ilz
ne retournassent a lart ma
gique. mais cõmanda quilz
feussent nourris de laude de le
glise. ¶ Len lit en vng liure
que on apelle synoque labbe
qui estoit ou monstier gregoi
re pape si lui denonca que il
auoit vng moyne auecques
luy qui auoit tresor a par lui
et le pape lexcõmenia pour es
pouenter les autres. Et vng
pou de temps apres ce frere
mourut sans ce que gregoire
le sceust. et fut moult yre de
ce quil estoit mort sans abso
lucion. et escript vne oroison
en parchemin. en laquelle il
absoloit cellui du lien dexco
memenet. et le bailla a lun de
ses diacres et lui commanda
que il la leust sur la fosse du

mort. ⁊ il fist son commande
ment. Et la nuyt ensuiuant
celluy qui auoit este mort sap
parut a labbe. ⁊ luy demonstra
que il auoit este iusques adōc
tenu en prison mais il auoit
hier este deslie. ¶ Gregoire
establi loffice ⁊ le chant de le
glise et lescole des chanteurs.
Et pource fist il deux habita
cles. lun de lez leglise saint pere
⁊ lautre empres leglise du la
tran. Et la encores au iourduy
est le lit ou il se couchoit quant
il ordonnoit le chant et les ver
ges de quoy il menacoit les e
fans ⁊ lantyphonier de chant
et sont tenus en grant reuerē
ce. Et il mist ou canon. Ordōne
noz iours en ta paix ⁊ comma
de que nous soyons soustraiz
de la dampnation pardurable.
et que nous soions aueuc ordō
nez aueques tes esliz ⁊c. ¶
Quant le benoit gregoire ot
sis ou siege de pape .xiii. ans
⁊ .vi. mois. ⁊ .x. iours il trespas
sa plain de bonnes euures. Et
ces vers sont escrips en sa to
be. ¶ Suscipe terra tuo cor
pus de corpore sumptū ⁊c.
Et ce fut es ans de nrē seigne
ur .vi.c. et .vi. ans soubz foce empe
reur. ¶ Et apres la mort du
benoit gregoire vne tresgrant
famine assailly toute la con
tree. si que les poures q̄ gre
goire souloit repaistre large
ment vindrent a son successe
⁊ luy distrent. Sire ta sainte
te sactroie a ce que elle ne nous
laisse pas perir. Sire nous que

gregoire souloit paistre. Et ce
pape indigne par telz paroles
leur respondoit tousiours ai
si. Se gregoire vouloit tous
les peuples receuoir pour a
uoir souueraine louenge sy ne
vous pouons nous paistre. et
il les en renuoyoit tousiours to'
vuis. Et dont saint gregoire
sapparut .iii. fois a luy. et le
corrigea trois fois de ce quil es
toit trop tenant ⁊ q̄ il tancoit
trop moult doulcemēt. Et il
ne sen voulsit oncques amender
Et il sapparut la quarte fois
a luy ⁊ le corriga ⁊ reprist et le
feri ou chief mortelmēt. Si q̄
par la douleur du cop il fut las
se ⁊ fen briefment sa vie. ¶
Et si comme celle dicte famine
estoit encores. aucuns enuieux co
mencerent a mesdire de gregoi
re Et disoient que il auoit
degaste le tresor de leglise com
me fol large. et pource enclī
nerent ilz les autres a ardoir
ses liures. Et si comme ilz en eu
rent ia ars aucuns et vouloi
ent ardoir les autres pierre
dyacre son familier auec lequel
il auoit disputé des quatre li
ures du dyaloge dit treshaulte
ment. que ce ne pouoit riens
valoir pour effacer le memoi
re de luy car les exemplaires
en estoient ia eus en diuerses
cites. Et dit que cestoit sacrile
ge de ardre tant et telz liures
de si noble pere sus le chief du
quel il auoit veu tressouuent
le saint esperit en semblance
de coulon. Et a la parfin il le

amena a ceste sentence. que il
afferineroit par son serment
ce quil avoit dit de sa coulom
be. Et tantost comme il avoit
afferme il mourroit et ilz de
faillieroient ses livres a ardre
et sil nestoit ainsi et que il de
mourast vif il devroit et ar
deroit ses mains a ardoir a
vec ses livres. Et len dit vraie
ment que saint gregoire luy
avoit dit que tantost que il
reveleroit le miracle de la cou
lombe que il pourroit vivre apres.
Et dont lonnorable diacre pier
re vint et apporta le livre des
euvangilles. Et tantost com
me il ot touche le livre pour
iurer. et il eust porte tesmoing
de la sainctete du benoit gre
goire il fut estrangle et hors
de la douleur de mort et mist
hors lesperit entre les paroles
de vraie confession. ¶ Ung
moyne du moustier saint gre
goire assembla chiez lui une
compaignie de ribaudaille. et
le benoit gregoire sapparut a
une autre moyne et lui dist
denonce a cellui que il depar
te celle folle compaignie et fa
ce penitance. car il mourra
dedens quatre iours. Et quant
lautre moyne oy ceste chose
il se doubta forment et fist
penitance et mist hors celle com
paignie. Et tantost il fut si
corrompu de fievre que des le
matin du tiers iour iusques
a leure de tierce il mettoit sa
langue hors par tresgrant ar
deur. si que il estoit adines

aux autres. que cestoit le derre
nier souspir. Et quant les moy
nes en la parfin disoient devant
luy leurs pseaumes si commen
cierent a mesdire de luy. Et al
qui estoit mort revesquit tantost.
et ouvry les yeulx en souspirant.
et dit mesire le vous pardoint
freres. pour moy mesdictes vo
de moy car vous maviez fait
grant empeschement. car iay es
te en ung temps accuse tant
de vous comme du diable ¶
Et ie ne le savoie pas. ne au
quel malice ie devoie premier
respondre. mais quant vous
lavrez aucunesfois aucun q
tresparfait. rien mesdictes pas
mais en ayez compassion et pri
ez pour lui comme pour cellui
qui va avec son accuseur a si
destroit iugement contre le
diable. mais par laide de st
gregoire iay bien respondu a
toutes ses obiections. Et sur
tant seulement convaincu du
ne obiection de quoy ie rougy
pour laquelle ie suis ainsi tra
vaille comme vous avez veu.
Et encore ne men suis ie peu de
livrer. Et quant les freres
luy demanderent de laquelle
il dit. Je ne la vous ose dire.
Car quant le benoit gregoire
me commanda venir a vous. le
diable sen complaignit molt
et cuida que ie retournasse pour
faire penitance. pour cause que
dieu le me pardonnast. pour
laquelle chose iay donne plei
ge le benoist gregoire que ie
ne reveleroie a nul cellui malice

Jehan le diacre racompte ainsi q̃ compila la vie saint gregoire que quant il escripsoit la vie de luy ung hōme en habit de prestre vint a luy en dormant. Et sicōme il luy estoit advis il estoit devant luy escripvant a une lanterne et estoit vestu par dessus dun si tresblanc et delie vestemēt que parmy la deliete du vestemēt la couleur de la cotte par dessus paroit et cellui alla plus pres et ne se peust tenir de rire. Et quāt ie luy luy demādai luy qui estoit hōme de si noble office rioit et il dit. pource q̃ tu escripz des mors lesquelz tu ne veis oncques en sa face. toutesfois escripz ie de luy q̃ iay congneu par lecon. Et dont luy dit cellui. tu fais ce q̃ tu veulx et ie ne cesseray de faire ce q̃ ie pourray. et tantost cellui estaint sa lanterne et pressa si fort iusques a luy quil lesclava si fort que se il eust este estrangle dun glaive et que cellui len eust feru. Et tantost saint gregoire vit la et saint nicolas la cōpaignon a dextre et pierre diacre a senestre et dit hōme de pou de foy pourquoy te doubtes tu et cellui adversaire se tapissoit soubz la couvertine du lit. Gregoire print en sa main de pierre diacre ung grāt brandon q̃ il tenoit et commēca a brusler a cel adversaire la bouche et le visage et le fist aussi noir cōme ung ethiopien. Et dōt une estincelle de brandon cheut dedens son blanc vestemēt et lardy tout. Et aussi cellui apparut tout noir. Et pierre dit au benoit gregoire nous lavōs assez noircy. Et gregoire dit nous ne lavōs pas noircy mais nous avōs mōstre qui lest noir. Et dont laissierent illec mōlt grāt lumiere et sen alerent.

De saint longin

Longin chevalier estoit a dire cōme engendre de long car il fut engendre de long a dieu. Ce fut du sang qui decouroit aval la lance de quoy il ferir nre seigneur ou coste. Car par le miracle q̃ il en recouvra la veue fut il engendre a dieu et de long car il estoit viel et avugle et sestoit tenu long de sa congnoissance.

Longis fut lun des chevaliers qui fut avec les autres a la croix nre seigneur et par le cōmandement de pilate il persa le coste nre seigneur de sa lance. et quant il veist les signes qui estoiēt fais. le soleil obscurcir la terre trembler. il creut en ihesucrist. Et pource mesmemēt q̃ sicomme aucuns dient que les yeulx luy estoiēt troublez par maladie ou par viellesse il print de ces degoutures du sang ihesucrist qui decouroit aval sa lance et toucha a ses yeulx. et veist tantost cler. Et dōt renonca a la chevalerie et par lordonnāce des apo stres il fut en cesaree de capadoce. xviij. ans. et mena vie de moyne. et convertir plusieurs gens a ihesucrist. tant par parole comme par exemple. Et quant il fu prie du prevost de celle terre et il ne voulst sacrifier. le prevost commanda que toutes les dens luy feussent esrachees et la langue coppee. et il nen perdi oncques la parole. mais print une congnee et rompi et froissa toutes les ydoles et disoit se ilz sont dieux nous le verrons. et les diables qui en yssirent entrerent dedens le prevost et ses compaignons. Et ilz devindrent tous forsenez et sagenouilloient aux piez de longis. Et il dist aux diables. pourquoy habitez vous es ydoles. Et ilz respondirent la ou crist nest point nomme. la est nre habitacion. Et quant le prevost fut forsene. et il eust perdu les yeulx. longis lui dit Saches que tu ne pourras estre gary devant que tu me auras occis Et si tost comme je seray mort je prieray pour toy et te impetreray sante de corps et dame et tantost il commanda estre decole. Et dont le prevost alla au corps dicellui et sagenouilla en plorant et feist penitance et tantost il receut veue et sante et fenir sa vie en bonnes euvres.

De saint benoit.

Benoit est dit pour ce que il bener monst de gene. Ou pource quil ot moult de benedictions en ceste vie. Ou pource quil deservi a avoir la benediction perpetuel. Et saint gregoire escript la vie de luy.

Benoit fut ne en la province de nursie et quant il fut mis de ses parens a lestude des ars liberaux a romme il laissa des son enfance les lettres et sen alla ou desert. Et sa nourrice qui lamoit tendrement le suivir iusques a ung lieu qui est dit esplude et la demanda ung crible a purger le froment lun et puis lautre. mais elle le mist folement sus la table et il chey et despeca et sa nourrice plora. Et quant benoit la veist plorer. il print les pieces de ce crible. et se mist en oroison. Et quant il sen leva. il le trouva tout entier. Apres ce il se enfouy secretement de sa nourrice et vint en ung lieu ou il fut .trois ans sans estre congneu de nul homme fors que de romain ung moyne qui lui administroit ententivement. Et pource que sa fosse estoit longue du monstier rommain iusques a la fosse ou il estoit. il lioit le pain a une longue corde. Et ainsi rommain la avoit acoustume a oster. Et si avoit mis en celle corde une sonnette pource que l'omme de dieu sceust quant rommain lui bailloit le pain et il yssoit hors pour le prendre. mais l'ancien ennemi ot envie de la charite de l'un et de la refection de l'autre. si getta une pierre et despeca la sonnette mais toutesfois rommain ne lui laissa pas par ce a administrer. ¶ Et apres ce nostreseigneur s'apparut a ung prestre en vision qui appareilloit sa refection le iour de pasques et lui dit. tu appareilles delices pour toy et mon servent est tourmente de faim en tel lieu. Et donc il se leva tantost et le trouva a grant peine et lui dit. lieve toy de cy et prenons de la viande. auquel benoist dit. Je scay bien que il est pasques et que iay desservi a toy veoir de loing qui suis mis pres des hommes. mais cil ne savoit pas que il fut cellui iour la solemnite de pasques. auquel le prestre dit vrayement il est au iourdui la feste de la resurrection nostre seigneur il ne te convient pas faire abstinence. Et pource sui ie envoye a toy. Et dont beneirent nostre seigneur et prisdrent la viande.

¶ Ung iour vint ung oysel noir qui est appelle ung merle et voletoit si souvent entour sa face que il le peust bien avoir pris. mais il fist le signe de la croix et loysel sen partit. Et tantost le deable lui ramena devant les yeulx de sa pensee une femme quil avoit autresfois veue et esprist si le courage en la beaute dicelle que pour ce desir il vouloit comme vaincu laissier le desert. mais tantost par la grace de dieu il retourna en soy et se getta entre ronces et espines qui la estoient tout nu et se tourna tant que il en yssit tant de plaies par le corps si que les plaies du corps osterent celles de la pensee. Et ainsi vainquit le pechie que il mua son ardeur. Et depuis ce temps nulle temptacion ne creut en son cueur.

¶ La renommee de lui devint si grant que quant labbe dun monstier fut mort tout le college des freres si vint a lui et lui requist que il feust leur maistre et il attendi longuement en eulx escondissant et dit que il ne se pourroit accorder aux meurs diceulx ¶ mais il fut vaincu en la parfin et leur consenti.

¶ Et si comme il les constraingnoit a garder plus estroictement leur reigle. ilz se reprenoient eulx mesmes que ilz en avoient fait leur maistre. par la force duquel la reigle de leur droit

du manche et cheir en parfont lieu. Et si comme cellui en fut trop angoissié l'omme de dieu mist le manche dessus le lieu et tantost le fer nagea iusques a son manche. ¶ Placidius ung enfant moyne yssy hors pour puiser de l'eaue. si cheï ou fleuve et l'eaue le ravit et le trayna a bien pou le tract d'une saiette loing. Et l'omme de dieu qui estoit en sa celle le congneust tantost en esperit et appella mor et lui dit ce qu'il estoit avenu a l'enfant et lui commanda qu'il l'alast prendre. Et quant il eust eue sa beneïçon. mor y alla hastivement. Et si comme il cuidoit aller par dessus la terre il aloit par dessus l'eaue et vint iusques a l'enfant et le prist par les cheveulx et le tira hors de l'eaue. Et dont vint au saint homme et dit ce qui lui estoit advenu et il ne le reputa pas a ses merites mais a l'obedience de mor. ¶ Ung prestre nommé florentin si avoit envie de l'omme de dieu si fist si grant malice que il empoisonna ung pain et l'envoia a l'omme de dieu aussi comme pour beneïçon. Et le saint homme le prist agreablement et le getta a ung corbel qui prenoit le pain de sa main et dit prens ce pain ou nom de ihesucrist. et le porte en tel lieu que nul ne le prenne. Et dont le corbel commença a courre entour ce pain le bec ouvert les elles estendues et a crier aussi comme s'il dit apertement qu'il vouloit obeir Et toutesfois ne povoit il acomplir le commandement. et le saint lui commanda encore disant lieve lieve seurement. et le iecte si comme ie t'ay dit et dont le prist en sa parfin et le tourna. iii. iours apres et prist de la main du saint sa porcion acoustumee. ¶ Quant florentin vit que il ne povoit tuer le corps du maistre il se convertit a occire les ames de ses disciples. et fist chanter et iouer. vii. pucelles nues ou iardin du monstier si que il esmeust les moynes a luxure Laquelle chose le saint homme veist de sa celle et doubta le pechie de ses disciples. Si donna lieu a l'envie d'icellui. et prist aucuns des freres avecques lui et mua son habitacion. Et florent qui estoit en son solier vit que il s'en aloit de quoy il avoit ioie il cheÿ soudainement de son solier. et fut tantost estaint Et dont mor courut apres l'omme de dieu et lui dit Benoit retourne. car cil qui te persecutoit est mort. Et quant il oy ce il plora forment. ou pource que son ennemy estoit mort en haine ou pource que mor son disciple en avoit ioie. pour laquelle chose il lui enioint a faire penitance pource qu'il s'estoit esioy de la mort de son ennemy car il ala a mont cassin. et la estoit ung temple d'apolin que il sacra en une eglise de saint

iesum lupre z conuertir tout le
peuple dentour et les osta de le
ydolatrie. mais lancien ennemi
en fut couroucie et sapparust
a lui tresorrible a veoir et le
forsenoit contre lui z gettoit vi
siblement flambe des yeulx z
de la bouche et disoit benoist be
noist. Et quant il vit que il ne
lui respondoit riens il dist.
maleoit et non pas benoist. pour
quoy me persecutes tu. ¶ Vng
iour sicomme les freres vouloient
lever une pierre qui gisoit a
terre en ung edifice et ilz ne
povoient. Et dont vint grant
multitude domes et si ne la
peurent oncques lever. lomme
de dieu vint la et leur donna
sa beneiçon z ilz la leverent le
gierement et tost. Et par ce sa
perceurent ilz que le diable se
oit la qui ne la laissoit mou
voir. Et sicomme ilz eussent
cellui edifice fait aucun pou
hault lancien ennemi sapparut
a lomme de dieu z lui dit que
il alast aux freres qui labou
roient. Et dont le saint homme
leur ennoia par ung mes
sage freres faictes saigement
vos choses. car le malin esperit
est venu a nous. Et cellui mes
sage not pas bien acomplir la
parole. que le diable abatit la
paroi z par le trebuchement
il tua ung enfant moyne. mais
lomme de dieu le feist lenfant
aporter a lui mort et despecie
en ung sac z le resuscita par
son oroison et len ala au devant
dit ouvrage. ¶ Vng hõe

lay dhonneste vie avoit acoustu
me a venir visiter tout ieun
chũn an lomme de dieu. Et ung
iour sicomme il aloit la ung au
tre homme se mist en sa compai
gnie sicomme cellui cuidoit qui
portoit en son sain viande pour
le voyage. Et tantost comme
le iour haulsa. cellui lui dist.
frere venez et prenons de la vian
de que nous ne soyons lassez
en la voye. Et il respondy que
en nulle maniere il ne gouste
roit de viande en la voie. Et dont
cellui se tut a celle heure. et apres
ce il lamonnesta de prendre vian
de. mais il ne lui voult consentir.
Et en la parfin quant heure
fut passee z ilz eurent fait grant
voyage ilz trouverent ung pre
et une fontaine et tout quanque
est delictable a prendre refec
tion. Et dont cellui encore qui
aloit avec le bon homme lui mon
stra ces choses et dit. que il en
goustast ung pou et se reposast
illec z quant les paroles pleu
rent aux oreilles et le lieu au
regarder pleust il se consenti
a lui. Et quant il vint au bon
homme benoit il dit a cellui
frere dit benoit le malin es
perit tamonnesta une fois il te
surmonta et dont cellui saige
moulla a ses piez et plora pour
ce que il avoit meffait. ¶ To
tille roy des gothes voult es
prouver se lomme de dieu a
voit esperit de prophetie z bail
la a ung sien escuier son roial
vestement et lenvoia au mo
stier dicellui saint a tout le

tout apparant. Et quant le filz le veist venir il luy dist. oste filz oste ce que tu portes il nest pas tien. Et dont cellui cheyt tantost a terre et ot paour de ce quil lestoit mocque de sr saint beneoit.

¶ Ung homme clerc qui estoit demoniacle fut mene a lomme de dieu pour estre gary. et quant il ot mis le diable hors de luy il luy dit. Garde toy doresenavant que tu ne mengeues de char. et que tu ne viengnes aux sainctes ordres. car si tost comme tu yras aux sainctes ordres. tu te donras au diable. Et si comme il sen fut garde par aucun temps et il vit quil avoit este mis es mineurs ordres. il fist ainsi comme sil eust oublie les parolles de lomme de dieu par long temps. et se mist arriere ledit et ala aux sainctes ordres. Et tantost le diable qui lavoit laissie le reprist et ne le laissa a tourmenter devant que lame luy yssi du corps.

¶ Ung homme luy envoya par ung enfant deux flacons de vin. mais lenfant en muca ung en la voie et luy porta lautre. et lomme de dieu en print lun a bon gre. Et quant lenfant sen ala il la monnesta et luy dit. filz garde que tu ne boives de ce flacon de vin que tu as mucie mais tourne le ce dessus dessoubz et tu verras quil a dedens et cellui fut moult confus et sen ala et dont voult esprouver ce quil ot ouy il tourna le flacon. et tantost il en saillit ung grant serpent

Une fois que lomme de dieu soupoit au soir. ung moyne estoit devant luy qui luy tenoit la lumiere. Si commenca a penser en luy par esperit dorgueil pour quil estoit filz dun noble homme qui est cestui a qui je tiens la lumiere en mengant et luy fais tel service que suis je pour luy servir. Et tantost lomme de dieu luy dit frere laisse ton cueur laisse quest ce que tu dis en toy. et dont appella les freres et commanda quil sen alast hors du moustier et se seist en paix.

¶ Ung des gothes qui avoit nom zalla qui estoit de la mauvaistie arrienne qui es temps de cellui leur roy les chaussa par tresgrant cruaulte contre les religieux de la foy catholique en telle maniere que qui conques moyne ou clerc venist devant luy il ne sen alast vif en nulle maniere. ¶ Ung jour que il estoit embrase de lardeur de son avarice et quil convoitoit avoir et ravir moult de choses et si comme il tourmentoit cruelment ung villain et desrompoit par divers tourmens. si que cellui estoit vaincu par ses peines. si que il commanda luy et ses choses au sergent de dieu benoist. Et quant cellui qui le tourmentoit le creut. sa cruaulte fut suspendue si que il cuida que les choses feussent ravies de lautre. Et dont zalla cessa a tourmenter le villain mais il luy lia les bras de moult fortes resnes de

cuer destroictement. et le commen-
ça a bouter devant son cheval
et dit quil demonstreroit ce
benoit qui avoit pris ces cho-
ses et le villain aloit ainsi de-
vant sur ses bras liez et le mena
au moustier du saint homme
et le trouva tout seul seant et
lisant devant luis de sa celle
et le villain dit a celui zalla qui
le suivoit et se forsenoit. Veez ci
cellui benoit que je tavoie dit.
Et quant cellui lot regardé par
ardeur desperit et par forsenerie
de pensee et cuidoit faire par tel
espouentement comme il avoit a
coustume si commença crier a
haulte voix et a dire. Lieve sus
lieve et rens les choses de ce vi-
lain que tu as prises. et lomme
de dieu leva tantost les yeulx
a sa voix diceluy et laissa a
lire et le regarda et apperceut
tantost le villain que il tenoit
lie. Et sy tost comme il regar-
da les bras diceluy tantost
les bras qui estoient liez com-
mencerent a deslier des resnes
en si merveilleuse maniere
que nulle hastivete domme ne
les peust sy tost deslier et ce-
lui qui estoit venu lie commen-
ça a soy ester tout deslie. zalla
fut fait sy paoureux quil cheit
a terre par la force de sy tres
grant poeste et enclina soudai-
nement sa cruelle de sa grant
cruaute aux piez du saint et
se recommanda a ses oroisons
et lomme de dieu se leva ung
pou de la lecon et appella les
freres. et le fist lever et porter

dedens le moustier pour recevoir
sa beneicon. Et dont amonnes-
ta cellui revenu a soy quil se te-
nist de faire sy grant cruaute.
Et dont cellui prist refection et
sen partit et ne demanda puis
riens au villain lequel lomme
de dieu avoit deslie en regar-
dant sans atoucher. ¶ Ainsi com-
me famine estoit grant en la
region de campanie en ung
temps. sy que tous avoient souf-
frette de vivres. et que le ble
deffailloit ou moustier benoit
et que tous les pains a bien
pou estoient mengiez sy que
on nen povoit trouver que v.
a leure de la refection des fre-
res. Et quant lonnorable pe-
re les veist courroucez il com-
mença a corriger attrempement
leur petitesse et a aligier la par
sa promesse et dit pourquoy
sont voz couraiges courroucez
de la souffrette de pain. il est
au iourduy une chose mais
nous en avons demain habon-
damment. Et le iour ensuivant
ii.c muis de farine furent trou-
vez en sacs devant luis de sa
celle. mais il ne fut oncques
sceu par quelz messages dieu
tout puissant les envoia ne qui
les apporta. Et quant les freres
le virent ilz rendirent graces
a dieu. et apristrent que on ne
se doit doubter de habondance
ne de povrete. ¶ Len list que
ung homme avoit ung enfant
malade dune maladie qui
est dicte olephancie. sy que les
peuz cheoient et que le cuir se

floit. & la pourreture ne pouoit
estre mucee et son pere le nom
a lomme de dieu & il fut hasti
nement restabli de sa premiere sa
te. Or en rendirent graces gra
ces a mon seigneur. Et apres ce
lenfant persevera en bonnes eu
vres & sendormi en mon seigneur
¶ Si comme il avoit envoie au
cun des freres en ung lieu pour
faire la ung moustier et leur
establir ung iour que il yroit
a eulx & leur demonstra comment
ilz le devoient faire la nuyt
devant le iour q il avoit pro
mis a aller la il sapparut a
ung moyne en dormant. le quel
il avoit mis dessus les autres
et a son prevost & leur demon
stra chascun lieu par soy ou ilz
devoient subtilement edifier
Et si comme ilz navoustoient
point de foy a celle vision mais
lattendoient encores et en la p
fin ilz retournerent et lui dirent
Pere nous avons attendu q
tu venisses comme tu nous avoies
promis. et tu nes pas venu.
Et il leur dit. freres pour quoy
dictes vous ce. ne mapparus
ie a vous & vous monstray
chascun lieu par soy lez et ordonnez
si comme vous veistes en la
vision. ¶ Il avoit deux no
nains pres de son moustier
qui estoient venues de moult
noble lignage qui ne pouoient
taire leur langue. mais esmou
voient cellui qui estoit le gou
verneur souvent a ire par trop
de parolles. Et quant il eust
dit a lomme de dieu il leur

manda quilz corrigassent leur
langue ou il les excommenieroit
laquelle sentence dexcommenement
il getta non pas en prononçant
mais en essayant. et celles ne
se muerent point. mais mou
rurent dedens brief temps et
furent ensevelies en leglise Et si
comme len celebroit les messes
& le dyacre disoit acoustumee
ment. qui ne communie avec nous
ysse dehors. et la nourrice de
ces nonains qui offroit tous
iours oblations pour elles, si
les veoit aux parolles du dya
cre yssir hors de leurs sepul
chres & sen aller de leglise. Et
dont celle le dit a saint benoit
il prist loblation de sa main
et dit allez et offrez ceste obla
tion pour elles et ilz ne seroient
plus excommeniees. Et quant
ce fut fait. & le dyacre cria com
me il estoit de coustume elles
ne furent puis veues yssir
hors de leglise. ¶ Ung moy
ne yssi pour aller visiter ses
parens sans avoir la beneiçon
Et ce iour mesmes quil vint
la il fut mort. Et dont quant
il fut mis en terre. la terre le
getta hors une fois ou deux
et les parens de ce moyne vin
drent a lui & lui prierent que
il leur donast sa beneiçon. Et
dont il prist le corps nostre seigneur
et dit. allez et lui mettez sur
la poictrine et le mettez ain
si en terre. Et quant ce fut
fait la terre le retint. et ne le
getta puis. ¶ Ung moyne
ne se pouoit tenir en son mo

stier. mais estoit tant a lomme
de dieu que il fut courrouciez.
et le laissa aller. Et tantost quil
fut yssu il trouva en sa voie
ung dragon la bouche ouverte
qui le vouloit devorer. et dont
crioit il et dit acourez ca acourez
car cest dragon me veult devorer
Et quant les freres vindrent
la ilz ne virent point ce dragon
mais amenerent ce moyne au
moustier tout tramblant et tout
batant. et dont promist quil
ne partiroit iamais du mon
stier. Et en ung temps que tou
te celle province estoit plaine
de famine. et lomme de dieu avoit
donne aux gens tout quanque
il avoit trouve. si que nulle
chose nestoit demouree ou mo
stier que ung petit duille en
ung vaissel de voirre et il co
manda au celerier quil don
nast ce petit duille a ung pou
re cellui lot bien. mais il ne
le daigna faire pource que il
ne demouroit point duille
aux freres. Et quant lomme
de dieu le sceust il commanda
que le vaissel avec lhuille fust
gette par la fenestre pource que
riens ne demourast ou mon
stier par inobedience. Et adonc
le vaissel qui fut gette chey sur
une grant roche. mais le vais
sel ne fut froissie ne lhuille ne
fut espandue. Et dont il com
manda que le vaissel a tout lhu
ile fut donnee a cil qui la de
mandoit Et dont le blasma
et reprist le moyne de mau
vaise feaulte et dinobedience

et se mist en oroison. et tantost
ung grant tonnel qui la es
toit fut plain duille et crut
tant que lhuille sencouroit sur le
pavement. Il estoit une foiz
descendu pour visiter sa seur
et sicomme il se seoit a la table
sa seur luy pria que il demou
rast la nuit. et il ne se voult
consentir en nulle maniere. Et
celle enclina son chief et ses mains
pour prier dieu. Et quant elle
leva le chief si grant tonnoirre
si grant esclers et si grant fu
dement deaue et de pluye vint
que il ne peust oncques mouvoir
le pie. et si estoit avant le tem
ps serein. mais pource que elle
espandi fleuve de lermes. elle
traist a pluye le serain de lair.
Et lomme de dieu fut courrou
cie et dit seur. dieu tout puis
sant le te pardoint. quest ce que
tu as fait auquel elle dit. Je
te priay et tu ne me voulz oir
iay requis mon seigneur. et il
ma oye. Lui temprendroit le tu
peulx et il fut ainsi que tou
te celle nuit ilz furent sans dor
mir et sentresaoulerent de sain
tes paroles. Et sicomme il retour
na. iij. iours apres au moustier
et il avoit levez les yeulx au
ciel. il veist lame de sa seur en
espece de coulon qui tresperçoit
les secrez du ciel. Et il comman
da tantost que son corps fut
apporte au monstier et mis
en ung monument que il avoit
appareillie pour soy. Et une
nuit sicomme il regardoit par
my une fenestre et prioit nostre

Patrice est dit aus-
sy comme sachant
car par sa doulceté
de dieu il sceut les
secrez de paradis et denfer

Patrice commenca a
preschier enuiron lan
de nostreseigneur iiij c
iiij xx. Et siconme
il preschoit la passion ihucrist
au roy des escos et estoit deuant
luy et sapuioit sur son bour-
don q il tenoit en sa main et il
estoit par aduenture sus le pie
du roy et la pointe du bourdon
perca le pie du roy. Et dont le
roy cuida q le saint euesque
le fist a escient. et que autrement
le roy ne pourroit receuoir sa
foy se il ne souffroit aussi pour
ihucrist si le souffry en pacien-
ce. Et dont en la parfin le saint
entendi ceste chose et fut esbahy.
et garit le roy par ses prieres
et si gaigna a celle prouince
que nulle venimeuse beste ny
peust viure. Et encores gaigna
il plus. car les fus et les cuirs
dicelle contree sont contraires
a venin. Vng homme auoit
emble vne ouaille a vng sien
voisin et lauoit mengiee et le
saint prioit a leglise que qui
conques lauoit emblee en fist
satisffacion et par plusieurs
fois. et nul ne se comparoit
Et quant tout le peuple fut
assemble a leglise. il commanda
par la vertu de ihucrist que
louaille beellast dedens le ven-
tre ou elle auoit este mengiee
et ainsy fut fait. Et celui qui estoit
tout coulpable fist penitance

Et il auoit de coustume
a orer toutes les croix deuote-
ment que il veoit. mais il pas-
sa deuant vne belle croix que
il ne regarda pas. mais passa
oultre. Et sa gent luy deman-
derent. pourquoy il nauoit re-
garde celle croix. Et quant il ot
ore il oy vne voix dessoubz ter-
re qui dit. tu ne mas pas re-
garde que ie suy vng paien en-
seuely et ne suis pas digne du
signe de la croix. Et dont fist
il oster celle croix de la. Si
comme le benoit patrice preschoit
en yrlande et il fist la pou de
fruit. il depria nostreseigneur
q il demonstrast aucun signe
par lequel ilz feussent espou-
entez et se repentissent. Et dont
il fist par le commandement nostre
seigneur vng grant cerne de
son baston en vng lieu. et la
terre se ouury dedens le cerne
et fist la aussy come vng tresgrant

puis ꝛ parfont. Et dont fut re
uele au benoit patrice q̄ cestoit
la ung lieu de purgatoire. ꝛ
que quiconques vouldroit il
lec ques descendre il nauroit
autre penitance. ne ne sentiroit
autre mal pour son peche et
que plusieurs nen retourne
roient mie. et ceulx qui remai
droient il conuiendroit demou
rer la de lun matin iusques
a lautre et dont molt de ceulz
qui y entrerent qui nen reuin
drent puis. Et apres lon
temps puis q̄ patrice fu mort
ung homme noble nomme ni
colas qui auoit fait molt de
pechiez si sen repentir et voult
soustenir le purgatoire saint
patrice. Et si comme les autres
faisoient il ieuna .xv. iours a
uant il fist ouurir luis de ce
purgatoire qui est garde en
une abbaye soubz clef et desce
dy ou deuant dit puis. et ou
coste de ce puis il trouua ung
huis et entra dedens ꝛ la trou
ua ung oratoire et moines re
uestuz en aube entrerent en
cel oratoire ꝛ firent leur ser
uice ꝛ distrent a nicolas que
il fut ferme car il conuendroit
que il passast par moult des
taiemens de diables. Et si come
il leur demanda quelle aide il
pourroit auoir contre eulx. ilz
distrent. quant tu te sentiras
tourmente es peines dis tan
tost et crie ihucrist filz dauid
aies pitie de moy pecheur.
Et tantost comme ces hommes
sen partirent les diables vi
drent ꝛ lamonnesterent que il se
obeist premierement par pro
messes et par belles paroles
et que ilz le garderoient et re
menroient a ses propres lieux
mais quant il ne voult obeir
a eulx en nulle maniere tan
tost il oy les voix de diverses
bestes sauuages ꝛ les mugissemens
ensemble aussi comme se tous
les elemens tremblassent. Et si
comme il trembloit tout par
horrible paour. il dit ihucrist
filz de dieu vif aies pitie de
moy pecheur. Et tantost com
me il lescria. toute celle mul
titude de bestes sauuages et
horribles sapaisa. Et dont il
alla oultre en ung autre lieu
et la estoit grant multitude
de ennemis qui luy distrent. cui
des tu q̄ nous soions eschap
pez. Nennil. mais te tourmen
terons. Et dont apparut ung
tresgrant feu horrible deuant
luy. et les diables luy distrent
se tu ne tacordes a nous. nous
te getterons ardoir dedens ce
feu. Et quant il le refusa. ilz
le prindrent et le getterent en
ce feu. Et quant il se sentit to
mente. il sescria tantost. ihu
crist. filz de dieu vif aies pi
tie de moy pecheur. Et tantost
ce feu fut estaint. Et de la vint
en ung autre lieu. et vit aucuns
hommes ardoir ou feu tous vifz
et estre batus de pierres de
fer ardans et rouges iusques
a tant que les entrailles se
paroient. et leurs ventres es
toient vers la terre ꝛ mordoient

[illegible]

De l'anonciacion nre dame

par .iij. raisons. ¶ Premierement
par raison dordre dissemblement
si que lordre de reparation res-
pondit a lordre de prevaricacio(n)
cest de desobeissance des premiers
peres. Car tout ainsi comme le
dyable tempta la femme pour
la traher a doubter. et par la
doubte la traire au consentir.
et par le co(n)sentir au peche. ¶
Tout ainsi lange se denonca
a la vierge. si que par anon-
cier il lesmeut a croire par la
creance au co(n)sentir et par le
co(n)sentement a concevoir le filz
dieu. ¶ La seconde raison est
du mistere de lange. car lange
est ministre et sergent de dieu.
et la benoite vierge marie est
tout esleue estre mere de dieu.
dont fut il chose convenable
que le ministre servist a la
dame. si que ce fut chose raiso-
nable q(ue) lanonciacion fut fete
a la benoite vierge par lange
¶ La tierce raison est pour
recouvrer le dechement et le
peche de lange qui chey. car
lincarnacion nestoit pas tant
seulement faicte a la repara-
cion de lumain lignage mais
aussi a la reparation de la tre-
bucheure des anges. Et pour
ce les anges nen doivent pas
estre forclos. tout aussi come
le sexe de la femme nest pas
forclos de la congnoissance du
mistere de lincarnacion et
de la resurrection non est le
message de lange dieu deno(n)-
ca par lange lune et lautre
a la femme. cest assavoir lin-
carnacion a la vierge. et la resur-
rection a la magdaleine. ¶ Et
si comme la benoite dame. le tiers
an de sa nativite fut avecques
les autres vierges au temple
jusques au .xiiij.e an. Et avoit
fait veu de chastete garder.
et dieu ordonna autrement
et la fist espouser a joseph par
la revelation de lui. et par la
verge de joseph qui flori. si come
il est plus plainement contenu
en listoire de la nativite de la
vierge. Et dont sen alla joseph
en bethleem dont il estoit nez
pour pourveoir des noces. et
elle retourna en nazareth en
la maison de ses parens. Et na-
zareth est autant a dire come
fleur. Et de ce dit bernard q(ue)
la fleur voult naistre en la fle(ur)
et ou temps de la fleur et la s'a-
parut lange de nostre seigneur
a lui et la salua en disant. dieu
te sault marie plaine de gra-
ce. etc. Et lexemple de gabriel
nous amonesta a saluer ma-
rie et la joye de jhesus et le prof-
fit du salu. mais premierement
il appartient pour quoy il vo-
lust q(ue) sa mere fut mariee
Et sur ce bernard assigne .iij.
raisons. et dit que elle fut es-
pousee de necessite a joseph
et que par ce fut le mistere
couvert et muce au dyable
et sa virginite fut esprouvee
de lespoux. et si fut pourveu
a vierge tant de sa vergon-
gne comme de bone renomee.
¶ La quarte raison est que
par ce reproche fut oste de tout

estat de femme. cest assavoir de
vierges de mariees et de vefues
Car nostre vierge fut en cest tri
ple estat. ¶ La quinte quelle
dessert de administrer a homme
¶ La sixte que mariage fut
approuve comme bon ¶ La
vii^e que la genealogie de hom
me fut haulcee ou commencement.
¶ Et dont dit lange dieu te
sault marie de grace pleine etc.
Et bernart dit sur ce. elle eut
ou ventre grace de deite. ou cuer
grace de charite. En sa bouche
grace de beau parler. es mains
grace de misericorde et de lar
gesse. et il mesmes vrayement
fut elle plaine de grace car de
sa plante dicelle tous prennent
redempcion. les tristes en pre
nent confort. les pecheurs par
don. les iustes grace. les anges
leesse. et apres toute la trinite
en gloire. le filz de dieu en pro
sustance de char humaine. Et
dont dit apres. mon seigneur est
avec toy mon seigneur le pere
qui te engendra le quel tu con
ceus. mon seigneur du saint esperit
du quel tu concois. mon seigneur
le filz que tu vestz de ta char.
Et ainsi dit bernard. tu es be
noite entre les femmes. cest a
dire sur toutes femmes. car
tu seras vierge et mere de dieu.
Car les femmes estoient sub
iectes a trois malecons. a la
malecon de reprouche de pe
che et de tourment. a la ma
lecon de reprouche quant a
celles qui ne concevoient pour
quoy rachel dit quant elle ot

les enfans dieu ma oste mon re
prouche. a la maudicon de peche
quant a celles qui concoivent.
dont david dit et vez que ie
suis conceu en peche etc. a mau
dicon de tourment a celles qui
enfantent dont genesis dit. tu
enfanteras en douleur. Et pour ce que
la seule vierge marie est be
noite entre les femmes. Et a la
virginite dicelle adiousta il
plenteurete. et a la plenteurete
il adiousta saintete au conce
vement a la sainctete il adiou
sta en lenfantement ioye. ¶
Et si comme bernard dit. elle
est dicte plaine de grace pour
quatre choses qui furent en
sa pensee. devocion de humilite
reverence de chastete plente de
creance martire de cuer. Et
avec lange dit mon seigneur
est avec toy pour quatre cho
ses qui resplendirent du ciel en
elle. lesquelles sont le sanctifie
ment de marie. la salutacion
de lange. la venue du saint
esperit. lincarnation du filz
dieu. Et si dit et benoite es tu
entre les femmes. pour quatre
autres choses qui resplendirent
en sa char. elle fut fleur de vir
ginite concevant sans corrup
cion. grosse sans grevance gros
se sans douleur. Et quant el
le orre elle fut troublee en la
parolle de lange et pensoit quel
le celle salutacion estoit Et
en ce appert la louenge de la
vierge. en oir en douloir en pen
ser. En oir est son atrempan
ce loee. car elle ot et se teust.

En entendement fut elle vierge que car elle fut troublee. En pensee fut elle saige. car elle fut troublee en pensee et non pas de la vision de lange. mais de la parolle. Car celle benoite vierge veoit souvent les anges. mais non pas disans telz choses. ¶ Pierre de ravenne dit que lange estoit venu bel en fourme et espouentable en parolle. mais de tant comme le veoir estoit legierement reelle de tant la troubla lors. Et bernard dit. que ce quelle fut troublee ce fut par vergongne virginel. et ce que elle ne fut pas troublee monstre sur vint de force. et ce quelle se teust et pensa vint de sa sagesse. Et dont lange confortant lui dit. Ne te doubtes marie. tu as trouve grace devers nostreseigneur. Et bernard dit celle grace fut de dieu. paix des hommes destruction de mort reparation de vie. Veez dit il que tu concevras et enfanteras ung filz et son nom sera appelle ihesus. cest adire sauveur. car il fera son peuple sauf de leurs pechiez et cestuy sera grant et sera appelle filz du treshault seigneur. Et bernard dit cest celluy qui est le grant dieu aucteur. cest adire grant homme docteur et grant prophette ¶ Et donc dit marie a lange comment sera ce fait. car ie ne congnois homme cestadire ne ne propose a congnoistre. Et ainsi fut elle vierge en pensee en char et en propos. Mais veez ce que marie demande. ce de quoy elle doubtoit. pourquoy donc receut zacharie la peine destre muet. Et pource dit pierre sirce. et assigne quatre causes. celluy congnoissant les pechiez ne vit pas avant les parolles. mais les cueurs. et ne demonstra pas ce que ilz disoient. mais ce que ilz sentoient. car la cause des demandans estoit dessemblable par diverses especes. car cestui creust contre nature. et lautre doubta par nature. Cestui demanda lordonnance entierement et celluy ordonna ce que dieu vouloit ne puisse estre fait. Celluy ne vint pas a croire par les exemples demonstrees. Et ceste sans exemple vint a la foy. ceste se merveilla de lenfantement de celle vierge. et il disputa du concevement de mariage. Et ceste ne doubte pas du fait mais elle enquist la maniere et lordre. car iii manieres sont de concepcion. cest naturel espirituel et merveilleux. et elle enquist en laquelle des manieres elle concevroit et lange respondi et lui dit. le saint esperit survendra en toy qui sera fait ton concevement. dont il est dit que il fut conceu du sainct esperit. Et ce fut pour quatre raisons. ¶ Premierement pour la demonstrance de la noble charite a ce quil fust demonstre que par la tresgrant charite de dieu. la parolle fut faicte char. ou tiers chapitre de iehan. si comme dieu ayma le monde. et cest la raison du maistre de sentences. ¶ Secondement pour la demonstrance de grace sans desserte. si que par ce quil est dit conceu du saint esperit il soit demonstre que ce soit par grace que nulle merite donme nestoit auant faicte. et cest la raison saint augustin ¶ Tiercement la vertu de lenuire. car par lenuire et la vertu du saint esperit il est conceu et cest la raison dambroise. ¶ Quartement pour la cause mouuant de la conception. et cest la raison hue de saint victor la cause motiue a conception naturel. ce dit est amour de lome a la femme et lamour de la femme a lome. Et tout ainsi comme il dit fut il en la vierge. car lamour du saint esperit ardoit singulierement ou cueur dicelle. Et pource faisoit lamour du saint esperit merueilles en la char dicelle. et dit apres lange et selon la glose il est ainsi expose. lombre seult estre forme de la lumiere du corps de deite. Et la vierge ne pouoit pas prendre plenitude de dignite ainsi comme pour homme. Et pource la ombra la vertu du tres hault quant la lumiere no corporel de diuinite print en nelle corps de humanite si q elle peust ainsi souffrir a dieu Et ceste exposition est ne touche ... bernard qui dit ainsi dieu est esperit et nous sommes membres de son corps et il sadiousta a nous par si p le contraire de la char. vnifiee nous deuons parolle faucte char. le soleil en la nue. la lumiere en vng test. la clarte en la lanterne. tout ainsi come le bernard deist. celle maniere par quoy tu conceuras du saint esperit est vertu de dieu et ihucrist en aombrant son tressecret conseil le muceta en toy si que il aura tout son desir. ainsi comme sil deist. pourquoy me demandes tu ce que tu trouueras maintenant en toy. tu le sauras et le sauras beneureement. mais par cellui docteur par qui auctour ie suis venoir denoncer le conceuement virginel. et ne suis pas venu crees la obumbrera en toy. cest a dire que il te refroidera de la chaleur de vices. et veez cy elizabeth ta cousine qui a conceu enfant en sa viellesse. et il dit veez cy pour demonstrer que cestoit grant nouuellete. et le conceuement de elizabeth fust demonstre a marie pour quatre causes. La premiere fut plenitude de leesse. La seconde perfection de science. La tierce perfection de doctrine. La quarte seruice misericorde. et pource dit il q le conceuement de la brehaigne fut quant miracle est adiouste auec miracle ioye est monteplice aueques la perfection que la parolle fut monteplice en chascun lieu. Si que la vierge le sceust auant par lange

que elle soit dire dun homme
pource que la mere dieu ne fu
pas ostee du conseil de son filz se
ce qui estoit si pres dicelle elle
en fust non sachant. Ou pource
que quant sainctement du mes
saige du sauveur fur seront e
[illegible] a ycelle entenant lordre
le temps des choses vault avec
moult de sonner la verite aux
escoutans avant presentes
ou pource que elle voit que sa
cousine vieille estoit grosse par
le jeune perfaict de se servir.
Et que a cellui petit prophe
sien fut donne de servir a nre
seigneur. Et que miracle fut
fait plus merveilleusement
de miracles. Item bernard dit
donne a une responce hastive
ment respont parolle et recoy
parolle [illegible] et recoy la di
vine. met hors la transitoire et
recoy la pardurable. Sicut sus
cours [illegible] avoir. sicut sus par
creance cours par devocion et
avoir par devocion. Et dont
marie les mains estendues
au ciel. et les yeulx esleuez dist.
Vez cy lancelle de nre seigneur
et il soit fait selon ta parolle
Et bernard recorde que la pa
rolle de dieu fut faicte aux
bons en loreille auditive ou
cueurs aux autres en la bouche
aux autres en la main. mais
a marie elle fut faicte en lo
reill. par le salut de lange. ou
cueur par creance. en la bou
che par confession en la main
par atouchement ou ventre par
incarnation en giron par [illegible]

stenement. es bras par oblation
me soit il fait selon ta parolle
Et bernard dit. Je ne vueil
pas quil me soit fait comme
predicacion par declamation ou ca
figurative figureement ou comme
songe ymagineement. mais es
pirituelment inspire person
nelment encharne et corpo
relment es entrailles. et tantost
le filz de dieu est conceu. et par
fait. et dont il fut parfait dieu
et homme. Et encore premiers
de sa conception. il fut de aussi
grant saigesse et aussi grant
puissance comme il fut au xxx.
an. Et dont se leva marie
et alla a elizabeth. et quant
elle la salua. iehan sesioy ou ven
tre dicelle en la chose qui dit.
que pource quil ne se povoit sa
luer par parolle. il la salua par
leesse de courage et commen
ca soffice de estre son messager.
Et si fut marie a sa
cousine trois mois tant que
iehan fut ne et que elle le leva
de terre de ses mains. Et si com
on list ou livre des iustes. encon
luy tous mesmes par moult
des cours des temps dieu fist
moult de belles choses a son
annunciacion. par ces vers. C
Salve festa dies que vulnera
nra coherces. Angelus est mis
sus est passus in cruce xpus
Est adam factus et eodem tem
pore lapsus. Ob meritum decime
cadit abel fratris ab ense
Offert melchisedech. ysaac sup
ponitur are. Est [illegible]
xpi. baptista beatus [illegible]

iacobus sub herode perempte.
Corpora sanctorum cum xpo immi
ta resurgunt. Laus domini et ta
men cum xpo sub capite arcos

¶ Et pour ce que ces vers sont
mis en mettre en latin. Je fis
ce ielui en translate et sunt
les vueil aussi mettre en fran
cois en la maniere qui sensuit.

¶ [illegible] tresfait [illegible]

[illegible]

que quelconque chose que il
faisoit ou en quelconque lieu q
il alast il les disoit tousiours.
Et en sa parfin il mourut et fut
ensevelir ou cimitiere avec les
autres freres. Et dont [illegible]
tresprecieux si creust dessus
son tombel. et en chascune feuille
avoit escript ces lettres dorees
Ave maria. Et dont tous con
curent veoir si noble chose et
fouirent la terre du tombel
et trouverent que la racine de
lis venoit de la bouche de ce
trespasse. Et dont entendirent
ilz a quel devocion il disoit
ces paroles quant dieu avoit
demonstre par signe de si grant
honneur. ¶ Ung chevalier
avoit ung chastel en commun
de la [illegible] et robboit tous ceulx
qui passoient sans en avoir
nulle mercy. mais toutesfois
saluoit il chascun iour la vierge
marie. ne pour empeschement
qui lui advenist il ne la laiss
oit a saluer. Or advint que
ung saint homme religieux
passoit par illec. et ce chevalier
commanda tantost quil fust
desrobe. Et le saint homme
pria les robeurs quilz le me
nassent a leur seigneur. car
il lui avoit a dire aucune se
cre. Et quant il fut la il pria
au chevalier que tous ceulx
de sa mesnie et du chastel feus
sent assemblez. et quil leur
preschast la parole de dieu
... Et quant les ot fait
assembler le saint homme dit.
Vous ne les avez pas tous [illegible] Et

La passion Jhesucrist fut amere par douleur, despite par illusion, et moult fructueuse par prouffit. Et la douleur estoit cause de .v. choses. La premiere fut pource que celle passion fut despiteuse pour le despit du lieu. Car le calvaire lieu ou les malfaicteurs estoient punis. Et apres pour le despit du tourment, car il fut condempne a tres laide mort et la croix estoit adonc tourment de larrons. Et iasoit ce que la croix adonc fut en moult grant despit, si est elle orendroit de moult grant gloire. Dont augustin dit. La croix qui est tourment de larrons si est orendroit portee ou front des empereurs. Se dieu donna tant donneur a ses tourmens, et autant en donna a son sergent pour sa despiteuse compaignie. car il fut repute avecques les crimines. Cest assavoir avecques les larrons qui furent mauvais, mais apres lun se convertit. Ce fut dismas qui estoit a dextre. Et si comme il est en levangille de nichodemus, lautre qui estoit a senestre fut dampne. Ce fut gestas. et il donna a lun le regne. et a lautre il donna tourment. selon ces vers.

Imparibus meritis tria pendent corpora ramis. Dismas et gestas. medio divina potestas. Alta petit dismas descendit ad infera gestas. Item le han par cas qui point ne ressemble. pendant trois corps en croix ensemble. dismas et gestas aux costez. et entre eulx la divine poste. dismas qui fist la part souveraine. gestas est en enfer en peine. De quoy ambroise dit. Le sire de pitie pendant en la croix departoit les offices de pitie aux negoces seculiers. Cest assavoir persecucion aux apostres. paix a ses disciples. le corps aux iuifz. messaigier a la vierge. paradis au larron. Enfer aux pecheurs. la croix aux xpiens qui le requeroient. Cest le testament que Jhesucrist fist a sa mort pendant en la croix. La seconde fut pource que elle ne fut pas [illegible]. car tricherie ne fut trouvee en sa bouche. et pource la peine qui ne vient pas de raison est a douleur.

Et ilz laccusoient a tort premierement de .iii. choses. Cest assavoir de ce quil deffendoit a rendre le treu pource quil se

faisoit roy [illegible] ce qu'il se faisoit
filz de dieu et comme ces trois
accusations disoient il se fault
vendredi en execration. Cest
assavoir mon peuple que tay
je fait [illegible] ou en quoy [illegible] ihu
[illegible] benefices que il leur
[illegible] la deliv[illegible] de qui je le
gouvernement ou desert le man
de la manne et [illegible] sicu aus
si comme le il dit au marche
du tiers tu me deusses mieulx
traictier de ce que je te deffinay
de [illegible] au marche de ce que
je disoie estre [illegible] tu me deus
ses mieulx rendu [illegible] de ce
que je te peu [illegible] de [illegible]
[illegible] au marche [illegible] ce que je
me disoie estre [illegible] tu me deus
ses mieulx traictier de ce que je
te esleu en ma vigne et te pla
tay [illegible] tres bon sien. [C]atant
ce double que elle fut de ses a
mis par despit une douleur
seroit plus souffrable se elle
estoit soufferte a ceulx qui par
aucune cause devoient estre
ses ennemis [illegible] de ceulx ne fut
estranges ou ausquelz il avoit
fait aucun dommage mais il
souffri toutesfois de ceulx
qui deussent estre ses amis et
ses prochains. Et fut de ceulx
de son lignage il estoit ne et
dont il dit. Mes amis et
mes prochains se tindrent de
loing [illegible] Et Job dit ou xixe
[illegible] ceulx qui me congnois
soient se partirent de moy. Et
apres ce fut de ceulx a qui
il avoit fait moult de biens
Et de ce dit Jehan ou viiie chap[illegible]

moult de bonnes euvres leur
avoit faictes etc. Et saint Ber
nard. O bon Jhesucrist comment
conversas tu doulcement avec
les hommes comment leur de
nas tu grans et larges habon
dances et comment tu les as souf
fert durs [illegible] aspres pour eulx
durs paroles plus durs ba
temens [illegible] tresdurs tourmens
en la croix. ⸿ La quarte fut
pour la tendreur du corps de Jhesu
crist [illegible] en figure de celuy
Il est aussi comme une tres
tendre fleur [illegible] Et saint
Bernard dit. O duls bon Jhesus esta
[illegible] une fleur une
[illegible] de laquelle se
[illegible] de petite forme et si es
plus belle de beaute. Et saint
Gregoire du [illegible] est tant
a batre aux escourgies de leurs
batemens trenchierent celui tres
saint corps comme la [illegible]
[illegible] ⸿ La quinte fu
[illegible] elle fut de plains et de
toutes ses parties de lui et de
tous les sens. Ceste premiere
douleur fut ce nulle car il plo
ra si comme le [illegible] dit il mou
[illegible] o il fut o de plus [illegible]
il [illegible] que nul ne sa
en fait il plora avecques les
femmes que homme encenist pi
tie. Et autresfois avoit il deu
son plore une fois en la resur
rection du ladre Lazare sur
Jherusalem [illegible] ses principes [illegible]
mes furent damour. Et quant
aucune le veirent plorant il
disoient veez comment il l'ama
les secondes furent de pitie

uille de magdeleine. que quant
pilate demanda a ihesucrist.
quest verite il respondi la veri
te est dieu et pilate dit adon
nest pas verite en terre quant
elle nest des choses qui ont pos
se en terre. ¶ Tiercement
quant a la bonte car ilz disoi
ent que il estoit malfaicteur car
et de ce dit iehan ou ix° chapi
nous savons que cest homme
est pecheur et tenant du pu
ple en ses paroles. et lucas dit.
Cestui esmeut le peuple par
toute iudee. commencant des
galilee iusques cy. tres pusse
la loy par son cuure. Et iehan
dit ou ix° chapitre cestui hom
me nest pas de par dieu quant
il ne regarde le sabbat. ¶ La
tierce douleur fut en odo en
car il pot sentir grant doule
ou mont de caluaire la ou
les corps des mors estoient po
ris. et il est dit es hystoires q
caluaire est proprement le nu
du chief humain. Et pource
q les malfaicteurs estoient la
decoles et moult des os des tes
tes estoient la deputez. fust
il appelle lieu de caluaire.
¶ La quarte fut en gouster
car quant il cria iay soif. il
luy donnerent bruuaige mes
le auecques fiel et mirre si
que pour le bruuaige il mou
rut plus tost. si que les gar
des feussent delivres de le gar
der car ilz dient q les crucifie
meurent plus tost se ilz boi
uent aisiel. et pource que le
m[illegible] donnast a souffrir au

sentement. et le fiel au goust. Et
augustin la purete est remplie
Aussi en lieu de vin la doulce
est enyuree de fiel en lieu de
miel len mist fiel a luy. Immor
tel estre corruptible. il qui estoit vie
mourust pour le mort. ¶ La
quinte douleur fut ou touchier
car il ne demoura en luy nulle
sante des le sommet du chief
iusques a la plante du pie en
toutes les parties de son corps
Et de ce dit bernard. le chief
qui fait trembler les anges
fut point de plente despines
la face tresbelle. sur toutes c
les des filz des hommes fu en
laidie des [illegible] des iui
fz. les yeulx plus clers que soleil
furent obscurcis par la mort
les oreilles qui orent les chan
ts des anges oyrent les assaulx de
pecheurs. la bouche qui enseigne
les anges fut abuuree de fiel
Aussi les piez desquelz le sca
bel est aoure. pource que il e
saint sont fichez et la croix a
ung clou. les mains qui for
merent les cieulx furent este
dues et fichees de clous en la
croix. le corps fut batu le coste
fut perce de la lance et q[uo]i
il ne remaint en luy fors la la
ngue a prier pour les pecheurs
et pour recommander sa mere
a son disciple. ¶ Second
ment la passion fut despite
par illusions. car il fut des
pite et mocque par quatre fois
Premierement en la maison
anne la ou il fut crachie
et buffete et les yeulx bande

Dont bernard dit. Son chief fu
ton doulx desire. lequel les a
ges ont desire de veoir car hier et
il desirent de leurs cuers et fer
[illegible]ent de leurs mains. ilz le con
uoitent dun desir plain desprit et
ne le pourroient pas de ceu
lx heures et ainsy il fut
deshonoure en la maison de he
rodes qui le mocqua pour fol [illegible]
lors sens de pensee [illegible]
[illegible] de lui mille et
[illegible]
[illegible] de vestemens blancs de
[illegible] tues homme et
[illegible] sterne. et le dieu
[illegible] couronne despines [illegible]
[illegible]
[illegible]
[illegible]
[illegible]
[illegible]
[illegible] des piez et le travaille
[illegible] estendue les bras au
[illegible] en maniere de croix et
les a estendu et la croix [illegible]
[illegible] le me dolui et la croix
[illegible] en croix [illegible]
[illegible] le vis ouvert en signe de
[illegible] et le [illegible]
[illegible] pour tous tout es fois
tourne a mort et iert receu
[illegible] la cause pourquoy il se
[illegible] parmi tout le temps de sa
passion devant herode et [illegible]
[illegible] et la premiere raison est
[illegible] nestoient pas [illegible]
[illegible] responce [illegible]
[illegible] avoit preschie par deu
[illegible] et il avoit fait satif
[illegible] par tant [illegible]
il respondoit sur el

tout tourne a mal et a despit.
ETiercement sa passion fut
despite en la maison de pylate
ou les chevaliers le vestirent
de vestement vermeil et lui mi
rent en sa main ung rosel et
une couronne despines sur
son chief et lui disoient ave
roy Dieu te sauf roy des juifs
et celle couronne despines dit
le que elle est de jons marins
despinel. la poincte nest pas
moins dure que despines et
tres percant Et dit len que celle
couronne trayst le sang de
son chief et bernard dit. cel
lui divin chief fut perce des
pines infixees au cervel. ¶
Et de lame sont iij. opinions
celle selon lame avoit siege
principalment ou cuer
pource que len dit les mauvai
ses cogitations yssent du cuer.
Ou ou sang pource que levitique
dit lame de toute char est ou
sang. Ou ou chief pource que
iehan dit. et il mist hors lesp
rit le chief encline. Et tantost
comme ce fut fait. les juifs
sefforcoient a savoir ceste tri
ple raison. car pour lui oster
lame ilz la quistrent premiere
ment ou chief et lui ficherent
les espines infixees au cer
vel. Et ilz la quistrent ou sang
quant ilz lui ouvrirent les
vaines des piez et des mains
Et si la quistrent ou cuer
quant ilz lui ouvrirent le
coste Et contre ces iij. despie
nemens nous avons. nous
monstrons la croix au saint

vendredi. trois oroisons en di
sant agnus dei. aussi et le mo
rant par .iii. fois cellui .iiii.
fois fut despite pour nous. [T]
Quartement elle fut despite en
la croix. Saint mathieu dit ou
xxvii^e chap^re. Les princes des
prestres et les anciens avec les
pharisees disoient en lui despi
sant. S'il est roy d'israel desce
de de la croix et nous creons en
lui. Saint bernard dit sur ce
il demonstra entre ces choses grant
quant pacience. il sa humili
te. il a acompli obedience il par
fist charite. Et en signe de ces
iiii. vertus les quatre bous de
la croix sont aornez de pierres pre
cieuses. La plus apparant
est charite celle par dessus et a
dextre est obedience a senestre
est pacience. ou parfont de des
sobz est humilite qui est ra
cine de toutes vertus. Et toutes
ces choses que ihesucrist souffri
concueillit briefment bernard
et dit. Je seray remembrant tant
comme je vivray des travaux
que il souffri en preschant des
labours que il ot en cheminant
et de ses veilles que il fist
en orant des temptacions que
il eust en jeunant des lermes
que il fist par pitie des agnois
que il souffri en parlement.
Et au derrenier des ledenges
des escrachemens des batemens
des traisons des reprouches
et des clous que il souffri. [T]
Tiercement sa passion fust
moult fructueuse par moult
de proffit et proffit peut estre
tripple. C'est assavoir en remis
sion de pechiez en collation de
grace et en don de gloire. Et
ces .iii. choses sont signifiees ou
tiltre de la croix. c'est assavoir
ihesus quant au premier de na
zareth quant au second roy
des juifs quant au tiers. car la
nous serons tous roys. Et de
ce proffit dit augustin. ihesucri
st effaca nostre presente injustice. la
passee et celle avenir. la passee
car il porta nos pechiez en par
donnant. la presente en retra
ant les hommes de pechie.
Celle avenir en donnant grace
de eschever les pechiez. Et de ce
proffit dit il encore merveil
lons nous esjoissons nous
loons le amons le aorons le.
Car par la mort de nostre raen
teur sommes nous venus de te
nebres a lumiere. et de mort
a vie de corruption a incorrup
tion de vil ou bon pais et de
doleur a joie. Et il appert par
iiii. raisons comment nostre redi
tion fut proffitable. c'est assa
voir car elle fut tresconvenable
a apaisier dieu tresagreable
a curer nostre maladie. trespro
fitable a atraire humain li
gnage. tressage a chacier l'en
nemi de humain lignage et
a nous reconcilier a dieu. Elle
fut premierement tresagreable
a apaisier dieu. Car si comme
ancelin dit en son livre pour
quoy fut dieu homme. hom
me peut souffrir plus aspre
se ne plus forte de son gre et
non pas de son deu que il fe

honneur de dieu que mort et en
nulle maniere homme ne se peut
plus donner a dieu pour soy si
non par mort a lonneur de dieu.
Et ce dit pol aux ephesiens il
bailla soy mesmes oblacion et
sacrefice a dieu en odeur de sou
avete. Et aussi [illegible] ou liure de
la trinite dit en icelle manie
re il fut sacrefie pour nous re
consiliant a dieu. Quelle chose en
tant acceptable peust estre receue
[illegible] de nre prestre fait cha[illegible]
de nre sacrefice. Et quatre [illegible]
ses sont [illegible] en ce sa[illegible]
fice [illegible] et quelle
[illegible] pour lostre et p[illegible]
[illegible] il est offert [illegible] mesmes
mediateur [illegible] sauter [illegible]
nous reconsiliant a dieu par la
[illegible] de nre prestre [illegible]
[illegible] quant il soffri[illegible]
[illegible] ne [illegible]
[illegible]
[illegible] Et [illegible]
[illegible] reconsilie [illegible]
[illegible]
[illegible] dieu et [illegible]
[illegible] prestre par [illegible]
[illegible] reconsiliez temple [illegible]
nous [illegible] reconsilie Car
[illegible] nous sommes [illegible]
[illegible] temple [illegible]
[illegible] dieu a [illegible]
[illegible] sommes reconsilie [illegible]
[illegible] qui present [illegible]
[illegible] consilacion [illegible]
[illegible] en la personne de dieu
[illegible] quant tu estoies [illegible]
[illegible] a mon pere ie te reconsi
[illegible] par moy quant tu
[illegible] somes de [illegible] ie te venu

a toy rachater. Et quant tu fo
loies es montaignes et es bois
ie te quis et te trouuay entre les
pierres et les bestes et les loups
et bestes sauuages ne te destro
yssent a douleur [illegible]. Je
te recueilli ie te portay a mes es
paulles. ie te rendi a mon pere
ie trauaillay ie suay et mis [illegible]
chef contre les espines. Je estri
mes mains aux clous. la lan
[illegible] ouurir le coste. ie ne diray
pas toutes les iniures. mais ie
suis si asprement destrompu
que ie espendi mon sang et mi
[illegible] ame. si que ie te consom
misse a moy. Secondement
[illegible] fut [illegible]
nable a curer ma maladie et
conuenablete est entendue de
la partie du temps de la partie
du lieu et de la partie de la ma
niere de la partie du temps [illegible]
[illegible] fut fait [illegible] ou mois
de mars en la [illegible]. Et pour
ce voulu dieu souffrir mort en
mars. Et ou iour quil souffri
mort il fut auoec a celle mes
mes heure et ce iour. Se
condement de la partie du lieu
Car le lieu de sa passion fut
considere triple cest commun
ou especial ou singulier. Le
lieu commun fut la terre de p
mission. le especial fut caluai
re. le singulier fut la croix. et
le premier homme fut forme
ou lieu commun et es parties
mesmes de le. [illegible] ou [illegible]
de [illegible] fut esleu en
lieu especial. Car la mesme
ou [illegible] fut esleu dit len

uoir auec nous le corps [illegible]
du pour lor touz donnera a no[us]
¶ Ce maintenant il fut tressau
re a chascun seulement de liurai
liurance dont Iob dit. ou pre[ndras]
chape la sauche de sur leur
lorgueilleux et en lor ne pou[oit]
[illegible] ne [illegible] prendre lorgueil
leux [illegible] ar [illegible]
la [illegible] sa diuinite soubz la
grande humanite [illegible]
il voulst prendre le [illegible]
print a saint de sa diuinite soub[z]
[illegible] et de ceste
[illegible] parle en augustin. le rachi
teur [illegible] le decepueur est pri[s]
[illegible] Et aussi fist le rachateur a
me decepteur il tendy ses laz
ce fut la croix. et mist dedens
la [illegible] de son precieux san[g]
il voulst espandre son sang [illegible]
[illegible] pour sa[illegible]
[illegible] il se departy de ses deb
teurs et la [illegible] ceste
[illegible] lequel ihucrist
[illegible] le [illegible] la croix du
[illegible] augustin dit
ne [illegible]
[illegible]
[illegible]
[illegible]
[illegible] elle le
[illegible]
[illegible] comme le [illegible]
[illegible] elle en fut [illegible]
[illegible] elle tenoit sa
[illegible] elle [illegible]
comme elle [illegible]
[illegible] et [illegible]
[illegible] sa signee.
[illegible]
[illegible] de cestui et ceste

redempcion par laquelle nous feus
mes rachatez pour la personne
de ihucrist ce que dieu mesmes
dit. mon peuple quelle chose te
dois ie faire et tu ne le feis alle
auise ce tu q il te plaist plus
seruir a mon aduersaire que a
moy ne il ne vous crea pas ne
il ne vous repust pas. mais ce
semble petit de chose a aucuns
de sa [illegible] il ne vous rach[e]
ta pas mais moy vous rache
tay de mon propre sang Et po
[ur] moy sans cause voulez vo[us]
estre deceuz a moy faux le seruice
deu de moy vous deussiez tou
tes choses laissiees conuenir a
necessite moy aimoie du denie[r]
de chascun iour. Et pource que ilz
liurarent ihucrist a mort. cest
assauoir iudas par auarice les
iuifz par enuie pylate par pa
our. Et pource appartient il
a veoir de la peine que dieu e
nota a receus pour la desserte
de ce peche et de la peine de la
naissance de iudas tu trouue
ras en la legende saint math
ie. de la peine de la destructio
des iuifz. tu trouueras en la
legende saint iaques le mine[ur]
de la peine et du commencement
de pylate est il leu aussi en
vne hystoire apocrife que elle
soit apocrifie il fut vng roy
nomme tyrus qui cogneut char
nellement la fille dun meunier
qui auoit nom atus et la fille
auoit nom pila et eust vng
filz delle. et celle mere de len
fant si compost sa vng nom du
nom de son pere et de lui le

mist a lenfant. Le noma pil a-
te. Et quant pilate eust .iii. ans
elle lenuoia au roy. Et le roy a-
uoit .i. filz de la royne sa fe-
me qui estoit aussi come de laage
de pilate. Et quant ces enfans
vindrent aux ans de discretion
ilz se entretenoient ensemble a lu-
te et a la fonde et a la pelote et a
moult dautres jeux. mais tout
aussi comme le filz legitime es-
toit plus noble par lignage
aussi estoit il trouve plus no-
ble et tout sien en plus conve-
nables en toute maniere de tous.
Et pilate adonc fut esmeu de en-
vie et de desdaing et occist
couvertement son frere. Et quant
le roy le sceut il assembla ses
gens et fut forment dolent. et en-
quist que lon feroit du filz homi-
cide. et homicide. Et tous dis-
rent que il estoit coulpable de
mort. Et donc le roy se revint
a soy et ne voult pas doubler lin-
iquite sur iniquite mais le envoia
en ostage pour le treu que lon de-
voit chascun an aux romains et
voulloit estre sans imputer la oc-
casion de son filz. et si voulloit
bien estre delivre du treu des
rommains. Et en ce temps estoit
a rome le filz du roy de france
que le roy avoit envoie pour le
treu. et pilate saccompaigna a
luy. Et quant il veist que il le
surmontoit par meurs et par
saigesse il fut aguillonne den-
vie et locist. Et quant les ro-
mains enquirent que lon feroit
de luy aucuns distrent cellui
qui a tue son frere et a tue cel-
luy qui estoit en hostaige se il
vit sera encores proffitable au
commun de rome et donbtera
les coupz des oustrageux. Et
donc distrent les romains ces-
tui est coulpable de mort. En-
voions le en lisle de pont a ces
gens qui ne seuffrirent nul iu-
ge et soit fait iuge pour savoir
se par aucune adventure il pou-
roit dompter la cruaute diceulx
et sil ne peut si seuffre ce quil
a desservy. Et donc pilate fut
envoie iuge a celle gent cruelle
qui cognoit ses meurs et savoit
bien ou il estoit envoie et car
sa vie estoit en doubte par sen-
tence teue. Et considera a gar-
der sa vie tant par promesses
que par dons que par mena-
ces que par tourmens il soubz-
mist ces gens a luy. Et pource
il avoit este vainqueur de si
dure gent il fut nomme de cel-
le isle de pont ponce pilate.
herodes adonc roy oy la saigaci-
te de cel homme et sesjoy de
ses mauvaistiez si comme il es-
toit mauvais. si amonnesta
de venir a soy par dons et par
messaiges et luy donna sa pos-
te sur luy sur iudee et sur ihe-
rusalem. Et quant il eust as-
semble pecune sans nombre
il sen alla a rome sans ce que he-
rodes en sceust riens. et offrit
tresgrant pecune a tyberien
empereur et empetra de luy
pardon ce que il tenoit de hero-
des. Et pour ceste cause sont
faiz ennemis herodes et pilate.
Et pilate ou temps de sa puis-

sion nostre seigneur reconsilia a son
herodes pource qu'il estoient a son
nostre seigneur. Et une autre cau
se de leur inimitie est assignee
en lystoire escolastre. Car ung qui
se faisoit filz de dieu avoit de
ceu mons de gent en galilee.
et quant il les ot menez en ga
rizim la ou il avoit dit quil
monteroit ou ciel. Et pylate vint
la et les occist avecques tous les
siens. et pource sont ilz fais e
nemis. Car herodes seignourioit
en galilee. Si que l'une et l'autre
cause pot estre vraie. Et
apres et quant pylate eust livre
le aux juifz nostre seigneur a cru
cifier. il se doubta que tyberien
empereur ne fut couroucie de
ce qu'il faisoit mais se sauva vers
luy. Si envoya a tyberien
ung sien amy pour lui excu
ser. Et entretant tyberien fut
malade d'une griefve mala
die. Et si lui fut dit que une
dame estoit en iherusalem qui curoit
toutes maladies par sa seule
parolle. et ne scavoit pas que les
juifz et pylate l'eussent occis.
Et adont dit il a volusien son
prive. Va tantost oultre mer
et dy a pylate qu'il
m'envoie ce mire pour me rendre
ma premiere sante. Et quant
cellui vint a pylate il lui dit
le mandement de l'empereur.
Et adont pylate fut pris et de
manda dilation de xiiij. iours.
Et en celle espace de temps vo
lusien trouva une dame qui
avoit este familiaire de ihesucrist
[illegible] par nom et lui dit a

dit ou ihesucrist pourroit estre trou
ve. Et celle dit helas il estoit
nostre seigneur et mon dieu et py
late a qui il fut baille par en
vie le condempna et commanda
estre crucifie. et cil fut moult
dolant et dit Je me dueil for
ment que je ne puis acomplir
ce que mon seigneur ma comman
de. Et veronne lui dit. quant
mon seigneur aloit et sa pre
choit. je laissasse moult envis
que je ne feusse presente. Et pour
ce elle voulsi faire paindre une
ymage. affin que quant je ne
seroie en sa presence l'ymage
me donroit confort qui est sem
blable a sa figure. Et si comme je por
toie ung drap au paintre mes
sire me encontra et me demanda ou
je aloie. et quant je lui eu dit
la cause il me demanda le drap
et il me rendy semblable a son ho
norable face toute figuree. Et se
ton maistre regarde devotement
la figure de cest ymage tan
tost il sera gary. et cil lui de
manda ceste ymage est elle a
vendre pour or ne pour argent
et celle dit non. mais elle est
a veoir seulement par bonne de
vocion de courage. Et je m'en yrai
avecques toy et porteray a ve
oir cesar l'ymage a veoir et puis
m'en retourneray. Et adont vint
volusien avec veronne a romme
et dit a tyberien ihesucrist que
tu avoies longuement desire
a veoir pylate et les juifz l'ont
livre a mort sans cause et par
envie pendu en la croix de cal
vaire. Et une dame femme veron

me avec moy qui a porte une
ymage dicellui ihesucrist et se
tu le regardes devotement tu
auras tantost le benefice de ta
sante. Et dont lempereur fist
estendre en la voie drappe de
soye et se fist porter celle yma
ge et sitost comme il leust re
garde il eust sa premiere sante
¶ Et dont ponce pylate fut
prins par le commandement de
lempereur et fut mene a romme
Et quant lempereur oy que py
late estoit venu il fut rempli
contre lui de grant forsennerie
et le fist amener a lui Et pyla
te avoit aporte avecques lui
la cote de nostre seigneur qui es
toit sans cousture et la porta
vestue devant lempereur. Et
tantost comme lempereur le
veist il osta toute sa felonnie
et se leva tantost contre lui et
ne peust oncques parler a lui
en nulle chose. et lui qui estoit
en labsence de pylate si estoit
cruel et si cruel estoit trou
vez en la presence de lui debon
naire en une maniere. Et tan
tost come il lui eust donne con
gie il se eschauffa horriblement
contre lui et se clamoit maleu
reux pource quil ne lui avoit
pas monstre la forsennerie quil
avoit ou cueur. si le fist tan
tost rappeller et juroit et disoit
quil estoit filz de mort et que
ce nestoit pas bien quil vivoit
sur terre. et quant il le veist
il le resalua tantost et osta
hors lui toute sa cruaute. tous
se merveillerent et lui mesmes
sen merveilla. que il se eschauf
foit ainsi contre pylate quant
il nestoit. Et quant il estoit
present il ne lui povoit neni
dire asprement. Et en la par
fin par la voulente de dieu. ou
par adventure a lamonestement
daucun bon xpien. il lui fist des
pouller ceste cote. Et tantost il
reprint celle mesme cruaulte
de courage. Et si comme lempe
reur se esmerveilloit forment
de celle cote. il lui fut dit quelle
avoit este de nostre seigneur ihu
crist Et dont lempereur comman
da quil fut mis en chartre tant
quil eust ordonne par le conseil
des saiges quil en appartendroit
a faire. Et dont fut la sentence
donnee contre pylate que il seroit
condempne a tres laide mort
Et quant pylate oy ceste chose
il se occist de son propre coutel.
et par telle mort fenit sa vie
Et quant lempereur sceust co
ment il estoit mort. il dit vraie
ment il est mort de tres laide mort
quant sa propre main ne la
pas espargne. Et dont fut lie
a une grant meule et fut get
te ou fleuve du tybre. Et dont
les mauvais esperits felonnet
du mauvais et puant et le por
toient maintenant en leaue
maintenant en lair et esmou
voient merveilleusement les
ondes et fouldres et tempestes
tonnoirres et pluies en lair
horriblement si que tous esto
ient remplis de paour tres horri
ble. pour laquelle chose les ro
mains losterent du fleuve du

tibere [illegible] lape [illegible] [illegible] [illegible] et
se getterent en [illegible] [illegible]. Et [illegible]
si est exposé aussi comme [illegible]
de [illegible] c'est a dire denfer
car c'estoit adon lieu de mau
dicon. mais la mesmes ne des
faillirent pas les chrestiens mais
faisoient ces [illegible] ses mesmes
et dont les [illegible] ne peurent
souffrir tant de tourmens [illegible]
[illegible] [illegible] [illegible] de [illegible]
[illegible] se [illegible] [illegible]
[illegible] [illegible] de losanne. Et quant
ils [illegible] quils estoient trop
[illegible] des [illegible] dictes tem
pestes ils se [illegible] [illegible]
[illegible] se plungerent en [illegible]
[illegible] [illegible] estoit tout [illegible]
de motaignes. et la selon ce q
[illegible] [illegible] sont [illegible]
[illegible] [illegible] de [illegible]
de [illegible] et [illegible] est il
[illegible] en la devant [illegible]
re. Et se celle est a recorder [illegible]
fausse en la [illegible] [illegible].

Sachies toutesfoiz [illegible]
list en listoire [illegible] que pi
late fut accusé des juifs envers
lempereur de violence de [illegible]
tion des [illegible]. Et pource que
les juifs se plaingnoient quil
mettoit ou temple les ymages
[illegible] [illegible] que la monnoie
[illegible] en [illegible] il mettoit
[illegible] sa propre ymage. et en a
[illegible] fait en la maison [illegible]
[illegible] [illegible] [illegible] et que pour
contre ces choses il fut porte a
[illegible] [illegible] [illegible] il avoit este
[illegible] que il demourast la en
[illegible] de sa gent. Et ce peult
[illegible] ce celle histoire contient

[illegible]. Car au premier lempe
reur avoit o donné quil fust
porte a lyons en exil Et que on
tient [illegible] il avoit la este porte a
[illegible] [illegible] [illegible] retourn[illegible]
a lempereur [illegible] lempereur
[illegible] [illegible] il avoit [illegible]
[illegible] et le rapella de [illegible]
se fist mener a rome. Eu
sebe et bede ne dient pas en les
croniques quil fut envoye en exil
mais dient tant seulement
quil [illegible] en moult de meschea
ces et que en la fin il se occist
de sa propre main

Du temps de reconsiliation et
des festes qui y escheent. xx°.

De la resurrection nostre s[eigneur].

des festes qui eschéent ou temps
de la transfiguration. Le temps
les represente de pasques jus
ques au huitiesme de la pen
thecouste

La resurrection ihesu
crist est faicte au
tiers jour de sa
passion. Et en celle
resurrection de nostre seigneur
sont a considerer .vij. choses par
ordre. ¶ La premiere comment
il est vray que il vit .iij. jours et
.iij. nuys ou sepulchre et resusci
ta au tiers jour. ¶ La seconde
pourquoy il ne resuscita tantost
comme il fut mort mais atten
dit au tiers jour. ¶ La tierce
en quelle maniere il resuscita.
¶ La quarte comme il hasta sa
resurrection et n'attendi pas
jusques a la generale resurrec
tion. ¶ La quinte pourquoy
il resuscita. ¶ La sixiesme quantes
foiz cestui resuscité s'apparut.
¶ La septiesme comment il osta hors
les sains peres qui estoient en
enfer et que il fist la. ¶ Il est
assavoir quant au premier
que ihesucrist fut ou sepulchre
.iij. jours et .iij. nuys. Et dit saint
augustin qu'il y fut par si
nodoche qui est une figure de
grammaire et pour ce que le premier jour
soit pris tout entier et le tiers
soit pris selon la premiere par
tie de soy et aussy seront .iij.
jours et chascun ara sa nuyt de
vant a sa fin. Mais selon bede
l'ordre et le cours des jours et
des nuys est mué car avant
la passion les jours aloient
devant et les nuys ensuivoient.
Et apres la passion ceste ordre
est muée car les jours vont de
vant et la nuyt ensuit. Et ce mi
stere advint premierement pour ce
que l'omme cheï du jour de gra
ce en la nuyt de peché. et par
la passion ihesucrist et par sa re
surrection il retourna de la nuit
de peché au jour de grace. Et
quant au second il est assavoir
que convenable chose fut que
ihesucrist ne resuscitast pas tan
tost comme il fut mort. mais at
tendist jusques au tiers jour
et pour .v. raisons. ¶ Pre
mierement pour signifiance
si que il fut signifié par ce que
sa lumiere de sa mort curoit
nostre double mort par les .ij.
nuys. nostre double mort. Et ceste
raison assigne la glose sus ceste
parolle de luc ou .xxiv.e chapitre
il convint ihesucrist souffrir mort.
et ¶ Secondement pour
l'approuvement. car si comme
toute parolle est vraie en la bou
che de deux ou de .iij. aussy fut
tout ce fait esprouvé en trois
jours. si que il prouvast bien
sa mort et demonstrast que elle
fut bien prouvée. et pour ce voult
il .iij. jours gesir ou sepulchre.
¶ Tiercement pour demon
strer sa poeste. car s'il feust tan
tost resuscité il ne fust pas bien
avoir poeste d'avoir osté son
ame aussy comme de resusci
ter. Et ceste raison est touchiée
aux corinthiens sus celle pa
rolle pour ce que ihesucrist est mort.
Et pour ce est il mis de la mort

au premier que aussi comme vraie mort fut demonstree aussi fu demonstree vraie resurrection. ¶ Quartement pour la figuration des choses accomplies. et ceste raison assigne pierre de ravenne et dit. Il voult estre iii jours en sa sepulture pour signifier que il estoit a restablir ou ciel, que il estoit a reparer en terre, que il estoit a racheter d'enfer. ¶ Quintement pour la representation des iii estas des justes. et ceste raison assigne gregoire sur ezechiel et dit: ihesucrist souffri mort a la sixte ferie. le samedi il reposa ou sepulchre, le dimenche il resuscita. Encores appartient il a nous en la sixte ferie nous nous tourmentons par doleurs et par angoisses, mais au samedi nous reposons aussi comme ou sepulchre car nous trouvons aussi comme repos apres la mort, au dimenche nous ressourdrons de la mort en corps et resurrection en la gloire de l'ame et nous esjoirons avec la char. Dont avons nous douleur au vi.e jour, repos au vii.e et gloire au viii.e ¶ Quant au tiers comment il resuscita. premierement puissamment car ce fut par sa propre vertu. et comme dit iehan ou x.e chapitre: j'ay puissance d'oster mon ame et de la prendre derechief. et encores dit il derechief. Je destruiray ce temple et le redifieray dedens iii jours. ¶ Secondement il resuscita benoitement car il osta toute maleurté.

Jehan ou xxviii.e chapitre: quant je seray resuscité je yray avant de vous en galilee. et galilee est a dire transmigratio. Et dont quant ihesucrist resuscita il ala en galilee car il se transporta de maleurté a gloire, de corruption a incorruption. Et leon pape dit: apres la passion ihesucrist les liens de mort furent rompus et enfermeté se transporta en vertu et despit tourna en gloire. ¶ Tiercement il resuscita proffitablement car il prist sa proie. Et ierosme dit ou iiii.e chapitre: le lyon de la lignie iuda se leva premier des gens et monta, et de ce mesmes dit iehan: quant je seray essaucié de terre, en ostant d'enfer et le corps du sepulchre, je trairay tout a moy mesmes. ¶ Quartement il resuscita merveilleusement, il laissa le sepulcre clos. Car ce n'est pas merveille se il pot yssir du sepulchre clos aussi comme il yssi du ventre sa mere tout clos et entra aux disciples les portes closes. dont l'en list es hystoires escolieres que ung moyne de saint laurens dehors les murs en l'an de l'incarnation mil c et vi. se merveilloit de sa ceinture dequoi il estoit caint, que il veist devant lui cheant a terre. Et dont oy une voix qui lui dit en l'air: aussi peust bien ihesucrist yssir du sepulcre clos. ¶ Quintement il resuscita vraiement car ce fut en son propre et vray corps.

et il prouva estre vraiement resuscité en vii manieres. Premierement par l'angre qui ne ment point. Secondement par sa souvent apparicion. et par ces ii choses se demonstre il estre resuscité vraiement. Tiercement par ce qu'il menga, par quoy il prouva que ce n'estoit pas par art magique. Quartement par ce que il fut manié, par quoy il prouva que ce fut en vrai corps. ¶ Quintement la demonstracion des plaies, par quoy il monstra que ce fut en ce mesmes corps qu'il souffri mort. Sixtement par ce qu'il entra les portes closes, par quoy il monstra que il estoit resuscité corps glorifié. et ces iii doubtes furent ce dit saint pol. La vii. il resuscita immortel, dont il est dit: Crist resuscitant de mort ne mourra plus. Et saint denis dit en une epistre a demophile que ihesucrist apres l'assencion apparut au saint homme carpe et dit: Je suis tout appareillié a souffrir mort derechief pour les hommes. par quoy il appert que s'il fust possible chose que il mourroit encore voulentiers pour les hommes. Et ce raconte le benoit saint homme carpe ou benoit denis. lequel carpe fut si dolant d'un desloial qui avoit perverti un crestien que il en cheï en une maladie. car il estoit de si grant sainteté que il ne celebroit nulle fois que aucune vision du ciel ne lui fust apportee. mais si comme il

oroit pour la conversion de l'un et de l'autre chascun jour, et toutes fois oroit il que il ne se vousissent convertir, que aucune ardeur acombrast sa bravesce. Deuls esmeus le et sans misericorde. Et si comme il se merveilla a minuit et il faisoit celle mesmes oroison, la maison en quoy il estoit fut soudainement devisee en deux parties, et apparut ou milieu une grant fournaise. Et dont il regarda en haut et vit le ciel ouvert et dieu qui estoit avironné de grant multitude de angres, et vist devant la fournaise ces deux hommes devant diz moult tremblans et estoient mors de morsures de serpens qui estoient yssus de la fournaise qui les entortilloient et les traioient a force en la fournaise. Et autres hommes estoient la qui les empaignoient dedens. Et quant carpe vit ce il fut delité de celle vengence que il deslaissa du tout la vision de en haut, et entendoit a la vengence decelle du tout en tout, et lui sembloit mal qu'ilz ne cheoient plus tost en la fournaise. En la parfin il regarda ou ciel et vit ihesucrist aussi comme devant, et vist qu'il eust pitié de ces hommes et se leva de son siege supercelestiel et descendi a ces hommes avec grant multitude de angres et estendi ses mains et les osta d'illec. Et dont dit a carpe a main estendue: Fier plus contre moy, je resui

uant. car ie suis appareillé souf
frir mort deuant vous pour les ho
mes. non pas pource q̃ les autres
[illegible]. Et ceste vision q̃ saint
[illegible] recorde auons nous cy mis
par maniere dexemple. ¶ Quar
[illegible] pource quil naturelle
ment a resuscite a la generale re
surrection auec les autres. il
est assauoir quil ne voult atten
dre par moult de raisons. pre
mierement pour la dignite du
corps car le corps [illegible] tenoit
pource que il estoit assemble a
la deite [illegible] dieu. pource ne
fust pas chose conuenable que
il geust tant en la pouldre. dont
dauid dit tu ne souffreras pas
ton saint veoir corruption [illegible]
[illegible] corruption ¶
Et dauid dit aussi. lieue
toy sire en ton repos [illegible] sain
cte de sanctification. car il con
uint en soy la deite. ¶ Seconde
ment pour la fermete de la foy.
car sil ne fust adonc resuscite la
foy feust perie. ne nul ne creust
quil fust vray dieu. la quelle chose
le appert de ce q̃ en sa passion tous
perdirent la foy excepte la vierge
marie. mais quant ilz congneu
rent dont la postre dit aux co
rinthiens se ihesucrist ne resuscita
pas vostre foy est vaine. ¶ Tiercement
pour la nostre exemple de nostre re
surrection car se ihesucrist apres
sa resurrection auons se elle
[illegible] este auant veu auons
[illegible] pource dit lapostre q̃ pour
[illegible] ihesucrist resuscita. aussi
resusciterons nous. car il le
[illegible] pouoir de la nostre

blece de nostre resurrection. Et gre
goire dit. nostre seigneur nous
monstra par exemple ce que il
nous auoit promis en guerre
don. a aussi comme les bons
xpiens sauoient quilz estoient re
suscites. ilz cheissent en cette
mesmes auoir espoir de resur
rection en guerredon de la fin de
ce monde. Et sil ne voult pas es
tre mort plus de. iii. iours. car
se sa resurrection fust plus esloi
gnee elle fust toute desesperee
quant a nous. ¶ Quant au
quint sauoir pour quoy il re
suscita. est assauoir pour qua
tre causes profitables a nous.
Car la resurrection de luy est
iustifiement de peche. enseig
nement nouueaute de meurs e
gendrant esperance de redemp
tion. et cause qui donnent auoir
en guerredon si comme la resurre
tion de tous. Du premier dit
lapostre il fut liure pour noz
meffais et resuscita pour nostre
iustification. Du second lapostre
dit aux romains. Comme aussi
comme ihesucrist resuscita de mort
par la gloire de son pere. aussi
de nous nous allons par nouueau
te de vie. Du tiers saint pierre
en sa premiere epistre par sa grant
misericorde nous resuscita de
mort en esperance de vie par la
resurrection de la mort ihesucrist
Du quart dit lapostre aux co
rinthiens ihesucrist resuscita de
mort et fut le premier des dor
mans pource que par homme
la mort auoit este et que par
homme fut la resurrection de

mors. Et sachés que aussy car
il s'apparut par les choses devant
dictes. Ihesucrist en sa resurrection
eust .iiii. proprietez. La premiere
est car nre resurrection est actendue
jusques a la fin. La sienne
fut faicte au tiers jour. La seconde
car nous resusciterons par
luy et il resuscita par soy mesmes
dont ambroise dit pourquoy
queroit il aide de susciter
son corps cil qui suscitoit les
autres. La tierce est car nous
devenons cendre mais le sien
corps ne se peut devenir. La
quarte est car sa resurrection
est cause faisant nre resurrection
et de l'ame en pur et du
corps ou temps avenir.
Quant au .v. pourquoy il s'apparut
quant il fut resuscité.
Il est assavoir que au jour de sa
resurrection il s'apparut cinq
fois. car il s'apparut a marie
magdalene. laquelle portoit
le signe des repentans et il se
voulst premierement apparoir
a marie magdalene pour .v.
causes. premierement pource que
elle amoit plus ententivement
dont lucas dit moult de pechies
luy sont delaissiez pource que elle
ama molt. Secondement que
il monstrast avoir esté mort.
pour pecheurs dont mathieu
dit. Je ne vins pas appeller les
justes mais les pecheurs. Tiercement
car les folieuses femmes
vont avant les saiges ou regne
de paradis dont mathieu
dit ainsi soit il de par les folles femmes
folieuses. Quartement

que aussy comme femme fut messagiere
de vie. Quintement que aussy
comme elle avoit habondé en
pechie. elle habondist en grace
La seconde fois il s'apparut
aux femmes qui revenoiet du
monument quant il les salua
lesquelles alerent a luy et tindrent
ses piez. dont mathieu dit.
pource que ilz portoient le signe
d'humilité ausquelles nre seigneur
s'apparut tant par la raison du
sexe comme par l'entenlement
que elles avoient a luy. et ilz tindrent
ses piez. La tierce fois il s'apparut
a saint pere mais le jour
ne ou ne quant fors se ce ne fut
quant il retournoit avecques
jehan du monument et peut estre
quant ilz se furent departis
et chascun alla a sa partie. Et dont
nre sire s'apparut a luy. dont lucas
dit. nre seigneur resuscita
vraiement et s'apparut a simon
ou par adventure si comme il
est dit en l'istoire escolastique il entra
ou monument ou en la fosse
ou pierres estoit. Et il est dit
en celle hystoire que quant il
eust renoié Ihesucrist il s'enfuy en
une fosse qui maintenant est
dicte le chant du coq et la plora
les .iii. jours comme celuy qui
qui l'avoit renoié Ihesucrist. Et la
s'apparut Ihesucrist a luy et le
conforta. Et pierre vault autant
a dire comme obedient et porte
le signe des obediens. ausquelz
nre seigneur apparoit. La
quarte fois il s'apparut aux
disciples alans en emaus. Et
emaus est a dire desir de [illegible]

et signifie les poures de ihucrist
qui veulent acomplir cestui co
seil. va et vent ce que tu as et do
ne aux poures. ¶ La quinte
fois il sapparut aux disciples
assemblez ensemble qui signifi
ent les religieux qui sont clo
s dedens les portes de leurs cl
oistres et ces .v. apparicions sont
faictes au iour de sa resurrec
tion et les represente le prestre
en la messe en soy retournant
.v. fois au peuple mais la tier
ce fois que il se retourne est tai
sible et signifie la tierce appa
ricion faicte a pierre que on ne
scet neant ne quant elle fut fai
te. La vie apparicion fut faicte
aux disciples qui estoient as
semblez a lhuitiesme iour. Et et
thomas estoit present. qui auoit
dit que il ne le croiroit se il ne
le veoit. et cestuy signifie les
constans en la foy. ¶ La
viie fois il sapparut aux disci
ples qui peschoient et signifie
ceulx qui preschent et peschent
les hommes. ¶ La viiie fut
aux disciples ou mont de tha
bor. et signifie les gens de bo
ne contemplacion que il se trans
figura a celle mont aucune. ¶
La ixe fois fut aux disciples
qui estoient au disner en vne
salle. et la esprouua la mescr
eandise et la durte de leurs
cuers par lesquelz nous en
tendons les pecheurs qui sont
mis en la salle de transgres
sion lesquelz nostre seigneur vi
site aucunesfois. ¶ La xe fois
il sapparut aux disciples q

estoient ou mont doliuet. par
lesquelz sont signifiez les mi
sericors. Et de ce lieu il monta
ou ciel. et sy sont moult dau
tres apparicions que len racompte
auoir este faictes au iour de sa
resurrection. mais ilz ne sont
pas encores en texte. La premiere
fut a iaques le iuste qui fut
de iaques filz de alphee. et tu
trouueras celle apparicion
en la legende dicelluy iaques.
Et lautre est que len dit que en
cellui iour il sapparut a ioseph
si comme il est en leuuangille de
nichodemus. Car quant les iuifz
ouirent que ioseph auoit dema
de a pilate le corps ihucrist. et
que il lauoit mis en ce monu
ment ilz furent courrouciez co
tre luy et le prisrent et le mis
trent en vng lieu. et lencloirent
illec diligemment et apres le
vouloient occire. Et dont ihu
crist vint celle mesmes nuyt
de sa resurrection et la maiso
fut leuee hault par quatre an
gles et estoit auec luy et luy tou
cha le visaige et le baisa. et le
mist hors dillec sans riens cor
rompre et le mena en sa mai
son en arimathie. La tierce est
que len dit que auant tous ces au
tres il sapparut a la vierge
marie. Et ia soit ce que les euua
gelistes sen taissent sy lappreu
ue leglise de romme. car la mes
mes ce mesme iour elle fait
station a nre dame la maior
et se len ne le croit. pource que
nul des euuangelistes ne le
tesmoigne il sensuit quil ne

si apparut ou mesmes apres sa
resurrection. car nul des euuan
gelistes ne dit ne ou ne quant
mais ce ne fut onques que tel
filz deshonnorast telle mere
par telle negligence. mais par
aduenture les euuangelistes
se taisent pource que leur of
fice estoit a mettre seulement
tesmoignage de sa resurrection
si que il ne leur appartenoit
pas seulement tesmoigner de la
mere pour le filz. Car se les pa
rolles des autres femmes fu
rent tenues estre veritables. comment
ne croyroit len plus sa mere es
tre veritable pour son filz. Et
ainsi les euuangelistes ne le
voulsdrent escripre. mais le
laisserent pour tout certain
car vrayement il devoit esleec
cer sa mere de sa resurrection
qui auoit este plus dolente de
sa mort. Et ce tesmoigne et
ambroise ou .iii.e livre de la
noble vierge et dit. Marie veist
la resurrection de nostre seigneur
et la veist la premiere et la crut
et si la veist marie magdeleine
ia soit ce que celle la moult estait
encores plus entendurement de la
pardicion ihesucrist et soffry pre
mierement aux yeulx de sa mere
le tout en appert. Au .vi.e du
derrenier. comment il amena
hors les saints peres qui estoient
en enfer. et de ce quil fist la semain
quille ne se repose pas a plain.
Mais augustin en ung sermon
et mesmement en son euuangile
le le demonstrent ancienement
Car saint augustin dit tantost

comme ihesucrist rendy lesperit
saint de sa dextre sen alla aux
lieux denfer et descendi au bas
Et quant il vint ou fons des
tenebres aussi comme ung re
luisant resplendissant et horrible
les felonneuses legions denfer
le regarderent et furent espou
entees et commencerent a deman
der et distrent dont est cestui
si fort si espouuentable si res
plendissant et si noble. le mon
de qui nous fut subget ne nous
enuoyoit oncques tel mort. il ne
nous enuoya oncques telz dons en enfer
qui est dongues cestui qui est
entre si hardiement en noz con
trees et ne doubte pas seule
ment noz tourmens. mais des
lie encores les autres de noz li
ens. Vees en ceulx qui souloient
souspirer en noz tourmens le
deceent contre nous de ce que
ilz ont apperceu leur salut et
ne nous doubtent mais nous
mais nous menacent. Oncques
mors ne sen orgueilliret si ne
les enclostures ne sen orgueillirent
si pourquoy aues vous amene
ne cestuy cy. Ja nix perie tou
te ta leesse est perie. tes ioyes
sont converties en pleurs. quant
tu pendoies crist ou fust. tu ne
sauoies pas quelz grans do
mages tu soustendroies en en
fer. Et apres les voix des cru
elz deables toutes les portes
denfer furent brisees au comman
dement de lempereur nostre seigneur
et tout le merueilleux peuple
des saints nostre seigneur age
nouillez deuant luy disoient

a tous plorens tu es venu ra
cheteur du monde tu es venu
as que nous actendions toute jo
tu es descendu pour nous en en
fer ne nous vueilles pas deffail
lir quant tu retourneras des en
fers ne ihesucrist remonte quant
tu auras despoullie enfer. et faic
es lennemi qui est faicteur de
mort lesse vedeue ses liens
tu accomplies la loy du monde
et dient. sire secours a nous a
destaindre les cruelles flammes
les ames et nous [illegible] natif de
lumiere ennuyant mercy de nous
absoulz nous coulpables tant
comme tu es. Et quant tu es
descendu en [illegible] dessous les tres
ce sont les parolles damant [illegible]
¶ Et il est leu es [illegible]
de nichodemus comme [illegible] les
filz de simeon le viel resuscite
rent ancorra ihesucrist. dont
furent [illegible] et de
carpelme de [illegible] de Jo
seph de arimathiel. pour dire
nous ihesucrist avoit fait en en
fer. Et dont racompterent en
disant telle chose. quant nous
estions en enfer avecques tous
noz peres en obscurite de tene
bres une couleur doree de soleil
vint a nous soudainement. Et
une vermeille lumiere
resplendi sur nous. Et tan
tost adam pere de humain li
gnage se esioy et dit. ceste lumiere
est de celui qui fist la lumiere
pardurable qui nous promist
envoier sa lumiere pardurable
. Et dont ysaie se escria et dit
et la lumiere du pere

filz dieu ainsi comme je dis quant
ie estoie vif en terre que le peuple
qui aloit en tenebres verroit une
grant lumiere. Et dont survint
nostre pere qui nous engendra. simeon
et se esioy disant. glorifiez nostre
car iay receu ihesucrist quant il
fut ne enfant. ou temple
entre mes mains. Et dis comme co
strainct du saint esperit. Sire
ores ont mes yeulx veu ton sa
lut. lequel tu appareillas devant
la face de tous les peuples etc.
Et apres survint ung autre
aussi comme ung hermite. et
nous lui demandismes qui
il estoit. Et il dit. Je suis celui
iehan qui baptizai ihesucrist et
alay devant sa face de lui et le
monstrai au doit en disant Veez
laignel de dieu etc. et descendi
pour nous anoncer que dedans
prochain temps il nous visite
roit. Et dont dit seth quant je
alai aux portes de paradis pr
ier nostre seigneur qu'il me envoi
ast son angle pour me donner
de luille de misericorde. pour que
je en oingnisse le corps de mon
pere adam qui estoit malade
Lange michiel s'apparut a moy
disant ne te travaille pas en
lermes ne en orant car tu ne
pourras en nulle maniere a
voir si tost luille de misericor
de devant que v. m. et v. c. ans seront
acomplis Et quant les patri
arches et les prophetes ouirent ces
choses ilz se esioyrent par grant
esiouissement. Et dont sathan
prince et duc de mort dit a
son enfer. haste toy et recoy ihe

qui se glorifie estre crist filz de
dieu & il est vng homme doub
tant la mort qui dit. Lame de moy
est triste jusques a la mort et
& si a gaigne tout plain de ceulx
que je auoye fait courbes et a
esclaue tous ceulx qui estoiet
eslogiez. Et dit enfer le sauge re
spondi. Et tu es puissant quel
est cest homme ihesus qui doubt
tant la mort comme a ta pa
role. Car se tu dis quil doubte la
mort si te veult il prendre et
toy mettre en douleur es perdu
rables siecles. Auquel sathan
dit. Je lay tempte et esmeu le peu
ple contre luy & aguisay la lance
dont il fut feru et meslay laisil
& le fiel dont il fut abreuue. Je
appareillay le fust de la croix
et il sera mort prochainement a
si que je le te ameneray. Et enfer
luy respondi. Cest celuy qui su
scita le ladre que je te dy. Et le
sathan dit. Est il ce auquel e
fer dit ore. Et dont dit enfer
a sathan. Je te conjure par tes ver
tus & par les miennes que tu ne
le mamaines pas. Car quant
je oy le commandement de sa pa
rolle jay tremble ne ne peu
garder tenir le ladre. mais sel
coust aussi comme vng aigle
et saillit par dessus toute gra
ce et yssy hors devant no
Et si comme ilz disoient ai
si vne voix fut faicte aussi co
me vng tonnoirre qui dit. Oste
vous princes et leuez les portes
perdurables et le roy de gloire
y entrera. Et adonc vous acon
nurent les diables & clouerent

leurs huys de verouls de fer.
Et dont dit dauid ne prophetize
je pas toutes ces oeuures je co
fessay a mon seigneur &c. Et dont
fut faicte vne grant voix qui
dit ostez voz portes &c. Et dit
quant enfer vit que il lestoit
escrie .ij. fois. il dit comme igno
rant qui est ce roy de gloire. Et
dauid respondi cest mon seigneur
fort & puissant en bataille qui
est roy de gloire. Et dont vint
le roy de gloire et enlumina les
tenebres perdurables. Et dont
estendi mon seigneur sa main
dextre & prist la dextre adam
et dit. Paix soit auecques toy
et auec tes filz qui sont justes
et dont monta messias hors
hors denfer & tous les sains
le suiurent. Et dont mon seigneur
en tenant la main adam le
bailla a michiel lange qui les
mist tous en paradis et deux
anciens hommes luy vindrent
encontre. Et les sains leur de
manderent qui estes vous qui
ne fustes oncques mors auec
nous en enfer et si estes en corps
et en ame mis en paradis. Et
lung diceulx respondi. Je suis
enoch qui fu cy translate. et
cest autre est helie qui fut re
muez en vng char de feu et en
core ne goustasmes nous on
ques de mort. mais nous som
mes gardez a la venue dante
crist pour nous combattre a
luy & estre occis de luy. Et ap
res iij iours et demy nous remon
terons en vne nue. Et si com
il disoit ce il vint luy eulx

[illegible] homme [illegible] a[illegible]
[illegible] le signe de la croix. Et
[illegible] luy demanda qui il estoit
et il dit je suis ung larron [illegible]
[illegible] pendu en la croix comme
[illegible] [illegible] que il estoit [illegible]
[illegible] du monde et se depri[illegible]
[illegible] [illegible]isant. Sire remembre toy
de moy quant tu seras en ton
re[illegible] et il dit il sera fait
[illegible] seras huy avec moy en pa
radis et il [illegible] donna ce signe
de la croix et me dit va te cestuy
[illegible] [illegible] paradis. Et se l'a
[illegible] qui est garde de paradis ne
te laisse entrer monstre luy ce
signe en luy disant [illegible]
[illegible] [illegible] cruciffie me
[illegible] a fait. Et tantost comme
[illegible] [illegible] [illegible]
[illegible] [illegible] [illegible]
[illegible] de paradis. Et
[illegible] [illegible] [illegible]
[illegible] [illegible] il furent tantost
[illegible] [illegible] [illegible] [illegible] et
[illegible] [illegible] [illegible] ¶ Et
[illegible] [illegible] augustin dict
aussi de ceste chose [illegible]
[illegible] [illegible] tantost comme le [illegible]
[illegible] descendi en enfer la
[illegible] et la lumiere res
[illegible] [illegible]. Et tantost de
[illegible] [illegible] de la [illegible]
[illegible] [illegible] [illegible]
[illegible] [illegible] [illegible]
[illegible] est de cestuy qui est si
[illegible] a nous et tres [illegible]
[illegible] tres [illegible] resplendissant
[illegible] mais [illegible] enfer ne [illegible]
[illegible] ne le [illegible] ne [illegible]
[illegible] [illegible] Cestuy est
[illegible] de nous et ne [illegible]

debteur il est froisseur d'enfer
non pas presseur mais des
truiseur et robeur. Nous [illegible]
qui l'est mais et non pas sup
plant. il est venu combattre
et non pas for soubmettre a
nous pour nous rober et non
pas pour demourer.

De saint second martir

Second vault autant a dire comme sor
gon en homme sire de bonnes meurs
[illegible] il autant a dire comme
[illegible] dona sor mesmes se comman
dement de dieu. Ou secod vault
autant a dire en latin comme
duc de sor mesmes car il se
mena si que raison saccorda
avecques son sens. Ou secod
est dit au regard du premier
car [illegible] voies sont a aler a vie.
La premiere est par penitance
souffrir. La seconde est par
martire. et cestuy precieux
martir ne se mena pas seule
ment par la premiere mais
aussi par la seconde.

Second fut chevalier
noble et pur. fut
tres noble chevalier
et martir de dieu glorieux
fut couronne par martire en
la cite d'ast. et ladicte cite est e
noblie par la glorieuse pre
sence lui et se siost pour res
[illegible] aussi comme pour so [illegible]
[illegible] et cestuy fut esleigne
en la foy du benoist alexien
qui estoit tenu en chartre du
[illegible] [illegible] [illegible] en ladicte cite de
[illegible] [illegible] le benoist [illegible]

fut acoustume chevauchier en la cite de victoire sapric le prevost vouloit aller la pour faire le sacrefier. Et quant second alla la aussi comme pour cause de soulatement [illegible] desiroit veoir le benoit ma[illegible] Et tantost comme il fut hors de la cite une blanche colombe [illegible] s'assist sur son chief et quant sapric lui dit. Voyes second comme nos dieux taimmet ilz taimmet tant que les oyseaux du ciel envoient ilz pour toy visiter. Et quant ilz vindrent au fleuve de tanare second vit la [illegible] de messeigneurs qui aloit sur le fleuve [illegible] lui disoit. Second [illegible] foy [illegible] pres faire ainsi les creatures de [illegible] Et sapric lui dit. Second bien firent voir les dieux puissans de toy. Et second lui dit alons la ou mon cueur desire. Et quant ilz vindrent a une autre fleuve [illegible] ce luy [illegible] mesmes sapparut a lui [illegible] lui dit. Second crois tu en dieu ou tu par adventure te doubtes. Et second lui dit. Je croy a la verite de sa passion auquel sapric dit quest ce que ioy il se tut. Et quant ilz vindrent a la cite de tortone et ilz furent entrez [illegible] marcien [illegible] hors de la chartre par le commandement de lange vint devant eulx et dit. Second entre en la voye de salut [illegible] la victoire de foy. Et sapric [illegible] qui est cestui cy qui parle a nous aussi comme en son [illegible] Et second lui dit cest souldat a [illegible]

mais cest mon [illegible] et confort a moy. Et apres ce second sen alla a milan et lange de messeigneurs lui [illegible] hors de la ville faustin et jovite et il print baptesme deulx et une nue le donna leaue [illegible] il fut baptisie. Et tantost vint une colombe du ciel dessus lui qui apporta le corps et le sang nostre seigneur et le bailla a faustin et a jovite. et faustin [illegible] second le sang et le corps nostre s[eigneur]. Et si comme il retournoit de la et il estoit [illegible] il vint a la rive du pau cest ung fleuve qui queurt ou pays. lange de messeigneurs print le frain du cheval et le mena oultre ce fleuve et second vint iusques a tortone et se mist dedens la chartre avecques marcien. Et quant second donna a marcien le don que faustin lui avoit done il le print et dit le corps de messeigneurs soit avecques moy en vie pardurable. Et quant second sen yssi hors de la chartre par le commandement de lange et sen alla a son hostel. Et apres ce marcien receut sentence davoir le chief coppe et second print le corps et lensevelit. Et quant sapric sot il appella second devant lui et lui dit. Comment voy je que tu te confesses estre crestien. Et second lui dit vraiement je confesse estre vray crestien. Et sapric dit. Tu as certes couvoites mors de male mort. Et second lui dit. Ceste mort test deue plus aigrement. Et

quant second ne voult sacrefier
saprice commanda qu'il fust des-
pouillé. Et l'ange de nostre seigneur
fut tantost la qui lui apparreil-
la tantost vesture. Et adont saprice
commanda qu'il fust estendu en
une tourment qui est dit eculée
et est fait aussy comme une cro-
ix de quoy les ii bous sont contre
ment et les deux autres sont
fichiez en terre. et le fist illec si
longuement tourmenter que les
bras lui issirent hors de leurs join-
tures. mais nostre seigneur les
restablit tantost a santé. Et donc
fut commandé estre reclus en la
chartre. Et quant il y fut l'ange
de nostre seigneur vint a lui et
lui dit. Second lieve toy et me
suy et ie te menray a ton saint
et adont le mena a seurté a la ci-
té d'Ast et le mist en la prison
ou calocerus estoit. et le saint
[illegible] estoit avecques lui
Et quant second le vit il se mist
a ses piez et adont nostre saulveur
lui dit. Second ie te visiteray
[illegible] sui ton seigneur
ton dieu. je te osteray de toute
maniere et le benier et mouton
[illegible]el. Et au matin saprice envoia
a la chartre et ainsi qu'il envoia la
trouverent seure et il n'y
trouverent pas second. Et adont
saprice s'en ala de carconne a la
cité d'Ast pour avoir calocerus
et l'envoia tantost querre et
les messages lui rapporterent
que second estoit avecques ca-
locerus. et quant il l'oy il les
fist amener a soy et leur dit
[illegible]tures que noz dieux feront

bien que vous les desprisiez pour
ce veulent ilz que vous doiez mou-
rir ensemble. Et pource qu'ilz
ne vouloient sacrefier. il fist
fondre plom resine ensemble. et
la fist espandre toute chaude
sur leurs chiefs et getter dedens
leurs bouches devant eulx. et ilz la
buvoient tout aussy comme eaue
doulce ou tres souef vin blanc
a grant desir. et disoient a grant
voix. Sire comme ces paroles
sont doulces choses en noz bou-
ches. Et adont saprice donna sen-
tence contre eulx. si que le tout
fut decolé en la cité d'Ast et ca-
locerus fut envoié a albergane
pour estre la puni. Et quant
second fut decolé en la cité d'Ast
les anges de nostre seigneur em-
porterent le corps. et le mistrent
en sepulture a mons[...] gran-
sorigees. Et il souffri mort en
la tierce kalende d'avril

De saincte marie egypcienne

Marie egypciene qui
fut apellee pecher
resse. mena tres
destroite vie. xlvii
ans ou desert. Et adonc quant
elle estoit en ce desert ung abbe
qui avoit nom zozimas pas
sa le fleuve iourdain. Et si co
me il aloit parmi ce grant desert
pour savoir s'il trouveroit par
aucune adventure aucun saint
pere. Et il vit alant par le desert
une creature qui estoit toute
nue et le corps noir et brusle
pour l'ardeur du soleil. et ce es
toit marie egypciene. et tan
tost comme elle le veist elle co
mença a fuir. et zozimas com
mença a courir hastivement apres.
Et dont dit elle zozimas pe
re pourquoy me poursuis tu
pardonne moy. car je n'ose to
ner vers toy ma face car je
suis femme toute nue mais
baille moy ton mantel si que
je men cueuvre et te puisse veoir

sans vergongne. Et quant il
soy nommer. il fut esbahy et
luy bailla son mantel et se mist
a genoux et luy pria que elle
le beneist. Et elle dit. pere il
appartient mieulx a toy qui
es aorne de dignite de prestre
Et quant il oy quelle savoit
et le nom et la dignite de luy
si se merveilla plus encores
et la deprioit plus curieusement
que elle le beneist. Et dont dit el
le benoit soit dieu rachateur
de noz ames. et si comme elle
avoit les mains estendues
au ciel et elle oroit. le viel hom
me vit que elle fut levee de terre
par la mesure d'un coute de
hault. et dont commença il a
doubter que ce ne fust ung es
perit et fainsist a faire oroison
Et celle luy dit dieu le te par
doint qui as cuide que je vueille
pecheresse feusse ung malin
esperit. Et dont la conjura il
de par nostre seigneur que elle
luy dit toute sa condicion. et
elle dit. pere pardonne moy. car
se je te racomptoie mon estat
tu te fuiroies de moy tout es
pouvente aussi comme d'un ser
pent. et tes oreilles seroient sou
illees de mes parolles. et l'air
seroit honny de mes ordures
Et dont dit elle a celluy qui
la hastoit forment. Je fu nee
en egypte. et au xij.e an de mon
aage je men vins en alixan
dre et la me mis xvii ans
comme luxure et ne me deviay
oncques a nul. Et si comme les
hommes de celle region se mettoient

a la voie de venir en iherusalem pour aourer la saincte croix. Je depriay les marinniers qui les menoient qu'ilz me laissassent entrer avecques eulx. Et quant ilz me demanderent leur loyer de moy porter, je leur dis: freres, je n'ay que donner pour le portage mais prenez mon corps pour vostre loyer. Et ainsi me prisrent et en firent leur voulenté. Et quant nous venismes en iherusalem et je fus devant avecques les autres jusques aux portes de l'eglise pour aorer la croix soudainement et sans veoir je fus refusee a entrer dedens et un peu entray et si aloie par plusieurs fois jusques au sueil a la porte et soudainement j'estoie boutee arriere. Et tous les autres avoient entree franchement et ne trouvoient empeschement nul. Et dont je me regarday en moy mesmes et me pensay que ce m'estoit advenu pour la mauvaistie de mes pechiez et commençay a batre mon pis de mes mains et a espendre lermes tresameres et a souspirer tresfermement. Et dont regarday au portal et vi une ymage de la benoite vierge, dont la commençay a deprier tresdevotement qu'elle me impetrast pardon de mes pechiez et me laissast entrer pour aorer la saincte croix et lui promis de renoncier au monde et de demourer doresenavant chastement. Et tantost comme je eu oré je pris fiance

ou nom de la vierge et m'en alay derechief aux portes de l'eglise et entray dedens sans nul empeschement. Et quant je eu aoré tresdevotement la croix ung homme me donna trois deniers desquelz je achetay iii. pains. Et dont oy une voix qui me dit: Se tu passes le fleuve iourdain tu seras sauve. Et dont passay le fleuve iourdain et vins en ce desert ou j'ay esté .xlvii. ans sans veoir nul homme. Et ces trois pains que j'apportay avec moy se endurcirent par le long temps et m'ont suffit par .xlvii. ans que je n'ay mengié. Mais mes vestemens sont pieça pourris. Et ay en ce desert esté moult tormentee par .xvii. ans de temptacions de la char. Mais par la grace de dieu je les ay tous vaincus maintenant. Et je t'ay racompté toutes mes euvres. Et apres ce il s'en parti et la demoura longuement et fut saincte en paradis.

De saint george.

[G]eorge est dit de geos. qui vault autant a dire comme terre. et orge qui est autant a dire comme cultiueur. Ainsi que george est autant a dire aussi comme cultiuant la terre. cest assauoir sa char. Et augustin dit ou liure de la trinite. que la bonne terre ou hault des montaignes en latrempance des valees et ou plain des champs La premiere terre est bonne aux herbes vertes. La seconde est bone aux vignes. La tierce est bone aux blez. aussi le benoist george fut hault en despisant les basses choses. Et pource il fut attrempe par discretion Et pource eust il vin de leesse par dedens. il fut plain de humilite. Et pource mist il hors blez et bonne euure. Ou george peust estre dit de gerar que vault autant a dire comme saint. et de giron qui vault autant calute. car il luita auecques le serpent. Ou il est dit de gero que est a dire estrange. et de gir qui vault autant comme detrenchement. et de ys qui vault autant comme conseilleur. il fut estrange en despisant le monde et detrenche par martire et fut conseilleur en predication. et sa legende fut nombree entre les escriptures apocriffes ou consille de nice pource que le martire de lui na pas certaine relation. Car on kalendrier de bede il est dit que il souffrit mort en perse en la cite de diospolin qui fut autant appellee lide qui est delez ioppen Et ailleurs len dit quil souffri mort soubz dyoclecien et maximien empereurs de perse. present lxx roys de leur empire. Et il dit en que ce fut soubz dacien preuost et que dyoclesien et maximien estoient empereurs.

[S]aint george fut ne du lignage de capadoce. Il vint vne fois en la prouince de libe en la cite de silaine. Et delez celle cite estoit vng estang ou il y auoit vng dragon qui sa tapissoit la. Et ce dragon auoit par maintes fois chace le peuple qui alloit a tout armes sur lui et venoit aux murs de la cite. et tuoit par son soufflement tous ceulx quil trouuoit. Pour laquelle chose les gens de la cite furent constraines. et lui donnoient chascun iour .ij. oailles pour appaisier sa forsennerie. car quant il ne les auoit il assailloit les murs de la cite que il corrompoit si l'air par souffler que plusieurs en mouroient. et dont luy en donnerent tant que les bestes estoient a bien pou faillies mesmement que ilz ne peurent avoir nulles herbes. pour les bestes et dont eurent conseil entreulx et luy donnerent chascun iour ung homme et une beste. tant que ilz donnerent par sort tous leurs enfans filz et filles. et oncque le sort n'en espargnoit nul. mais estoient tous les enfans de ce peuple gastes si que une fois fut esleue par sort et donnee au dragon la fille du roy. Et dont le roy fut courrouce et dit prenez mon or et mon argent et la moitie de mon royaume et me laissiez ma fille que elle ne meure en telle maniere Adonc le peuple respondi par grant forsenerie. Roy ce as tu fait par ton ordonnance et noz enfans sont tous mors et tu veulx sauver ta fille. Se tu n'acomplis de ta fille ce que tu as ordonne des autres. nous ardrons toy et ta maison. Et quant le roy veist ce il commenca a plorer sa fille. et dit. Ma treschiere fille las que feray ie de toy et que diray ie. car ie ne verray iamais plus tes nopces. Et dont se retourna au peuple et leur dit Je vous prie que vous me donnez espace de huit iours plorer ma fille. Et quant le peuple luy eust ottroye en la fin des viii iours le peuple retourna a luy a grant forsenerie

disant. Pourquoy peris tu ton peuple pour ta fille et nous mourons tous par le soufflement du dragon. Et dont le roy vit que il ne povoit delivrer sa fille il se fist vestir de royaulx vestemens et l'embraca et dit en plorant Las ma treschiere fille ie cuidoie avoir de toy nourrir royal lignee. et tu t'en vas pour estre devoree du dragon. Las doulce fille ie esperoie a semondre mes princes a tes nopces et que tu feusses aornee de royaulx vestemens et de pierres precieuses et avoir tymbres et tabours et orgues et tu t'en vas estre devoree au dragon Et dont la baisa et la laissa aller disant. pleust a dieu ma doulce fille feusse ie mort ains que toy que ie te perdisse ainsi Et dont elle se mist aux pies de son pere et luy requist sa beneicon et il luy donna en plorant et dont s'en alla elle au lac. et quant le benoit george qui passoit par la la vit plorant si luy demanda quelle avoit et elle luy dit bon iouvencel chevauche hastivement et t'en fui que tu ne perisses avec moy Et george luy dit ne doubtes fille. mais dy moy que tu attens cy. et quest ce que tout ce peuple regarde et elle luy dit bon iouvencel si comme ie voy tu es de grant cueur et de noble. mais pourquoy desires tu mourir avec moy. va t'en hastivement Et george luy dit. Je ne me partiray de cy devant que tu me aras dit que tu as. Et quant elle

luy eust tout expose george luy
dit fille ne te doubte car ie te
aideray ou nom de ihesucrist Et
elle luy dit bon chevalier ne
perís pas avecques moy il me
suffit se ie peris seule car tu
ne me pourroies delivrer ai
cois perirroies avecques moy
Et si comme ilz parloient lever
le dragon qui vient et leva le
chief de leaue et dont la pu
celle dit en tremblant fuy ten
bon sire fuy ten hastivement.
Et dont geor ge monta sur
son cheval et se garnir du signe
de la croix et assailli hardie
ment le dragon qui venoit con
tre luy et brandi forment sa
lance et se commanda a dieu.
et navra le dragon et le get
ta a terre. Et george luy dit
gette luy ta ceinture entour
le col et ne te doubtes en riens
belle fille. Et quant elle eust
ce fait. le dragon la suivoit
aussy come ung tres debonaire
chien. Et dont quant ilz len
tent mene en la cite. le peuple
qui le veist sen commenca a fu
yr par montaignes et par
forteresses et disoient las nous
car nous perirons ia tous. Et
dont benoit george leur de
monstra et dit. ne vous doub
tez car nostre seigneur ma en
voie pour vous delivrer de
ces peines de ce dragon. Creez
en dieu tant seulement et chun
de vous soit baptizie. Et dont
le benoist george sacha lespee
et occist le dragon et com̃a
da q̃ il fut porte hors de la cite

Et dont convint quatre paire
de beufz pour le mener hors
en ung grant champ. Et dont
en ce iour furent baptisiez xx^{m}
hommes exceptez femmes et
enfans. Et dont le roy en lon
neur de la vierge marie et du
benoit george fist faire une
eglise de merveilleuse grande
et de lautel de celle eglise il
sourt une fontaine vive qui
garist tous les malades qui
en boivent. Et le roy offry a
saint george grant pecune sans
nombre. laquelle il refusa a
prendre et commanda que elle
fut donnee aux povres. Et
dont saint george introduit
le roy briefment de quatre .i.
ses. Ce fut que il eust la cure
des eglises de dieu. quil hon
norast les prestres. quil oist
devotement le service divin
et fut tousiours aumosniers
aux povres. Et dont baisa
le roy et se party de la. Et tou
tesfois list len en aucuns livres
que si comme le dragon aloit
devorer la pucelle. george se
garni de la croix et ala contre
le dragon. En ce temps es
toient empereurs dyocletien
et maximien et fut si grant
persecution de crestiens soubz
dacien prevost que en .j. mois
ilz furent .xxij^{m} couronnez par
martire. dont entretant de
tourmens mourut de crestiens
deffailloient et sacrifioient
aux ydoles. Et quant saint
george le veist il fut forment
dolent en cueur et despita aux

povres tout quanque il avoit
et mist hors labit de chevalerie
et vesti labit des crestiens et
saillit ou milieu des tirans
et dit tous les dieux des gens
sont deables et nostre seigneur
fist les cieulx. auquel le pre
vost courroucié dit par quelle
presumpcion oses tu appeller
noz dieux deables et me dy
dont tu es et comment tu as
nom. Auquel george dit. Je
suis appellé george et suis de
noble lignaige de capadoce et
suis venu en palestine par la
voulenté de dieu. et ay tout
delaissé pource que je puisse
plus franchement servir a
dieu du ciel. Et si comme le p
vost ne le povoit encliner a
soy il commanda estre leve en
ung tourment qui est aussi
comme une croix fichee par les
deux bous et est nommee eculee
et que son corps fust deschiré
aux ongles membre a mem
bre. Et luy fist mettre encore
aux costez brandons ardans
tant que les entrailles luy pa
roient et commanda que les
plaies feussent arrousees
de sel et frotees. Et en celle
mesmes nuyt saint pierre
sapparut a george a grant lu
miere et le conforta doulcement
par la doulce vision du quel
et par le doulx parler il fut si
conforté que il ne comptoit riens
en ses tourmens. Et quant da
cien vit que il ne le povoit
surmonter par peines il ap
pella ung enchanteur et luy
dit que les crestiens desprisoient
les tourmens par leurs ars
magiques et desprisent les sa
crifices de noz dieux. Et len
chanteur dit. Se je ne puis sur
monter ses ars je vueil perdre
le chief. Et dont fist ses male
fices et appella ses dieux. Et
puis prist vin et mesla avecque
venin et le tendi a george. Et
lomme de dieu fist le signe de
la croix et beut sans avoir nul
mal. Et quant lenchanteur vit
ceste chose il cheut tantost aux pie
du saint homme et requist pardo
en plorant et quil fust fait cre
stien. lequel enchanteur le juge
fit tantost decoler. Et le jour e
suivant il commanda que george
fust mis en une roe garnie tout
autour de glaives trenchans
de ii. pars mais tantost la roe
fut froissee et george fut trou
ve tout sain. Et dont fut le pre
vost courroucié et commanda que
il fust getté en une chaudiere
plaine de plomb fondu. et dont
fist le signe de la croix et entra
dedens et par la vertu de dieu
il commença a estre dedens aussi
comme en ung baing. Et quant da
cien veit ce il se pensa que il la
molieroit par belles paroles
car par menaces ne le povoit
il surmonter ne par tormens. Et
dont luy dit george. beau filz voix
tu comme noz dieux te sont de
grant debonnaireté qui te sous
tiennent si souffrablement et si
les blasmes. Et toutesfoys sont
ilz appareilliez a toy pardon
ner se tu te convertis a eulx:

Tresdoulx filz, fay doncques ce que je
ta monneste si que ta faulsete sor
deguerpie tu sacrifies a noz
dieux, si que tu aies graces si
neures deulz et de nous. Adonc
george dit en soubsriant : pour quoy
ne le me disoies tu plus tost par
belles parolles avant que par
tourmens au commencement. Je suis
appareillie de faire ce que tu re
quiers. Et donc dacien esbahy
par ceste promesse fut moult
liez et commanda o le criee que
tous s'assemblassent pour veoir
george qui avoit tant estrive
de partir de sa loy et sacrifier.
Et adont toute la cite fut aornee
de joye. Et quant george entra
ou temple des ydoles pour sa
crifier et tout le peuple estoit
illecques joyeux et lie, il s'age
noulla et depria nostre seigneur qu'il destrui
sist du tout en tout les temples
et les ydoles. Si que a la louenge
de luy et a la conversion du peu
ple il ne demourast nulle chose.
Et tantost il descendi feu du ciel
qui ardy le temple et tous les dieux
et les prestres. et la terre se ou
vry et engloutit tout ce qui en de
moura. Et ce racompte ambroise
en ung preface et dit. George tres
loyal chevalier de ihucrist que
il gouvernoit la profession de
crestiente taisiblement. il confes
sa seul et sans paour le filz de
dieu entre les ydolatres. auquel
la grace divine octroya celle fer
mete de foy qu'il despit les co
mandemens de la puissance du ty
rant et ne doubta point les tour
mens des princes sans nombre. O

noble et glorieux combatant de nostre
sire que la souefve promesse du
royaume terrien ne decent pas. mais
le persecuteur fut deceu et la de
mostrance des faulx ymages
fut gettee en labisme. Et quant
dacien ot veue ceste chose il fist
george amener a luy et luy dit
quelz sont ces malefices le pl'
mauvais des hommes qui as
fait celle felonie. Et george luy
dit ne cuides pas que il soit ai
si mais vien t'en avec moy et tu
me verras sacrifier derechief.
Et il luy dit. Je entens bien ta
fraude. car tu me veulz absor
ber en terre ainsi comme tu as
fait mon temple et mes dieux.
Et george luy dit. Di moy ma
leureux coment t'aideront tes
dieux qui ne se sont peu aider.
Et adont le roy fut courroucie et
dit a alixandrine sa femme. Je
defaul et me meurs. car je voy
bien que je suis surmonte de cest
homme. Et elle luy dit. cruel ty
rant mauvais bouchier ne t'ay je
pas dit souvent que tu ne feus
ses pas cruel aux crestiens. car
leur dieu se combat pour eulx
et saches que je vueil estre faicte
crestienne. Et adont fut le roy es
bahy et dit. Las quelle douleur
est ce. Tu es deceue. et donc la fist
il pendre par les cheveux et ba
tre tresdurement de verges. Et
elle dit a george tandis comme
on la batoit. George lumiere
de verite ou cuides tu que je voise
qui n'ay point este regeneree
de l'eaue de baptesme. Et george
luy dit. fille ne te doubte pas

car leffusion de son sanc te sera
repute pour baptesme et auras
couronne. Et adont en disant ces
oroisons elle mist hors lesperit
Et ce tesmoigne ambroise en sa
preface et dit. Et pource la roine
des gentes a prise condempnee
de son mari persecutel sentence
sans auoir grace de baptesme
desseruy la couronne de glorieuse pas
sion. de laquelle nous ne pouons
pas doubter que la rosee de
son sanc espandu deffermera
tantost les portes du ciel et en
trer pour pourseoir le regne
des cieulx Et le iour ensuiuant
george receut tel sentence quil
fut traine par toute la cite et
puis eust le chief tranche. Et
adont pria il a nostreseigneur que
quiconques requerroit son aide
que il eust sa requeste. Et la di
uine voix vint a lui et lui dit
quil seroit fait si comme il auoit
requis. Et quant il eust son o
roison acomplie il acomplit son
martire par auoir coupe le
chief. et fut soubz dyoclecien et
maximien qui commencerent en
uiron lan de nostreseigneur cc
iiiixx vii. Et quant dacien retour
noit du lieu ou il auoit este de
coste et aloit a son palais le fe
u descendi du ciel qui lardi
auecques ses ministres. Gre
goire de tours racompte que si
comme aucuns portoient aucu
nes reliques de saint george et
se feussent hostelez en vng
oratoire quant vint au matin
ilz ne porent mouuoir la chasse
en nulle maniere deuant que
ilz eurent illec laissie vne par
tie des reliques. Len list en
listoire dantioche que si comme les
crestiens aloient assegier iherusalem
vng tresbel iouuencel sappa
rut a vng prestre. et lui dit
quil estoit saint george duc des
crestiens. et lamonnesta que ilz
portassent auecques eulx ses
reliques. et quil seroit auec eulx
Et quant ilz eurent assiege
iherusalem et les sarrazins se def
fendoient si que les crestiens
nosoient monter dessus par
eschielles. Le benoist george
vestu de blanches armes et
ennobli dune merueille croix
leur demonstra quilz montas
sent apres lui seurement. et que
ilz prendroient la cite. et dont
ilz senhardirent et prindrent
la cite et occirent tous les sar
razins.

De saint marc euuangeliste

Marc fut hault autant comme hault en commandement certain et enclin a amer. Il fut hault de commandement par raison de perfection en sa vie. car il ne garda pas tant seulement les commandemens communs mais les sommains comme les conseils celestiaux. Il fut certain en doctrine car il bailla la certaine doctrine de son euvangille si comme il lavoit receue de pierre son maistre il fut enclin par raison de parfaicte humilite. Car par sa tres grant humilite dit on que il se coppa le poulce que il fut reprouve a estre prestre. il fut ame par la raison de la tres amere paine car il fut tourmente par toutes les lieux de la cite et entre ces tourmens il rendi lesperit. Ou marc est dit aussi comme le cantique mal. qui a une seul copulatif le ser[illegible] melodie et sa ferme entrelle. Car saint marc par la seule doctrine de son euvangille dompta la manifestee des keurs et renge on la melodie de la louenge divine et persevera legle

Marc levangeliste fut de lo ligne des prestres et fut en baptesme filz de saint pierre apostre et son disciple en la parolle divine. il alla a rome avecques saint pierre. Et sicomme saint pierre preschast illec levangille. les bons crestiens qui estoient a rome lui prierent que le benoist marc leur escripsist levangille pour avoir en memoire a tousiours. et il leur escript loyaument ainsi comme il lavoit oye de la bouche pierre son maistre. Et pierre le examina diligemment et quant il veist que elle estoit plaine de verite il la prouva pour estre receue de tous bons crestiens. Et quant pierre veist que marc estoit parfait en la foy. il lenvoya en aquilee. et la en preschant la parolle de dieu. il converty a la foy ihesucrist grant multitude de peuple et la escript aussi comme on dit son euvangille laquelle encores aujourdhuy est demonstree en leglise daquilee et est gardee par convenable devocion. Et a la parfin il amena a rome a saint pierre. Et mena on un homme de la cite daquilee que il avoit converti a la foy ihesucrist nom

a preschier ihucrist. et le baptiza
avecques toute sa mesnie
Et quant les hommes de cel
te cite oyrent celle chose que il es
toit venu ung homme de ga
lilee qui desprisoit le sacrifice
de leurs dieux. si le espierent
Et quant il le sceut il ordonna
cellui qui il avoit gari tiers eve
sque de cellui lieu. et alla
en metapolin et il estoit nom
me amanus. Et quant il eust
este .ii. ans la il revint arrier
en alixandrie et trouva la les
bones persones monteplices et
les evesques des temples se es
forcoient de le prendre. Et si com
me le benoit marc celebroit
la solemnite de messe a pas
ques. tous les evesques s'asse
blerent la et luy mistrent une
corde au col disant trainons
ce bouvier au lieu de la bouve
rie. et la char de luy demouroit
a terre. et le sang de luy arro
soit les pierres. Et apres ce il
fut enclos en la chartre et la fut
conforte de l'ange. Et lui mes
mes le conforta et visita disant
Marc paix soit avecques toy
mon euvangeliste. ne te doubte
point. car ie suy avec toy pour
toy oster de cy. Et dont au ma
tin ilz luy mistrent derechief
une corde au col et le trainerent
despitement par ca et par la et
crioient trainez ce bouvier
au lieu de la bouverie. Et il
rendoit graces a dieu disant
ie rens mon esperit sire entre
tes mains. Et en ce disant il mist
hors l'esperit environ l'an de

nostre seigneur. lvii. dessoubz ne
ron. Et si comme les paiens
le vouloient ardoir. l'air fut
soudainement trouble et gre
gresle tonnoirres commencerent
et fouldres resplendirent si
que chascun s'efforcoit de eschapper
et laissierent illecques le corps
saint sans touchier. Et dont les
crestiens le ravirent et l'ensevelirent
furent honnorablement en l'egli
se. Et la fourme de luy fut tel
le. il avoit long nez. et sourcilz
traitifz. les yeulx beaux. la bar
be longue. de tresbelle grandeur
de meur aage mesle de canu
re ... par affection plain de
la grace de dieu. ¶ Et le benoit
ambroise dit aussi de luy. Com
me le benoist marc resplendis
soit de miracles il advint que
le sauetier a qui il avoit baill
le son soulier a recoustre se
perca la main senestre en le
cousant. Et quant il fut ble
cie il s'escria que ung seul dieu
estoit. et le serjant de dieu en
fut lie quant il oy ceste chose
et fist ung pou de boe de sa sali
ve et de terre et l'en oingnit
la main et la rendy toute sai
ne. et il fist son labour et di
luy prescha l'euvangile et mo
par miracle. Car les aveugles
furent eslumines. et ce fut l'an
de nostre seigneur. En l'an de l'in
carnation nostre seigneur. iiiic
lviii. Les veniciens empor
terent le corps de saint marc d'a
lixandrie en venice et la a fait
une eglise de merveilleuse beau
te en l'onneur de luy. ¶ Cer

tainemet aucuns marchans de
venise qui estoient alle en ali
xandrie si firent tant par dons
et par promesses a deux prestres
qui gardoient le corps saint mar
que ilz leur laissierent emporter
a venise. Et vrayement quant le
corps saint fut leue du tombel
secretement si grant oudeur se
rendi par alixandrie que tous
les gens se merveilloient dont telle od
si souefve venoit. Et quant ilz
furent en la mer les mariniers ilz di
rent a ceulx des autres nefz qui ve
noient ilz emportoient le corps
saint marc. et ung des autres
nefz leur dit par adventure
est ce le corps dun egipcien que
len vous a baille que vous em
portez et vous cuidez emporter
le corps saint marc. Et tantost
la nef en laquelle le corps estoit
se tourna tout par soy tresisnelle
ment contre la nef en laquel
le estoit et ce la hurta et rom
pi une partie du coste de celle
nef et ne la laissa onques a hurter
la devant a tous ceulx qui estoi
ent en celle nef creirent que ilz
savoient bien que cestoit le corps
saint marc. ¶ Il advint une
nuit a les nefz couroient tres
fort par tourmentes et que les ma
riniers estoient lassez et estoie
tourne en tenebres si que ilz ne
savoient ou ilz aloient. Saint
marc sapparut a ung moyne
qui gardoit son corps et dit. Dy
a ces hommes que ilz ostent has
tivement leurs voiles car ilz
sont pres de terre. Et
ilz les osterent. Et quant le ma

tin vint ilz se trouverent decoste
une isle. Et si comme ilz passoient
par plusieurs divers rivages
et crioient tousjours le saint
corps. Si venoient les gens du
pays et disoient. Ha comme vous
estes beneureux qui emportez le
corps saint marc laissiez le nous
aourer devotement. ¶ Ung
notonnier qui ne creoit encores
point que ce fust le saint fut ra
vi du deable et fut tant tourmen
te quil fut amene au corps saint
et confessa quil le creoit. Et quant
il fut delivre il rendi graces
a dieu et eust apres devocion
ou benoist marc. ¶ Il fut .i.
temps que le corps saint marc fut
mis en une colompne de pierre
de marbre si que peu de gens
savoient quel il fust la pour es
tre plus subtillement garde. Et
advint que ceulx qui le savoi
ent trespasserent si que nul
ne povoit savoir ou ce corps
saint estoit par nulles demo
strances. Et pource grant com
plainte fut entre les clercs et
tristesse entre aux lays et ples
a tous estoit en la ville et doub
toient tous que si noble patron
ne leur eust este emble. Et pour
ce firent ilz une jeune sole
nelle et firent une plus so
lennelle procession. et dont les
pierres saillirent de celle co
lompne devant tous et se des
couvrit de larche ou le saint
corps estoit. Et dont rendirent
diverses louenges a dieu createur
de toutes choses qui leur avoit
revele leur patron. Et

dont ce iour fut establi de si grant gloire par celle demonstrance qu'il fut fait festivel ou temps avenir. ¶ Ung iouvencel estoit malade de chancre en sa mamelle si que des vers le rongoient a grant tourment. Si comme il demandoit l'aide du saint a grant devocion de pensee Et si comme il se dormoit ung homme en habit de pelerin s'apparut a lui qui s'en aloit hastivement et lui demanda en passant qui il estoit et ou il aloit si hastivement. Et il dit qu'il estoit marc qui aloit si hastivement aidier a une nef qui se perissoit en peril et tendi sa main et atoucha le malade. Et il s'esveilla au matin il se senti tout gari. Et ung pou apres ce la nef vint au port de venize et dit en quel peril elle avoit este et l'aide que saint marc avoit fait. Et dont rendirent graces a dieu pour l'un et pour l'autre bien fait. Et ainsi fut loe en marc son saint. ¶ Environ cauetine marchans de venize aloient en alixandre en une nef de sarrazins. Ilz deviseront appertement qu'ilz estoient en peril de noier et se misirent tantost a une escaphe et couperent les cordes et tantost la nef perit par la force des ondes et l'eaue ravissant enveloppa tous les sarrazins. Et l'un d'iceulx reclama saint marc et voua si comme il povoit que s'il lui faisoit aide que il visiteroit son

eglise et recevroit baptesme. Et tantost ung tres bel homme plain de clarte s'apparut a lui et l'osta hors des ondes et le mist en l'escaphe avec les autres. Et quant il vint en alixandre il fut mal agreable a son delivreur car il ne visita point l'eglise du saint ne il ne receut point le sacrement de foi. Auquel saint marc s'apparut derechief et le blasma de ce qu'il n'avoit tenu sa promesse. Et dont il se convertit en soi et vint a venize et fut regenere en eaue de baptesme et fut appelle marc et creust en dieu parfaictement et fenist sa vie en bonnes euvres. ¶ Ung homme s'en montoit ou hault de la tour saint marc de venize si cheï du hault desprouveuement et fut tout desrompu membre a membre par tout le corps mais en cheant il n'oublia pas a requerre l'aide du saint marc si que en cheant desprouveuement il trouva ung fust qui le soustint et la lui baillia l'en une corde et en eschapa sans blesseure. et s'en alla acomplir devotement l'euvre commencee. ¶ Le servent d'un noble seigneur temporel de provence estoit astraint par veu a visiter le corps saint marc mais il ne povoit avoir congie de son maistre si que pour la paour celestiel il mist arriere la paour charnel et s'en alla visiter le saint sans salier son maistre a grant devocion. Laquelle son maist

tres grant quantite de peuple estoit
par toute la ville. et que tous bien
sachoient pour ce quilz ne pou
oient auoir point de pluie si
fut iugie. Ilz auoient ceste pe
stilence pour ce quilz ne festoient
point la feste saint marc. Et
tantost comme ilz eurent recla
me saint marc et eurent promis
a celebrer sa feste saint marc
chassa hors ceste pestilence du
pais et leur donna grant habon
dance et bon air de pluie conue
nable en non sans de mescheue
nir. Et y auoit vng frere a
paume ou couuent des freres
prescheurs qui estoit de sainte
et religieuse vie qui auoit non
Julien ne de fauentia ieune
de corps mais ancien de pensee
qui estoit malade iusques a
sa mort. qui fist venir le prieur
de lostel et lui dit a sa mort est
tout prochaine. et tantost il ap
parut estre liez et ioyeulx et tout
esbaudi de mains et de corps.
et commenca a crier. freres de
mes mor liez. car par grant la
bondance de ioye mon ame
est ia hors du corps. pour ce
quelle a oir iointes nouuel
les. Et dont leua les mains
au ciel et commenca a dire. Oste
hors mon ame de chartre de ma
leureux homme que ie deliure
du corps de ceste mortel vie.
Entre ces choses il sendormi
vng legier somme et veit s.
marc venir a lui deles son lit
et vne voix lui dit. marc que
fais tu cy. et il dit. Je suis ve
nu a cestui qui se meurt. car
son seruice est aggreable a son
dieu. Et la voix lui dit de re
chief. Pour quoy es tu venu
mesmement plus a cestui que a ces autres
sains. pour ce quil auoit eu moi
plus especial deuocion et a de
uotement visite le lieu ou mon
corps repose. Et pour ce le suis
ie venu visiter de son yssue.
Et dont hommes blans empli
rent toute la maison ausquelz
marc dit. pour quoy estes vous
venus cy. et ilz dirent pour
presenter lame de cestui deuant
nostre seigneur. Et le frere sesuei
lla et enuoya tantost querre le
prieur du couuent [illegible]
et dont lui racompta tout ce
quil auoit veu et sendormi li
ement a nostre seigneur a moult
grant ioie.

De saint marcelin

Marcelin vault autant a dire come amaneur fuiant car il amanuy le fust de sa chevalerie. Ou il vault autant a dire comme amaneur par prouv du fust du tirant.

Marcelin gouverna le siege de rome .ix. ans et quatre mois. et il fut pris du commandement de dioclecien et de maximien et fut mene sacrifier. Et pour la paour quil eust de mort il mist ou sacrefice .ii. grains dencens dont les le menacent a soustenir tourmens. Et dont fut la joie grant des mescreans mais la tristesse des bons crestiens fut mesmement car elle fut feruie par le chief qui fut malade. mais les autres membres se resjoirent et doubterent pou les menaces des princes. Et dont les bons crestiens vindrent a marcelin souverain evesque et le repristrent forment. Et quant il veist ce il se soubzmist au concil des evesques pour luy iugier auquel ilz distrent. Jane soit q le souverain evesque soit iugie de nul. mais regarde ta cause entoy et te iuge de ta bouche propre. Et dont se repentit forment et plora moult et se deposa luy mesmes. mais toutesfois tous le restituerent arriere. Et quant lempereur oy ceste chose il le fist derechief prendre. et il ne voult sacrifier en nulle maniere et ilz manderent que il eust le chief couppe. et la forsenerie des ennemis crut tant que dedens vng mois .xvii. mille furent decolez. Et quant marcelin deust estre decole. il dit quil nestoit pas digne destre ensevely en sepulture de crestiene. Et pource excomenia il tous ceulx qui le seveliroient. pour laquelle chose le corps de luy fut .xxxv. iours sans ensevelir. Et apres ce le benoit pierre commanda a marcel successeur de saint marcelin et dit. frere marcel pourquoy ne me sevelis tu. Et il respondi. sire nes tu pas enseveli. et il dit. je me repute pour non enseveli tant comme marcelin est a ensevelir. auquel il dit. Sire ne scez tu pas q il excomenia et maudit tous ceulx qui len seveliroient. Et pierre luy dit. nest il pas escript que celluy qui se humilie sera exaulce. et tu le deusses bien avoir entendu. Va donc et le seveli a mes piez. Et il alla sa tantost et acompli ses comman demon

De saint vital

Vital est a dire aussi
comme vivant tel car
tel comme il vivoit
par dehors il vivoit
tel ou cueur dedens. Ou vital est
dit aussi comme vie de son ou aus
si comme retardant ses elles.
c'est retardant son beste de ver
tus car il fut aussi comme une
des bestes de dieu que ezechiel
veist qui avoit en soy iiij esles
lesle de fermete par laquelle
il voloit ou ciel. esle damour
par laquelle il voloit en dieu
esle de paour par laquelle il
voloit en enfer et esle de congnois
sance par laquelle il voloit en
soy mesmes. Et nous avons
que sa passion fut trouvee ou
livret de gervaise et de protai
se

Vital chevalier et consul
te engendra de valerie
sa femme deux filz ger
vaise et prothaise. Et cestui en
tra en ravenne avec paulin iu
ge. Et si comme il veist illec q
ung cirurgien nomme ursin
estoit commande a decoler apres
moult de tourmens et cellui ur
sin doubtoit moult a mourir
Saint vital sescria et lui dit
frere ursin mire qui acoustume
a curer les autres ne te occie
pas de mort pardurable. et tu
qui es venu a victoire par molt
de passions ne perds pas la cou
ronne qui est appareillee de
dieu. Et quant ursin lor il fut
reconforte et se repentit de sa pa
our et receust voulentiers son
martire. Et saint vital le fist
honnorablement ensevelir. Et pour
ce il ne daigna puis aller a
paulin son maistre. tant pour
ce qu'il retraist ursin de sacrifier
comme pource que il se demon
stroit crestien. Et dont paulin c
manda que il fut leve ou tour
ment deculee. Et vital lui dit
tu es tres fol se tu me cuides de
cevoir qui me suis tousjours
estudie a conforter les autres.
Et dont dit paulin a ses minis
tres menez le devant le pal
mier et se il ne veult sacrifier
faictes une fosse parfonde jus
ques a leaue et lenfouez illecques
tout envers et ilz le firent et e
sevelirent le benoit vital tout
vif environ lan de nre sr lvij
Et le prestre des ydoles qui avoit
donne ce conseil fut tantost ra
vi du diable et fut forsene par
sept jours et crioit ou lieu ou
saint vital estoit enseveli. tu
me ars tout saint vital. Et
au vij iour le diable le trebu
cha ou fleuve et mourut illec ma
leureusement. Et si comme la femme
saint vital retournoit a mila
elle trouva gens qui sacrifioi
ent aux ydoles qui la prierent
qu'elle mengast des choses qui
estoient sacrifiees aux ydoles.
Et elle respondi. Je suis crestien
ne il ne mappartient point
menger de voz sacrifices. Et
quant ilz ouirent ce ilz la bati
rent si cruelment que ses gens
qui avec lui estoient la porte
rent jusques a milan. comme

femme morte. et la trespassa a dieu
deboinairement.

D'une vierge en antioche

Une vierge fut en an
tioche. de laquelle am
broise ordonna sa vie
par telz parolles. et
les mist ou second livre des vier
ges en ceste maniere. ¶ En
antioche fut une vierge naguai
res qui fuioit estre veue du co
mun des gens. mais de tant plus
fuioit elle plus les yeulx et les
regars des fols hommes des hommes
et beaute oye et non veue est plus
desiree par deux esguillons
c'est par convoitise d'amour
de congnoissance et de tant
comme il appert chose que mois
plaise si cuide l'en que ce soit
chose qui plaise. et comment li oeil
[illegible] constance de ce qu'il ne
voit [illegible] ne se congnoist [illegible]
[illegible] le desir. Et la saincte
vierge pource qu'ilz ne feussent
longuement tenuz en celle es
perance de leur convoitise et
que elle fut hors et [illegible] que la
persecucion [illegible] et elle pucel
le ne scent ou fouir et se doub
[illegible] elle [illegible] entre ceulx
qui l'espioient [illegible] elle [illegible]
[illegible] de chaste
[illegible] fut tant religieu
se elle ne doubtoit la mort
et si chaste et tant [illegible] le iour
de sa couronne ou sa correctio
de tous estoit venu et la pu
celle fut mostree en commun
[illegible] chose C'est cha
stete et religion. Mais quant
les mauvais veirent sa fer

mete d'icelle. et que pour de
perdre chastete elle estoit ap
pareillee de souffrir tourmens
et avoit honte de sa regarder
si s'appenserent que par l'espe
rance de chastete garder ilz
lui osteroient la religion. Car
silz lui ostoient ce que elle es
toit chaste ilz lui soustrairoient
bien apres et la religion Et dont
commanderent ilz que elle sacri
fiast ou que elle fut establie
au bordel. mais comment aoure
leurs dieux ceulx qui ainsi
les vengent ou qui ainsi jugent
ou comment vivent ilz quant
ilz iugent ainsi et la pucelle
non pas pource qu'elle doubtast
de sa religion mais pource que
elle avoit paour de sa chastete
si dit a soy mesmes que ferai
nous huy estre martire ou vier
ge une autre couronne nous
nie mais le nom de vierge
n'est point congneu la ou l'au
teur de virginite est renoie.
Et comment seras tu vierge
se tu aoures si dole dit fole fe
me. Et comment seras tu vier
ge se tu aymes advoultire. Co
ment seras tu vierge se tu re
quiers amour. trop mieulx
te vient souffrir avoir vierge
pensee que pensee charnelle.
et l'un et l'autre est bon a qui
il plaist. et se il ne plaist non
Et toutesvoies appartient il a
estre chastement. Or en soions
a la voulente de dieu. Raab
fut femme folieuse. mais puis
que elle crut en dieu elle trouva
salu. Et Judith se aorna pour

que elle pleust a admonstrer.
Mais toutesfois par religion
non pas par amour et pource
ne la vouloit mise de admonstrer.
Le exemple succeda bien. Se celle
qui se commist a religion par a
venture gardi chastete et son
pris. Et nous gardons chastete
en gardant religion. Laquelle
chose se judici voulsist avoir
mis chastete audevant de reli
gion elle eust perdu chastete
et son pris. Et dont celle esle
ue par telz exemples tenoit
aucunes telles parolles de mer
veilleux du tout en tout par
lesquelles il dit. Quiconques
perdra son ame pour moy il la
retrouvera. Et dont plora la
pucelle et se teust si que celluy
admonstrer ne soit pas parle
ne que elle eslieust parolle damour
de chastete. mais se excusa a
ihesucrist savoir se elle povoit
faire admonstrer de bouche qui
ne se faisoit pas de parolle. Et
vrayement elle avoit ja pieca
faicte son oroison a dieu et estoit
aussi comme preste de lever a lor
donnance pour recevoir elle de choses
faictes et si la vouloit demo
strer. Elas: les oreilles vierges
de dieu. la pucelle de dieu est
esmeue au bordel. mais ouurez
vos oreilles vierges de dieu.
car elle y peut bien estre esta
blie. mais elle ny peut faire
admonstrer quelque part. la
vierge de dieu est le temple de
dieu est. ne les bordeaux ne
diffament point chastete oste
la diffame du lieu. Et dont

couruent a fornication sa pla
te de ribaudise. Saintes vierges
aprenez les miracles des mar
tirs et entendez les parolles de
ces lieux. La coulombe est enclo
se dedens les espreviers se co
batent par dehors et rappent
pour savoir qui assaudra pre
mier sa proie. mais elle leva
les mains au ciel aussi comme
se elle fut en oroison et non pas
au lieu de luxure et dit. Sire
ihesucrist tu dontas a la vierge
les cruelz lyons. tu peus bien
donter les cruelles pensees des
hommes. Sire le feu du ciel au
rousa les caldees. Judeis entre
les Juifz se rendi sur mesmes
et par ta misericorde ce fut fait
et non pas par nature. Susan
ne fut menee au tourment et fut
a genoux et si eust victoire de lad
voultire. Sire la main deste
secha a celluy qui osta les dons
de ton temple. Sire ce temple cy
dont est tien ne souffrir pas
il soit corrompu par sacrilege tu
qui ne souffres pas la lavean
de laitre. Sire ton nom soit be
noit si que ie qui suis venue a
ceste advoultire men departe
vierge. Et celle eust a peine son
oroison finee quant ung homme hor
rible en forme dung chevalier
vint et la vierge commenca a
trambler mais ne fut pas ou
blieuse de sa leccon et dit dame
estoit venu deux le tou mieux
de susanne. mais pource que
le peuple savoit condempnee
ung seul la delivra. et aussi
peut une aultre sor a ta part ...

cest habit de son thiecelin a
ses chevaliers qui ont monte
de mesdisez. Et il accepta par
adventure qui estoit comme po
mort beau amie ne te doubte
car aussi seulent faire les me
res aux enfans. Vierge ta for
ta face sainte. Alamuelle le che
valier dit. Certes ie te requier
ne te doubte pas. Et elle dit si
ie le fais certenement saulve mo
amie et non pas perdue Et il dit
garde moy. si que tu soies gar
dee. ie suis certaine aussi car
vous admonester. Prent doncques
le manteau et pour muer mes
vestemens il me convient avoir
les tiens et tu auras les miens. Et
lun et lautre feront a thiecelin
La mort ta vesture me fera vray
chevalier et la mort te fera vier
ge. Et que tu soies bien vestue
ie mettray mon heaulme. Et
pour que les persecuteurs ne
cognoissent prens mon habit qui
muera ta forme et me baille
celui qui me fera martir. Vest
le manteau qui couvrira les me
bres de la vierge et gardera cha
stete. prens le chapel qui couvre
ra tes cheveux et muera ton vi
sage. Ceulx qui entrent au
bordel seulent avoir honte. Et
sainement quant tu seras is
sue hors ne regarde point ar
riere. Remembre toy de la fem
me loth qui mua sa nature pour
ce que elle regarda les adoul
teres. Du son ce quelle eust les
yeulx haultes et les perdi et ne
te doubtes pas que il rendisse
ance par ce sacrifice. Je rendrai

pour toy sainct sacrifice a dieu
et tu te rendras pour moy che
valier a thiecelin et auras bon
ne chevalerie de chastete. la quelle
chevaucha pour honneurs pardu
rables. et auras le haubert de
droicture qui enclost le corps de
vertu espirituel. et le seau de foy
par lequel tu deboutras la
maulvaistie des hommes. et
le heaulme de salut. Car le co
fort de salut est la ou thiecelin
est. pour ce que lomme est chief
de la femme et thiecelin est
chief de la vierge. Et entre ces
parolles il despouilla son man
tel tout estabir encore de sa
bit et du persecuteur et admonest
ir. Et la vierge prist le mantel
et offrit au chevalier son atour
quelle compaignie qui fut faite
par grace. le chevalier et la vier
ge qui estrivoient ensemble de
martire ou bordel et sont ad
joustees ensemble le chevalier
et la vierge personnes dessem
blees par sainte semonce de dieu
pour ce que quilz ont dit sont
acomplis. et dont seront pou
ensemble les loups et les ang
neaulx. et beez que le lou et
laignel ne sont pas ensemble
venus mais ilz sont sacrifiez
Et que plus la pucelle se ren
dit du lieu par son habit mue
aussi comme par les elles es
pirituelles. la quelle elle est
tout portee et yssi hors ce qui
ne fut mais veu que pucelle
yssist vierge hors du bordel
mais ce fist thiecelin car ceulx
qui tenoient les yeulx a regar

der ne devoient point du cueur
en perils. Car plusieurs furent
soient pour laignelle & les loups
pour leur proye. Et lun qui es
toit mauvais plus que les
autres entra dedens. Et pour
ce quil fist des tesmoings de
felonnie et il dit. Il est entre
cy une pucelle & ce semble ung
homme. et ce nest pas fable. cest
une chevalier ung pour une
vierge. Et je avoie vrayement
oy & ne le creoie pas q ihucrist
a moult conneu leaue en vin il
a la commencer a muer le se
xe. Alons nous en de cest estat q
nous sommes. ce q nous avons
este. Car je voy autre chose q
je ne croy. Je suis venu au bor
del & voy merveilles et toutef
foys en ysteray je mue de ytim
chaste qui y estoye advoultre
Cest la demonstrance de la
chose. Car par frequant com
vomne qui estoit devenu au lou
queur. cil qui est pris pour
la vierge fut condempne pour
la vierge. Et ainsi la vierge
ne issi pas seulement du bor
del. mais les martirs en ys
sirent. Car len dit q la vier
ge courut au lieu de martire
mais ilz estriverent tous .ij.
de la mort. quant il disoit.
Je suis commande estre occis.
dont je absoulz la sentence
car elle me tient et elle croit
je ne say pas esleu a estre gar
ge de ma mort. mais je te de
sire estre deffendeur de ma
chastete. Ce ma chastete est
requise le sexe remaint. Et se

len veult avoir le sang. Je ne
desire nul pleige. Car bien de
quoy payer et contre moy est don
nee ceste sentence laquelle est
donnee pour moy. certainement
se je eusse donne pleige de pei
ne et je men feusse alee le juge
eust adjuge que ton chastel
fust au creancier. Et par celle
mesmes sentence suis je tenue
a toy delivrer et se je le refu
soie je seroie digne de mort.
Car ceste usure de lafflicion le
chief est trop greigneur. Et
pource mourray je innocente
si je ne muir nul sang. ainsi na
ay nul morir. ou je seray ha
coulpable de ton sang ou mar
tire du mien. je suis tost reto
nee qui me veult forclorre de
ce. Et se nay fait demeure q
men ose absoulz de ce. Je suis pl
coulpable vers les loys et non
pas seulement de ma faute.
mais pour la mort dun estra
ge. mes membres souffisent
a la mort qui ne souffisent pas
a liniure. le lieu de la plaie
appartient a la vierge qui ne
luy appartenoit point de la
durer. Car souls le reproucle et
non pas le martire. je te baul
lay ma vesture mais je ne
muay pas ma profession. Tu
mostres la mort. Tu ne me ra
cheptas pas. mais venis comme
tenant. garde je te prie que tu
ne me condempnes et ne mo
stre pas le benefice q tu mas do
ne quant tu mostras ceste se
tence. tu me deusses estre res
tablie en la sentence somme

raine car ceste sentence si est
minee par la souueraine. car
ceste derreniere sentence ne me
tient pas & la souueraine sen
tence me tient. Et nous pouons
faire satisffacion a lune et a
lautre sentence si me seuffres
estre occise. Il ont eu tout autre
peine a faire la chastete en co[illegible]
mutant en la [illegible] Et se tu
scauras plus a longueur se tu [illegible]
faire de celle qui estoit au bor
del martire [illegible] ne martire
estre faicte a honneur. Et ain
si ces deux estriuoient et tous
deux vainquirent ne la cou[illegible]
ne de martire ne fut point de
uisee mais adioustee. Et ain
si ces [illegible] martires saintz [illegible]
[illegible] lun a lautre les benefices
[illegible] elle lui donnoit le commence
ment du martire et lautre
lui donnoit leffect. Ce fut le
[illegible] des philozophes [illegible]
ceulx qui viuoient auecque
[illegible] et
[illegible] firent de saucel [illegible]
[illegible]oit condempne a mort. si demanda
du temps & donna pleige. Et
le tirant si leur demanda ce que
il ne cuidast pas trouuer des
plus fols car il requist que il
demandast [illegible] pleige qui feroit
[illegible] pour lui se il failloit de
uenir. Lequel des deux es
toit le plus noble. lun estoit lau
tre. et lautre est tresnoble. Lun
lui pleige lautre de mort.
et lautre soffrir pour lui a
[illegible] Et ainsi que cil qui
estoit pleige fust demeurez a
[illegible] lautre soffri lienet a
receuoir mort. Et quant len le
menoit a mort son ami reto[illegible]
na & mist son chief pour lui. Et
dont quant le tirant vit que
les philozophes auoient plus
chier lamistie que la vie. si fust
tout merueilles & requist ceulx
quil auoit condempnez quilz le
receussent en amistie. Et la ver
tu damour est si grant que
elle enclina le tirant a grace &
le fist digne de louenge. mais
elle fut plus petite telle amo[illegible]
que de ces deux car ceulz estoient
deux hommes. et si estoit vne
vierge de bonnaire qui vainqui[illegible]
son sexe. Les autres estoient a
mis et ceulx ci ne sentrecon
gnoissoient. Les autres soffri
rent a vng tirant. et ceulx ci
soffrirent a plusieurs tirans
et plus cruelz. cestui tirant
leur pardonna. et cestui les
[illegible] et eurent couronne de
martire les autres sentrestri
uoient pour les hommes & ceulx
[illegible] estriuoient pour dieu. Et ce
sont les paroles dambroise.

De saint pierre martir

l'amonesta q'il ostast l'enfant
de l'escolle. et il dit. Je me doubt
te que quant pierre sera bien
introduit que il ne se conver
tisse a celle faulse creance [illegible]
il ne destruise et confonde no
stre foy qui en a la tant dit. et si
nen sect neus. Et il prophetiza
aussi comme cayphe quant
il dit que pierre destruiroit
la mauuaistie des herites [illegible]
chaue pource que ceste chose estoit
faicte de par dieu. le pere ne se
consentit pas aux admonneste
mens de son pere. mais eust es
perance que il se trairoit tantost
a sa secte par aucun maistre
de heresie quant il seroit introduit
es ars. Et donc quant le saint
enfant veist que il faisoit
maintenant demourer entre les
escorpions en despisant le mo[n]de
et ses parens il entra tantost en
l'ordre des prescheurs. ou quel
ordre comme il preschant [illegible] noble
ment demourent pape demoustre
en son epistre disant quant et
pierre se fut destourne noble
ment des fallaces du mo
de en son enfance il se transporta
en l'ordre des freres prescheurs
ou quel ordre il fut [illegible] en
nobli par compaignie de [illegible]
[illegible] devant allant et [illegible] pre
sente [illegible] compaignie et
[illegible] et proffita pour la deffe
[ns]e de foy pour laquelle il ar
doit tout. car il avoit estre co
mme contre ces cruelx ennemis
[illegible] comme esleu [illegible] et a
[illegible] ferme et surmonta for
[illegible] comme [illegible] par

martire benoitement. Et ainsi
comme pierre fut ferme en pier
re de foy. en la fin il fut en sa pas
sion hurte a la pierre et monta
couronne dignement a la pierre
de l'hulceult. Et garda tousiours
sans corrompre virginite de pen
sees et de corps. ne il ne sentit on
ques nul atouchement de peche
mortel. si comme il est approu
ue par la foy de ses confesseurs
Et pource que le seigneur delicie
ement nourrist estoit contre
son seigneur il restraint sa char
par continuez espargne de me
gier et de boire. Et pource que
il nourrist a ses ennemis [illegible]
par parestre de orsinete il hau
toit assiduelment es iustifica
tions de monseigneur. E pour
cellui corrompu du tout en tout
es choses convenables que les
desconvenables choses neu
sent point lieu en lui. et que
il fut seurs des esprits de main
naistie. Et ses silences de la
nuit qui sont deputees a su
main repos apres vng brief
dormir il les despendoit es es
tudes des lecons. Et apres
de veillier le temps ordonne a
dormir et despendoit le iour ou
profit des ames ou entendible
predications. ou en oyant les
confessions. Ou en confondant
les eseignemens venimeux des
heresies. par tres nobles [illegible]
esquelles il est cogneu avoir
este ennobli par don de grace
espirituel. il fut aggreable par
devotion seurement par humili
te plaisant par obedience benef

par debonnaireté. compaciant par pitié. ferme en patience. amiable par charité et bien ordonné en toute meurte de bonnes meurs. Il actraioit les autres par avoir science. Angnence de vertus il estoit ardant amy de foy et noble champion dicelle et cellui combatant avoit si emprainte la foy en son couraige que il sestoit du tout donne a son service. Et quant les paroles et les euvres de lui sentoient la vertu de foy. et quil convoitoit mourir en icelle. et il fut esprouvé que il avoit principalment a nostre seigneur requis par plusieurs fois a mourir pour la foy. Et quil ne se laissast trespasser de ce siecle tant que il eust pris le calice de passion pour lui. Et en la fin ne fut il pas deceu de son desir et fut ennobli en sa vie de moult de miracles. ainsi comme il examinoit ung evesque des herites qui estoit pris des preecheurs et moult devesques et religieux et grant partie du peuple de la cite feussent la assemble et tant pour le presbermet comme pour lexamination ilz feussent illec longuement a lardeur du soleil qui estoit tres chault. si il tourmentoit tout le peuple. Cellui maistre des herites dit devant tous. O mauvais pierre se tu feusses si saint comme ce fol peuple te tient pourquoy le laisses tu mourir de chault. Et que tu ne pries to

dieu quil mette aucune nue entre le chault et nous pour garder le peuple. Et le benoit pierre respondi. Se tu veulx promettre que tu renonces ton herese je deprieray nostre seigneur quil face ainsi comme tu as dit. Et dont les herites et les maistres crierent et distrent. promet promet. car ilz cuidoient que ce ne peust estre fait. Et le benoit pierre promist devant tous estre fait. Et mesmement comme nulle tres petite ne que une napparut en lair. si que les catholiques furent courrouciez de la promesse du benoit pierre. et doubtoient que la foy catholique neust confusion de ceste chose. Et si comme cellui herese ne se voulsist obliger a ce. le benoit pierre dist a ce que le vray dieu soit demonstre createur des choses visibles et invisibles et pour le confort des bons crestiens a la confusion des herites je prie a nostre seigneur que aucune nue monte et se mette entre le soleil et le peuple. Et dont fist le signe de la croix. Et tantost une nue vint sur le peuple en maniere dun pavillon qui garda le peuple par maniere de grant temps. ¶ Ung contrait qui avoit non acerbe avoit este contrait par lespace de v ans si que il se traioit par terre en ung vaissel de fust et fut mene a saint pierre a milan. Et tantost comme saint pierre leust signe du signe de la

avoir il fut gary & se leva sur
ses piez Et aucuns autres mi
racles que messeigneur fist
pour lui sont recordez en la de
epistre Innocent qui dit q
le filz dun noble homme avoit
tres horriblement la gueule en
flee si que il ne povoit parler
ne souspirer. Et le saint ho
me leva ses mains au ciel
et fist sur celluy le signe de la
croix. Et cestui prist sa chappe
& la coucha au lit malade et
fut gary et le noble homme mes
mes fut apres de mont grefve
ne devotion de venir. si que
il cuida bien mourir Et dont
fit apporter la chappe que il
avoit gardee moult honnora
blement Et tantost comme
il leust couchee a sa poictrine
il mist hors par la bouche ung
ver qui avoit ii testes tout ve
lu & fut plainement delivre.

Il mist son doy a ung en
fant qui estoit muet dedens
la bouche et il parla tantost
& autres plusieurs miracles
fist messeigneur en sa vie po
sur. Quant la pestilence
de heresie creust en la province
de lombardie et avoit ja con
me moult de cite par sa mau
vaistie & le pape avoit envoie
plusieurs visiteurs pour oster
celle mortelle ambiente en di
verses parties de lombardie
mais a milan en avoit trop
au nombre. et si estoient fors
par puissance seculiere aucuns
par faulx & faulx parler
& saives de la science du dy

ble. Et quant cellui souverai
n evesque entendi et sceust que
benoist pierre estoit homme de
grant couraige & quil ne doubt
eroit point la multitude des
ennemis. et si congnoissoit la
ferme vertu de lui par laquelle
il ne cederoit point a la puissa
ce des adversaires. et si con
gneust le bel parler de lui p
quoy il descouvriroit legiere
ment la fallace des herites.
et savoit bien quil estoit in
struit en divine sagesse. par
laquelle il confondroit rai
sonnablement les faulx argu
mens des herites. si que il es
tabli cellui si noble champion
de la foy et si bon batailleur
de messeigneur sans lasser in
quisiteur a milan et a toute
la conte & lui donna pleine
auctorite de lui. Et dont il
hanta diligement loffice qui
lui estoit enjoincte et querroit
par tous les heresies sans se
donner repos mais les con
fondoit merveilleusement et
les deboutoit puissamment et
les admonestoit sagement Et
quilz ne povoient resister a la
sagesse & a lesperit qui par
loit en lui Et quant les he
resies virent ce si furent moult
dolans & commencierent a trai
ter avecques leurs compai
gnons de sa mort. Et cuidoi
ent apres ce vivre paisible
ment silz estoient delivrez dun
grant persecuteur. Et dont si
comme cellui noble predicateur
qui devoit tantost estre mar

tur. si comme Innocent pape le recorde en ces paroles. si comme il venoit a Milan de la cite de Come ou il estoit prieur des freres de son ordre pour faire inquisition contre les herites qui lui estoit commise du siege de Romme si comme il avoit dit en plain preschement. l'un des herites a la requeste des autres corrompu par dons et par prieres saillit mortelment contre le saint qui estoit en la voie du prouffit de salu. Et le loup cruel saillit contre l'aignel. le felon contre le debonnaire. le forsené contre l'atrempé. le desordonné contre le simple. osa faire les assaus et esprouva sa force et essaia a lui donner mort. Et dont [illegible] cruelment le chief du saint a ung coutel et lui fit plusieurs plaies et mouilla l'espee ou sang du juste qui n'ostoit point son chief des coups de son ennemi mais se demonstra tantost comme vrai sacrefice soustenant en pacience les tourmens et les coups de cellui qui le feroit. Et en cellui lieu de sa passion rendi l'esperit qui s'en alla aux lieux celestiaux. et cestui envenimé murtrier et faux sergent doubloit ses coups ou ministre de Jhesucrist. mais cellui ministre ne crioit ne ne murmuroit. mais en souffrant tout paisiblement commandoit son esperit a nostre seigneur disant. Sire entre tes mains commande je mon esperit. Et commença a dire la credo. et ne laissa pas a estre prophete es articles d'icelle si comme cellui envenimé qui le ferist et fut prins des bons preudes hommes et frere Dominique qui estoit frere et compaignon du saint lequel cellui murtrier feri si que il en mourut apres le racompterent apres ce. car si comme cellui murtrier dit a le sang saint venoit encores il prist le coutel et lui bouta cruelment parmi les costes. Et en cellui jour de son martire il desservi en divine maniere estre confesseur martir prophete et docteur et confesseur pource que entre les tourmens il confessa tres fermement la foy Jhesucrist. et o il se confessa avant ce mesme si comme il est acoustumé et rendi a dieu sacrefice de louenge a maniere qui espandi son sang pour deffendre la foy. prophete en ce que il estoit adonc malade de quartaine et ses compaignons distrent que ilz ne pourroient pas aller jusques a Milan pour la presse du peuple mais demourerent a saint Simplicien celle nuit. Et docteur en ce car avant il souffrit mort si enseignoit il la foy catholique a haulte voix. credo in deum. Et sa passion de lui est veue estre assez semblable a la passion Jhesucrist. Car Jhesucrist souffri mort pour la verite de predication. Et pierre souffri mort pour la verite de foy que il deffendoit. Jhesucrist souffri mort du mauvais et felon peu...

des Juifz. et pierre souffrir mort
du dessloial peuple des herites.
Jhesucrist souffri mort ou temps
de pasques. pierre souffri mort
en ce mesmes temps. Jhesucrist
quant il souffri mort dit.
Sire en tes mains commande je
mon esperit. Et quant pierre
fut occis il crioit ces mesmes pa
rolles. Jhesucrist fut livre a estre
crucifie pour xxx deniers. pier
re fut livre a estre occis pour xl
de la monnoie de pavie. Jhesucrist
amena moult de gent a la foy
pour sa passion. Pierre converti
moult de herites par sa mort.
Jasoit ce que cellui noble combat
teur avoit destruit en sa vie
moult de manieres esleignemens
des faulx herites. toutesfoies a
pres sa mort furent ilz si [illegible] des
truiz par les nobles miracles
de luy que plusieurs delaisse
rent leur erreur et revindrent
en noble giron de saincte egli
se [illegible] ne la cite de la conte de mi
lan ou il avoit tant dassemblees
de herites en fut si purgiee q nul
ne losoit la apparoir. Car les
uns estoient convertiz a la foy
et les autres estoient hors chaciez
et mesmes plusieurs docteurs qui
estoient tresnobles et tresrenom
mez entrerent en lordre des pres
cheurs qui encores ont este
persecuteurs des herites et
de leurs faucteurs par merveil
leuse ardeur de foy. Et tout ain
si comme sanson occist plusieurs
philistiens en mourant plus
que il navoit fait en vivant
tout aussi cestui a vaincu de fin

ment devant en terre. et agreva
te par la main des dessloiaux
et mort se refoundy en plus pla
tue Et aussi comme la grap
pe foullee ou pressouer redonde
en habondance de liqueur. Et co
me les pieces de encens amenuies bat
du pestel espandent avant oudeur
plus plainement. Tout ainsi apres
la glorieuse victoire du saint
homme nostre seigneur lennobli
de moult de miracles desquelz je
soulement en racompte aucuns
et dit. Premierement apres la mort
dicellui les lampes plusieurs
pendans a son sepulchre furent a
lumees par elles mesmes sans
nulle estude ne aide dhomme
humain. Car cestoit chose moult
convenable que cellui qui avoit
este ennobli excellentement par
lumiere de foy et singulier mi
racle de feu et de lumiere ap
parust pour lui. ¶ Si comme
ung homme mengoit au dis
ner avec les autres si comen
ca a mesdire de la saintete di
cellui et blasmoit ses miracles
et prist ung morsel en disant
que ja ne le peust il passer se
cestoit voir ce quil mentist. Et ta
tost il sentit que le morsel se
prist si au gosier que il ne le
povoit ne gloutir ne getter.
pourquoy il se repentit tantost
et avoit ja la couleur muee
aussi comme sil sentist la ve
nue de mort. Et voua fist veu
en soy mesmes que il ne diroit
jamais telle chose de sa langue.
Et donc getta tantost hors le
morsel et fut delivre. ¶ Une

femme ydropique vint au lieu ou
il avoit souffert passion et fist
illec son oroison. et tantost elle
receut entiere sante par laide de
luy. ¶ Aucunes femes qui
par long temps avoient este
affectees du deable cellui mar-
tir les en getta hors par la bou-
che avecques moult de sang.
¶ Il garist fievreux et cura
languoreux plusieurs et de di-
verses maladies. Ung home
avoit perdu par fistre et partie
de partie ung doy de sa main
senestre quil garist par mirac-
leux confort ¶ Ung enfant
par grief adventure fut si es-
traint que il ne mouvoit ne
ne sentoit. et estoit plore aussi
come mort. Et tantost len lui
mist sus la poictrine de la ter-
re qui estoit touchiee de son
saint sang et il se leva tout
sain. ¶ Ung home estoit
tout rongie de chancre. et il fu
oinct du limon de celle terre
et fut tout gary de ses plaies
¶ Plusieurs autres estoient
occupez de diverses maladies
qui se faisoient apporter en
chars et en autres porteures.
a son sepulchre. et sen retour-
noient tous sains a leurs lieux.
¶ Et si comme linnocent sou-
verain evesque eust mis et
pierre ou cathologue des sains
martirs. les freres sassemble-
rent ou chapitre a milan et vou-
loient le corps de luy porter
en plus hault lieu comme
il avoit ia plus dun an este
soubz terre sain et entier. sa

nulle ordure de corrupcion. et
le trouverent tel comme sil
eust este ensevelis ce mesmes
iour. Et dont les freres mirent
le saint corps sus ung tapis
delez celle mesmes place a grant
reverence et la fut demonstre au
peuple sain et entier et fut adore
devotement ¶ Et sans les
miracles qui sont mis es let-
tres du souverain evesque fu-
rent faiz moult dautres. car
sur le lieu de sa passion plusieurs
religieux et autres virent plu-
sieurs fois luminaires ardans
descendre du ciel et remonter.
Entre lesquelz ilz tesmoignoient
avoir veu .ii. freres en habit de
prescheurs. ¶ Ung iouvencel
nomme gueffroy de la cite de co-
me avoit ung pou de drap de
la cote saint pierre. si que ung
herese lui dit par despit que se
il creoit que il fut saint quil
gettast ce drap ou feu et se le
drap nardoit pas il croiroit ta-
tost que il estoit saint et quil
recevroit la creance de luy. Et
tantost il getta ce drap sus
les charbons ardans. mais li
drap saulsi hault sus le feu et
revint arriere sus les charbons
et les destaingnist du tout en
tout. Et donc dist cellui mes-
creant aussi bien le feroit le
drap de ma cotte. Et dont fut
mis le drap de la cotte du saint
sur autres charbons vifz et
le drap de lerese dautre part.
Et tantost comme cellui de le-
rese sentir la chaleur du feu il
fut ars. Et le drap du saint

dimenche le feu : lestaingnist
et ne fut neus arz dicellui
Et quant leuesque veist ceste cho
se il retourna a voie de verite
et publia le miracle. A
florence auoit .j. iouuencel
corrompu de mauuaistie de
heresie. Et si comme il estoit en
leglise des freres a florence de
uant une table en laquelle le
martirement de saint pierre
estoit paint et veist le decole
ment de lespee mue et dit. Je
voulsisse auoir este la car ie
eusse . lui vaillamment feru
et si tost comme il eust ce dit
il fut fait muet et ses compa
gnons lui demanderent quil
auoit et il ne leur peult nes
que ne respondre si le menerent
en sa maison. et si comme il le
menoient il vit en la voie leg
lise de saint michiel . il se escha
pa de mains a ses compaignons
et entra en leglise . il sagenoulla
et pria [illegible] en son cueur saint
pierre quil lui pardonnast et
[illegible] si comme il
[illegible] sil estoit deliure il
confesseroit ses pechiez et re
nonceroit toute heresie. et dont
recouura il soudainement sa pa
role. et dont vint a la maison
des freres . et renonca a toute he
resie et confessa ses pechiez et
donna congie a son confesseur
que il preschast ceste chose au
peuple en [illegible] comme pres
entement et lui mesmes le
confessa deuant tous. U
ne nef estoit ou milieu de
la mer pres de [illegible] et estoit

aissee par les cruelles ondes :
la nuit estoit tres obscure si q
les mariniers ne veoient goutte
et chascun auoit : requeroit lai
de de plusieurs sains mais o
ilz ne veirent nulle demonstrance
destre deliures. Le peril lunq q
estoit nez de venices fist faux
paix et araisonna les autres
ainsi. freres nauez vous pas oy
comment vng frere de lordre des
prescheurs pierre par nom na
gueres fut occis des herites
pour deffendre la foy catholi
que et que nostreseigneur mon
stre moult de miracles pour
lui requerons de maintenant
son aide deuotement car iay es
perance que nous ne serons pas
deceus de nostre requeste. et tous
sacordent : appellerent le be
noit pierre en leur aide. et si
comme ilz oroient ainsi ilz le vi
rent le mast en quoy le voille
de la nef pent tout plain de
chandelles et de sa merueilleu
se resplendeur des cierges tou
te la obscurete fut chacee et celle
nuit si tres obscure fut muee
en tres cler iour. Et dont virent
vng homme en habit de pres
cheur estant sor sur le voille
duquel il nest nulz doubte
que ce ne fut saint pierre et ta
tost la mer se apaisa : fut grant
paisiblete de temps. Et quant
les mariniers furent venus
sains liez a venice ilz alerent
en la maison des freres pres
cheurs et rendirent graces a
dieu : a saint pierre : racon
terent aux freres toute lordre

nacce du miracle. [U]ne fe
me de flandres qui avoit eu
trois enfans mors nez. si que
son mari la hayoit pour ceste
cause. Si depria saint pierre
qui lui fust en aide. Et si comme
elle avoit ja enfante le quart
enfant tout mort. elle le prist
et se mist a deprier saint pierre
de tout son cuer que il lui fu
son filz rendue par ses devotes
prieres. si que elle eust a peine
son oroison finee quant le filz
qui estoit mort apparut tout
vif. Et si comme il fut porte
baptisier il estoit ordonne a
estre appelle iehan. Et le prestre
sans consentir scen quel nom
il devoit dire le nomma pierre
Et dont tint il tousiours apres
ce nom par la devocion de st
pierre. [E]n la province de
centonique en la ville de tra
iect aucunes femmes veuent
que grant plante de peuple
venoit a leglise des prescheurs
en l'onneur de saint pierre le
martir. si se tenoient la en
une place et filoient et disoient
a ceulx qui la estoient. ces pres
cheurs scevent toute la ma
niere de gaaignier. ilz peuent
assembler grans pecunes et
faire grans palais. ilz ot trou
ve ung nouvel martir. Et si
comme ilz disoient telz choses et
semblables. tout leur fil fut sou
dainement ensanglante. et leurs
doiz de quoy ilz tordoient leurs
filz furent tous plains de sang.
Et quant ilz veirent ce elles
sesmerveillerent et tordirent

leurs doys ensemble. Et si que
par adventure ilz ne feussent
aucunement trenchiez. Et quant
elles veirent leurs doys sains
et que leur fil estoit si sanglant
elles commencerent a dire en
tremblant et en eulx repentant
vrayement pource que nous a
vons detrait le sang du pre
cieux martir. cest esbahissant
miracle nous est advenu. Et
dont coururent a la maison des
freres prescheurs et compterent
tout au prieur et lui presente
rent le fil ensanglante. Et le
prieur a la requeste de plusieurs
fist une predication solennel
et racompta ce qui estoit adve
nu a ces femmes et monstra le
fil ensanglante devant tous. Et
ung maistre en lart de grammai
re estoit en celle predication. si
commenca moult a despriser cel
tui fait. et a dire a ceulx qui la
estoient. Veez vous comment ces
freres decoivent les cueurs des
simples gens car ilz ont alou
ees aucunes de ces femmes qui
sont leurs amies pour faire
ce fil taindre en aucun sang
et puis dient que cest fait par
miracle. Et si tost comme il
eust dit ce tantost la divine
vengence le prist et le tourmenta
de si forte fievre devant tous
quil convint quil en fust porte
du prechement en sa maison
ainsi. et si comme celle fievre crois
soit tant que il doubta la mort
prochaine il fist venir le prieur
a lui et confessa son pechie et
voua a dieu et a saint pierre

deuant le prieur q̃ il lauoit fai
te par ses merites il lauoit a
tousiours mais en especial de
uocion et ne diroit iamais tel
chose. Et tantost comme il eult
fait le dit veu il recouura plain
ne santé. ¶ Une fois que le
soubzprieur dicellui lieu me
noit tresbelles pierres en une
nef par eaue la nef saherdi si
au riuage soudainement que
nul ne la pouoit auoir tant q̃
les mariniers descendirent et
boutoient la nef tous ensemble
et si ne la pouoient mouuoir
et si comme ilz cuidoient auoir
la nef perdue le soubzprieur fit
oster tous les autres et mist
tout seul sa main a la nef et la
bouta legierement en disant
Alez ou nom de pierre le mar
tir en lonneur du quel nous
portons ces pierres. Et tantost
la nef se meut tres hastiuement
et se parti tresisnelement du riuage
et adont entrerent les mariniers
dedens et vindrent sains et saufs
a leurs propres lieux. ¶ En
la prouince de france en la cite
de sens aduint que une pucel
le passoit parmi une eaue et
cheyi dedens. si y fut grant es
pace de temps et en la fin fut
traicte de leaue toute morte et
fut grant argument de sa mort
et la cessacion demonstrance q̃
elle estoit morte tant pour la
grant espace du temps comme
pour la roideur et la froideur
et la noirte du corps. Et adont
fut portee a leglise des freres
prescheurs qui la vouerent a s[aint]
pierre. Et tantost elle reuint a
vie de salut. ¶ Si comme frere
iehan pelor estoit a boulon
gne malade de quartaine le q̃l
deuoit faire le sermon aux
clercs au iour de la feste saint
pierre le martir. Et il attendoit
selon le cours naturel a auoir
son acces celle nuit si quil se
commenca moult a doubter que
il ne faulsist du sermon qui
lui estoit enioint. Et dont se
prist a requerre saint pierre et
sen alla a lautel dicellui et le
depria q̃ par ses merites il lui
donnast aide comme cellui de
qui il deuoit preschier la gloire
Et adont fut ainsi fait que la
fieure cessa du tout en celle nuit
et ne le prist oncques puis.

De saint pierre apostre

Philippe vault au-
tant a dire come
bouche de lampe
ou bouche de mains
Ou il est dit de philos q(ui) vault
autant comme amour et de
ypne qui est a dire souverain
cest autant a dire dont philip-
pe come amour des choses sou-
veraines. Dont il est dit bouche
de lampe pour sa clere predi-
cation et bouche de mains pour
sa assiduee ouvrance. Et amour
des choses souveraines pour
sa celestiel amour et contem-
plation

Quant philippe apo-
stre eust preschie en
sicle .xx. ans il fust
pris des payens et tenu et fut
mene pour sacrifier a lydole
de martis et y fut constraint.
Et dont tantost ung grant
dragon yssi de lydole et tua
le filz de levesque qui admini-
stroit le feu a faire le sacrifice

Et si occist .ii. juges lesquel[s]
les ministres tenoient phi-
lippe lie en liens. Et si atou-
na si les autres par son sou-
flement que ilz furent tous
fervus mors. Et dont dit phi-
lippe croiez mes parolles et de-
peciez ces faulx ymages et
mettez en leur lieu la croix de
monseigneur et la orez et les ma-
lades seront garis et les mors
seront resuscitez. Et ceulx qui
estoient malades crioient.
Sire fay tant que nous soi-
ons garis et nous froisserons cest
ydole. et philippe comman-
da au dragon que il sen allast
en ung lieu desert. si que il
ne peust nuyre a nulluy am[...]
et dont sen partit tantost et ne
sapparut plus. Et dont philip-
pe les garit tous et impetra
aux .iii. mors benefice de vie
Et ainsi creurent tous en dieu
et il leur prescha encores par
ung an apres. Et dont leur
ordonna prestres et diacres
puis vint en asie en la cite
ierapolin. en laquelle leresie
des ebionites regnoit qui di-
soient que ihesucrist avoit pris
char fantastique en la vier-
ge et lenseignoient au peuple
et il la destruisist. Et la esto-
ent deux tressainctes vierges
par lesquelles nostreseigneur
convertit moult de gent a la
foy. Et dont philippe
avant sa mort sept iours ap-
pella tous les evesques et les
prestres du pays et leur dit
nostreseigneur ma donne ces

sept iours pour vous amones
ter a bien. et il estoit en laage
de .iiij.xx et vij. ans. adonc. Et
tantost les mescreans se pri
rent et se ficherent en la croix
en la maniere q ihucrist son
maistre y fut. lequel il preschoit
et ainsi trespassa en nostre sr et
acomplist son temps beneuree
ment. et ses .ij. filles furent en
sevelies avecque luy. lune a
destre et lautre a senestre. ¶
Et de cestui philippe dit ysi
dore ou livre de la vie et du
commencement et de la mort
des sains. philippe preschi
aux galliens le nom ihucrist
et si ramena les estrangieres
gens qui estoient prochaines
a tenebres a la grant mer
a la lumiere de science et a
port de sa foi. Et apres en iera
polim province de frise il fut
crucifie et lapide et mort et la
repose ensemble avecques ses
filles. et ce dit ysidore. ¶ Et
de philippe qui fut lun des
sept diacres dit ierosme en so
martyrologe ou huitiesme
iour de iullet il reposa en ce
saire ennoblis de signes et de
miracles. delez lequel ses fil
les sont mises en tombel. car
il reposa premierement en ephe
sim. ¶ Et le premier phi
lippe differe de cestui. Car
il fut apostre et cestui fut dia
cre. et cestui repose en ierapo
lim. et lautre repose en cesaire
et lautre eust deux filles pro
phetes et cestui en eust qua
tre. Ja soit ce que lystoire eccle
siastique die que ce fut phi
lippe apostre qui eust quatre
filles prophetes. Ce est il plus
a croire a Jerome en ce cas.

De saint Jaques

Jaques vault autant a dire come supplanteur ou supplantant hastement ou appareillant. Ou iaques peut estre dit de iaco de .cobar qui vault autant a dire comme le fais ou la charge de dieu Ou il peut estre dit de iacio dant ou lance . de cope qui vault autant comme copeux car il fut de cop de glaive. Il fut dit supplanteur du monde car il despit ⁊ fut supplantant hastivement car il supplanta le dyable. et fut dit appareillant car il appareilla tousiours son corps a tout bien. Car home curions vestement dit ne avons en nous mauvaises passions qui viennent de mauvaise nourreture ou de mauvaise conversation de male acoustumance de corps et de leurs diversites et sont causees . come il dit par bonne conversation ⁊ par bonne estudes de bonne doctrine Et ainsi le benoit iaques se cuira. Et pource fut son corps appareillie a tout bien ⁊ si est dit fais ou charge de dieu. pour la pesance des bonnes meurs quilz ont et fut tranchie de lattes en son martire.

Cestui iaques apostre est appelle iaques alphei. cest filz de alphei. Et iaques frere de nostreseigneur et iaques le mineur et Jaques le iuste. il est dit. iaques alphei. non pas seulement selon la char mais selon lexposition du nom car alpheus vault autant a dire comme sage ou enseignement ou fuitif ou millisme. iaques alphei est dit car il fut sage par inspiration de science. Enseignement par linstruisement des autres. fuitif quil fuy le monde par le despiter. et fut dit millisme par reputacion de humilite. Et fut dit frere de nostreseigneur pource quil lui fu tres ressemble. Si que plusieurs estoient deceuz de sa semblance de lui dont quant les Juifz alerent prendre ihucrist ilz demanderent signe a Judas qui estoit tresconnoissant deulx ⁊ leur familiaux pour lui congnoistre. Et ce tesmoigne ignace en son epistre disant a saint iehan levvangeliste. Se cest convenable chose a mon ie vueil aller en iherlm si que ie voie cellui hom...

ble iaques qui est surnomme iuste
qui est tressemblable a ihucrist de
face si comme on dit. de vie
et de conversation aussi come
sil fust son frere iumel et dun ve-
tre. Et quant le lavoit veu le veo-
ient cellui ihucrist selon toutes
les semblances du corps. Ou il
fut dit frere de nostreseigneur.
Car tout aussi comme ihucrist
et iaques descendirent des deux
seurs. aussi cuidoit len quilz feus-
sent descendus des ii freres de
ioseph espoux de marie dune au-
tre femme si comme aucuns veu-
lent dire. mais pource quil est-
oit filz de marie fille de cleo-
phas lequel fut frere de ioseph
iasoit ce que maistre iehan be-
leth dit que alphee pere de cellui
iaques fut frere ioseph espoux
de marie. laquelle chose nest
pas creue estre vraie. mais les
iuifz appelloient tous freres
ceulx qui sentrappartenoient
des ii parties du sanc come
de pere et de mere. Et si peut es-
tre dit frere de nostreseigneur po
la prerogative et lexcellence de
saintete. pour laquelle il fut
ordonne euesque de iherusalem devant
tous les autres. il fut dit iaques
le mineur a la difference de iaques
zebedee. iasoit ce quil fut avant
nez que iaques zebedee. Et si fu
il confessions de premier appel-
le de dieu. Et ceste coustume
est gardee en plusieurs religi-
ons. que cil qui premier entre
en la religion est appelle le anci-
en. Et cil qui entre apres
est appelle le mineur. iasoit ce

que il soit le greigneur daage
ou plus digne par saintete
Et si fu dit iaques le iuste
pour la merite de sa tresexcellen-
te saintete. car selon ce que ie-
rome dit. il fut de si grant re-
verence et de si grant saintete
ou peuple que chascun convoitoit
a touchier sa frange de son ves-
tement. et de sa saintete si co-
me egesippe dit qui estoit voi-
sin des apostres. Et si comme
lystoire ecclesiastique le tesmoi-
gne qui dit iaques frere de nostreseigneur
qui fut nomme iuste de tous
puis le temps de nostre-
seigneur et dura iusques a
noz temps. Et cestui fut saint
des le ventre de sa mere. il ne
beut oncques vin ne sidre. il ne
mengea oncques de chars. fer ne
toucha oncques en son chief.
il nusa oncques duille ne de baing.
il ne vesti oncques de linge. il
sagenouilloit tant de fois en
oroisons quil avoit les calles es
genoulx aussi comme es plan-
tes des piez. Et pour ceste devo-
tion continuee sans cesser fut
il nomme iaques le iuste. Et
si fut appelle oblia qui vault
autant a dire comme garnis-
son et deffence de peuple. Et ces-
tui seul entre les apostres es-
toit laissie entrer en sancta sanc-
torum. cest le lieu ou len sacrifi-
oit et non pas pour cause de
sacrifier mais de orer. Et si
dit len que ce fut cellui qui pre-
mier celebra messe entre les
apostres. Car par lexcellence
de sa saintete les apostres luy

que ilz ne soient plus en ihesu
et nous te croirons tous et por
terons bon tesmoing au peu
ple de toy et que tu es iuste. et
que tu ne seras pris de nulle
personne. Et dont le mistrent
ou plus hault du temple et com
mencerent a crier. O tu iuste
le plus iuste des hommes au
quel nous devons tous obeir. Et
pource que le peuple foloie a
pres ihesus qui fut crucifie dy n.
ce quil ten est advis. Et iaques
leur respondi a haulte voix pour
quoy me demandez vous du
filz de lomme. Il se siet es cieulx
a la dextre de la vertu souverai
ne et vendra iugier les vifs et
les mors. Et quant les crestiens
oyrent ce ilz furent moult es
ioys et louerent moult voulentiers
Et les pharisiens et scribes
distrent. Nous avons mal fait
davoir baille tel tesmoing
a ihesu montons et le trebuchons
du hault au bas. si que ces au
tres soient espouentez et ne
croient pas a ces paroles. Et
dont sescrierent tous ensem
ble. et le iuste mesmes a folie.
Et dont monterent et le tre
bucherent et quant il fut tre
buchie ilz lui getterent des pier
res et disant lapidons iaques
le iuste qui ne peut estre tue
de ceste cheute de si hault. Et dont
il se tourna et se coucha a ge
noulx et disoit Sire ie te pri
pardonne leur ce meffait
car ilz ne scevent que ilz font
Et dont lun des prestres qui
fut des filz de rechap sescri

a espargniez le iuste vous en pri que
faictes vous. il prie pour vous
ce iuste que vous lapidez. Et
dont lun deulx prist une perche
a foulon et le ferir ou chief et en
espandi le cervel. et ce dit egi
sippe et par tel martire il tres
passa en nostre seigneur soubz
neron qui commenca en lan de
nostre seigneur lvi. Et fut la ense
veli empres le temple. Et si com
me le peuple vouloit vengier
sa mort et prendre et punir les
malfaicteurs ilz senfouirent
tantost. Josephus racompte
que pour la mort iaques le iu
ste la destruction de iherusalem fut
et le departement des iuifz
mais non pas seulement pour
la mort de iaques mais pour
la mort especialment de ihesu
crist. Et ceste destruction fut
faicte selon ce que nostre seigneur
dit. Ilz ne laisseront pierre sur
autre en toy pource que tu nas
pas congneu le temps de ta vi
sitation mais pource que nostre
seigneur ne voulst pas la mort
du pecheur et quilz neussent
point dexcusation il attendi
xl ans leur penitance. Et par
les apostres et par iaques mes
mes frere de nostre seigneur qui pres
choit communement entre eulx et
les rapelloit a penitance Et quant
il ne les peust rapeller par ad
monnestement il les voulst ra
peller par miracles. car en ces
xl ans qui leur estoient don
nez a penitance moult de si
gnes et de demonstrances le
advindrent. si comme Josephus

dit. car une estoille tresclere si
apparut comme une glaive et
fut veue par tout dessus la cite
et dura tout lan. et apparut par tout
lair. Et aussi furent veues sta
bles ardans en une feste de leurs
azimes a la xe heure de la nuit
une grant resplendeur envi ron
na le temple et lautel si que ce
cuidoient que il fust tres cler iour
Et en celle feste les veaulx qui
furent amenez pour sacrifier
et une beste que len sacrifioit e
fanta ung aignel entre les mai
ns du sacrifiant tout soudaine
ment. Et assez tost apres si co
me le soleil couchant apparurent chars
et charrettes furent veues aler
parmy lair par toute la regio
et aussi avec eulx compaignees
charreees de fer et darmeures
qui avironoient tout entour
la cite et estoient meslees avec
les nues et venoient despour
veuement ¶ En ung autre
iour qui est appelle penthecou
ste les prestres entrerent par
nuyt ou temple pour acomplir
les misteres selon leur coustu
me et sentirent dedens le te
mple aucunes esmouvemences et
oyrent voix soudainement di
sans. partons nous de ces
sieges. car ains que le quint
an soit il sera bataille. ¶
Ung homme qui avoit nom
ihesus filz de anane commenca
a crier soudainement le iour
de la feste des tabernacles. la
voix dorient la voix doccident
la voix des quatre vens. la voix
sur iherusalem et sur le temple. la
voix sur les espoux la voix sur
tout le peuple. Et donc cellui
homme fut pris et batu et de
tranche mais il ne povoit
nulle autre chose dire. Et de tant
comme len le batoit plus de tant
crioit il plus ces parolles. Et
en la parfin il fut amene au
iuge et fut forment tourmente
et desrompu en char tant que les os
paroient mais il ne ploroit
ne ne requeroit mercy. mais
en criant a chascune parolle il re
cordoit ce quil avoit dit et ad
ioustoit encores. Las las vraie
ment sur ihrlm et ce sont les
parolles de iosephus. Et quant
les iuifz ne se convertirent ne
par admonnestemens ne par
si grans demonstrances ne ilz
ne furent de riens espoventez
nostre seigneur. xl ans apres a
mena en ihrlm vaspasien et ti
tus qui destruisirent du tout
celle cite. Et la cause de leur
venue fut ceste. Et comme il
est trouve en une histoire la
quelle que elle soit apocriffe. pyla
te veist que il avoit condemp
ne ihesucrist sans cause si doub
ta le courrous de tyberien cesar
et envoya ung messaige a cesar
lequel avoit nom albin pour
soy excuser. Et en ce temps vas
pasien tenoit seul la seignorie
de galacie soubz tyberien cesa
r. si que le messagier de pylate
eust vens contraires qui le me
nerent tout droit en galacie
si que il fut mene a vaspasio
n la avoit tel coustume que
quiconques estoit la mene par

soustenir lui et .xl. iuifz et la fut tourmente de fain par .iiij. iours. Et maugre iosephus les iuifz amoient mieulx a mourir illec de fain que eulx soubzmettre a la voulente de vaspasien. Se vouloient entre occire lun lautre. et offrir le sacrifice a dieu par sacrefice. Et pour ce que iosephus estoit le plus digne entre eulx ilz le vouloient premierement occire. pource que par leffusion de son sang dieu fust plus tost appaisie. Ou si comme il est dit en la cronique ilz se vouloient entre occire quilz ne feussent mie en la puissance des romains. Et iosephus qui estoit sage homme et ne vouloit pas mourir si establi luite de sa mort et du sacrefice et commanda que len mist sort entre deux et deux qui mourroit le premier. Et quant les sors furent gettez ilz misdrent a mort maintenant lun maintenant lautre tant quilz vindrent au derrenier. Et dont quant iosephus vit que il convenoit aussi bien mettre le sort sur lui comme sur lautre lui qui estoit noble homme et legier osta a lautre le glaive. et lui demanda se il vouloit mieulx eslire la vie ou la mort. et lui commanda quil esleust sans dilation et cil se doubta. Et dit Je ne refuse pas a vivre se par la grace de toy puis sauver ma vie. Et dont iosephus parla couvertement a lui des familiers de vaspasien et lui requist quil lui donnast la vie. et il impetra ce quil requist. Et quant iosephus fut amene devant vaspasien. vaspasien lui dit. tu avoies mort deservie se tu ne feusses deslivre par les prieres de cestui. Et iosephus dit. Sire se aucune chose a este mauvaisement faicte on la pourra bien tourner en mieulx. Et vaspasien dit que est devin que peut il faire. Et iosephus dit. ie pourray bien aucune chose faire se tu veulx encliner tes oreilles a mes dis. Et vaspasien dit. Je vueil que tu soyes oy en tout ce que tu diras de bien. Et iosephus dit Lempereur de romme est mort et le senat ta esleu a estre empereur. Et vaspasien dit. se tu es prophete pourquoy ne dis tu a ceste cite quelle estoit a estre mise a ma subiection. Et iosephus dit quil leur avoit dit .xl. ans avant. Et entretant les messaiges des romains vindrent et distrent que vaspasien estoit souslieve en lempire et le menerent a romme. Et eusebe tesmoigne en sa cronique que iosephus avoit avant dit a vaspasien tant de la mort de lempereur comme du soublievement de lui en lempire. Et dont delaissa illec vaspasien tyte son filz au siege de iherusalem. et si comme len list en celle hystoire apocriffe. Et quant tyte oy que son pere estoit soubzlieve en lempire

si fut raempli de moult tres
grant ioie. Et si que pour celle
ioie les nerfz de lui acontrai
tirent de froidure si que il fut
si contrait dune cuisse que il
ne se povoit soustenir. et que
pour celle cuisse lautre lui dou
loit. Et quant iosephus oy q
tyte estoit aussi malade si en
quist la cause de sa maladie
et le temps que elle lui estoit pri
se et ne lui sceust dire la cau
se ne quelle maladie cestoit. Le
temps fut sceu que celui estoit
advenu quant il oy leslection
de son pere. ¶ Josephus estoit
homme pourveu et sage. Si
considera de petit moult de cho
ses. si que par le temps il
trouva et la cause et la mala
die que il estoit malade de tro
p habondance de ioie et de leesse
et savoit que telz choses sont cu
rees par contraire. Et savoit
bien que ce qui aucunefoiz est
acquis par amour et par ioie
est perdu souvent par doule
Si enquist se len savoit nul q
fut fort hay de tite. Et sceust
que il avoit la ung sergent q
estoit tant hay de lui que il
ne le povoit regarder sans est
formeut courroucie et ce cy ce
ne le povoit il nommer. Et dont
dit iosephus a tite. Se tu veulx
estre gary garde q tous ceulx
qui vendront en ma compaignie
ayssent venir saulvement.
Auquel tyte dit quiconques ve
nra en sa compaignie peut al
ler saulvement et seurement ve
nir. Et dont commanda iosephus
a tyte que il fist ung disner so
lemnel et fist mettre sa table
droit a lencontre de la table tite
et fist cellui sergent que tyte
havoit seoir avec lui a sa destre
Et quant tyte le veist. si fut si
trouble de tristesse quil fut
in tout. Si que il qui paravant
estoit malade de ioie. leschauf
fa par embrasement de forsen
nerie et q les nerfz destendirent
et fut gary. Et apres ce tite re
tint le sergent en sa grace et io
sephus en son amistie. mais
se cest hystoire apartisse appar
tient a lyre ou non ce delaisse
ie en la consente du lecteur.
¶ Et dont fut ihrlm assiegee
de tyte. par ... entre ces ...
autres maulx q les assiegees
souffroient. si grant fain les
tint tous. q les peres et les me
res nostoient pas des mains
de leurs filz la viande mais le
ostoient des dens et si faisoi
ent les hommes aux femmes
et les femmes aux hommes
Et les iouvenceaulx qui estoient
plus fors et plus legiers di[illegible]
aloient par les rues foloiant
par fain et cheoient au chemin
aussi comme ymages foires et
mues sans ames et souvent
advint que ceulx q ensevelis
soient les mors cheoient sou
vent tous mors sur eulx Et
ainsi ilz ne povoient souffrir
la puneur des charongnes. ains
les gettoient hors entour les murs
Et quant tyte aloit entour la
ville si vit les valees toutes
plaines de charongnes de la

cite. et senti tout le pais corrom
pu de la puour diceles. Adonc
leua il ses mains au ciel en plo
rant et dit. Dieu tu vois que ce
ne fais je mie. Et si tresgrant
famine estoit en la cite que ilz
mengoient leurs chaucemens
et leurs courroies. Et auec tout
ce vne dame noble de linage
et riche. si comme len list en hi
stoire ecclesiastiq. les larrons
robeurs vindrent en son hostel
et luy osterent tous ses biens
et ne luy laisserent q menger.
et elle tenoit son petit enfant
alaictant entre ses bras et dit
O plus maleux filz de maleu
reuse mere mon filz a qui te
garderay ie en ceste bataille
en ceste famine en cest destre
cement. tu seras proye aux me
res forsennerie aux robeurs
et fable aux siecles. Et en ce di
sant elle coppa la gorge a son
filz et lrostist et en mengea la moi
tie et muca lautre. et tantost
les robeurs sentirent lodeur
de la char et entrerent dedens
la maison et la menacerent de
mort se elle ne leur monstroit
la char. Et dont elle leur desc
ouurir les membres de lenfant
et dit. Veez cy que ie vous en ay
garde la meilleur partie. Et
dont ilz eurent si grant paour
que ilz ne peurent parler. Et
elle dit. cest mon enfant. le pe
chie en est mien. mengez len
tierement car ien ay mengie len
tierement qui lay porte ne soiez
pas plus religieux que moy
qui suis mere ne plus molz

q les femmes. Et se pitie vo[us]
vaint que vous le doubtez a
mengier. ie le mengeray tout
qui lay ia demy mengie. Et doi
ceulx sen alerent tremblans
et espouentez. ¶ Et en la pre
fin ou second an de vaspasien
tyte prist ihrlm et la destrui
sit quant il leust prise et si
destruisist le temple du tout
en tout Et aussi car les iuifs
auoient achete nostreseigneur
xxx deniers. il vendi xxx iuifz
pour vng denier Et si comme iose
phus racompte. ilz furent de
dus .xi.c. et .viii.c. de iuifz. et pe
rirent par faim et par glai
ue. Et len list que quant tit
entra en ihrlm il veist vng mur
tresespes. et commanda quil fut
perce. Et quant le pertuis fut
fait. ilz veirent dedens vng a
cien homme honnorable de cha
nuce et de regart. Et quant len
luy demanda qui il estoit. Il
respondy. Je suis ioseph darri
mathie vne cite de iudee que
les iuifz enclouirent et emmu
rent en pource q iauoye ense
ueli ihucrist. Et adiousta en
cores que des celluy temps
iusques adonc il auoit este
peu de viande celestiel et con
forte de lumiere diuine [illegible]
Et toutesfois est il dit en leu
angille de nichodemus q quant
les iuifz leurent enclos ihucrist
resuscita et losta dillec et le
mena en arimathie Et peut
bien estre que quant il en fut
oste et il ne laissoit point a p
cher que il fut de rechief enclo

ar les juifz. Et apres ce [illegible]
ersion fut [illegible] le
ur en son temps fut homme
res de hommaux et de molt grant
marchise et fut de sa grant bo
e si comme [illegible] de cesaire
tesmoignance en sa [illegible]
meisme le dit que il fut [illegible]
ue quant il se recorda au soir
uil navoit riens donne ne nul
bien fait il dit las mes amis
ay fait perdu ce jour. ¶ Et
ung temps apres ce [illegible]
ifz vouloient reedifier ierusa
t si comme ilz yssirent hors
u matin ilz trouverent plu
eurs croix faictes de rousee
ur lesquelles ilz furent espou
ntez et senfuirent. Et si comme
le plus du [illegible] ilz re
tournerent le second matin et
s trouva en sa vestuure une
roix de sang dont ilz furent for
ment espouentez et senfuirent
[illegible] mais ilz retournerent
[illegible] de la
[illegible] de la fumee duquel ilz fu
nt estaints du tout en tout.

De linvencion saincte croix

Linvencion saincte croix est dicte pource que en tesmoignance que a cellui jour elle fut trouvee de salemon ou liban et de la royne de saba ou temple salemon et des juifz en leaue de la piscine. Et au jourdhui elle fut trouvee de helene ou mont de calvaire.

Linvencion saincte croix fut faicte .ii.c. ans et plus apres la resurrection nostreseigneur. Et on list en leuvangille de nichodemus que quant adam fut malade seth son filz alla aux portes de paradis terrestre et requist piteusement de luille de misericorde pour oindre son pere pour avoir sante. Auquel michiel lange sapparut et luy dit. ne te travailles ne ne pleures pour avoir de luille du fust de misericorde. Car tu nen pourroies avoir en nulle maniere devant que .v.m. et .c.

ans soient acomplis. C'est assa-
voir dadam jusques a la passio(n)
ihucrist. desquelz v^m et v^c ans
il avoit ja passe. ii^c et xxxiii ans.
Et si est leu ailleurs que langre
lui bailla ung rain et lui com-
manda quil fust plante ou mont
de liban. et vraiement en une hystoi-
re des grecz. ja soit ce que elle
soit apocriffe. est il leu que langre
lui bailla du fust ou quel adam
pecha. Et lui dit que quant il por-
teroit fruit son pere seroit gary.
Et quant il retourna a lostel
il trouva son pere mort. Et dont
planta ce rain sur le tombel son
pere. Et quant il fut plante il
creut et devint grant arbre. et
dura jusques au temps salemon.
Mais se ces choses sont vraies
ou faulses je le laisse en la voulente du
lecteur. car ilz ne sont leues en
nulle cronique ne en nulle hystoi-
re autentique. Salmon adonc
vit cest arbre si bel si le comman-
da coupper et mettre en sauf
en la maison des saulx. Et si
comme iehan beleth dit. Il ne
pust oncques estre assis ne estre
ordonne a estre mis en nul lieu
ou il fust convenable. Car ou il
sestendoit orendroit en longueur ou
il sacourtoit par trop grant brief-
te. Et quant les ouvriers la-
voient coppe selon la convena-
blete du lieu raisonnablement
si sembloit il tel quil ne pou-
oit estre convenable. Et pour
ce les ouvriers en eurent des-
pit. si quilz nen eurent cure
et le getterent sur une eaue
pour faire pont a ceulx qui

passeroient. Et dont la royne de
sabba quant elle vint pour
oyr la sagesse salomon si comme
elle vouloit passer leaue par
dessus. ce fust elle vit en esperit
que le sauveur du monde devoit
estre pendu en cellui fust. Et pour
ce ne voult elle passer par des-
sus. mais adora cellui fust.
Et len list en hystoire escoliere
que la royne de sabba vit cellui
fust en la maison des saulx. Et
quant elle fut retournee arrie-
re en sa maison elle signifia au
roy salemon que ung homme se-
roit pendu en cellui fust par la
mort duquel le regne des juifz
seroit destruit. Et dont salemon
osta ce fust de la et lenfouyst pro-
fondement en terre. Et apres ce
la piscine de probatique fut illec
faicte la ou len lavoit les sacri-
fices. Et dit len que le mouvement
de celle eaue ne la curation des
malades nestoit pas faicte tant
seulement pource que langre
y estoit descendu. mais par
la vertu dicellui fust. Et quant
la passion de ihucrist appro-
cha il est certain que ce fust co-
menca a noer par dessus. Et
quant les juifz le virent ilz
le prindrent et en firent la croix
nostreseigneur. Et celle croix
de ihucrist si comme len tesmo-
igne fut de iiii manieres de
fust. C'est assavoir de palme
de cypres de cedre et de liban.
Et ceste difference de fust fu
en la croix nostreseigneur. car le
bras qui fut droit fut dune
maniere de fust. cellui qui fu

de travers fut d'une autre. Le tablel qui fut dessus d'une autre. Et le tronc en quoy la croix fut fichee fut d'autre. Ou selon gregoire de tours la table de travers qui fut dessoubz les piez ihesucrist fut d'autre si que chascun membre peust bien estre de une desdictes manieres. Et ceste difference de fust est entouchee l'apostre quant il dit Que vous puissiez comprendre avec tous les sains qui est la longueur la haultesce la sousterrainete et le parfont de la saincte croix. Lesquelles par mons augustin le noble docteur expose en telle maniere. La lee de la croix nostre seigneur fut ou fust de travers ou les mains furent estendues. le lonc fut de terre jusques a cestui lee ou tout le corps fut tourmente. la haultesse fut de cestui jusques au bout de dessus ou le chief estoit. Et le parfont fut ce qui estoit fiche en terre. Et ce precieux fust de la croix fut muce dedens terre par ii c ans et plus. mais il fut trouve en ceste maniere de helene mere de constant empereur. ¶ En cellui temps grant multitude de barbarins sans nombre fut assemblee delez le fleuve danube et vouloit passer oultre et soubzmettre toutes les regions devers occident a leur seignorie. Et quant constant l'empereur le sceut il esmeut son ost et mist contre eulx sur le danube et la gent des barbarins crut tousjours et passerent oultre le fleuve. Et dont constant eust grant paour et veist que il se devoit combatre a l'endemain. Et celle nuyt l'ange de dieu l'esveilla et lui dit que il regardast hault. Et dont regarda il ou ciel et veist le signe de la croix tres clair fait de lumiere et avoit escript dessus en lettres dorees: En vain cras par ce signe. Et dont fut conforte de la vision du ciel et fist faire le signe de la croix et le fist porter devant son host. Et dont courut sus a ses ennemis et les desconfit et en occist grant multitude. Et apres ce constant fist appeller tous les evesques des ydoles et leur enquist diligemment de quel dieu ce signe estoit et ilz distrent qu'ilz ne savoient. Et dont vindrent la aucuns crestiens qui lui racompterent pleinierement que c'estoit le signe de la saincte croix. Et dont le pereur creust parfaictement en ihesucrist et receust baptesme de eusebe. Ou selon aucuns livres de eusebe de cesaire. mais moult de choses sont mises en ceste hystoire auxquelles l'hystoire partie en trois contredit et l'hystoire escoliere aussi et la vie saint silvestre et les gestes des evesques de romme. Et selon aucuns autres ce ne fut pas cestui empereur constant qui fut baptize de silvestre pape si comme aucunes hystoires sont veues demonstrer mais fut constant pere de cestui. Car cestui constant vint au

trouuent a la foy. si comme il
list en listoire de saint seuestre
qui racompte q il fut baptisie
de saint seuestre / non pas en
selle. Car quant constant le pe
re fut mort constant son filz
se remembra de la victoire que
son pere auoit eue par la vertu
du signe de la saincte croix. Et p
enuoia a helene sa mere en iheru
salem pour trouuer la vraie
croix. si comme il est dit cy apres.
Et listoire escoliere racompte
que ceste victoire fut autrement
faicte. car elle dit quant maxe
ce assaillit lempire de romme.
constant lempereur vint deuers
le pont maluine pour soy com
batre a maxence. Et dont fu
moult angoisseux. et leuoit
moult souuent les yeulx au ciel
priant que dieu luy enuoiast
ayde. Et si comme il se dormoit
il veist une vision ou ciel deuers
orient car il vit le signe de la
croix resplendir en cause de
feu et lange apres qui lui di
soit. Constant tu vaincras p
ce signe. Et si comme il dit
en listoire partie en trois. si
comme il se merueilloit q ce
pouoit estre la nuit ensuiuant
ihesucrist sapparut a luy auec
le signe quil auoit veu ou ciel
et luy commanda quil feist la
figure de ce signe et il luy se
roit signe contre ceulx q las
sailloient de bataille. Et dont
fut constant ioieux. et fut
tout seur dauoir victoire et
fist signer en son front le si
gne quil auoit veu ou ciel. et

mua toutes ses banieres de
guerre ou signe de la croix. Et
porta une croix dor en sa main
et depria nreseigneur q sa dest
re quil auoit ennoblie du signe
de salu il ne laissast pas estre
ensanglantee du sang romai
nais luy donnast victoire.
Et dont maxence commanda
a ceulx qui estoient en ses nefz
quilz allassent soubz le pot
et quilz couppassent le pont
pour deceuoir les ennemis q
passeroient dessus. Et quant
maxence veist que constan ap
prouchoit du fleuue il oublia
lenuie q il auoit fait faire et
courut hastiuement contre con
stant auec pou de gent. mais
il commanda que les autres le
suiuissent tantost. Et dont il
ra sus le pont et fut deceu du
deceuement du quel il vouloit
deceuoir constant. et fut noie
ou fleuue qui estoit parfont.
Et dont constant fut receu lie
ement de ceulx de romme. Et si
comme len list en une histoire
assez autentiq. constat ne creut
pas adonc en dieu parfaicteme
et ne receut pas encores le saint
baptesme. mais ung pou de tep
apres il veist la vision de saint
pierre et de saint pol et fut rege
nere de saint baptesme de seue
stre pape et fut gueri de sa lepre. Et
apres ce il creut en dieu parfaic
tement. Et dont enuoia sa me
re helene en iherusalem pour querir
la croix de nreseigneur. Con
tesmoigne ambroise en son epist
re de la mort theodosien et listoire

adonc mon pere. De noz anciens
peres congnoissoit quil estoit
filz de dieu pourquoy le pendi
rent ilz ou gibet de la croix. Et
il respondi dieu le scet. ie ne fu
onques de leur côseil. mais le
contredy souvent car il reprenoit
souvent les vices de ces phari
siens. qui le firent crucifier. Et
il resuscita vrayement au tiers
iour et monta ou ciel avecques
ses disciples. et estienne ton fre
re creust en luy et la forsenerie
des iuifs le lapida. Et te garde
beau filz que tu ne le blasmes
ne luy ne ses disciples. mais ce
nest pas moult proffitable cho
se que le pere de cestui peust a
voir este ou temps de la passio
ihucrist. Car il ot deux cens et
.lxx. ans de la passion ihûcrist
iusques a helene soubz laquelle
la croix fut trouvee fors par
adventure. pour tant que les
hommes vivoient plus q main
tenât. Et dont distrent les iuifz
a iudas. Nous nouismes oncques
mais telz choses. mais se la roy
ne nous enquiert de ceste chose
garde que tu ne le côfesses. Et
quât ilz furent tous devant
la royne. et elle leur demanda
le lieu ou ihûcrist fut crucifie
ilz ne luy vouldrent dire en nul
le maniere. Et dont la royne
cômanda quilz feussent ars en
ung feu. si quilz doubterent
et luy baillerent iudas disant
dame cestuy fut filz dun iuste
homme. et prophete et congnoist
tresbien la loy il te demôstrera
tout ce q tu demanderas. Et

dont laissa tous les autres Et
prist iudas tout seul. et luy dit
eslis lequel tu vouldras ou mou
rir ou vivre demonstre moy le
lieu qui est dit golgatha ou ihe
sucrist fut crucifie. si que ie puis
se trouver la croix. Et iudas re
spondy comment puis ie savoir
le lieu quant il a ia .ii.c. ans et
plus. et ie nestoie pas en ce tẽps.
auql la royne dit par cellui q
fut crucifie ie te feray mourir
de faim se tu ne me dis la verite
Et dont commãda que il fut
gette en ung puis tout sec. et
estre illec tourmente de faim
Et quant il eust illecques este
six iours. il requist au .vii.e. quil
fut hors trait et promist quil
demonstreroit la croix. Et dõt
quant il fut trait hors et il fut
au lieu et il ot illec oure le lieu
se commença a mouvoir soudai
nement et len sentir oudeur de
merveilleuse doulceur daro
mates si que iudas fut tout
merveille et esioy. et ioignist
ses .ii. mains et dit en verite ihe
sucrist tu es sauveur du mõd.
Et si comme len list en ly
stoire escoliere. le temple de ve
nus estoit en ce lieu. lequel a
drien empereur avoit fait fai
re. pource q se aucun crestien a
last la aourer q il fut veu ao
rer ydole de venus. Et pource
nestoit point ce lieu hante. ¶
mais estoit ainsi côme tout
oublie. Et dont la royne fist
destruire le temple du tout en
tout et arracer tout le lieu.
Et dont apres ce iudas se scou

ca et commença moult fort a fouir et fouir jusques a .xx. pas. Et trouva .iij. croix muciees que il porta tantost a la royne. Et quant ilz ne sceurent discerner la croix de ihesucrist de celle des larrons ilz les mistrent toutes trois ou millieu de la cite en actendant illecques la gloire de nostreseigneur. Et environ heure de nonne len portoit ung jouvencel mort par illec. Et donc judas prist la premiere croix et la seconde et les mist sur le corps du mort mais il ne se meust oncques. Et tantost quil atoucha la tierce croix au corps le mort revint a vie. Len list en lystoire ecclesiastique que une femme qui estoit dame de la cite gisoit en son lit tout aussi comme demie morte. Macharius evesque de iherusalem prist la premiere croix et la seconde et les atoucha dessus elle et elles ne prouffiterent riens. Et donc prist la tierce croix et la toucha au corps et la femme se leva tantost les yeulx ouvers. Et ambroise dit que ilz congneurent la croix de nostreseigneur des autres au tiltre que pylate mist dessus qui fut trouve et leu illec. Et le dyable crioit en lair et disoit. O judas pour quoy as tu ce fait. le mien judas fit au contraire car il fist la traison que je luy conseillay. et tu as reniee a moy et as trouve la croix de ihesu. Et par cellui judas ay je gaigne moult dames et par toy je perdray celles des ames que je avoye gaignees. Je regnoie par luy ou peuple et par toy je seray chacie du peuple. Et vrayement je te susciteray et esmouvray contre toy ung autre roy qui laissera la loy du crucefie et ce fera renoyer cellui crucefie. laquelle chose le dyable dit de julien lapostat qui tourmenta cellui judas par moult de tourmens qui avoit este fait evesque de iherusalem. et il se fit martir de ihesucrist. Et quant judas oy le dyable ainsi criant il ne se doubta riens. mais maudit fermement le dyable disant ihesucrist te dampne en labisme du feu pardurable. Et apres ce judas fut baptize et fut appelle quiriacus. Et quant leuesque de iherusalem fut mort. il fut ordonne evesque de iherusalem. Et donc quant la benoite helene vit que elle navoit pas les clous de nostreseigneur. elle pria quiriace evesque que il alast audit lieu et querist les clous de nostreseigneur. Et quant il vint la. et il eust fait ses prieres les clous de nostreseigneur commencerent a reluire sur terre comme or. et il les prist et porta a la royne et celle sagenoilla a terre. et enclina le chief et les aoura a moult grant reverence. Et donc prist helene une partie de la croix et lautre fist mettre en chasses dargent et la porta en iherusalem. et porta lautre a son filz. Et si porta a son filz les clous desquelz nostreseigneur fut atachie desquelz si comme eusebe

presse les diables en luy promet
tant que il habiteroit en ma
de richesses. Et dont vit il la
ung monstre en la compaignie
si seoit en ung hault siege et a
uoit entour lui autres ethiope
es qui tenoient lances et bastons
Et dont demanda il a cellui rela
teur qui il estoit. et il respondi
Sire il est nos sergent. Et dont
dit le ethiopien me deuez il ador
rer et estre mien ? receurez hon
neur. et ie le feray seoir a ma
dextre Et dont tantost cellui fist
le signe de la croix sur lui et dit
que il estoit serf de ihesucrist
Et tantost celle multitude de dia
bles se esuanoui. Et apres ce sur
celui notaire auoit une fois a
tes son maistre ilz estoient tous
deux en leglise de sainte sophie et
estoient ensemble deuant lymage
du saulueur. le maistre vit que ly
mage regardoit le notaire apper
tement et auoit ententiuement
les yeulx sur lui. Et quant il vit
ceste chose. si fut tout merueille
le fit tourner a destre. Et dont
vit que lymage auoit tout droit
les yeulx sur cellui ? le regardoit
aussi. Et dont le refist tourner
a la part senestre. ? lymage re
tourna aussi ses yeulx sur lui et le
commenca a regarder. Et dont le mais
tre le coniura et lui dit quelle
chose il auoit desseruie enuers
dieu par laquelle lymage le re
gardoit ainsi. et il dit. quil ne
lui souuenoit de nul bien quil
eust fait fors que tant que il ne la
uoit pas voulu [illegible]
[…]mble. De saint iehan porte lati

Saint iehan apostre
et euangeliste preschoit en ephesim. Il
fut pris du preuost
et fut contraint a sacrifier aux
dieux. Et quant il le refusa il
fut mis en chartre. Et enuoya
le preuost une lettre a domicie
empereur. en laquelle il tesmo
ignoit que iehan estoit excellent
sacrilege destruiseur des ydo
les et adoroit le crucifie. Et dont
fut mene a romme par le comma
dement de domicien. Et dont
lui furent par despit tondus tous
les cheueulx de son chief. et fut
mis en plain tonnel duille
boullant ? le feu dessoubz tout
ardant de la porte de la cite qui
est dicte porte latine. Et toutef
fois ne sentit oncques doulour
mais yssi hors dillec sans ble
ceure. Et dont firent les crestien
une eglise en cellui lieu et est cel
lui iour fait solemnel aussi co
me le iour de son martire. Et

quant domicien veist que il ne
cessoit point pource de preschier
le nom de ihesucrist il lenvoia
en lysle de pathmos en essil. Et
les empereurs si ne faisoient
pas tant seulement persecucions
aux apostres pource quilz pres
choient de ihesucrist. car ilz ne re
fusoient nul dieu. mais pour
ce que ilz auctorisoient ihesucrist
estre dieu sans la licence des
senateurs de romme. Laquelle
chose ilz ne deffendoient a estre fete
de nul. Dont len list en lystoire
ecclesiastique. que une fois pylate
envoia a tyberien lettres de ihe
sucrist. et que tyberien se consen
ti que la foy de crist seroit receue
des romains. Et le senat le ref
fusa du tout en tout pource que
il navoit pas este appelle dieu
de lauctorite du senat. Et lau
tre cause pourquoy ilz ne la re
ceurent pas fut si comme il est
contenu en une cronique. pource il
ne sestoit pas premierement
apparu aux romains. Et une
autre cause aussi estoit pour
ce que il destruiroit lonneur de
tous les autres dieux et les
romains aouroient. Et encores
est une autre cause. cest pource
que il desprisoit le monde et
les romains estoient avers et
convoiteux du monde. Et ihesu
crist ne le voulst pas souffrir
pource quil ne fust ordonne est
subiect a humaine puissance
Et selon maistre iehan beleth
fut une autre cause pourquoy
les empereurs de romme et le senat
persecutoient ihesucrist et les apo
stres. car il leur estoit advis que
dieu estoit trop orgueilleux et
trop envieux. pource quil ne dai
gnoit avoir nul compaignon
Et une autre cause est que oros
se raconte. pource que le senat
eust despit que pylate avoit
envoie lettres des miracles ihesu
crist a tyberien et non pas a eulx
Et pource ne voulst le senat que
il fust consacre entre les autres
dieux. Et de ce fut tyberien
si que il occist plusieurs des
senateurs et aucuns en envoia
en exil. ¶ Et dont quant la
mere diceluy iehan ouy que son
filz estoit mene a romme si fut
esmeue par pitie de mere et
vint a romme pour lui visiter.
Et quant elle y fut venue et
elle eust ouy que il avoit este
en exil elle sen retourna. Et
quant elle vint en campaigne
en la cite de verusane elle tres
passa en ihesucrist. Et le corps
delle fut ensevely en une fos
se ou elle fut par moult
de temps en une sepulchre. Et
puis fut il revele a iaques son
filz. et fut porte moult souef
odorant et resplendissant par
moult de miracles a grant hon
neur dedens ladicte cite

Des letanies

Les letanies sont
faictes .ii. fois lan.
Cest assavoir en
la feste de saint
marc. Et est dicte la grigneur
letanie. et si est faicte aussi
par .iii. iours devant lassencio
nostre seigneur. et ceste est dicte

par adventure pource que les
hommes couvroient les croix
et les autres de noires couver
tures. et que ilz prenoient pour
eulx vestemens de penitance.
L'autre est dicte la mineur leta
nie et est faicte .iii. jours apres
l'assention et l'establi sainct ma
mert evesque de vienne ou temps
de leon empereur qui commença
l'an de nostre seigneur quatre cens
lviii. et fut establie avant que
l'autre et est dicte la mineur
letanie et rovoisons et pro
cession. et est dicte la mineur le
tanie a la difference de l'autre
car celle fut establie de mine
evesque et en plus petit lieu.
et pour plus petite maladie.
Et la cause de l'establissement
fut telle car adonc a vienne il
estoit adonc tresgrant mouve
ment de terre et souvent si que
ilz abatoient plusieurs mai
sons et plusieurs eglises. Et
oit l'en par nuyt sons et cla
meurs espoventables. Et si ad
vint encores la une autre cho
se espoventable. Car le jour de
pasques il chey feu du ciel. qui ar
dy le palais du roy. et encores
fut faicte plus merveilleuse
chose car tout aussi comme
les pourceaulx entrent es mai
sons aussi par le commande
ment de dieu pour les pechie des
hommes les loups et les au
tres bestes sauvages entroient
en la ville et couroient commu
nement par la cite et devouroi
ent femmes et enfans vieulx et
jeunes. Et adont si comme ces dolo

reuses adventures estoient fai
tes en celle cite. le evesque les
tablir a jeuner .iii. jours. et or
donna celle letanie et ainsi cel
le tribulation cessa. Et apres
ce il fut establi et conferme de
l'eglise de romme que celle letanie
fut gardee partout. et si est
dicte rovoisons qui vault au
tant adonc comme requestes
car adonc nous requerons les
aides de tous les sains et par
droit est a garder celle ordonnan
ce en ces jours. et fut establi
a requerre ces sains et a jeu
ner en ces jours par mout
de raisons. Premierement pour
ce que dieu vueille appaisier
les guerres qui souvent se es
meuvent en ce temps. Seconde
ment que il multiplie les fruis
qui sont adonc en tendre. Tierce
ment pource que il mortifie la
charnelz mouvemens qui se es
meuvent plus en ce temps. et
les desordonnez mouvemens
qui adonc croissent. Quarte
ment pource que chascun s'appareil
le a recevoir le saint esperit li
eement et qu'il en soit plus
digne par ses prieres. Et mais
tre guillaume d'auvergne assigne
trois autres raisons. La premie
re si est pource que l'eglise puis
se plus fiablement requerre a
ihesucrist montant es cieulx qui
dit requerez et vous l'aurez. La
seconde si est car l'eglise jeune
et ore pour avoir moins de
char et pour la amaigrir par
jeunes et acquerre par oroison.
Car oroison si est elle de l'am

par laquelle elle vole ou ciel.
Si que elle puisse franchement
suir nostre seigneur montant
ou ciel. Et nous demonstrant la
voix auecuant qui vola sur
les pennes des vens. qui est lor
sel qui habonde en chault. et a pou
plumes et peut bien voler. cer
tes nul. Et si est dicte processio
car adonc leglise fait procession
general. En ceste procession len
porte la croix len sonne les sains
les bannieres sont portees. len
porte vng dragon a vne grant
queue en aucunes eglises. Et
si requiert len la priere de tous
les sains singulierement. len
porte adonc la croix et sonne
len les sains pour chacier les
diables. car tout aussi comme
le roy a en son host ses enseignes roy
aulx et trompes et bannieres.
tout ainsi ihesucrist roy pardu
rable a en leglise chemanchant
sains et campanes en lieu de
buisines et la croix pour en
seigne. Et tout aussi comme
aucun tirant qui seroit enemi
dun roy puissant et orroit les
buisines et verroit les banieres
en sa terre. tout aussi les dia
bles qui sont en cest obscur air
si doubtent forment quant
ilz oyent sonner les campanes
de ihesucrist et ilz voient les si
gnes et les bannieres. et dit len
que cest la rayson pourquoy
leglise a acoustume a sonner
quant elle voit que aucune te
peste aduient. affin que les
diables qui ce font oyent les
buisines du roy pardurable

soient espouentez et senfuient et
delaissent a esmouuoir la tem
peste iasoit ce quil y ait autre
cause. car le son des campanes
amonneste les anmes des bons
que ilz soient en oroison pour
le peril qui y est. Et les banie
res du roy pardurable si est
la croix selon lymne. Vexilla
regis prodeunt. Et les diables
craingnent forment ceste ban
niere. selon ce que iehan criso
stome dit. que en quelconques
lieu que les diables voient ceste
banniere. cest le signe de la
croix ilz senfuient et doubtent
le baston par lequel ilz receurent
grant playe. Et cest la rayson
pourquoy len porte hors la croix
daucunes eglises et la met len
contre la tempeste affin que les
diables voient la banniere du
souuerain roy et quilz soient
espouentez et senfuient. Et pource
est la croix portee a la processiu
et sonne len les sains. Et pource
les diables qui sont en lair
soient espouentez et senfuient
et delaissent a tourmenter lair.
Et la banniere de la croix y est
portee pour representer la vic
toire de la resurrection et la de
monstrance de son ascencion
car il monta es cieulx a tout
grant proye. Et la banniere
qui va par lair signifie ihesu
crist montant es cieulx. Car
tout aussi comme grant mul
titude de bons pelerins suit ces
te banniere. tout aussi esmeu
uant compaignie de sains ihe
sucrist montant es cieulx.

Et les chans q̄ len fait a la
procession signifie les chançons
et les louenges des anges qui
vindrent a lencontre de ihesu
crist quant il montoit. et le con
voierent avecques moult de
louenges jusques ou ciel avec
sa compaignie ¶ Len a de
coustume en aucunes eglises
et mesmement en celles de france
que len porte devant la croix
a la procession ung dragon a
une longue queue et est plaine
et enflee les deux premiers
jours. et au tiers jour elle est
toute vuide et plate et est por
tee derriere apres la croix par le
quel est signifie q̄ le premier
jour que le dyable fut premie
rement avant la loy. Et au
second jour est signifie que il
fut apres soubz la loy. Et au
tiers jour il est signifie q̄ par
la passion de ihesucrist il fut
bouté hors de son regne. Et en
celle procession le respons signi
fie que nous requerons singu
lierement laide de tous les sains
et sont plusieurs causes pour
quoy nous deprions tous les
sains parquoy elles sont dic
tes par dessus mais il y a au
tres causes generaulx q̄ nr̄e sire
ordonna q̄ nous aourons les
sains. cest pour nostre povre
te. et pour la gloire des sains
Car les sains peuent bien sa
voir les desirs de ceulx q̄ leur
supplient. car ilz voient et en
tendent en leur mirouer par
durable combien il leur ap
partient a joie ou a aide a nu

¶ La premiere raison pour
quoy nous les prions est pour
nostre povrete. cest pour la po
vrete que nous avons en des
servant q̄ ilz nous aident car
noz merites ne souffisent pas
a ce. ou pour la povrete q̄ nous
avons eu en regardant leur
gloire. si que nous qui ne pou
ons regarder la souveraine
lumiere en soy la puissons au
moins regarder es sains ou
par la souffrete q̄ nous avons
en amant. Car plusieurs fois
ung homme imparfait si se
sent plus estre oy de requerre
ung saint que dieu. et en a guer
mieux taisent ¶ La seconde rai
son est pour la gloire des sains
car dieu veult q̄ nous requerons
les sains. Si que quant nous
avons par leurs aides ce que
nous requerons q̄ nous les lo
ons et glorifions. ¶ La tierce
raison est pour la reverence de
dieu pource q̄ le pecheur qui a
courroucie dieu. si ne lose pas
requerre en propre personne q̄
il puisse impetrer laide de ses
amis. Et en ces letanies len doit
chanter le chant des anges. Cest
assavoir. Sanctus deus. sanct
fortis. &c'. Saint dieu fort saint
et mortel aies pitie de nous
¶ Jehan damacien si raconte
q̄ si comme len disoit les leta
nies en cōstantinoble pour au
cune tribulation. ung enfant fu
ravy ou ciel du milieu du peu
ple et la luy fut enseigne ce chant
Et dont revint au peuple et co
menca a chanter ce chant aīte

siel devant le peuple. Et tantost
cesse tribulation cessa. ¶ Ou
sane de calcedoine ce chant fut
approuue et conferme ainsi la
cause. Nous savons bien que
ce chant. Sanctus deus de ce
strant les doubles et les es
pouente. et la louenge et lau
torite de ceste cantique est pri
se en iiii choses ¶ Premiere
ment en ce que lange la prist a
lenfant ¶ Secondement pour
ce que quant il fut chante la
tribulation cessa ¶ Tierce
ment pource que le sane de cal
cedoine lapprouua. ¶ Quart
ement. pource q les deables le
doubtent tant que ilz senfui
ent quant ilz loient

De lassencion nreseigneur.

Lassencion nre s
est celebree au
xl.e iour de sa re
surrection. Et en
sont a considerer sept choses.
par ordre. Premierement dont
il monta. Secondement pour q
il ne monta tantost comme il
fut resuscite. mais actendi par
xl iours. Tiercement comment il
monta. Quartement avec qui
il monta. Quintement par q
merite il monta. Sixtement en
quel lieu il monta. Et la vii.e
pour quoy il monta. Au premier
il est assavoir q il monta du
mont doliuet par devers be
thanie. il monta es cieulx. le
quel mont selon une autre
translation est dit le mont
de iii lumieres. Car par nuyt
en sa partie devers occident il
estoit enlumine de la lumiere
du temple. car il avoit feu par
durable a lautel et au matin
il estoit enlumine devers orient

Car avant que soleil levast sur le temple ne sus la cite. il recevoit les rais du soleil. Et si avoit en celle montaigne grant habondance duille qui est nourrissement de lumiere. Et ihesucrist commanda a ses disciples que ilz allassent en celle montaigne. car le iour de son assencion il sapparut .ij. foys. Lune aux .xj. apostres qui mengoient en leur disner. et tous les disciples. tant apostres comme autres. et les femmes. habitoient en celle partie de ihierusalem que on appelloit mello cest ou mont de syon ou david avoit fait ung palais pour luy. Et le lieu ou ilz disnoient estoit ung grant refrectouer la ou ihesucrist commanda que on luy appareillast sa pasque Et dont les .xj. apostres habitoient tous en ce lieu. Et les disciples habitoient ca et la par diverses habitacles. Et si comme les .xj. mengoient en ce refrectouer. nostre seigneur sapparut a eulx et reprist la mescreantise deulx. Et avant quil eust mengie il leur commanda quilz allassent ou mont doliver par devers bethanie. et la sapparut il dernierement a eulx. et respondi a ceulx qui luy demandoient tousiours contre leurs sorte. Et dont leva les mains et les benei. et la monta devant eulx ou ciel. Et du lieu de son ascention dit simplice evesque de ihierusalem que apres ce len edifia une eglise ou lieu ou il monta

Et en ce lieu les traces de ses piez estoient. Et quant len vouloit paver illec endroit. le marbre saillot ou visage de ceulx qui le pavoient. Et dit que cestoit la demonstrance que nostre seigneur ne souffroit pas couvrir la terre que il avoit illec marchie en signe de son assencion. et encore tient la terre limpression des piez. Au second quant len demande pourquoy il actoudi tant par .xl. iours et ne monta pas tantost que il fut resuscite. il est assavoir que ce fut il pour .iij. choses. ¶ Et premierement pour la certenance de sa resurrection. car plus forte chose estoit a prouver la verite de sa resurrection que de sa passion. car du premier iour iusques au tiers la passion povoit estre prouvee. mais a prouver la vraie resurrection estoit requis plus long terme. Et pource print il plus long temps. Car il convenoit avoir plus despace entre la resurrection et lassencion que entre la passion et la resurrection. Et de ceste assencion dit leon pape. au iour dui est acompli le nombre de .xl. iours. qui est fait par la tres sainte ordonnance et au proffit de nostre enseignement. Et tant comme ceste demeure a este faite de nostre seigneur par la presence de son corps de tant est la foy de la resurrection garnie et affermee par enseignemens seurs et proffitables. si en rendons graces a la divine ordonnance et au

necessaire esclarcissement des fais
pères. Et a leur tardivete car ilz
doubterent pour ce que nous ne
doubtissons. ¶ Secondement
il actendy par le confort des ap
postres. Car les confors divines si
habonderent plus que les tribu
lacions. et le temps de tribula
tion des apostres fut ou temps
de la passion et pource les jours
de confort divin est plus que de
tribulation. ¶ Tiercement par
la debonnaire signification par
laquelle il est donné a entendre
que les divines consolations sont
rapportees aux tribulations. aussi
si comme le jour est accompai
gnié a l'eure et l'an au jour. Et
que il soit acompaignié si co
l'an est au jour. Il est veu par
ce que l'en list en ysaie ou lxj.
chapitre. Je prescheroie l'an plai
sible a nostre seigneur et le jour
de vengence a nostre dieu. Veez cy
que pour ung jour de tribula
tion il rent ung an de consola
tion et que ce soit acompaignie
aussi comme le jour a l'eure
il appert par ce que nostre seigneur
par .xl. heures mort et ce fut
tribulation. Et quant il fut
resuscité il apparut par .xl. jours
aux apostres. et ce fut consola
tion dont la glose dit. Il ne
fut .xl. heures mort et pource
resjouit il apres .xl. jours en ter
re. ¶ Tiercement il est assa
voir qu'il monta premierement
puissamment car il monta par
ses propres forces. Si comme
ysaie dit ou lxiij. chapitre. Qui
est cestuy qui vient de edom et

de bosra en la multitude de sa vertu.
Et jehan l'euvangeliste dit nul hom
me ne monte la par sa propre
vertu fors cil qui descendi du ciel
C'est le filz de l'omme qui est ou
ciel. Ja soit ce que il montast en
une nue si ne le fist il pas pour
qu'il eust necessite de la nue.
mais le fist affin que il demon
strast que toute creature est ap
pareillee obeir a son createur.
Il monta par la puissance de
sa divinité. et en ce est signifie
la difference qui est dicte en l'y
stoire escoliere de jhesucrist et de
enoch et de helye. Car enoch fut
transporte. et helye fut soulleve
mais jhesucrist monta par sa
propre vertu. Et selon gregoire
le premier fut enoch fut engen
dre et engendra. le second fut he
lye fut engendre et n'engendra
pas. Le tiers ce fut jhesucrist ne
fut engendre ne n'engendra. ¶
Secondement il monta appert
tement. car ce fut devant les di
sciples dont jehan dit que il fut
esleve voyant eulx. et si dit ou
xvj. chapitre. Je vois a cellui qui
me envoia et nul ne me demande
de vous ou je vois. Et la glose
dit car je vois tout appert de
vant vous si que nul ne doit
demander ce que il voit faire
corporelment. et pource voult il
monter devant eulx que ilz
feussent tesmoings de son as
cension et que ilz s'esjoissent a
la nature humaine fut portee
es cieulx et le desirassent ensuir.
¶ Tiercement il monta lie
ment. car les angels chantoient

dont david dit. dieu monta en
ioye. Cest a dire ioyeusement
Et augustin dit. quant ihucrist
monta tout le ciel doubta les
estoilles se esmerveillerent les
compaignies chanterent buisi-
nes sonnerent. et les precieuses
compaignies des anges menstrer-
ent leurs souefz chans et doulz.
Quartement il monta hastive-
ment. sicomme david dit il se
hasta comme ung geant a cour-
re sa voye et il monta moult
hastivement car en ung seul
moument il courut tresgrant
espace. Et maistre moyses racon-
te qui fut tresgrant philozo-
phe que chascun cercle ou ciel de
chascune planette a de espesse le
longue de .v.c ans. cest a dire tant
despace de voye comme ung hom-
me pourroit aller en plaine
voye par .v.c ans. et si dit cellui
dit autant a il de distance en-
tre lun ciel et lautre. Et pource
que ilz sont sept cieulx il dit
quil a autant despace de la ter-
re iusques au ciel de saturne qui
est le vii.e comme len pourroit
aller en vii.m ans. Et iusques a
la concavete cest a dire a huit di
cellui ciel lespace de levreure
de .vii.m et vii.c ans se len venoit
tant. Et est chascun an ordonne
de .iii.c et lxv iours. et que chascun
iour len puisse errer .xl. mil.
et que chascun mil soit de .ii.m pas.
Et ce dit rabi moyses. Et se ce
est voir dieu le scet qui scet bien
la mesure de la lune et du so-
leil comme cellui qui fist tout
par nombre par poys et par

mesure. Ce fut grant sault que
ihucrist fist de la terre ou ciel
Et de ce sault et daucuns autres
saulx de ihucrist dit ambroise
ainsi. Ihucrist vint a ung sault
en ce monde il estoit avecques
son pere il vint en la vierge et
de la vierge il saillit en la cres-
che et descendi ou fleuve iour-
dain et monta en la croix et des-
cendi ou tombel et resuscita
du tombel et monta a la des-
tre de son pere. ¶ La quarte
chose est avec qui il monta. Il
est assavoir que il monta avec
grant proie dommes et avec
grant multitude danges. Et que
il monta avecques grant proie
des hommes il appert par le
psaultier qui dit. tu montas
en hault et prins les captivite
et que il monta avec grant
multitude danges. il appert par
les demandes que les moiens
anges firent aux greigneurs
quant nostreseigneur monta
es cieulx. sicomme il est en ysaie
ou lxiii.e chapitre. qui est cestui
qui vient de edom. les vestemens
taincs en couleurs. Et la dit la
glose. que aucuns anges qui ne
congnoissoient pas plaine-
ment le mistere de lincarna-
tion et de la passion quant il
virent nostreseigneur monter ou
ciel avec grant multitude dan-
ges et de saints hommes de sa
propre vertu le mistere de lin-
carnation et de la passion le
fut administre et distrent
aux anges qui acompaignoient
nostreseigneur. Qui est cestui

qui vient de edom. Et ou pseau
me dit il ainsi qui est ce roy d
gloire. Et saint denis dit ou li
vre de la ierarchie des anges
que quant ihesucrist monta es
cieulx trois demandes furent
faictes des anges et les gre
gneurs firent la premiere en
semble a eulx mesmes et si fi
rent la seconde eulx mesmes
a ihesucrist montant ou ciel. La
tierce firent les moiens an
ges aux gregneurs. et les gre
gneurs demanderent entre eulx
qui est cestui qui vient de edom
ses vestemens taintz de bosra
Edom est autant a dire comme
sanguin et bosra est a dire
grain aussi lui dit. qui est
cestui qui vient du monde e
sanglante par pechie et gar
ni par malice contre nostre seigne
Et nostre seigneur respondi Je
suis cil qui parle en droiture.
Et saint denis si met ainsi
Je suis cil qui ordonne iustice
droicture et iugement de salu
a la redempcion de humain li
gnage il fut vraie droicture
tant comme faicteur car il rame
na sa creature de la seignorie
dun estrange et si fut iugement
en tant comme il vainqui le
deable qui assailloit autour
droit et sur osta puissamment
homme q il tenoit. mais et
denis fait question selon ceste
chose que comme les souve
rains anges sont prochains
a dieu et sont enluminez de
dieu sans nul moien pour
quoy demandoient ilz ce lun
a lautre. mais si comme il mes
mes respond ainsi en ce que il
demandoient. ilz signifioient
convoiter la science. Et en ce q
ilz se conseilloient ensemble
ilz demonstroient q ilz nosoi
ent pas devant aller en eulx
mesmes la divine procession
si que ilz demandoient avant
a eulx mesmes si que par ad
venture ilz ne destournassent
avant par trop hastive dema
de lenluminement qui leur es
toit fait de dieu. La secon
de question que ilz firent a
ihesucrist. cest assavoir les moi
iens anges si est pourquoy
est ton vestement rouge et tes
vestures sont ainsi come de ceulx
qui foulent au pressouer. car
len dit q nostre seigneur avoit
ung vestement cest adire le corps
tout rouge aussi comme ensa
glante de sang pour ce q quant
il monta es cieulx il avoit en
cores les plaies toutes fresches
Et selon ce q bede dit il voult
garder les plaies en son corps
pour. v. causes. Et dit ainsi
nostre seigneur voult garder ses
plaies et les garda iusques
au iugement pour prouver
la foy de la resurrection. pour
les representer a son pere quant
il supplieroit pour les hommes
pource que les bons voient q
ilz sont piteusement rachetez.
pource que les mauvais con
gnoissent coment ilz sont droi
turierement condempnez. Et
pource q il demonstre certai
nes enseignes de sa perpetuel

victoire. Et a ceste question nostre
seigneur respondra ainsi. Jay
tout seul foulé au pressouer et
de toutes gens not homme avec
moy. Sa croix peut bien estre
appellee pressouer en laquelle
il fut prains aussi comme en
une bataille car le sanc en sail
li Et si appelle le deable pres
souer qui enclost si humain li
gnage es cordes de peche que
il les prainst si que tout quant
que il a en eulx qui est espiri
tuel il met hors et ne demeure
seulement que la rappe. cest
lordure des pechiez. mais le no
ble combateur foulla si ce pres
souer quil rompi les liens des
pechiez et monta ou ciel. Et apres
ce il ouvry la caverne du ciel
et espandy le vin du saint es
perit. ¶ La tierce question
est. que les moyens anges
distrent aux souverains est
telle. Qui est ce roy de gloire
auquelz il respondy le seigneur
de vertu cellui est roy de gloire
de ceste question et des autres
questions des anges desquel
les la response vint dit ainsi
augustin. tout le tressaint air
fut sanctifie par la divine co
paignie et toute celle tourbe de
deables qui voletoit par lair
sen fouy. Et les anges leur vi
drent a lencontre enquerans qui
cestoit disans. qui est ce roy
de gloire. Et les deables res
pondirent et distrent cest ce
luy blanc et rose qui neust en
sa croix repos ne beaute qui
fut fort en despoulle vil en sa

croix arme en la bataille. puant
en la mort. bel en sa resurrection
blanc ne de la vierge. vermeil
en la croix. blesme en reprouches
cler ou ciel. ¶ Secondement
il est assavoir par quel merite
de quoy ierosme dit. et fut pour
la verite demonstrer que il a
acompli ce quil avoit promis
par les prophetes. et puis pour
sa debonnairete. car il fut me
ne a sacrifier pour la vie du peu
ple et pour droicture car il ne
delivra pas homme par force
mais par droicture. et le tar
doubte ta puissance et ta vertu
te menra ou ciel. Tiercement
cest assavoir ou il monta. il est
voir quil monta dessus tous les
cieulx. et dit sur tous les cieulx
que il acomplist tout car ilz
sont plusieurs cieulx sur lesquel
il monta. Il est le ciel materiel
ciel raisonnable. ciel entendible
ciel substanciel. ciel materiel
ciel materiel est en moult de
manieres cest ciel aerain de
lair. ciel euthereum. ciel olimpi.
ciel firmament de feu. ciel estoille. ciel
cristalim. ciel empireal. ¶
Ciel raisonnable si est lomme
iuste et est dit ciel par la raison
de la visitacion divine. car ain
si comme le ciel est le siege de dieu
selon ce que dit ysaie. le ciel est
mon siege. et aussi est lame
du iuste selon ce que il dit ou
livre de sagesse. Lame du iuste
est siege de sagesse. par la rai
son de saincte conversation et
par desir habitent tousiours
ou ciel si comme lapostre dit

pource que ma conversation
est ou ciel Et si est dit ciel par
la raison de lumiere continuee
car tout aussi comme le ciel meut
continuelment aussi meuvent
les sains continuelment par bon
nes euvres. ¶ Le ciel intelle-
ctuel si est ange les anges sont
dis ciel car ilz sont haulz com le
ciel. par la raison de dignite et
de excellence. De la dignite et de
le excellence diceulx dit saint de
nis ou livre des noms divins
ou quart chapitre sur toutes au
tres existances. ilz vivent de di
vine pensee. ilz entendent et co
gnoissent sur toutes autres cho
ses vivant et sur sens et sur rai
son et trop plus que nul ame
cun soit et si desirent bien et par
ticipent en celluy. ilz sont tres
par raison de nature et de glo
re de la beaute desquelz saint
denis dit en ce mesmes livre.
ange si est manifestation de
lumiere occulte et est mirouer
net et cler sans [illegible] et
sans [illegible]. Et se il appar
tient a dire il est recevant de
la beaute de bonne forme for
mee de dieu. Tiercement ilz sont
tresfors par raison de leur ver
tu et de leur puissance. de la for
ce desquelz damascien dit ou
livre second ou iii.e chapitre. ilz
sont fors et appareilliez a acom
plir la voulente de dieu et sont
trouvez en chascun lieu ou le comang
de dieu les envoie. le ciel a haul
tesse beaute et force. des deux
premiers dit lecclesiaste ou
xliii.e chapitre de la haultesse du

firmament. etc. Et iob dit ou xxxvii.e
chapitre tu as par adventure for
me les cieulx aveques luy. etc.
¶ Le ciel substanciel si est le
qualite de la divine excellence
duquel ciel ihesucrist vint et mon
ta apres jusques a cellui dont
david dit lyssue de luy fut du
souverain ciel et recours de luy
fut jusques a la souverainete
de ce ciel. Et que il monta aus
si sur tous les cieulx materielz
il est veu par ce que david dit
ou psaultier ta gloire et ta lou
enge est eslevee sur tous les
cieulx. Et dont monta ihesucrist
sur tous les cieulx materielz
jusques a cellui ciel empireal
mais ce ne fut pas si comme
helie qui monta sur ung char
de feu jusques a la haulte re
gion. mais il ne la passa pas
oultre. mais fut transporte en
paradis terrestre qui est si
hault quil appert quil touche
a la haulte region En ce ciel em
pireal est ihesucrist et est sa propre
et especial mansion et des anges
et des autres sains et cest con
venable habitacion aux habi
tans. et cellui ciel est plus no
ble que les autres par dignite
par premier estre par assiete
et par aournement et pource
est ce convenable habitacion
a ihesucrist qui passa oultre par
mi tous les cieulx raisonables
et intellectuelz par dignite par
pardurablete par assiete par
immuablete par haultesce de
puissance. Aussi est ce conve
nable habitacion des sains cellui

ciel est dit beaute dune lumie
re parfaicte et non muable et
de tres haut comprise. Et les an
ges et les sains qui furent du
ne maniere en ouuraige enuers [?]
droicturierement et sont non
mouuables en lamour de dieu.
et eslumines en la foy et compre
nant en la recepte du saint es
perit. Et il appert que les sains
monterent sur tous les cieulx
raisonnables es cantiques qui
dient Vees cy cellui qui vient
saillant es montaignes et tres
perceant les tertres. et les mo
taignes sont appellees les anges
et les tertres les sains hommes.
Et si appert quil monta par
dessus tous les cieulx intellec
tuelz ce sont les anges. Il ap
pert par ce que dauid dist ou
psaultier. cest cil qui met la
nue en sa montee et ala sur les
pennes des vens Et si appert
que il monta sus le ciel substan
ciel. cest assauoir iusques a leq
lite de dieu. il appert par ce que
mathieu dit Et nostre seigneur
ihesucrist. puis quil ot parle a
eulx. cest assauoir aux disci
ples fut leue ou ciel. et se siet a
la destre de son pere. et la destre
de son pere est equalite de lui
Et bernard dit. que il fut dit
seulement [?] de dieu et il lui
donne seoir a la destre de dieu
et de la gloire dicellui. cest adire
en gloire semblable. et en lessence
de semblable substance pour sem
blable generation et en maieste
non despareille. et en pardura
blete semblable Et peut estre dit

que ihesucrist en son assencion fut
souzhaucie par iiii souzhau
cemens et ce fut par remuneration
de lieu. par cognition de veritte par
guerredon. du premier dit la
postre aux ephesiens. Cil qui desce
dy cest cellui qui monta sur tous
les cieulx. du second dit il aus
si aux ephesiens. il est fait obe
dient iusques a la mort. Et de
ce dit augustin. cest desserte du
milite et de clarte. et clarte est
guerredon dumilite. Et du tiers
dit le pseaume Il monta sur
cherubin. cest adire sur toute
plente de science. Et du quart
il monta si come lapostre dit. car
il monta sur cherubin et sur se
raphin. qui sont aussi come
sur toute science. Septiesme
ment quant il est demande pour
quoy il monta es cieulx. il est as
sauoir que iii proffis vindrent
de son assencion. ¶ Le premier
proffit est labitacion de la di
uine amour dont ihesu leuan
geliste dit. se ie ne menoie le
saint paraclit ne vendra pas
a vous. Et la dit augustin. Se
vous estes charnelment ioingz [?]
a moy vous ne receurez pas le
saint esperit ¶ Le second prof
fit si est greigneur congnois
sance de dieu. ihesu euuange
liste dit de ceste chose. Se vous
maviez ame. Certes vous vous
esiouyrez car ie vois a mon pere
etc. Et la dit augustin. pource
vous soustrai ie ceste fourme
de sergent en laquelle mon pe
re est greigneur de moy si que
dieu si que vous le puissiez

seoir comme dieu espirituelment.
¶ Le tiers prouffit est merite
de foy Et de ce dit leon pape ou
sermon de lassencion dont co
ment il que foy et creance no
cessaire le filz estre egal au pe
re par voye de pensee. Et que
il neans soit soubzmis au pere
par lappareement de corporel
substance. Et ceste chose de pu
taincte pensee a grant vigueur
que de croire sans enquerre ce
qui nest pas veu au regart cor
porel et de telles illec son desir
ou len ne peut bouter sa veue
Et augustin dit ou livre de
confession. il sesleva comme vng
geant a courre en la voye il ne
tarda pas mais courut criant
par dictz par faiz par mort
et par vie par descendre et
par monter criant que nous re
tournons a lui et se departi
de noz yeulx affin que nous re
tournons a nre cueur et que no
le trouvons ¶ Le quart prof
fit est nre seurete car il monta
pource que il soit nre advocat
vers son pere et nous devons
estre moult seurs quant no
considerons avoir tel advocat
vers son pere De ce dit iehan en
sa canonique en i chapitre. nous a
vons ihucrist le iuste advocat
envers son pere. et il deprie po
noz pechiez. Et de ceste seurete
dit bernard homme tu as seur
aler devant dieu aussi come
la mere devant le filz. et le
filz devant le pere. la mere de
monstre son pis ses mamel
les. le filz demonstre au pere

son coste et ses plaies. si que nul
escondit ne peut donc estre la
ou tant de signes de charite sont
¶ Le quint proffit est nre tres
grant dignite. cest nre dignite
quant nostre nature est soub
haucee iusques a la dextre de
dieu Car quant les angels eu
rent considere ceste dignite es
hommes tantost ilz deneerent
a estre adorez des hommes sico
me il est dit en lapocalipse. Je
chey dit il devant les piez de
lui pour lui adorer. et il me dit
garde ne le fay pas. car ie suy
ton serviteur et de tes freres. Et
la dit la glose. en la viel le loy
il ne denea pas adonc estre a
orez. mais apres lassencion que
il vit homme soubzhaucie. il
voult la adonc a estre aoure
de homme. Et si dit leon pape
ou sermon de lassencion la
nature de nre humilite est
au iourdui portee oultre la
hautesse de toutes les puis
sances a la dextre de dieu le
pere par son consentement pource
que la grace de dieu fut faicte
plus merveilleuse. Car que foy
ne deffiast pas esperance ne
chancellast pas charite ne
refroidisist. aucuns les choses re
mortes ou regart des hommes
lesquelles par leur desserte
semoient demonstrer leur re
verence ¶ Le vi. proffit est
la fermete de nre creance. sico
me paul dit aux hebrieux Vo
ans donc grant evesque ihu
crist filz de dieu. qui a trespe
rce les cieulx tenant lesperance

de vraie confession et de ceste asse-
cion dit ecores leon. lassention
il ihucrist est nre souslievement
et la ou il alla devant nous
est gloire de nre chief etc. ¶ Le
vii^e prouffit est le demonstre-
ment de la voie. dont michiel
dit. il montera en demonstrant
la voie devant eulx. Et augu-
stin dit Cestui sauveur test
fait voie sicue sus et viens tu as
bien ou ne ta pareste pas. ¶
Le viii^e proffit est louverture
de la porte du ciel. tout aussi
adam ouvrir le premier la por-
te du ciel aussi le second adam
ouvrir le premier la porte de
paradis. duquel leglise chante
quant tu eus vaincu laguillon
de mort. tu ouvris aux croians
le regne des cieulx. ¶ Le ix^e
prouffit fut la preparation du
lieu dont dit iehan ou xiiii^e
chapitre. Je vois appareiller le
lieu. Et augustin dit. Sire ap-
pareilles ce que tu appareilles
appareilles nous a toy et toy
a nous. Et le lieu que tu ap-
pareilles a toy de nous nous
appareille le demeure toy a nous.

De lenvoiement du saint es-
perit.

considerer .viii. choses. Premierement de qui il fut envoie Secondement en quatre manieres il fut envoie Tiercement en quel temps il fut envoie Quartement quantesfois il fut envoie. Quintement comment il fut envoie. Sixtement pour quel chose il fut envoie. Septiesmet par qui il fut envoie Premierement a savoir de qui il fut envoie len doit respondre que le pere envoia cellui saint esperit et que le filz lenvoia et que cellui saint esperit se donna lui mesmes et envoia. Et du premier que le pere lenvoia dit saint iehan levangeliste. Le saint esperit que mon pere vous envoiera en mon nom etc. Du second dit iehan mesmes. Se ie men estoie ale ie le vous envoieray. Et envoiement encore baisses choses si a comparoison a cellui qui lenvoie par trois semblances premierement il a comparoison a lenvoiant si come a cellui qui lui donne estre et ainsi envoie le soleil son ray. Secondement il a comparoison a cil qui lenvoie com au donnant vertu et ainsi est envoie le dart de cellui qui le gette. Tiercement il a comparaison a cil qui lenvoie aussi comme au donnat vertu et auctorite et ainsi est envoie le messagier de cil qui lenvoie Et ainsi selon ceste tripple maniere lenvoiement peut estre acompaignie au saint esperit car il est envoie du pere et du filz aussi comme cellui qui a de ceulx en donnant estre vertu et auctorite. Et ainsi cellui saint esperit se donna lui mesmes si comme iehan levangeliste dit. quant cellui esperit de verite sera venu il reprendra le monde de pechie. Car si come leon pape dit en ung sermon de penthecouste. la deite de la benoite trinite est non muable une substance et non divisee en euvre acordable et acompaignie en volente pareil en toute puissance egal en gloire et sa misericorde de la trinite delaissa a soy mesmes leuvre de nre redempcion pource que le pere nous feust debonnaire et que le filz la debonnairest et que le saint esperit nous en auscast en son amour Et par que le saint esperit est dieu pource est il dit que il se donna droicturierement lui mesmes. Et ambroise demonstre que le saint esperit est dieu ou livre du saint esperit ou il dit que la gloire de la divinite dicellui est appertement approuvee par .iiii. choses. Il cogneu estre parce que il est sans pechie parce qu il pardonne les pechiez parce quil nest pas creature mais createur parce quil naoure nul mais est aore. Et encore nous est il demostre coment la benoite trinite se donna toute a nous le pere nous donna tout ce. Car si come augustin dit Il nous envoia son filz pour estre pris

de nre redempcion et fu le garde
tout pouure est il luy mesmes
heritage aux filz dadopcion.
car il donna son ame pour le
pris de nre raencon. il nous
donna son sang pour beuura
ge. 2 sa char pour viande et sa
diuinite en guerredon. et ainsi
le saint esperit se donna tout a
nous. car il nous donna 2 do
ne tous ses dons. si comme la
postre dit aux corinthiens. il do
na a lun parolle de science se
lon celuy esperit. a lautre il do
na foy en cellui esperit. Et leon
pape dit. le saint esperit est in
spirant de foy docteur de sciece
fontaine damour seignacle de
chastete 2 cause de tout salut.
¶ Au second cest assauoir en
quantes manieres il est enuoie
Il est assauoir que le saint es
perit est enuoie en ij. manieres.
visiblement 2 inuisiblement
visiblemet quant il fut demo
stre en aucun signe visible. In
uisiblemet quant il entra es
chastes pensees. de ce quil fut e
nuoie inuisiblemet dit iehan
leuuangile. le saint esperit es
pire la ou il veult. et ot on sa
voix. mais len ne scet dont el
le vient. ne ou elle va. ne ce nest
mie merueille si comme ber
nard dit de la parolle inuisi
ble. elle nentra pas par les
yeulx. car ce nest pas chose cou
louree ne par les oreilles. car
elle ne raisonna point ne par
le nez. car elle nest pas meslee
auecques lair. mais auec la
pensee ne elle ne corrompt pas
lair mais le fait ne elle nentra
pas par les leures. car ce nest
pas chose megeable ne beuua
ble ne par la toucher au corps
car ce nest pas chose mengea
ble. Et coment que les voyes
de ceste chose soient non enquis
bles. Sy demandes tu comet
ie sai que cest voir. Certes iay
entendu par lesmouuemet de
mon cueur la presence de cel
et ay apperceu par la fuite la
puissance de la vertu de luy et
du deboutemet ou de la reper
cution de mes veulx le mer
ueille la perfondesse de la sa
gesse de luy. et de quelques
petit amendement de mes vi
ces. Jay approuue la bonte de
sa debonnairete de luy. et par
le renouuellement 2 le refor
mement du saint esperit. Jay
apperceu en ma presence le voult
et la fourme de la beaute de
luy. et par le regart des autres
hommes tous iay doubte la
multitude de sa grandeur de
luy. Et de ce dit bernard. ¶
Le enuoiement visible quant il
est demonstre par aucun sig
ne visible. Et est assauoir que le
saint esperit est demonstre
en .v. especes visibles. Preme
rement en espece de coulon
sus ihucrist quant il fut bap
tize. Et ce dit saint luc ou .iije
chapitre. le saint esperit desce
di en corporel espece en cellui
aussi comme coulon. Secon
dement en espece dune nue
cleire sus ihucrist quat il fut
transfigure. Et de ce dit ma

thieu euuangile. si comme il apar
soit escripte. la nue laombra et
la dit la glose. tout ainsi quant
nostre seigneur fut baptize le saint
esperit demonstra le mistere de
la sainte trinite en fourme
de coulon. tout ainsi le demo
stra il quant il fut glorifie en
une nue clere et luisant. Tierce
ment il se demonstra en espece
dun soufflement si comme iehan
dit ou xx^e chapitre. Il souffla en
eulx et leur dit. receuez le saint
esperit &c. Quartement il se
demonstra en espece de feu. et
quintement en espece de lan
gue. Et en ceste double espece
apparut il au iourduy aux
apostres. Et pource se demo
stra il en ces .v. manieres. pour
que il fut donne a entendre que
il peut estre acompaignie aux
proprietez de ces choses. es cuers
de ceulx en qui il entre la cou
lombe si a plaint en lieu de
chant elle na point de fiel el
le demeure en pertuis de pier
re. tout ainsi ceulx que le saint
esperit raemplit il les fait
plaindre pour leurs pechiez
desquelz ysaie dit. nous muirons
comme ours et plaindrons come
coulons qui souspirent. Et lapo
stre dit ou viii^e chapitre aux ro
mains. Cellui saint esperit
si requiert avoir de nous
plains et gemissemens sans no
bre. apres elle est sans fiel de
meure nulle. dont il est dit
ou livre de sapience. Sire car
ton esperit est bon et souef en
nous. Et encor mesmes livre

dit que il est souef debonnaire
et humain souef pource que
il nous fait souef en parolle
benigne pource que il nous rent
debonnaires ou cuers humain
pource que il nous fait hu
mains en euvre. Et tiercement
elle habite es pertuis de pier
re. cestadire es plaies de nostre
seigneur qui sont fuidees et
de ce est il dit es cantiques lieue
sus mamie ma belle espouse
ma coulombe. Dont la glose
dit qui nous est mie pource.
Cestassavoir les remplisse
ment du saint esperit es per
tuis de mes plaies. Et ailleurs
est il dit lesperit de nostre bouche
ihucrist nostre seigneur est pris
pour noz pechiez et en lombre
de toy vivrons nous entre les
gens. aussi comme se il deist.
lesperit qui est de nostre bouche
cestadire que ihucrist nostre si
est nostre bouche et nostre char nous
fait dire a ihucrist en lombre
de toy. cestadire en lombre de
ta passion en laquelle tu fus
tenebreux et despit. nous vivrons
par grant memoire entre les
gens. ¶ Secondement il fut
demonstre en maniere de nue
la nue si est esleuee de terre
et engendre pluie et donne re
froidement. Et tout aussi le
saint esperit lieue de terre
ceulx quil raemplist par des
prisier les choses terriennes
Et de ce dit ezechiel. lesper
it me esleva entre le ciel et la
terre. Cestassavoir quelque
partie que lesperit avoit. sicar

iehan dit la ou lesperit aloit la
estoient les roes esleuees ensem
ble & lensuiuoient. et saint gre
goire. quant len a gouste de
lesperit toute char est mal sa
uouree. & si donne la nue refroi
dement. aussi donne le saint
esperit refroidement contre les
embrasemens de pechie. dont il
fut dit a la benoite vierge ma
rie. le saint esperit vendra en toy
et la vertu du tres hault taom
brera. cest a dire te refroidera de
toute chaleur de pechie. Dont
le saint esperit est appelle eaue
laquelle refroide tous pechiez
par sa force. Et de ce dit iehan
leuuangile. les fleuues du st
esperit qui queuvrent de son ve
tre sont eaues viues. Et auec
ce elle engendre pluie de lar
mes. dont dauid dit ou psaul
tier. lesperit de lui souffleira &
eaues decourront. cest assauoir
de larmes. [T]iercement il
fut demonstre en maniere de
soufflement. soufflement est le
giers ysnel. il est chault il est le
gier et est necessaire a respirer.
aussi le saint esperit est legier.
cest a dire ysnel a soy espandre
et si est plus mouuable de tou
tes choses mouuables. et dit
sui ce. vng son fut fait soudai
nement ou ciel. &c. il ne scet nes
faire tardiuement. Le saint es
perit secondement il est chault
pour enflamber. Et de ce dist
saint luc leuuangile. Je suis
venu enuoier le feu en terre. &
que ce que ie vueil arde. Dont
il est acompairagie au vent

bruslere qui est chault. Et de ce
dit il es cantiques. lieue sus a
quilon & tu auster vien et tempree
ment il est legier a appaisier. Et
pour demonstrer sa legierete
est il appelle vnction. Jehan leu
uangeliste. lunction de lui nous
enseigne toutes choses par nom
de rosee. et de ce dit ysaie & mul
tiplie les entrailles de nous par
espandre dedens la rousee. [Q]
uartement il est necessaire
a respirer quelle merueille il
est si necessaire que il estoit
oste a homme homme mour
roit tantost. et aussi est il do
ne a entendre du saint esperit.
Et de ce dit dauid. oste lesperit
diceuls et ilz deffendront et
retourneront en pouldre. Et
si est dit ailleurs enuoie ton
esperit et ilz seront crees. Et ie
han leuuangile dit. lesperit est
cil qui viuifie. [Q]uintement
il fut demonstre en fourme
de feu. et il sera dit apres pour
quoy il sapparut en ceste dou
ble maniere. [Q]. a la tierce cho
se que il dit en quel temps il
fut enuoie il est assauoir que
il fut enuoie le .l.e iour apres
pasques et pource fut il enuoie
a ce iour que il fut donne a en
tendre que a ce iour fut la per
fection de la loy par le saint
esperit. et le pardurable guer
redon et la remission des pe
chiez. la perfection de la loy se
lon la loy fut faicte pource q
au .l.e iour du iour q laignel
pur & net fut sacrefie. la loy
fut donnee a moyses ou mont

son ardant. Et pour ce au nouvel testament au .l. iour de la pasque ihesucrist descendi le saint esperit en feu en la montaigne de syon. Et la loy fut donnee ou mont de synay. La loy fut donnee ou hault de la montaigne. Et le saint esperit fut donne la ou les disciples disnoient. Et dont est il demonstre par ces choses que cellui saint esperit est perfection de toute la loy. car la complissement de la loy est dilection. Secondement il est pardurable guerredon. Et de ce dit la glose que tout aussi que apres sa resurrection il conversa xl iours avecques ses disciples est signifie leglise presente. aussi le saint esperit qui fut donne au .l. iour comme le tiers nombre du guerredon pardurable. Tiercement il fut remission de pechiez et le fut pour ce au .l. iour que au .l. an il estoit an de ioie. que comme indulgence estoit faicte a romme. Et ainsi sont pechiez pardonnez par le saint esperit. Et si comme la glose dit en cellui iour de ioie espirituel. les prisonniers sont desliez. les debtes sont quittez. ceulx qui estoient en exil sont ramenez en le pays et sont rapellez. les heritages sont rendus. les serfs. cest a dire les hommes soubzmis a pechie sont delivrez de leur servage. Et ce dit la glose ¶ Les coulpables de mort sont desliez et laissiez aller. dont lapostre dit aux romains. La loy de lesperit de vie. ou ihesucrist ma delivre de la loy de pechie. et les debtes des pechiez sont delaissiees. car charite cueuvre grant multitude de pechiez. Et ceulx qui estoient en exil sont rapellez et ramenez en leur pays. dont david dist ou psaultier. Ton bon esperit me menra en droicte terre. cest esperit qui estoit perdu est rendu. dont lapostre dit aux romains. cellui esperit rent tesmoignage a nostre esperit. que nous sommes ses filz et ses hoirs. les serfs sont delivrez de pechie. dont lapostre dit aux corinthiens. la ou lesperit de nostre seigneur est. la est nostre heritage. ¶ Au quart. cest assavoir quantes foiz il fut envoie aux apostres. Il est assavoir selon la glose. quil leur fut donne .iii. foiz. ce fut devant la passion apres la resurrection et apres lascention il leur fut donne premierement a faire miracles. secondement a relaschier pechiez. Tiercement a confermer leurs cuers. ¶ Premierement quant il les envoia preschier. il leur donna puissance de chacier les diables et de curer toutes maladies. Et ces miracles sont fais par le saint esperit. selon ce que saint mathieu dit. car ie chace les diables par lesperit de dieu et cetera. Et si nest il pas convenable chose. que quiconques ait esperit de dieu quil face mira

cles. Car si comme dit saint gre-
goire. miracles ne font pas lo-
me saint. mais ilz le demon-
strent. Et ainsi quiconques
fait miracles na pas le saint
esperit. car les mauvais af-
ferment que ilz ont fait mira-
cles et dient. Sire sire navons
nous pas prophetie en ton nom
etc. Et dieu fit miracles par
auctorite. les angres les font
par subtilite de matiere. Les
diables par vertuz naturelz
entees es choses. les enchante-
les font par secrez contractz a-
vec les diables. les bons cre-
stiens le font par droicture co-
mune et les mauvais xpiens
par signe de mauvaise droic-
ture. Secondement il le
donna le saint esperit quant
il souffla en eulx et dit recevez
le saint esperit. Et ceulx a qui
vous delaisserez leurs pechez
ilz seront delaissez etc. Et cha-
scun ne peut pas delaissier pe-
chez quant a la conchieure
de lame ou quant a la coulpe
cest a lobligation de peine p-
durable ou quant a loffense
de dieu. lesquelz sont tant seu-
lement pardonnez par infu-
sion de grace et par vertu de co-
truction. Et toutesfoys dit len
que le prestre absoult pource
quil demonstre estre absoulz
de la coulpe pour qui il mue
la peine de expurgatoire en
peine temporel il relache par-
tie. Tiercement il leur
donna au iourdui quant il
cosecrea sa leur cueurs qlz
ne doubteront nul tourment
dont david dit ou psaultier
lesperit de sa bouche de luy est
toute sa vertu dieceulx. Et augu-
stin dit. telle est la grace du sain
esperit que se elle treuve triste-
ce elle la corrompt. se elle treu-
ve mauvais desir elle le degas-
te. se elle treuve paour elle le
chasse. Leon pape si dit. les apo-
stres avoient bien adonc espe-
rance davoir le saint esperit
mais nō pas comme habitant p-
mierement en eulx. mais a ce
quil eschauffast plus ardam-
ment les sainctes poictrines
deulx et les raemplist plus ha-
bondamment en acroissant ses
choses. non pas en commencant
ne il ne fut pas nouvel par
euvre car il estoit plus riche
par largesse. La quinte cho-
se cōment il fut envoie. Il est as-
savoir quil fut envoie en lan-
gues de feu avec ung son et
ces langues apparurent es di-
sciples qui se seoient et le son
fut soudain celestiel hastif et re-
plamissant. Il fut soudain car
le saint esperit na nulz tardifz
mouvemens. Il fut celestiel
car il fit les disciples celestielz.
il fut hastif et prouveux. car il
mist en eulx paour de filz et os-
ta la paour pardurable et la
pensee de toute charnalite. et
si fut raemplissant. car il rae-
plist tous les apostres dont il
est dit. Ilz sont tous raemplis
du saint esperit etc. Et
ilz sont insignes destre plain
lesquelz furent es apostres:

Le premier est quant la chose
plaine ne resonne point. Sicomme
il appert ou tonnel. car quant
il est plain il ne resonne point.
Et de ce dit Iob. quant le beuf
est plain devant la creche il ne
muist point aussi comme sil
deist. quant la creche du cuer
est plaine de grace nul gemissement
n'a point de lieu de impacience.
Ce signe eurent les apostres
en leurs tribulations. car ilz
estoient si plains du saint es
perit quilz ne resonnoient point
par impacience mais aloient
ioieusement devant ceulx qui
les tourmentoient. ¶ Le se
cond signe est quil ne peut plus
recevoir quant il est plain. ne
somme quant il est saoul. ¶
Quant ung bussel est plain
daucune liqueur. il ne peut
recevoir nul autre. Et aussi lo
me qui est saoul. ne convoite
plus viande. tout aussi les sains
quant ilz furent raemplis de
grace. ilz ne peurent recevoir
nulle autre liqueur de delecta
cion terrienne. Et de ce dit ysaie
Je suy plain et pource ne convoi
te ie plus les sacrifices. Et aus
si quant les sains eurent gou
ste la saveur celestiel. ilz ne
convoiterent point le terrien
delit. Et de ce dit augustin que
au lieu du fleuve de paradis
du quel une gouste est greigneur
que toute la grant mer. Il ap
partient que la soif de ce mon
de soit estainte en lui. et ce si
gne eurent les apostres. qui
ne vouldrent avoir nulle chose
propre. mais departirent tout
en commun. ¶ Le tiers signe
est aler sen par dessus. sicomme
il appert en ung fleuve qui
seuronde. Dont lecclesiaste dit.
cest ce qui emple de saigesse
aussi comme phison propre
ment a prendre a la lettre. Ce
fleuve a sa propriete a surha
bonder et couvre tousiours et
a arrouser entour lui. Et aussi
les apostres commencerent ta
tost a arrouser et a couvrir car
ilz commencerent a parler plu
sieurs langaiges. Et la dit la
glose. ce fut signe destre plaine
quant le bussel deulx sen alla
par dessus. et mist hors le feu ou
fleuve et ne se pot muncer et se
commencerent tantost a arro
ser entour eulx. Car saint pier
re commenca a preschier. et conver
ti .iii. m. hommes. ¶ Seconde
ment il fut envoie en langues
de feu Et ainsi sont a veoir .iii.
choses. Premierement comme
il fut envoie communement en
langues de feu Secondement
pourquoi il fut envoie en feu
plus que en ung autre element
Tiercement. pourquoi il fut
plus envoie en langue que en
autre membre. ¶ Du premier
il est assavoir. que il apparut
en langue de feu. pour .iii. rai
sons. premierement pource quilz
deissent paroles eschauffans.
Secondement que ilz preschas
sent la loy eschauffant en la
mour de dieu. Des deux pre
mieres dit saint bernard. le
saint esperit vint en langues

de feu. sy comme il purifiassent nos
les eschauffans es langues de
tous. et que ilz preschassent a la
gent embrasee la foy eschauffee
en lamour de dieu. Au tiers ce
fut que len congneut le saint
esperit qui est feu parler en eulx
Et pource que ilz ne deffaillissent
et quilz nattribuassent a eulx la
conversion des autres et quilz
oyssent les paroles deulx aussi
comme de dieu ¶ Du second
il est assavoir quil est envoie
en fourme de feu par mout
de raisons. La premiere raison
est prise en sa grace qui est mul
tipliee en sept dons. car le saint
esperit en maniere de feu humi
lie les haultes choses par le don
de paour. il amolie les dures
par le don de pitie. il enlumine
les obscures par le don de science
il restraint les decourables par
le don de conseil. il reconforte
les moles par le don de force. il
esclarcist les choses en ostant le
reil de peche par le don dentende
ment. il les fait tendre en
hault par le don de sagesse. La
seconde raison est prise en la di
gnite et en lexcellence de lui. car
le feu est plus noble de tous les
elemens par beaute par ordre et
par vertu. par beaute pour la
raison de la beaute quil a en
lumiere. par ordre pour la rai
son de la haultesse de sa demo
rance. par vertu pour la raison
quil a en vertueusete en son fait.
Tout ainsi surmonte toutes
celles choses. Et quant au pre
mier il est dit. en amor est le

saint esperit touchie. Quant au
second qui prent tous les espe
rits entendibles. Quant au tiers
cest cil qui a toute vertu de sa
gesse. La tierce raison est prise
ou multipliable estat de lui
Et raban assigne quatre rai
sons en disant ainsi. le feu sy a
quatre natures. il art il purge
il eschauffe il enlumine. Sem
blement le saint esperit art
les pechiez. il purge les cueurs
il oste la froidure. il enlumine
les ignorances Et ce dit raban
il art les pechiez dont zacha
rie dit. art les par ton feu. sicut
laurent est breule. et de ce feu
demandoit le prophete en
disant. Sire brusle mes rains
etc. il purge les cueurs dont
ysaie dit. Se tu leves le pechie
de ierusalem en esperit de iugement
et en esperit dardeur. il en oste
ne la tiedeur dont lapostre dit
aux romains. Ce rendi que le
saint esperit remplist eschauf
fans ou saint esperit etc. Et
saint gregoire dit. le saint es
perit apparut en feu pource
quil oste froit de tous les cue
quil raemplist la tiedeur de
froidure. et cellui cueur mort
ou desir de sa pardurablete Il
enlumine les ignorances. dont
il est dit ou livre de sapience
Sire qui saura ton sens se tu
ne nous donnes sagesse et en
voies ton esperit des haultes
choses. Et lapostre dit aux co
rinthiens. dieu si nous reve
la par son esperit. etc. La quar
te raison est prise en la nature

de son amour. car par .iii. raisons
amour est signifiee par feu. pre-
mierement pource que feu est
tousiours en mouvement. et aus-
si l'amour du saint esperit fait
tousiours estre en mouvement
de bonne euvre ceulx qui rem-
plist. Et de ce dit saint gregoire
l'amour de dieu n'est point oyseu-
se mais fait tousiours grant
chose la ou elle est. Et se elle ne
euvre ce n'est pas amour. Secon-
dement car entre ces autres ele-
mens le feu est mesmement chose
formable et a peu de matiere
et moult de forme et de beau-
te. Et aussi l'amour du saint
esperit fait a ceulx qui le rem-
plist avoir peu de l'amour des
choses terriennes et grant
de l'amour des choses espiri-
tuelz. si que elle n'aime point
les choses charnelz charnelment
mais espirituelment. Et saint
bernard devise quatre manie-
res d'amer. c'est amer la char
charnelment et l'esperit char-
nelment. et la char espirituel-
ment. et le saint esperit espi-
rituelment. Tiercement car le
feu encline les autres choses
tendre hault et recueillir et
assembler les choses descorda-
bles. Et par ces .iii. choses est
entendue triple force d'amour.
Et si comme saint denis dit
ou livre des noms divins.
Amour a triple force enclina-
te ordonnante et eslevante. encli-
nante car elle encline les sou-
veraines choses aux basses.
Ordonnante car elle ordonne
egal chose avec equalite. Esle-
vante car elle eslieve les basses
choses aux souveraines. Et de
ce dit saint denis. et ceste tri-
ble amour fait le saint esprit
en ceulx que il raemplist. car
il les encline par humilite des-
pisant eulx mesmes. il les es-
lieve ou desir des souveraines
choses. Il les ordonne ensemble
par enfourmement de bonnes
euvres. De la tierce chose
il est assavoir pourquoy il ap-
parut en signe de langue plus
que d'autre membre pour .iii.
raisons. car la langue si est
membre enflambe de feu pardu-
rable fort a gouverner et prof-
fitable et droicturier. Et pour ce
que la langue avoit este enfla-
bee du feu d'enfer pource avoit
elle mestier d'avoir le feu du
saint esperit. Dont saint iaque
apostre dit. La langue si est
entouchee du feu du saint es-
perit &c. Et pource que la lan-
gue est forte a gouverner pour
ce a elle mestier de la grace
du saint esperit devant tous ces
autres membres. Et pource
que elle est moult proffitable
se elle est bien gouvernee pour ce
est il mestier que elle eust le
saint esperit a gouverneur.
il s'apparut en la langue a si-
gnifier ce qui est moult neces-
saire aux prescheurs. car il les
fist parler ardamment sans a-
lentir. Et pource fu il envoie
en espece de feu. Et de ce dist
saint bernard. le saint esperit
vint en langues de feu sur

les disciples pour ce que ilz par
lassent paroles eschauffans
et preschassent la foy ardant
par langue de feu fermement
et sans nulle doubte. Et de
ce dit le livre du fait des apo
stres. Tous furent raemplis
du saint esperit et commence
rent a parler la parole de dieu
a grant fermete &c. Et dit en
cores multipliement pour
la diversite de la comprenance
des hommes. Et pour ce est il dit
ou fait des apostres que ce
fut proffitablement en diver
ses langues a l'edification et
au proffit des hommes. Et ysa
ie dit. l'esperit de nostre seigneur
est sur moy pour ce qu'il m'a
oint &c. Tiercement ces langues
apparurent en seant pour signi
fier que c'estoit chose necessaire
aux presidens. c'est assavoir a
ceulx qui sient en honneurs
en hautesces comme seigneurs
et juges des peuples. Il est ne
cessaire aux presidens et aux
juges car il donne auctorite a
pardonner pechie. Et de ce dit
saint jehan l'euvangeliste recevez
le saint esperit. car ceulx a qui
vous deslaisseres leurs pechies
ilz leur seront deslaissez. Il do
ne saigesse a jugier. Et de ce
dit ysaie. Je mettray mon espe
rit sur le jugement et ma gra
ce pour debonnairete a estain
dre dessus. Et si est dit ou livre
des nombres. Je leur donray
de l'esperit qui est en toy si que
la charge du peuple soit depor
tee par toy l'esperit de moyse

estoit esperit de debonnairete
si comme il est dit ou livre des no
bres. moyses estoit le plus tres
debonnaire &c. Il donne aor
nement de saintete pour esclou
mer. Et de ce dit job. l'esperit
de nostre seigneur aourna les
cieulx. A la .vj.^e chose. c'est
assavoir esquelz il fut envoie
Il est certain que il fut envoie
es disciples car ilz estoient
nez a leur reception et convena
bles et pour .vij. choses. qui es
toient en eulx. Car premierement
ilz estoient paisibles en toutes
choses et il segnefie en ce qu'il
leur fut dit. quant les jours
de penthecouste furent acom
plis. c'est a dire les jours de re
pos car ceste feste estoit depu
tee a repos dont ysaies dit
sur lequel se reposera mon es
perit. fors sur l'umble et le
paisible. Secondement ilz estoi
ent assemblez par amour et
ce signifie pour ce que il dit.
Ilz estoient ensemble car ilz
estoient tous d'ung cueur et
d'une ame. Tout aussy comme
l'esperit de l'omme ne vivifie
pas les membres du corps se
ilz ne sont ensemble. aussy le
saint esperit ne vivifie pas
les membres espirituelz sans
estre ensemble. Et tout aussy
comme le feu est estaint par
departir les buches aussy est
departi es hommes l'esperit
par discorde. Et pour ce chante
l'en des apostres Il les trou
va concordans par charite. et
les enlumina en habondant la

deite de sa diuinite. Tiercement
ilz estoient en lieu secret. Et cest
signe par ce q il dit en vng lieu.
C'est assauoir ou cenacle. c'est
ou lieu ou ilz mengoient. Et de
ce dit osee. Je le menray en vng
lieu secret et parlera au cueur
diceluy. Quartement ilz estoi
ent en oroison continuee dont
il fut dit premierement Ilz estoi
ent perseuerans en oroison tout
dune volente dont legle chante
des apostres. que quant le saint
esperit vint ilz oroient ensemble
Et que oroison soit necessaire
a receuoir le saint esperit. il est
demonstre ou liure de sagesse
qui dit. Je appellay dieu et lesp
erit de sagesse vint en moy
Et iehan leuangele dit. Je pri
ray mon pere. et il vous donra
vng autre paraclit. Quintemet
ilz estoient enoblis. dumilite
et cest signifie en ce que il dit
ilz se seoient dont le pseaume
dit qui enuoie les fontaines en
la valee. cestadire que le saint
esperit donne grace aux hum
bles si comme il dit deuant
et sur qui reposera mon esperit
fors sur les humbles. Sixte
ment ilz estoient comme par
paix et cest signifie en ce quil
dit en iherlin car iherlin est no
me vision de paix. Et ce sera
demonstre que paix est neces
saire a receuoir le saint esprit.
Et iehan leuangele dit que il
leur dit premierement paix soit
auecques vous. et la tantost
leur embatu en eulx le saint
esperit et dit. Receuez le saint

esperit. Septiesmement ilz estoi
ent esleuez en contemplation
cest signifie par ce que ilz recu
rent le saint esperit en la sou
ueraine partie du cenacle. dont
la glose dit. que qui desire rece
uoir le saint esperit si desoule
en surmontant par contempla
cion de pensee la maison de la
char. ¶ Au vi^e en ce que il dit
pourquoy il fut enuoie. Il est as
sauoir quil fut enuoye pour
vi. causes qui sont signifiees
en ceste auctorite le saint espe
rit paraclit que mon pere enuoiera
en mon nom. ¶ Premie
rement il fut enuoie a conforter
les tristes laquelle chose est
signifiee en ce que il dit le pa
raclit. qui vault autant com
me conforteur. dont ysaie dist
lesperit de nostre seigneur soit
sur moy et cetera et sensuit apres
et met consolation a ceulx qui
pleurent en syon Et gregoire
dit lesperit confortant est dit
cil qui appareille aux plora
pour le fait de leurs pechiez
esperance de pardon et relieue
leur pensee de laffliction de
tristesse. ¶ Secondement
il fut enuoie a viuifier les mors
et cest signifie quant il dit les
perit. car lesperit est cil qui vi
uifie. Et ezechiel dit os secs oyes
la parolle de nostre seigneur et ie en
uoieray en vous mon esperit
et viurez. ¶ Tiercement a si
gnifier ceulx qui nestoient pur
gez. et cest signifie par ce que
il dit saint. Car ainsi come
lesperit viuifie. aussi le saint

sanctifie et nectoie. car le saint
esperit est net dont le pseaume dit
la venue du fleuve esleesce. c'est
a dire la venue du fleuve sur habon
dant et suhondant en esperit es
leesce la cite de dieu. c'est leesce
Et par cestui fleuve sanctifia
le tres hault seigneur son tab
nacle. ¶ Quartement ce fu
pour confermer amour entre
les discordans et supneurs laquel
le chose est signifiee en ce que il
est dit pere. Il est dit pere pour
ce quil nous aime naturelment
Et ce dit iehan levangeliste
le pere nous aime et nous
sommes ses freres et ses filz en
semble et par faicte amitie per
severe entre les freres. ¶ Quin
tement il fut envoie pour sau
ver les iustes. Et c'est signifie
en ce quil dit en mon nom qui
est ihesucrist. et ihesucrist est au
tant a dire comme salu. Et don
ou nom de ihesucrist c'est de salu
le pere envoia le saint esperit
pour demonstrer que il estoit
venu sauver les gens. ¶ Six
tement il fut envoie pour en
seigner les folz. et c'est signifie
en ce quil dit. il vous enseigne
ra toutes choses etc. ¶ La sep
tiesme chose que il fut envoie
ou donne en la premitive eglise
et par oroison. dont il dit les a
postres oraient etc. Et luc levan
gelistre dit ihesus oroit et le saint
esperit descendi etc. Seconde
ment il fut envoie par devote et
ententive raison de la paro
le de dieu et ce dit il ou fait des
apostres. Et c'est signifie en ce
que il dit pierre parlant encores
et le saint esperit chei en eulx.
Tiercement il est signifie par as
siduelle oeuvre. et c'est signifie en
la touchement des mains dont
il est dit. Ilz mettoient adonc
les mains sur eulx. et ilz rece
voient le saint esperit. Et ceste
mise des mains dont il est dit
il est signifie labsolution qui
est faicte en confession

De saint gordien

Gordien est dit de
geor qui est a dire
maison. et de dien
qui est a dire cler
Et c'est autant a dire comme
clere maison. en laquelle dieu
habitoit. Et ainsy comme et
augustin dit ou v. livre de la
trinite bonne maison est ordo
nee par membres pareilles
larges et cleres. aussy ce saint
fut ordonne ensamble par uni
te de concorde. large par charite
cler par verite. ¶ Epymache
sy est dit de epy qui vault au
tant a dire comme hault ou
souverain et de mache qui est
a dire roy. C'est a dire hault
ou souverain roy.

Gordien estoit vicai
re de iulien empe
reur. Et si comme
il contraingnoit
ung iour dein ung crestien
a sacrifier toutesfois a la pre
dication de cellui ienuier il
fut converti avec sa femme
et lin. hommes. Et quant Julie
lon il commanda que ienuier
fut envoie en exil. et que le gor

dieu ne vouloit sacrifier que il eust le chief coppe. Et donc fut il decole. et son corps fut gette aux chiens par .vij. iours. Et ilz ny atoucherent oncques. Et en la parfin il fut ravy de sa famille. et fut ensevely avecques saint cyriacke que Julien avoit fait grant piece avoit devant. et fut pres de la cite de romme a une lieue environ lan de nostre seigneur trois cens .iiij.

De saint Nereu

Nereus cest nerin est autant a dire comme conseil de lumiere. Ou il peut estre dit de nerei. cest a dire non. et reus coulpable aussi comme coulpable. il fut conseil de lumiere en predication de virginite. il fut lumiere en honnestete de conversation. et non coulpable par purete de conscience. Achilleus est dit de achi qui vault autant a dire comme mon frere. et de lesa qui est a dire salu. Cest a dire mon frere de salu. et Victorin enchier et marc seigens de ilz escripvirent la passion de ces deux

Nereu et achille estoient chastes. et estoient chambellans de domicille niece de domicien empereur lesquelz saint pierre apostre baptiza Et quant domicille fut mariee Aurelien filz du consule et elle fut vestue de pierres precieuses et de pour pre. nereu et achille lui prescherent la foy et lui loerent moult forment virginite. Et lui demonstrerent que virginite estoit prochaine a dieu seur aux anges et cousine aux hommes et que femme qui estoit subiecte a homme estoit souvent batue des piez et des poings et mettoit hors souvent ses enfantemens. et si lui monstrerent que elle souffroit a peine les doulx amonnestemens de sa mere. et il lui conviendroit souffrir grans tencons de son mary Et entre ces autres choses elle leur dit. Je scay bien que mon pere fut ialoux. et que ma mere souffry de lui moult de laidures. mon mary ne sera pas tel. Et ilz lui distrent tant comme on les voit bel parler len cuide que ilz soient debonnaires. mais quant ilz sont fais mary ilz seignourissent cruellement. Et aucunesfois mettent ilz les chamberieres devant les dames. et toute saintete perdue peut estre recouvree par penitance Mais virginite seule perdue ne peut estre ramenee a son premier estat. Toute peche peut estre chacie hors par penitance. mais virginite ne peut estre recouvree. si que elle revienne au premier estat de saintete. Et donc domicille creut et voua virginite. et fut voilee de saint clement et benie. Et quant son mary oy ce il impetra licence de domi

cien. Et envoia ce cruel la vierge
avec nereu et saint achille en
exille de ponciane. Et cuida qil
peust bien par ce muer le pro
pos de la vierge. Et si comme
par aucuns temps apres il alast
en celle ysle il voulst faire par
dons envers les sains que ilz a
menassent la vierge a muer
son propos mais ilz luy refuse
rent du tout et la confortoiet plus
en nostreseigneur. pour laquelle
chose ilz furent constrains a sa
crifier et ilz distrent quilz estoi
ent baptizez de saint pierre a
postre et quilz ne pourroiet en
nulle maniere sacrifier. Et dont
eurent les chiefz coppez environ
lan de nostreseigneur .ccc. et .iiii.xx
et les corps en furent ensevelis
delez le sepulchre de saincte pe
tronelle. et les autres sains. Cest
assavoir euthice victorin et
maro avec lesquelz domicelle
sestoit acompaignee ilz faisoi
ent chun jour labourer come
serfz en leurs heritages et au
soir ilz leur donnoiet a men
gier la viande autelle come
aux pourceaulx. et puis com
manda q euthice fut tant ba
tu quil mist hors lesperit. Et
fist victorin noyer es eaues pu
antes dune fosse. et commanda
que maro fut acravente dune
grant roche. Et dont getterent
sur luy une grant roche q lxx
hommes mouvoient a peine. et
il prist celle pierre sur ses es
paules et la porta aussi legie
rement comme paille jusques
a .ii. lieues loing et plusieurs

creurent en dieu. Et dont le con
sulle le fist occire. ¶ Et apres
ce aurelien ramena domicelle
de son essil. et luy bailla deux
vierges en compaignie. Eufro
sine et theodore pour luy amon
nester de obeir a luy. lesquelz
les elle convertit a sa foy. ¶
Et dont aurelien et les maris
des .ii. vierges vindrent a do
micelle et amenerent .iii. jougle
a faire leurs nopces ou q ilz
la prendroient toutesfoys a
force. Et quant domicelle ot
converti les .ii. autres jouven
ceaulx. aurelien la mena en
une chambre et fist les jougleurs
chanter et baler et faisoit ces
autres saillir avec luy et vou
loit apres ce corrompre domi
celle. Et quant les jougleurs
furent lassez de chanter et les
autres de baler et de saillir
Aurelien ne cessa oncques de
baller et de saillir par .ii. jours
jusques a tant quil deffailli
en saillant et mourut. ¶ Et
dont luxurien son frere im
petra licence de lempereur et
occist tous ceulx qui croioient
en dieu. Et puis mist le feu
en la chambre ou les vierges
estoient. et elles mistrent hors
les esperis en orant. Et saint
cesarien trouva les corps au
matin tous entiers. et les e
sevelit

De saint pancrace

Pancratius est dit
de pan qui vault
autant a dire come
tout et de gratus

agreable ꝛ de certes tost car il
fut tout aggreable a dieu en son
enfance Et si comme il est dit
ou glosaux. pancras est autat
a dire comme rapine. pancra
ce est ce qui est subget aux
souffrances. pancras est dit pier
re de diverse couleurs ꝛ il resse
bla a toutes ces choses car il ra
vir la proie de ceulx qui estoiet
chetivez. Il fu subget aux suf
ferences des tourmens. il fut
couloux de plusieurs vertuz

Pancrace fut ne de
tres nobles parens
ꝛ si comme il estoit
orphelin de pere et de mere en
frise soubz la garde de denis
son oncle Ilz vindrent tous
deux a rome ou ilz avoiet mols
grans heritages. Et en la rue
ou ilz estoient demourans. cor
nelien pape se tapissoit en se
cret avec aucuns bons xpiens
Et dont denis ꝛ pancrace recu
rent la foy ihucrist de cellui
[illegible] Et en la parfin denis
fu trespasse en paix ꝛ pancrace
fut pris ꝛ present au roy cesar
Et pancrace estoit aussi com
me de laage de xiiij. ans. Et
dyocletien luy dit. enfant ie te
conseille que tu ne faces pas
tant que tu muires de male
mort. car tu es enfant et peuz
estre legierement deceu. Et pour
ce que tu es noble ꝛ filz dun mie
tres chier amy. ie te prie que tu
delaisses ceste desverie. et ie
te tendray comme mon filz.
Auquel pancrace dit. Et se
ie suy enfant de corps sy ay ie

cueur ancien. ꝛ par la vertu de
mon seigneur ihucrist. vostre es
pouentement m'est autant com
celle peinture que ie regarde.
Tes dieux que tu veulz que ie
aoure furent decepveurs et cor
rompeurs de leurs sereurs ger
maines. ꝛ nespargnerent pas a
leurs parens. Et se tu savoies
au iourduy que tes serges feus
sent telz tu les feroies tantost
occire. et ie me esmerveille q
tu nas honte daourer telz dieux
Et dont lempereur doubta q
il ne fut vaincu dun enfant si
commanda que il fut decole en
la voye aurelienne environ lan
de nostre seigneur ij.c iiij.xx et octa
vissa une dame femme dun
senateur ensevelir le corps de lui
diligemment. Et si comme gre
goire de tours dit. se aucun
veult venir a son sepulchre pour
iurer faulx serement avant
quil viengne ou chancel ou il
est ravy du diable ou il chiet
tantost sur le pavement et fe
nist sa vie [illegible] une grant dis
corde estoit entre deux hommes
ꝛ le iuge savoit bien lequel
estoit coulpable. mais pour
lamour de droicture faire le
iuge mena les .ij. hommes a
lautel de saint pierre ꝛ con
traingnist cellui qui estoit
coulpable a soy cruiser et a
prouver par son serement
son innocence. Et depria lapo
stre. que par aucun signe il de
monstrast la verite du fait
Et quant cellui ot iure. Et
le iuge dit quil ne souffroit

point de mal pour son faulx serement. le iuge tout forsene qui savoit bien le fait se escria Je forsenne ou ce saint pierre est trop debonnaire qui il se co[n]met au plus ieune. Alons a pancrace le ieune et luy requerons que il desceuvre la verite. Et quant ilz vindrent a lautel de pancrace et cellui confirmer voult iurer faulx serement il tendi sa main mais il ne len peust puis oster. Et assez tost apres il mourut illecques. Et encores est il garde de plusieurs au iour dui que len fait seremens pour aucune causes sur les reliques de saint pancrace

Du temps de pelerinage

Quant nous avons dit des festes qui eschieent ou temps de reconciliation lequel temps leglise represente de pasques iusques au huitiesmes de penthecouste Il est a dire des festes qui viennent dedens le temps de pelerinage lequel temps leglise represente des huitiesmes de penthecouste iusques a ladvent mais le commencement de ce temps ne se prent pas tousiours ensement mais est mue selon le temps que pasques eschieent

De saint urbain.

Urbain est dit de urbanite cest courtoisie. Ou il est dit de ur q[ui] vault autant co[m]me feu ou lumiere et de banas qui est autant come response. Il fut lumiere par conversation honneste feu par charite embrasee response par doctrine. Ou il fut lumiere. car la lumiere est amiable en conversation immaterielle en despisant le monde celestiel en lamour de dieu proffitable en predication

Urbain fut pape apres calixte. Ou temps duquel grant persecutio[n] fut sus les crestiens. Et en la p[er]fin alixandre fut empereur et sa mere avoit nom Mamea et fut crestienne et lavoit co[n]vertie origenes et celle sa mere le mena tant par ses prieres que il se cessa de la persecutio[n] des crestiens. Et toutesfoiz almacien prevost de la cite de rome qui avoit fait decoler saincte cecille si se forsenoit forment contre les crestiens et fist que len moult curieusement et urbain et fut trouve en une fosse avecques .iij. prestres et .iij. diacres et carpasien leur menistre. et les commanda estre mis en chartre. Et apres ce il co[m]manda quilz feussent amenez devant luy et dit q[ue] cellui enchanteur avoit deceu .v.c hommes avecques saincte cecille. et les nobles hommes tyburce et valerien et si luy demanda les tresors de leglise. Et donc luy dit urbain si comme ie voy convoitise te fait plus forsener contre les crestiens que la honneur de tes dieux. le tresor de

cecille est montee ou ciel par la
main des povres. Et dont fist
batre saint urbain et ses com
paignons et prisonniers. Et
dont urbain appella le nom de
nostre seigneur helyon. Et le pre
vost dit ce viellart cy veult estre
bien sage. et pource dit il par
les mesconnoissances. Et quant
ilz ne peurent estre surmontez
il les fist derechief mettre en
chartre. et la vindrent a luy
trois iuges lesquelz il convertis
ti avec anolin garde de la char
tre et les baptiza. Et dont quant
le prevost sceut que anolin es
toit fait crestien il le fist venir.
Et pource que il refusa a sa
crifier il fut decolé. Et saint
urbain fut mene avec ses co
paignons a lydole et furent co
strains a luy encenser. Et dont
saint urbain ora et lydole cheu
et occist xxii. prestres qui ad
ministroient le feu. Et dont
furent ilz tres cruelment des
rompuz et ramenez a une ydo
le. ilz crachierent contre luy.
Et dont firent le signe de la
croix en leurs frons et sentre
baisierent de la paix et furent
decolez par sentence soubz a
lixandre. qui commenca lan de
nostre seigneur. ii.c. et xx. Et tan
tost carpasie dalmatien fut
ravy du deable et en blasmant
ses dieux et en louant les crestien
malgre sien fut estrangle du
deable. Et quant marmenie
sa femme le veist elle print
saint baptesme avecques sa
fille et toute sa mesnee de ca

fortunat prestre. Et apres ce el
le ensevelit honnorablement
les corps des sains.

De saincte petronelle.

Petronelle de la
quelle saint mar
cel escript la vie
fut fille de saint
pierre apostre. Et estoit tres
belle si que par la voulente de
son pere elle estoit malade de
fievres. Et si comme les di
sciples disnoient avecques
luy. tytus luy dit: Se tous
les malades sont gariz de toy
pourquoy laisses tu petronel
le gesir de maladie. et saint
pierre luy dit. car il luy appar
tient ainsi. Et toutesfois af
fin que vous ne cuidez que ce soit
impossible a moy et que ie
me excuse par mes parolles. ie
luy commande petronelle lie
ve sus tost et nous administre.
et elle se leva toute saine et les
administra. Et quant son ser
vice fut acompli. Il luy dist
petronelle retourne a ton lit
et elle retourna tantost et reco
menca a travailler de fievres
aussi comme devant. mais
tantost comme elle commenca
a travailler et a estre parfai
te en lamour de dieu. il la gua
ry parfaictement. Le conte
flactus vint a elle et la voulou
avoir a femme pour sa beau
te. Auquel elle dit. Se tu me
veulx avoir a femme comman
de que les vierges viennent
a moy qui me tiendront com
paignie iusques a ta maison

Et tant comme cellui appareil-
loit les vierges et sa feste a faire
perrenelle se mist en jeunes
et en oroisons et receut le corps
nostre seigneur et se coucha en son
lit. et trespassa au tiers jour.
Et quant flactus veist que il
estoit deceu il se tourna devers
felicule compaigne de perenel-
le et lui commanda que elle fust
sa femme ou que elle sacrifi-
ast aux ydoles. Et elle refusa
lun et lautre. et dont la fist il
mettre en chartre par .vij. jours
sans mengier et sans boire. et
puis la fist tourmenter en cu-
lee cest ung tourment fait
en maniere dun lautouer
et la fist occire. Et puis getta
le corps en une chambre au lac
Et saint nicodemus len leva
et len sevelir. Et dont fut ap-
pelle nicodemus devant le co-
te flactus. Et pource quil ne
voulst sacrifier il fut batu de
plombees jusques a la mort. et le corps de
lui fut gette ou tybre de romme
mais Juste son clerc len leva
et lensevely honnorablement

De saint marcelin et pierre

Pierre dmar sestoit tenu en char-
tre de arthemien
prevost auquel
la fille estoit tourmentee du
diable. Et pource plouroit
son pere forment. Et pierre
lui dit se tu creusses en dieu
ta fille eust tantost sante
auquel arthemien dit. Je me
merveille par quelle raison
ton dieu pourroit delivrer
ma fille. qui ne te peut pas de-
livrer toy qui seuffres tant
pour lui. Et pierre lui dist.
Mon dieu est tout puissant
de moy delivrer. mais il veult
que par passion qui est tran-
sitoire nous perseverons a
gloire pardurable. Et dont
arthemien dit se je te metz
en doubles chaynes et ton
dieu te delivre je croiray ta-
tost en lui. Et dont fut fait
ainsi a la requeste saint pier-
re. et saint pierre fut adonc
vestu de blancz vestemens
et tint en sa main le signe du
saint esperit et de la croix Et
dont arthemien sagenoulla
a ses piez avec lui sa fille ga-
rie. et dont receut baptesme
avecques toute sa mesgnie.
et souffri que les autres en
chartrez sen alerent la ou ilz
vouldrent tous quictes ceulx
qui vouloient estre faiz cre-
stiens et moult dautres fu-
rent croians en dieu. et furent
baptiziez de saint marcelin
prestre. Et dont quant le pre-
vost ... ce il les commanda
tous a mener devant lui.
Et dont arthemien les appel-
la tous et les baisa en la
main. et dit se nul vouloit
venir a martire si venist
sans paour et qui ne voul-
droit si sen allast tout sans
nulle laidure. Et dont quant
le juge sceut que marcelin et
pierre les eurent baptiziez
il les print et mist en chartre
chascun par soi. Et dont mar-

Et tant comme cellui appareil-
loit les vierges et sa feste a faire
perrenelle se mist en jeunes
et en oroisons et receut le corps
nostreseigneur et se coucha en son
lit et trespassa au tiers jour.
Et quant flactus veist que il
estoit deceu il se tourna devers
felicule compaigne de perrenel-
le et lui commanda que elle fust
sa femme ou que elle sacrifi-
ast aux ydoles. Et elle refusa
lun et lautre. et dont la fist il
mettre en chartre par vii. jours
sans mengier et sans boire. et
puis la fist tourmenter en ecu-
lee cest ung tourment fait
en maniere dun sautouer
et la fist occire Et puis getta
le corps en une chambre au sec
Et saint nicodemus len leva
et lensevelir. Et dont fut ap-
pelle nicodeme devant le co-
te flactus. Et pource quil ne
voulst sacrifier il fut batu de
plommees et occis. et le corps de
lui fut gette ou tybre de rome
mais juste son clerc len leva
et lensevelir honnorablement

De saint marcelin et pierre

Pierre deacre si es-
toit tenu en char-
tre de arthemien
prevost auquel
la fille estoit tourmentee du
diable Et pource plouroit
son pere forment. Et pierre
lui dit se tu creusses en dieu
ta fille eust tantost sante
auquel arthemien dit. je me
merveille par quelle raison
ton dieu pourroit delivrer
ma fille qui ne te peut pas de-
livrer toy qui seuffres tant
pour lui. Et pierre lui dist.
Mon dieu est tout puissant
de moy delivrer. mais il veult
que par passion qui est tran-
sitoire nous parvenons a
gloire pardurable. Et dont
arthemien dit se je te metz
en doubles chaines et ton
dieu te delivre je croiray tan-
tost en lui. Et dont fut fait
ainsi a la requeste saint pier-
re. et saint pierre fut adonc
vestu de blancs vestemens
et tint en sa main le signe du
saint esperit et de la croix Et
dont arthemien sagenoulla
a ses piez avec lui sa fille ca-
ne. et dont receut baptesme
avecques toute sa mesgnie.
et souffri que les autres en
chartrez sen alassent la ou il
voulsissent tous quictes ceulx
qui vouloient estre fait cre-
stiens et moult dautres fu-
rent croians en dieu. et furent
baptiziez de saint marcelin
prestre. Et dont quant le p-
vost [illegible] ce il les commanda
tous a mener devant lui.
Et dont arthemien les appel-
la tous et les baisa en la
main. et dit se nul vouloit
venir a martire si venist
sans paour et qui ne voul-
droit si sen allast tout sans
nulle laidure. Et dont quant
le juge sceut que marcelin et
pierre les eurent baptiziez
il les prist et mist en chartre
chascun par soi. Et dont mar-

celui fut tout nu estendu des
sus verges despines ⁊ neust
ne eaue ne lumiere. Et pierre
fut mis ou cep destroictement
en une autre chartre. Et dont
lange de nostre seigneur vesti
marcelin et le deslia ⁊ le mist
avecques pierre en la maison
archemien pour conforter le
peuple par .vii. iours. Et leur
commanda que apres ilz se rep
sentassent au iuge. Et si
comme le iuge ne les trouva
point en la chartre il fist appel
ler archemien. Et quant il vit
quil ne vouloit sacrifier il le
fist enmurer en terre en une
fosse lui ⁊ sa femme. Et quant
saint pierre et saint marceli
ouirent ce ilz alerent la. Et et
marcelin celebra la messe a
vii.c xpiens dedens celle fosse.
Et dont les sains distrent
aux mescreans. Nous peussiez
bien avoir delivre archemien
et nous feussions mucez
mais nous ne voulons fuir
ne lui ne lautre. Et quant
les paiens ouirent ceste chose
ilz occirent archemien ⁊ tue
rent de pierres sa femme et
sa fille et menerent marceli
et pierre estre decolez a la noi
re forest qui est orendroit ap
pellee la blanche forest pour
leur martire ⁊ fut ou temps
de dyoclecien qui commenca
environ lan de nostre seigneur
ii.c iiii.xx et vii. Et dorothee qui
les decola veist les ames deulx
estre portees ou ciel des angez
⁊ vestues de vestemens resple
dissans aournez de pierres
precieuses. Et pource fut il
fait xpien et reposa apres ce
en nostre seigneur

De saint prime ⁊ felicien

[P]rimus est dit aus
si comme souve
rain et grant et
felicien vault au
tant a dire comme beneurx
viellart. Prime est dit souve
rain et grant en dignite pour
sa passion de son martire et en
puissance par souvraige de
miracles en sainctete pour re
fection de vie en beneurte pour
sa gloire de quoy il use. Feli
cien est dit beneurx viellart
non pas seulement pour la
ancienete des temps mais la
reverence de dignite pour la
meurete de sagesse ⁊ pour sa
pesanteur des meurs. Pri
me ⁊ felicien furent accusez a
dyoclecien des evesques des y
doles ⁊ lui distrent que sil ne
les faisoit sacrifier que il na
roit nul benefice de ses dieux.
Et dont furent mis en chartre
par le commandement des em
pereurs mais ilz furent deli
vrez de lange. Et puis furent
ilz apres presentez devant les
empereurs. Et pource quilz
se tenoient fermes en la foy
ilz furent cruelment descom
puz et departis lun de lautre.
Et dont dit le iuge a felicien
espargne a ta viellesse et sacri
fie a noz dieux. tu as ia bien
quatre vings ans. Voire dit il
que ie congnois la verite et ay

esleu vivre en dieu. qui me pot delivrer de tes mains. Et adont commanda le juge quil fust lie et que len luy fichast clous es mains et es piez. et luy dist Tu seras tant ainsi que tu te consentiras a nous. Et quant il vit que il estoient durement fermes il se fist longuement batre et deffendi que riens ne luy fust administre. Et apres ce il fit amener saint prime et luy dit. Veez ce que ton frere se consent es ordonnances des empereurs. Et pource est il honnore grandement ou palais. fais aussi semblablement. auquel il dit. Ja soit ce que tu es filz du diable. toutesfois as tu dit voir en partie. car mon frere se consent en lordonnance de lempereur du ciel. Et adont fu moult courrouce le juge et commanda que les costes di celluy feussent arses de brandons ardans. et que plomb boullant luy fust mis en la bouche. Lequel il beut doulcement aussi comme eaue froide. Et adonc le juge fust moult courrouce et commanda que on leur envoiast deux lyons. Lesquelz se misdrent tantost a leurs piez et se tindrent devant eulx aussi comme aigneaux paisibles. Et apres ce len laissa aller ours moult cruelx. et ilz estoient aveques les lyons tous debonnaires. Et a ce regarder ilz estoient plus de deux cens mil hommes. desquelz ilz creurent en dieu plus de cinq cens. Et adont le juge les fist decoler et commanda que leurs corps feussent gettez aux chiens et aux oyseaulx. mais ilz ne les atoucherent point. Mais furent ensevelis des crestiens tous entiers. Et ilz souffrirent mort environ lan de nostre seigneur. deux cens. quatre vings et sept

De saint barnabe

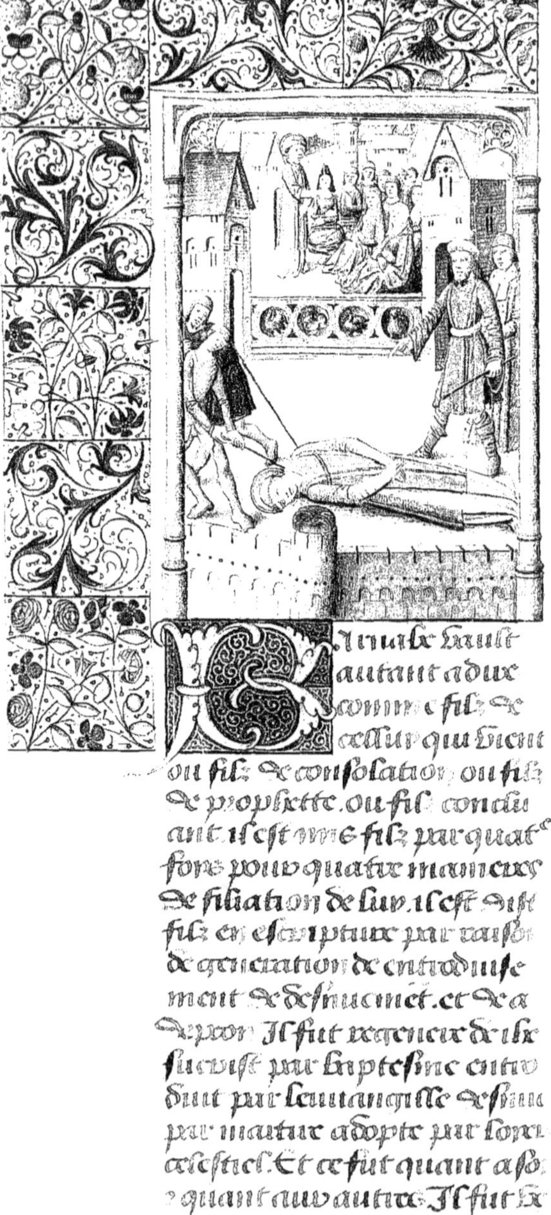

Barnabe vault
autant a dire
comme filz de
celluy qui vient
ou filz de consolation ou filz
de prophete ou filz conclu
ant. il est mis filz par quatre
fois pour quatre manieres
de filiation de luy. il est dist
filz en escripture par raison
de generation de entroduise
ment de enseignement. et de a
doption. Il fut regeneré de ihe
sucrist par baptesme entro
duit par leuvangille enseigne
par martire adopte par loier
celestiel. Et ce fut quant a soy
et quant aux autres. Il fut ve
nant confortant prophetant
et concluant. Il fut venant
en courant et en preschant
par tout. et il appert car il
fut compaignon de saint pol.
Il fut confortant les povres
et les desconfortez. les povres
ausquelz il portoit laumosne
les desconfortez ausquelz il en
voioit les epitres de par les a
postres. Il prophetisa. car il avoit
esperit de prophetie. il fut con
cluant car il assembla et conver
ti grant multitude de gent a
sa foy si comme il appert. Il
fut envoye en antioche. Et de ce
dit le fait des apostres. Il es
toit homme. cest a dire vertueux
quant au premier bon quant
au second plain du saint es
perit quant au tiers et loyal
quant au quart. Et iehan q
fut dit marc escript sa passio
qui estoit son cousin. Et mes
mement de ce quil en veist a bien
pou iusques en la fin. laquel
le si comme le dit bede transl
lata de grec en latin.

Barnabe levites fut
du lignage de cypre
et fut lun des lxxii.
disciples de nostre seigneur. Et
est loue en moult de manieres
et souffisance en listoire du
fait des apostres. car il fut tres
bien enforme et ordonne. Et
quant a soy et quant a dieu
et quant a son prochain. quant
il fut ordonne selon iii. forces
Cest assavoir raisonnable con
voiteuse et ireuse. Il ot force
raisonnable enluminee de lu
miere de congnoissance. dont
il est dit ou fait des apostres. Ilz
estoient en antioche prophetes
et docteurs. Entre lesquelz bar
nabe et symon estoient. ¶ Se
condement il ot convoitise
purgie de mondaine affection
dont il est dit ou fait des apo

stres que ioseph qui estoit sur
nomme barnabe avoit .j. champ
que il vendi et aporta le pris et
le mist devant les piez des a
postres. et dit la postre que il
enseigne a desouler lor et les ri
chesces et aprengne a touchier
a sa dextre. par ce que il se mist
aux piez des apostres. ¶ Tier
cement il ot force precieuse en son
ne par grandeur de proesce. et
ce fut en assaillant fermement les
grans choses ou en faisant les
fortes persevaument. ou en
souffrant fermement les choses
contraires si comme il appert
que il prist a convertir celle grant
cite dantioche si comme il est dit
ou fait des apostres. Car apres
la conversion saint pol il vint
en ihrusalem et se voult mesler a
ucunes les disciples. et touz
le fuioient ainsi comme les aignaulx
font le leu. Barnabe le prist
hardiement et le mena aux a
postres. apertement en faisant
fortes choses. car il tourmenta
son corps par iunes dont les
fais des apostres dient que bar
nabe et aucuns autres admi
nistroient a nostre seigneur et
iunoient. Et en souffrant fer
mement adversitez si comme
les apostres le tesmoignent
en disant Ce furent noz tres
chiers amis qui baillerent aux
hommes leurs ames pour le
nom nostre seigneur ihesucrist.
cest assavoir pol et barnabe
¶ Secondement il fut ordo
ne quant a dieu en obeissant
a lauctorite si comme il appert
que il ne prist pas a force a soi
loffice de predication mais la
voult prendre de lauctorite de
dieu si comme dieu dit ou fait
des apostres. Deputez moy bar
nabe et pol. et les envoiez en lof
fice pour quoy ie les pris. Se
condement il fut ordonne a la
maieste de dieu. Car si comme
il est leu en leurs fais aucuns
vouloient atribuer a iceulx
la maieste divine et vouloient
sacrifier a eulx aussi comme
a dieu et appelloient barnabe
iupiter aussi comme premier
et pol mercure aussi comme
sage et bien parlant. Et dont
barnabe et pol desrompirent
leurs cotes et escrierent ho
mes que faictes vous nous som
mes mortelz hommes aussi
comme vous et vous anoncons
que vous vous retraiez de telz
choses et vous convertissez a dieu
¶ Tiercement il fut ordonne
a la bonte de dieu si comme il
dit ou fait des apostres. Car
si comme ilz disoient la bonte
de la grace de dieu par laquelle
nous sommes sauvez et non
pas par la loy. Et aucuns des
iuifs convers vouloit amenu
ser et apeticer celle bonte di
sans que elle ne pouoit pas
suffire sans circoncision Et
pol et barnabe resisterent for
tiblement contre eulx et mo
strerent que la bonte de la gra
ce de dieu souffisoit la loy.
Et encores porterent ilz la q
stion aux apostres et empetre
rent epistres des apostres co

tre serveur dietuso. ¶ Tierce
ment il fut ordonne presbitre quant
a soy car il proufist ses auilles par
parolle par exemple et par bene
fice. par parolle car il preschoit
curieusement la parolle de dieu
sicomme il est ou fait des apo
stres. pol et barnabe demouroi
ent en anthioche enseignans et
preschans avec plusieurs au
tres la parolle de dieu. Et il ap
pert par celle grant multitude
de gent quil convertir en anthio
che. Et si que au premier ilz
estoient appellez disciples cre
stiens. ¶ Secondement par
exemple car sa vie fut a tous
regart de saintete. et exem
ple de religion. et si fut en tou
te son fort able et noble et resple
dissant en toute bonte de mer
plain de toute grace du saint
esperit. et fut cler en toute foi
et vertu. Et de ces quatre est il
dit ou fait des apostres. Ilz en
voierent barnabe en anthioche. et
il les amonnestoit tous de
permaindre en nostre seigneur ou
propos de cuer. car il estoit
bon homme et plain du saint
esperit et de foy. ¶ Tiercement
par benefice et en double ma
niere. il est double benefice ou
aumosne temporel ou espiri
tuel. le temporel est en admini
stration de necessitez. lespiri
tuel est en remission de pechiez
Saint barnabe ot la premie
re quant il porta laumosne
aux freres qui estoient en ihe
rusalem. car sicomme il est dit
ou fait des apostres: que une

grant famine fut soubz claudie
laquelle famine agabuch a
voit prophecie. si que les disci
ples proposerent que chascun
selon ce quil avoit envoieroit
pour administrer aux freres
qui estoient en iudee. et le firent
car ilz envoierent aux anciens
ce que ilz porent par la main de
barnabe et de pol. ¶ Et il eust
la seconde chose quant il pardo
na a iehan qui fut surnomme
marc le meffait que il luy a
voit meffait car cellui disciple
relenqui barnabe et pol toutef
fois quant il se repenti et retor
na barnabe luy pardonna et
reprist arriere a disciple. et pol
le reffusa a prendre derechief a
disciple. Et pource fut faicte de
partie entre eulx. et lun et lau
tre fist par bonne cause et par bo
ne entente car quant barnabe
le reprist. ce fut par doulceur.
Et ce que pol le refusa a prendre
ce fut par ardeur de droiture
Car sicomme la glose dit. pour
ce que cellui avoit este trop resfroi
die. sicomme il apparoit a son
front et a sa face pol le reffusa
a bon droit. pource que la vertu
des autres feussent corrompues
aussi comme par exemple de
luy. Et celle departie fut adonc
faicte par esmouvement de pe
che et fut par courroux. mais
toutesfoys fut elle faicte par
la voulente du saint esperit.
pource quilz preschassent a
plusieurs. car ainsi eust elle
este faicte apres. Car quant
barnabe fut en romme la cite

vng homme moult resplendis
sant sapparut en vision a cellui
iehan son cousin. et luy dit. Jehan
sois ferme. car doresenauant
tu ne seras pas appelle iehan
mais le souslime. Et quant
il le dit a barnabe. il luy dist.
gardes bien q tu ne reueles a
nul ce q tu veras. car ainsi ad
uint. nr̃eseigneur sest apparu
a moy ⁊ me dit barnabe sois
ferme. Car tu auras les par
durables guerredons. pource q
tu as delaissie tes gẽs ⁊ ame.
ton ame pour le nom de moy
¶ Et sicomme pol ⁊ barna
be eurent longuement preschie
en antioche. lange de nr̃eseignr̃
sapparut a pol ⁊ luy dit haste
toy de venir en ihrlm. car au
cuns des freres actendent ta
venue. Et barnabe vouloit aler
en chippre pour veoir ses pa
rens. ⁊ pol se hastoit daller en
ihrlm aussi par lesmouuement
du saint esprit ilz departiret
densemble. Et quant pol dit
a barnabe ce q lange de nr̃es
luy auoit dit. barnabe respõdi
La voulente de dieu soit faicte.
car ie men vois maintenant
en chippre. ⁊ la fineray ma vie.
Et dont plora. et se vouloit
mettre aux piez de pol. et pol
en eust pitie ⁊ luy dit. ne pleu
re pas. car cest la voulente de
nr̃eseigneur. car nr̃eseignr̃
en ceste nuyt sest apparu a
moy. disant. ne destourne pas
barnabe a aller en chippre. car
il enluminera illec moult de
gent. ⁊ acomplira son martire

Et dont alla barnabe en cyppre
auecques iehan ⁊ porta auec
luy leuangille saint mathieu
⁊ la mettoit sur les malades
et en garir plusieurs par la
vertu de dieu. Et sicomme ilz
yssoient de cyppre. ilz trouue
rent helymon vng enchanteur
lequel pol auoit priue de sa
veue a temps lequel leur fut
contraire. et leur contredit de
tirer en ypse de paphos. ¶ Vng iour vit barnabe q ho
mes ⁊ femmes couroiet to⁹
nudz et demenoit leur festes.
si eust desdaing et maudit
le temple ou ilz habitoiet. et
vne partie en cheï soudainemẽt
qui en agrauanta moult. Et
en la parfin il vint en salami
ne. Et dont cellui ẽchanteur
esmeut grant discord contre
luy Et dont les iuifz prindrẽt
barnabe ⁊ luy firent moult
dinniures et le trainerent et
le hastoient moult de le bail
ler au iuge de la cite pour le
punir. Et dont quant ilz
sceurent que eusebe vng grant
homme ⁊ puissant du ligna
ge neron estoit venu en la cite
si doubterent que il ne leur
ostast des mains. et que il ne
le laissast aller tout quicte.
si luy lierent vne corde au col
⁊ le trainerent hors de la por
te de la cite. et la le destrompi
rent tout. ne les felons iuifz
ne furent pas encores saoulz
de ce mais mistrent les me
bres de luy en vng vaissel de
plomb clos pour les getter

en la mer. Et iehan son disciple 2 deux autres les rauirent par nuyt. 2 les enseuelirent secretement en vne fosse et durer la si comme sigibert dit iusques au temps de neron empereur 2 de gelase pape qui furent lan de messeigneurs v^c et vng et le benoist derotee dit ainsi mais adonc sur mesmes se trucha 2 furent ses membres trouuez. Barnabe prescha p̃mierement ihūcrist a romme et estoit fait euesque de milan

De saint vite. et modest

Vict si est dit de vie. Et augustin ou liure de la cite de dieu deuise trois manieres de vie. Cest vie faisant qui appartient a la vie actiue. vie oyseuse qui appartiet a oysiuete 2 vie esperituel qui appartient a la vie contemplatiue. Et ceste treple maniere de vie fut en luy. Ou vict est dit aussi comme vertu ou vertu en luy. ¶ Modestus vault autant a dire comme actrempe. car il fut attrempe ou milieu des vertus. Et deux extremitez auironnent chascune vertu aussi comme leur moyen 2 si sont ces extremitez vices car les extremitez de sagesse sont tricherie et folie. Les extremitez datreprance sont acomplissemens de desirs charnelz. et toute la solente faire les extremitez de force est feible courage et folie. Les extremitez de iustice sont cruautez 2 deffaulte. Et pource fut modest attrempe. car il tint tousiours le moyen de ces vertus en soy.

Vict fut vng enfant noble 2 loyal et auoit. xij ans 2 souffrit martire en cecille. Cestui fut souuent batu de son pere pource que il desprisoit les ydoles et ne les vouloit aorer. Et quant valerien preuost oyt que il estoit ainsi il le manda. Et quant il ne voulut sacrifier. il commanda quil fut fuste 2 batu. Et tantost les bras et les mains du preuost 2 de ceulx qui le batoiet seicherent. Et donc cria le p̃uost. las moy car iay perdu la main. auquel vict dit. Or vienent tes dieux 2 te garissent silz peuent. Et il luy dit ne le peuz tu mie faire. et il luy dit ie le puis bien faire ou nom de mon dieu Et tantost il pria pour luy. et cestui eust sante. Et dont dit le preuost a son pere. corrige ton enfant que il ne perisse mauuaisement. Et dont le pere le mena en sa maison 2 sentremettoit de muer le courage de son enfant par diuerses manieres de chans de musique. 2 par ieux et de liez de pucelles. ¶ Et quant il leust enclos en vne chambre il en yssy merueilleuse oudeur 2 souefue qui remplist le pere et toute la mesgnie de tres doulce oudeur. Et dont le pere regarda parmi luys 2 veist

[..]n anges qui aloient entour
lenfant. Et dont dit les dieux
sont venus en ma maison et
tantost il fut aveugle ꝛ se seca
sy fort que toute la cite de luque
en fut esmeue ꝛ que valerien
acouru la et demanda qui luy
estoit advenu Je vy les dieux
qui estoient sy clers que je ne
peu souffrir la clarte deulx sy
ay perdu ma lumiere. Et dont
fut mene au temple de jouis
ꝛ luy promist vng torel a cor
nes dor pour recouurer sa veue
Et quant ce ne luy proffita
neans il requist son filz pour
luy garir ꝛ dont recouura
sa lumiere pour la priere de
lenfant. Et quant le pere ne
voulst point croire mais le
pensoit destruire le filz lange
de nostreseigneur sapparut a
modest qui estoit maistre de
lenfant ꝛ luy commanda q
il montast en vne nef et emme
nast lenfant en vne autre ter
re. Et quant il eust ce fait vng
angle leur apportoit la viande
et furent la moult de mi
racles. ¶ Entretant le filz
de dyoclecien empereur fut ravi
du deable ꝛ disoit que il nen
ystroit ja se viet de luque ne
venoit Et dont il fut quis et
trouue ꝛ fut mene a lempere
auquel dyoclecien dit peus tu
bien garir mon enfant Et il
respondy non pas moy mais
nostreseigneur le peut. Et tan
tost il mist la main sur luy
ꝛ le deable sen fuy Et dont
dit dyoclecien enfant met con

sel en toy ꝛ sacrifie a noz dieux
que tu ne perisses de male
mort. Et quant il le refusa a
faire il fut mis en vne chartre
auec modest. Et soudainement
la pesanteur de fer que len le
auoit mise sur eulx cheyt et la
chartre fut enluminee de grant
lumiere. Et quant il fut dit
a lempereur il fut mis hors
et fut gette en vng fournel
ardant. mais il en yssy hors
tout sain. Et dont vng lion
espouentable fut laissie aler
pour le devorer. et il fut ap
paisie par la vertu de la foy di
celluy. Et puis fut commande
que il fut pendu ou tourment
deculee luy ꝛ modest. et cressence
sa nourrice qui le suivoit par
tout. mais lair fut soudaine
ment trouble. la terre trembla
et vindrent tonnoires. les
temples des ydoles tresbuche
rent ꝛ occirent moult de gent
et lempereur sen fuy tout es
pouente disant las moy car
je suis vaincu dun enfant. Et
les sains furent tantost des
liez de lange ꝛ se trouuerent
delez vng fleuve. et la se repo
serent ꝛ orerent et rendirent
les ames a dieu. Et les corps
diceulx furent gardez des an
gles. Et dont le saint enfant
se reuela a vne dame de flore
ce qui les trouua ꝛ prist et les
enseuelir honnorablement. Et
ilz souffrirent mort soubz
dyoclecien. qui commenca en
uiron lan de nostreseigneur. ij c
iiij xx et vij

De saint quiriace ⁊ Julite

Quiriace vault autant
a dire comme quer
rant vne arc. ou
il vault autant a
dire comme archil qui est dit
force en grec ⁊ de tus qui vault
autant comme noir. Ou il peut
estre dit de quirie qui vault
autant a dire comme sainte ou
lance. ou de quirites. cest a dire
estendible. il fut arc corbe en soy
humiliant fort en souffrir tour
mens noirs en soy despriser sainte
ou lance en vaincre son ennemy
Estendible en la volente de
dieu ⁊ grace supplia a luy. ce
que aage luy denia. Juli
te sy est dicte comme aidant
vie. car elle vesquit de vie espi
rituelle. ⁊ sa vie aida a plusieurs.

Quiriace fut filz de Ju
lite vne noble da
me dyconie. laquelle
voulsoit fuyr la per
secution. Et vint avecques qui
riace son filz qui avoit .iii. ans en
tharce vne cite de silicie. Et tou
tesfois fut elle presentee au pre
vost alixandre. ⁊ portoit son en
fant en ses bras. Et quant ses
deux chamberieres veirent ceste
chose. elles senfuirent ⁊ la lais
serent tantost. Et dont le juge
prist lenfant entre ses bras et
contraingnist Julite a sacrifi
er. ⁊ elle le refusa. Et dont com
manda il que elle fut batue
de nerfz crus. Et dont quant len
fant veist sa mere batre il plo
ra amerement ⁊ crioit piteuse
ment. Et le prevost mettoit len
fant quiriace entre ses bras et
sus ses genoulx ⁊ la saoulgoit
par baisiers et par autres belles
parolles lenfant regardoit sa
mere ⁊ avoit horriblete des bai
siers du prevost et luy tournoit
sa teste par despit ⁊ luy esgrati
noit le visaige. ⁊ donnoit voix
qui sacordoient a sa mere aus
sy comme se il dist. Je mesmes
suis xpien. Et toutesfoiz se com
batit il tant quil mordit le pre
vost es cheveulx et luy esrachoit
Et dont le prevost fut indigne
⁊ tourmente de douleur et tres
bucha lenfant aval par les de
grez. si que le tendre cervel estre
dy au siege du juge. Et dont Ju
lite veist que son filz estoit alle
devant au regne de dieu si en
fut liee ⁊ rendy graces a dieu
Et fut commande que Julite
fut escorchee. et puis arrousee
de poix boullant. et apres ce a
voir le chief coppe. ¶ Il est
trouve en vne autre legende q
quiriace desprisoit aussy bien le
tirant quant il le dorssoit. car
quant il le blasmoit et confes
soit quil estoit crestien. Et selon
le temps quil estoit enfant et
sans langue le saint esprit
estoit en luy. Et quant le prevost
luy demandoit qui cestoit qui
lavoit aussy enseigne. Il dist.
Ha prevost je me merveille de
ta folie qui vois que je suis ain
sy jeune enfant. pourquoy tu en
quiers qui ma aisy enseigne
la divine sagesse de dieu. Et
quant len le batoit il crioit je
suis crestien. Et toutesfois q

il croit il recouuroit forces entre les tourmens. Et dont le iuge fist desmembrer sa mere et lenfant membre a membre. et commanda que ilz feussent gettez ca et la affin quilz ne feussent enseuelis des crestiens. mais toutesfois langle les recueilly et furent par nuyt enseuelis des crestiens. ¶ Ou temps de constantin le grant que paix fut rendue a legle ilz furent reuelez dune des chamberieres qui viuoit encores. et sont tenuz en grant deuocion de tout le peuple. Et ilz souffrirent mort en lan de nostreseigneur. cc et xxx. soubz alixandre

De saincte marine

Marine est dicte aussi comme ensamble auec marie. Elle est ensamble auec la vierge marie. par ce que elle garda virginite. humilite et pacience

Marine fut vierge et fut une seule fille auec son pere. et son pere apres la mort de sa femme entra en ung monstier et mua labit de sa fille. si que len cuidoit mieulx que ce fut homme que femme. Et dont depria le pere labbe et les freres que ilz receussent son filz. et que il nen auoit plus. Et ilz luy octroierent. et fut receu en moyne. et fut appellez de tous frere marin. Et dont commenca a viure moult religieusement. et estre obedient. Et quant elle fut de xxvij ans et le pere se senti approucher de mort. il appella sa fille. et la conferma en bon propos. et luy commanda que elle ne reuelast a nul que elle fut femme. Et dont elle aloit souuent auec le char et auec les beufz pour apporter la busche au monstier. Et elle auoit acoustume quant elle aloit la. a soy herbergier en la maison dun homme ou il auoit une fille qui auoit conceu ung enfant dun cheualier. Et quant on luy demanda de qui cestoit. elle dit que le moyne marin lauoit corrompue. Et dont demanda len a marin pour quoy il auoit fait si grant pechie. et il dit quil auoit pechie et requist pardon. Et tantost il fut gette hors du monstier. et demoura a lhuys du monstier trois ans. et nauoit que ung morsel de pain le iour. Et apres quant lenfant fut seure il fut baille a labbe et fut baille a nourrir a marin et demoura la derechief auec marin ij ans. et prenoit tout en grant pacience et rendoit a dieu graces de tout. Et en la parfin les freres eurent pitie de son humilite et de sa pacience. et le receurent ou monstier et luy enioingnirent a faire toutes les vilaines offices et il prenoit tout en gre ioyeusement et faisoit tout paciemment et deuotement. Et en la parfin en demenant sa vie en bonnes oeuures il trespassa en nostreseigneur. ¶ Et en la parfin en lauant le corps dicelle ilz auoient en propos que il seroit enterre en ung lieu vil

Et quāt ilz virent que cestoit
femme ilz furent forment es
bahis et paoureux. Et distrēt
quilz avoient moult pechie
contre la chamberiere de dieu.
Et dont vindrent tous a ce
grāt regart et requeroiēt par
don de leur ignorāce et de le
meffait. Et dont mistrēt le
corps honnorablement en le
glise. Et celle qui la chamberie
re de dieu avoit diffamee
fut ravie du diable et confes
sa sa felonnie et vint au se
pulchre de la vierge et fut gu
rie. Et tout le peuple sassem
bla au tombel dicelle vierge
Et font illecqs plus moult
de miracles. Et elle trespassa
en nre seigneur en la quator
ziesme kalende de juillet.

De saint gervais et prothais

Gervaise est dit de
gerar qui vault
autant cōe vaissel
Et de gena cest
a dire estrange. et de sion petit.
car il fut saint par merite de
vie vaissel par retention vertus
en soy estrange par despriser le
monde. et fut petit par le des
pit de soy mesmes. Pro
thaise est dit de prothos qui
vault autant comme pmier
et de syos qui est a dire divin. ou
prothaise peut estre dit de pro
cul qui vault autant comme
long. Et de stasis qui vault
autant cōme mis. cestadire ql
fut premier par dignite et fut
divin par discretion et fut mis
long de lentalentemēt du
monde. Saint ambroise trou
va la passion deulz en ung li
vret mis au chief deulx.

Gervaise et prothaise
furēt freres jumeaux
et filz de saint vital

2 de la benoite virgene. Lesquelz
donnerent tous leurs biens
aux povres. et demouroient a
uec saint nazaren qui faisoit
vng oratoire a hebredunense
et vng enfant qui avoit nom
celsus luy administroit les pier
res. mais se nazaren avoit ia
celse avec luy ce ne scay je pre
car lystoire de nazaren racompte
que celse luy offry mous apres
Et sicomme len les menoit to
a neron empereur. lenfant celse
les suivoit en plorant. et lun des
chevaliers si buffetoit lenfant
et nazaren len blasmoit. Dont
se courroucerent les chevaliers
2 batirent et defoulerent na
zaren aux piez et misdrent cel
se avec les autres en chartre.
Et puis apres le getterent en
la mer. 2 menerent gervaise
et prothaise a milan. et nazai
re fut delivre par miracle. et
vint a milan. ℭ En ce temps
survint le conte astase qui a
loit en bataille contre ceulx de
la marche. Et dont vindrent
a lencontre de luy les gardes
des ydoles et distrent que les
dieux ne luy donroient point
de responce. se gervaise et pro
thaise ne sacrifioient avant
Et dont furent tantost pris 2
menez a sacrifier. Et gervaise
dit. que toutes les ydoles estoi
ent sourdes 2 muees. et que il
deust requerre victoire de dieu
le tout puissant. dont le conte
fut courroucie 2 commanda q
il fut tant batu que il mist
hors lesperit. Et dont fit appel

ler prothaise 2 luy dit. maleu
reux estudie toy vivre et ne
vueilles pas perir de male
mort avec ton frere. Et prothai
se dit. qui est maleureux. je ne te
doubte. mais toy maleureux me
doubtes. Auquel astasien dit
Toy maleureux homme comment
te doubte je. Auquel protaise
dit. tu te demonstres a moy
doubter et estre blecie de moy
se je ne sacrifie a tes dieux.
car se tu doubtoies que je te
feisse mal tu ne me constrain
droies pas a tes dieux. Et dont
commanda le conte quil fut
pendu ou tourment de culee
Et dont dist il au conte. Je
ne me courrouce pas a toy pour
ce que je voy les yeulx de ton
cueur aveuglez. mais ay gran
greigneur pitie de toy car tu ne
scez que tu fais. fais ce que tu
as commencie. si que au jour
duy la debonnairete me vueil
le avec mon frere venir a leur
cotir. Et dont le conte comman
da quil fut decole. ℭ Phi
lippe vng sergent de ihesucrist ravir
les corps diceulx luy et son filz
et les enseveli secretement
en sa maison en vng tombel
de pierre. et mist vng livret
a leurs chiefz contenant leur
nativite. leur vie 2 leur fin
Et ilz souffrirent mort soubz
neron qui commenca environ
lan de nostre seigneur. lvij. Et
leurs corps sesta pucent par
moult de temps. Mais ou
temps de saint ambroise e
vesque de milan ilz furent

trouuez en ceste maniere. saint
ambroise estoit en oroison en
legl[ise] des sains nabor et felice
si que il ne veilloit appertement
ne il ne dormoit entierement
si que .ii. tresbeaux iouuenceaux
vestus de blans vestemens du
ne cote et dun mantel et chau
ciez de chausses saparurent a
luy orans auecques luy a mains
estendues. Et dont ora ambroi
se que se cestoit illusion quelle
napparust plus. et se cestoit ve
rite que elle fust reuelee. Et dont
quant le coq chantoit. les iou
uenceaulx apparurent orans
auecques luy en semblable ma
niere. Et la tierce fois ilz sap
parurent a la tierce nuyt quil
auoit ieune et deffailloit tout
de corps et ne dormoit pas. et
auec eulx apparut vne perso
ne qui lui sembloit pierre la
postre. selon ce quil lauoit veu
en paintures et ilz se turent et
lapostre luy dit. ceulx cy sont
qui ne desirent nulle terrienne
chose mais ont ensuy mes ad
monnestemens. et ce sont ceulx
desquelz tu trouueras les corps
en ce lieu et trouueras vne ar
che de pierre couuerte de .xii.
piez de terre. et trouueras a
leur chief vng liuret ou leur
naistre et leur fin est contenue.
Et dont appella ambroise ses
voisins prelatz. et dont com
menca le premier a fouir la
terre. et trouua tout si comme
lapostre leur auoit dit. Et ia
soit que .iii.c ans estoient ia pas
sez leurs corps furent trouuez

en cest lieu. comme silz y eussent
este mis en leure. Et vne tres
souefue merueilleuse odeur
en yssoit hors. ¶ Et dont vng
aueugle toucha la biere. et fut
enlumine. Et moult dautres fu
rent curez par les merites deulz.
Et en leur solennite. paix fut
reformee entre les lombars et le
pape de romme. et pource dit gre
goire pape. et establi a lintroite
de leur antienne estre chante.
Loquetur dominus pacem &c. Et
cest office en partie appartenoit
aux sains. et en partie aux ad
uentures qui furent en ce temps.
¶ Et augustin racompte ou
liure de la cite de dieu que il es
toit present et lempereur et moult
grant compaignie que vng a
ueugle receust lumiere a mi
lan aux corps de geruaise et pro
thaise. mais len ne scet pas se
cest le deuant dit aueugle. Et
si dit mesmement en cestui li
ure. que vng iouuencel si lauoit
son cheual en vng fleuue qui
couroit par vne ville qui est dic
te victorienne. et tantost le dia
ble lestrangla et le getta tout
mort ou fleuue. Et si comme len
chantoit vespres en vne eglise de
saint geruaise et de saint prothai
se qui estoit pres diller il fut ain
si comme feru de ces voix qui
chantoient et entra en leglise a grant
fremite et tenoit si lautel que
on ne le pouoit oster diler ains
si comme sil y fust lie. Et si comme
le deable fust contraint que il yssist
dillec il le menacoit que sil
en yssoit que il luy coupperoit

es membres. Et quant il en vs
par convenemens. ilz devent
el dicelluy pendre aual la
x et tenoit a petites bonnes. Et
ont luy reunnstrent lucilen so
eu sicomme ilz peurent. Et de ces
ou de iours par les merites
es sains et martirs geruaise
t prothaise. il fut plainement
ary. Ambroise dit aussi
n son preface. Ce sont ceulx q
ar la celestiel baniere prisdrent
es armes de lapostre lesquelz
esses et sont absoubz des ensa
mens du monde. et destruisent
a compaignie du diable tres fe
on. et ensuiuir et deslivrez
es ihucrist. [T]haia comme
e bonnaux fraternite qui se
nstrent si vrais saintes parolx
es que nulle concheux ny fut
tre posee. hu comme ce fut glo
euse cause de estrif qui sont
uronnez ensemble aussi ce
ng seul venir destruf les mist
ors.

De la natiuite saint iehan baptiste

[L]e Jehan baptiste si est
nomme en monst
re manieres. Il
fut dit prophete a
my de lespoux lumiere ange
voix helies. baptiste du sauue
messagier du iuge et courant
deuant le roy en la prophecie di
celluy prophette est il signifie
noblesse de congnoissance. Et
amy de lespoux noblesse de a
mour. En la lumiere ardant
noblesse de sainctete. en ange
noblesse de virginite. En voix
noblesse de humilite. en helies
noblesse dardeur damour. En
baptiste est signifie noblesse de
merueilleuse amour. En mes
saige noblesse de predication
En courir noblesse de preparacion
et toutes ces choses furent en
luy.

[L]a natiuite saint ie
han baptiste fut de
noncee de lange ga
briel en ceste ma-

meit dauid roy. sicomme il est
en lystoire escolastre sy voult ac
croistre lonneur de dieu. Et esta
bly .xxiiii. souuerains prestres
desquelz toutesfois lun est dit
greigneur qui estoit appelle
prince des prestres. sy que il en
establi .xvi. du lignage eleazar
et .viii. du lignage de ythamar
et selon le sort il donna a chun
a faire sa sepmaine au temple
Si que abias ot luitiesme sep
maine. Et zacharie fut du li
gnage de luy. et cellui zacharie
et sa femme estoient ja vieulx
et sans enfans. ¶ Et sicomme
zacharie entrast ou temple de
nostreseigneur pour donner en
cens. et grant multitude de peu
ple lattendoit dehors gabriel
angre sapparut a luy. et zacha
rie se doubta de la vision duquel
luy langre adonc luy dit. Ne
te doubtes zacharie car ton o
roison est oye. Et selon ce que la
glose dit. Il appartient aux
bons angres a conforter les des
confortez de leur vision par de
bonnaire confort. Et les mau
uais angres qui se transfforment
en fourme dangres de lumie
re sy espouentant plus ceulx
par grant paour que ilz sen
tent espouentez de leur vision
Et dont langre denonca a za
charie que il aroit vng filz qui
aroit nom iehan. et ne beuue
roit ne vin ne sidre et vendroit
auant nostreseigneur en esprit
et en vertu de helye. Et iehan
fut apelle helye par raison de
son habitation car ilz habiterent

tous deux ou desert. et par rai
son de viure. car ilz sesquiuerent
de viande semble par raison
de vesture. Car ilz vserent de
vestement ne tissu ne cousture.
par raison doffice. car tous deux
furent couuers deuant nostreseigneur.
par raison damour. Car les
parolles de lun et de lautre ar
doient comme brandons. ¶ Za
charie adonc considerant sa
viellesse et que sa femme estoit bre
haigne sy commenca a doubter
et a demander signe en la ma
niere des iuifs. et langre pour ce
que il ne croit ses parolles le
fist muet. ¶ Et il est assauoir
le doubte est faicte aucunesfois
pour la grandeur des choses pro
mises. sicomme len list dabra
ham. quant nostreseigneur luy
eust promis que sa lignee te
droit la terre de chanaan. abra
ham luy dit. Sire mon dieu com
ment puis je sauoir que ie la
doy posseoir. et dont luy dit
nostreseigneur. prens vne vache
etc. ¶ Aucunesfois vient la
doubte. pour la consideration
de sa propre fragilite. sicomme
il appert en gedeon qui dit. Si
re je te pry comment deliure
ray je ysrael toute ma mesniee
est malade en manase. et ie suis
le plus petit de la maison mon
pere. et de ce requist il auoir si
gne et lot aucunesfoys pour
impossibilite de nature. sicomme
il appert de sarre. quant nostreseigneur
dit en retournant. Je vendray
a toy sarra et auras vng filz.
Et dont sarre dit en riant der

nere luys. c'est quant ie suis en
viellie. ⁊ monseigneur est viel
Et pourquoy fut ce q̄ zacharie
seul encouruist estre muet po'
ce quil doubta. pource que il
avoit ce q̄ lange dit et grandē
de promesse ⁊ dimpossibilite ⁊
consideration et propre fragi
lite et impossibilite naturelle
car il la reputoit telle sa fem
me que elle nestoit pas digne
davoir filz et sen cuide que ce
fut fait pour mons de causes
¶ Premierement selon bede.
pource q̄ il parla en doubtant.
Et pource fut il fait muet. si
que en taisant il apprist a croi
re ¶ Secondement il fust
fait muet. pource q̄ en la nati
uite de lenfant greigneur mi
racle apparust. car la parolle
luy fut rendue en la natiuite de
iehan et dont fut adiouste mi
racle aveques miracle. ¶ Tier
cement. pource q̄ convenable
chose estoit que il perdist la voix
quant voix naissoit. et silence
estoit mise a leur loy. ¶
Quartement pource que il re
quist avoir signe de nes[s]ite
et il receust le signe de sa tai
re. Et dont quant zacharie
yssi hors au temple. et ilz vei
rent quil estoit muet. ilz con
gneurent par signes quil le
demonstra quil avoit veue vi
sion ou temple. Et quant la
sepmaine de son office fut a
complie il sen alla a son hostel
et elizabeth conceut ⁊ se mu
ca .v. moys. car si comme sait
ambroise dit illec. lenfante
ment dicelle avoit honte de laage
q̄ len ne cuidast que en sa viel
lesce elle eust donne sentence
a luxure. Et toutesfoys avoit
elle joye de perdre le nom de
brehaigne. et cest reproche aux
femmes que ilz nont point de
ioie des nopces. pour laquelle
les choses sont faictes ⁊ laton
chement charnel en est excuse
Et dont ou vj.e moys la benoi
te vierge marie qui avoit ja
conceu nr̄e seigneur. sy sceust de
ce q̄ sa cousine estoit grosse et
que elle nestoit mais brehai
gne. et conforta celle en sa vielles
ce ⁊ vint a elle. Et quant elle
la salua le benoit iehan qui
estoit ia raempli du saint espe
rit sentit le filz de dieu venir a
soy. et commenca a treper de joie
ou ventre sa mere. ⁊ salua cel
luy par mouvement que il ne
povoit saluer par voix. il sel
drecca aussi comme efforcant
soy le saluer ⁊ soy lever contre
son seigneur. Et donc la benoi
te vierge demoura .iij. moys
avec sa cousine ⁊ la servoit
Et quant lenfant fut ne elle
le leva de terre a ses sainctes
mains ⁊ fist tresfaveureusement
loffice de ventriere. Et cestuy
couvrier de nr̄e seigneur tres
benoit fut ennobly singuliere
ment ⁊ especialment de .ix. pri
vileges si comme il est conte
nu en hystoire escoliere. car ce
luy ange qui anonca nr̄e s[eigneu]r a
nonca cestuy. il se drecca ou
ventre sa mere. la mere de nr̄e
seigneur le leva de terre. Il

deslia la langue de son pere. il
ordonna le premier baptesme
il demonstra ihesucrist au doy
il le baptiza de ses mains ihesu
crist le loua devant tous autres
quant il fut en esleu il prononça
ihesucrist avenir. Et pour ces ix
privileges fut il appelle prophete
Crisostome si dit. pourquoy
il est appelle plus que prophete
il appartient a prophete recevoir
benefice de dieu. Ce nest donc
pas benefice que de donner bap
tesme a dieu. mais il appartient
au prophete que il prophecie de
dieu tous les prophettes pro
phecierent de ihesucrist. dont
nappartient il pas de prophete
que dieu prophecie de luy. et
il ne prophecia point des pro
phetes. Et cestuy ne prophecia
pas tant seullement de crist
mais les autres prophettes p
phecierent de luy. ilz furent tous
porteurs de parolles. & cestuy
fut propre voix plus prochaine
a la parolle de dieu en tant com
voix. & non pas parolle tant seu
lement. Il fut le plus prochain
a ihesucrist et non pas ihesucrist
selon saint ambroise la louenge
de saint iehan est magnifestee
par .v. choses. et dit ainsi ceste
plaine louenge que maniere en
bonnes meurs. et bonnes meurs
en equite. office en prestrise
fait en commandemens. et de
monstrance en iustificemens.
¶ Secondement de miracles
desquelz les anges furent avant
que il fut conceu ou ventre. Ce
fut lanonciation de lange

et limposition du nom. & la per
te de la parolle de son pere. Et
aucunes furent a la concepcion
ou ventre. cestassavoir la con
cepcion sur nature. et la sancti
fication de luy ou ventre. et la
replection du don de prophetie
en pere et en mere. car la mere
sceust le nom qui onques ne
lavoit oy. et le pere en fist vng
cantique et la recepte & deliurance
de la parolle de son pere. & le re
plissement du saint esperit.
car zacharie pere dicelluy est
raemply du saint esperit. &c.
Saint ambroise dit. regardez ie
sus. & combien grant force est
en son nom car pour luy nom
mer il rendy la voix au muet
& pitie a son pere. il rendy pres
tre au peuple. Et avant quil
fut nommez la langue estoit
taisant. elle estoit brehaigne
de filz et privee de son office. Et
tantost comme iehan fut nez le
pere fut soudainement fait pro
phete. il receust la parolle. et
eust ligne du saint et lusage
recongneust son prestre. ¶
Tiercement en meurs. car il
fut de tressaincte vie de saintete
duquel crisostome dit. la con
versation de iehan faisoit la
vie de tous autres coulpable
par apparence. tout aussi com
se tu vois vne blanche vestiure
tu dis que elle est assez blanche
et se tu la metz delez la noix. el
le te semblera toute orde. et si
nest elle pas orde. tout aussi a
la comparaison de iehan. tout
homme estoit veu estre ort. Et

la saincteté de luy. eust trois tes
moingnages. Le premier fut
des supercelestielz. cest de la tri
nite et premierement du pere
qui lappelle ange. dont mala
chiel dit. Veez cy que ie vous en
voye mon ange. sy est nom dof
fice et non pas de nature. Et
pource est il dit ange par rai
son de son office. pource que il
est veu imiter loffice de tous les
anges. car il eust loffice de se
raphin. Et seraphin est autant
a dire comme ardant. et il estoit
plus ardant en lamour de dieu.
et il est dit mesmes de iehan
helye est retourné aussi comme feu.
car il vint en esperit et en vertu
de helyes. ¶ Secondement
il eust office de cherubin. ⁊ cheru
bin est expose plante de science
Et iehan si est dit lucifer. cest
une estoille ⁊ vault autant a
dire. comme portant lumiere
pource que il fut fin et terme
dignorance ⁊ commencement de
lumiere de grace. ¶ Tierce
ment il eust office des throsnes
desquelz loffice est de iuger.
Et dit de iehan que il reprenoit
herodes ⁊ le ingoit disant. il ne
tappartient pas avoir la femme
de ton frere. ¶ Quartement
il eust loffice des dominations
qui nous enseigne de mener se
gnorie vers noz subgetz. Et ie
han estoit en amour vers ses
subgetz et en paour vers les
roys. ¶ Quintement il avoit
loffice des princes qui nous
enseignent honnorer noz souve
rains. Et iehan disoit de soy
mesmes. qui est de terre. sy par
le de terre ⁊ cil qui vient du
ciel est sus duquel ie ne suis
pas digne de deslier la cou
roie de son soulier. ¶ Sixte
ment il eust loffice des puissances
par lesquelles les potestes con
traires sont constraintes. sy
quilz ne peuvent nuyre a luy
qui estoit ia sanctifie. et de
nous mesmes les deneoit il
quant il nous ordonnoit a bap
tesme. ¶ Septiesmement il
eust loffice des vertus par les
quelles les miracles sont faiz
Et le benoit iehan demonstra
en luy mesmes moult de mira
cles. cestoient grans miracles q
de mengier miel sauvage et
langoustes vestir poil de cha
mel ⁊ telz choses. ¶ Huictie
mement il eust loffice darchan
ge. car il revelait les greigneurs
choses. si comme celles qui ap
partienent a nostre redemption
quant il disoit. Veez cy laignel
de dieu ⁊c. ¶ Nouiesmement
il eust loffice des anges quant
il anoncoit les mendres choses.
si comme celles qui appartien
nent a bonnes meurs. si comme
il mesmes disoit. faictes peni
tance. ⁊c. ¶ Secondement il
eust tesmoingnage du filz si
comme il appert en saint ma
thieu en lonziesme chapitre. la
ou ihesucrist loe moult forment
et merveilleusement disant
entre ces autres choses. Entre les
filz des femmes ne surrexit grei
gneur de saint iehan baptiste.
Et pierre damien dit de ceste

parolle de iehan de ces apertes louenges par lesquelles les choses terrines sont fondees sont menees les estoilles et les elemens faiz. ¶ Tiercement il eust tesmoignage du saint esperit par la prophecie de son pere quant il dit. et toy enfant seras appelle prophete du tres hault &c. ¶ Secondement il fut loe des celestielz comme des anges. sicomme il appert en lucas la ou lange le louoit demonstrant en moult de manieres de combien grant digte il estoit vers monseigneur quant il dit Il sera grant devant nostre seigneur. et de combien grant saintete il estoit quant a soy mesmes quant il dit il ne boit ne vin ne sidre et sera raempli du saint esperit et de combien grant proffit quant il dit et convertira moult des filz israel.

¶ Tiercement il fut loez des soubzcelestieulx. cestassavoir des hommes sicomme de son pere et de ses voisins qui disoient quelle chose cuidez que cest enfant soit &c. ¶ Quartement la louenge de iehan est prise du don quil eust il eust don en estant ou ventre en yssir du ventre en allant au monde et en yssant du monde. Ou ventre il eust trois merveilleux dons de grace. ¶ Le premier fut la grace par laquelle il fut sanctifie ou ventre car il fut avant saint que il fut ne. Et ieremie dit avant que je te formasse ou ventre je te congneu. Et avant que tu yssisses du ventre je te sanctifie. ¶ Secondement fut la grace par laquelle il desservi a prophecie. sicomme quant il se joy ou ventre sa mere et congneut dieu. dont crisostome dit. il vouloit demonstrer comment il estoit plus que prophete et dit quil est prophete pour sa merite de sa conversation et louz pour prendre prophecie. Ne fut il pas prophete quant il fut fait prophete avant que homme. Et pource quil estoit de coustume que les prophetes feussent enoins quant la benoite elizabeth salua la vierge marie. ihucrist enoint iehan en prophete selon ce que crisostome dit. pource fist ihucrist marie saluer elizabeth. si que la parolle qui yssoit du ventre de sa mere ou nostre seigneur habitoit entrast par les oreilles elizabeth et descendit a iehan pour luy oindre illec en prophete. ¶ Le tiers don fut la grace par laquelle il baulla par ses merites esperit de prophete a sa mere. Dont crisostome demonstrant comment il fut plus que prophete dit. Qui est cil qui des prophetes quant il est prophette qui peut faire ung autre prophete. helye si oint helisee en prophete mais il ne luy donna pas grace de prophecier. Et cestuy faisant ou ventre de sa mere donna a sa mere entree de divine science. et ouvrir la bouche di celle es parolles de confession

dy que celluy de qui elle ne ve-
oit pas la personne elle en co-
gnoissoit la dignite disant
dont vient ce q̃ la mere de dieu
viengne a moy. ¶ Et en lys-
sue du ventre il eust triple
don de grace. car son naistre
fut plain de miracle saint et
joyeux. pource quil fut plain
de miracle il mist hors le def-
fault dimpotance. pource que
il fut saint il mist hors la coul-
pe de peche. pource quil fut
joyeux il mist hors le pleur de
maleurete. Et selon maistre
guillaume dauxoirre sa nati-
uite est celebree par trois rai-
sons. ¶ La premiere est po'
la raison du sanctifiement
de luy fait ou ventre. ¶ La se-
conde par raison de sa dignite
en office. car il vint aussy co-
portant lumiere. Car il nous
denonca le premier joye pardu-
rable. ¶ La tierce est par rai-
son de la joye de son naissemẽt
car lors furent moult de gẽs
esiouyssans de sa natiuite. ¶
Et aussy en allant au monde
ou il eust moult de dons de gr-
ce qui apperent et sont trese-
celens 2 diuers dons de grace
pource q̃ il eust perfection en
soy de tous les sains quãt il
dit comme prophete que il fut
cil qui apres moy vendra sera
meilleur q̃ moy 2c. Il fut pl'
que prophete. car il monstra
mesegneur au doy. il fut apo-
stre car il congneust la parolle
dieu Il fut martir car il souf-
fri martire pour droicture. Il
fut confesseur car il confessa
ihũcrist 2 ne le nya oncques. Il
fut vierge. car pour sa virgini-
te fut il appelle de dieu. dont
malachiel dit. veez cy que ie vo'
enuoie mon ange 2c. En lyssue
du monde il eust .iij. dons que
il fut fait martir sans estre
humai. Et tãtost comme il fut
fait martir il fut enuoye cõme
precieux message. car il porta
adonc precieuses nouuelles a
ceulx qui estoient en enfer. Ce
fut la venue de ihũcrist et le
redemption. Et le tiers il eust
du tout yssue glorieuse. car de
tous ceulx qui la estoient des-
cenduz son yssue fut honoree
2 solemnisee glorieusement. et espe-
ciaulment en leglise. ¶ Quĩ-
temẽt il eust longue depredicatiõ
Et en ce met lange quatre cho-
ses quant il dit. et conuertira
moult des filz disrael a nostre
le dieu dieculx 2c. ¶ Il y met
cest assauoir fruit ordre vertu
et fin sicomme il appert en la
lettre. Et est assauoir que la
predication de iehan fut trop
ple. car il prescha ardemment
proffitablement 2 saigement
Il prescha ardemmẽt et celle ar-
deur fut enflambee de charite.
car il estoit lumiere ardant.
dont il dit en la personne de ie-
remie. Il mist ma bouche. cõme
vng glaiue agu. Elle fut en-
fourmee de verite. car il estoit
lumiere luisant. dont iehan eu-
uangile dit. vous enuoiastes a
iehan 2 il porta tesmoing de ve-
rite. Il fut esdrecie par discretiõ

en sa vie. car aux juifz aux pu
blicans et aux chevaliers il do
na propre loy selon la convena
blete de chascun. il fut ferme en p
severance. car il prescha si fer
mement quil en perdi la vie. Et
selon ce que saint bernard dit.
ferme amour doit avoir qua
tre choses. amour soit enflabee
de charite verite lenfourme. sci
ce la gouverne. et fermete la co
ferme. ¶ Secondement il pres
cha proffitablement. car mout
de gens se convertirent a sa pre
dication. il prescha de parolle
par continence de doctrine. Il
prescha par exemple de saintete
et les convertit par ses devotes
oroisons. ¶ Tiercement il
prescha sagement et sa sagesse de
luy fut en .iii. choses. ¶ Pre
mierement en ce que il usa a tou
tes choses communes pour esmou
voir les mauvais. et disoit
la congnie est ja mise a la raci
ne de larbre. etc. ¶ Seconde
ment il usoit de promesses pour
attraire les bons. quant il di
soit faictes penitance. vous ap
procherez du regne des cieulz
¶ Tiercement il usoit dattre
prances. pource que il attraist
les moyens petit a petit a per
fection. Et dont il enjoingnoit
aux juifz aux chevaliers. et
aux publiquains legieres cho
ses pour les attraire apres aux
greigneurs aux juifz il enjoi
gnoit que ilz feissent euvres
de misericorde aux publiquains
que ilz se tenissent de la con
voitise des autres aux cheva
liers que ilz ne doubtassent
nul homme. ne ne feissent
mal a nul. et quilz feussent con
tens de leurs gaiges. ¶ Et
est assavoir que iehan euvan
gliste trespassa en ce mesmes
jour. mais leglise a ordonne la
feste de levangile au tiers jour
de la nativite nostre seigneur a estre fe
ree pource que leglise fut dediee a
donc. Et la solempnite de saint
iehan baptiste demoure a son
jour Et ce nest pas merveil
le car celluy jour fut fait so
lempnel de lange pour la joie
de la nativite du messagier
de nostre seigneur. mais il nest
pas a dire que levangeliste
donnast lieu au baptiste com
me le mineur au greigneur
Car il nappartient point a
disputer. lequel des deux est
greigneur car il fut monstre
devement en une exemple ¶
Ilz estoient si comme len list
deux docteurs en theologie. et
lun mettoit le plus avant le
baptiste et lautre levangeliste
et ordonnerent ung jour a
disputer sure. Et chascun des
deux estoit mout curieulx
de trouver auctoritez et bon
nes raisons par quoy il peust
plus honnorer le sien iehan
Et quant le jour de la dispu
toison vint. chascun des sains
apparut a son amy et luy dit.
Nous sommes bien a[illegible]s ou
ciel ne disputez pas de nous
en terre. Et dont les deux en
samble manifesterent leur
vision au peuple et loerent nostre seigneur=

¶ Pol qui estoit facteur des ystoires des lombers. et diacre de leglise de romme et moyne de casiense. sicomme il devoit une fois beneir le cierge il perdi sa parolle et parsoit bien avant. Et doncques sa pensa affin que sa parolle lui fut restablie. et fist une hympne. Ut queant laxis. etc. A lonneur du benoist bapt[iste]. et requiert au commencement que la voix lui soit rendue sicomme elle fust rendue a zacharie. Et si come dit iehan beleth. les os des bestes en ce iour sont conqueillis ca et la diuins et sont ars. Et la cause est double sicomme il dit lune si est pour garder lancienne coustume. Ilz sont aucunes bestes qui sont appellees dragons qui volent en lair et noent es eaues et vont par terre. Et aucune fois quant ilz voloient par lair ilz estoient esmeuz a luxure et gettoient leurs germes commun puiz en puis ou en eaues de fleuves. dont il advenoit celle annee grant mortalite. et contre ce. ce remede fut trouve que len feist feu des os de bestes et que la fumee enchasseroit ces bestes meismement car pource que il avenoit en ce temps pource gardent encores aucuns celle coustume. ¶ Lautre cause est a representer que les os de saint iehan furent ars des mescreans en la cite de sebaste. Et pource sont portez la brandons ardans. car iehan fut lumiere ardant et luisant. Et si tournent une roe a signifier que pource que le soleil descend en son cercle. que la renommee de iehan que len cuidoit estre ihesucrist estoit descendue selon ce que il porta tesmoingnage disant. Il me convient amenuisier. et cellui qui vient apres moy croistre. Et sicomme dit augustin. ceste chose est signifiee en leur nativite et en leurs mors. En leur nativite car environ la nativite saint iehan les iours commencent a croistre. En la nativite de ihesucrist. ilz commencent a decroistre. Et en leurs mors. car le corps de ihesucrist fut eslevez en la croix et le corps de iehan fut apetice du chief. ¶ Pol raconte en lystoire que rachis roy des lombers fut enseveli delez leglise saint iehan bapt[iste]. et ung homme qui fut espris de convoitise ouvry le sepulchre par nuit et emporta tout. Et dont saint iehan sapparut a lui et lui dit. pourquoy as tu este si ose que tu as touchie aux choses qui mestoient commises. tu nenteras dore avant en mon eglise. de quoy il advint ainsi. que toutesfoiz que cellui vouloit entrer en leglise il estoit feru et pris par la gorge aussi comme dun tres fort champion et trebuchoit a terre.

De saint Iehan et pol.

Iehan et pol furent prevostz et maistres de constance. fille de constantin empereur. Et en ce temps. que la gent de sithie ot occuppe la terre de dace

⁊ de tunice. Et galliquen qui estoit duc de lost de romme si deuoit estre enuoie cõtre geut. Il demanda pour guerredon de sa paine a femme constance fille de constantin ⁊ les princes de romme requeroient q̃ cellui fust fait tantost. Et le peuple estoit mõlt couroucie car il sauoit bien q̃ puis que sa fille auoit este garie de saincte agnes. elle estoit en tel propos. que elle se laissast auant occire que elle se cõsentist a homme. Et donc la vierge q̃ se fioit en dieu conseilla au pere que il lui promist que quant il auroit vaincu ⁊ il reuendroit q̃ il lauroit. Et cellui galliquen ẽ nom demoure auec cõstance deux filles qui lui estoient demourees de sa femme morte si que elle peust sauoir par icelle la volente ⁊ les meurs du pere et en esperance de greigneur fermete que icelle leur donnast ces deux preuostz iehan et pol et elle prioit dieu que elle peust conuertir lui ⁊ ses filles a ihucrist et ceste promesse pleut a tous. et dont prist iehan et pol et sen alla merueilleusement grant ost cõtre ses ennemis. Et fut en une cite de tunice. et toutesfois son ost fut vaincu de la gent des chuchiens. et fut assiege des ennemis. Et dõt vint iehan ⁊ pol et lui distrent fais veu a dieu du ciel ⁊ tu vaincras mieulx q̃ tu nas fait. Et tantost cõme il eust fait le veu. ung iouuencel sapparut a lui qui portoit une croix sur sespaule ⁊ lui dit. prens ton glaiue et me suy. ⁊ il se prist et alla parmy les tentes des ennemis. Et vint iusques au roy sans occire nul. mais les soubzmist a lui seulement par paour et fist tous mettre soubz le treu des romains. Et deux cheualiers armez sapparurent a lui ⁊ le cõfortoient lun deca lautre dela. Et dont fut fait crestien et retourna a romme. ⁊ fut receu a mõlt grant honneur. Et dõt pria lempereur que il lui pardonnast se il nespousoit pas sa fille. pource q̃ doresenauant il proposoit viure en ihucrist en cõtinence. ⁊ il pleust mõlt a lempereur. pource que ses filles estoient conuerties a dieu par cõstance. Et dont cellui galliquen laissa la duchie ⁊ dõna tout aux poures. et seruy ihucrist en pourete auec les autres sergens de ihucrist. et faisoit mõlt de miracles. si que par veoir seulement il chacoit les diables des corps ou ilz estoient. Et la renommee de sa saincte conuersation creut tant par le pays que tous y venoient pour veoir homme qui auoit este patrice qui lauoit les piez aux poures ⁊ leur mettoit la table et donnoit leaue a lauer leurs mains ⁊ administroit curieusement aux malades ⁊ faisoit tous ces autres seruices dessusdiz. Et dont quant constantius fut mort. constancien son filz qui estoit heir se tint lempire. Et le pere constancien auoit ung frere qui auoit nom constant. Et dont constancien fist son oncle cesarien. et leuoia combattre contre Judee qui se rebelloit et toutesfoiz lacrist il apres. et doubta que il ne feist de constancien aussi comme son frere. si entra en vne abbaye. et la faingnist estre moult religieux. et fut fait lecteur. Et il se conseilla au diable par malefice et eust responce quil seroit encores souldoiane en lempire. Et aucun temps apres constancien pource quil eust necessite de gens fist Julien cesarien et lenuoia en france. et il faisoit tout noblement. Et quant julien fut souldoiane en lempire et constancien fut mort. Julien lapostat commanda que galliquen sacrifiast aux dieux ou quil sen allast hors. car il nosoit pas donner mort a si grant homme. et dont sen alla il en alixandrie. Et la fut tres perce tout oultre parmy le cuer et receut martire. Et dont Julien qui estoit espris de couuoitise si se conferma. et enforca son excommence auarice par tesmoing de leuangille. car en ostant aux crestiens leurs facultez et disoit vostre crist dit en leuangille. qui ne renoncera a tout ce quil possede il ne peut estre mon disciple Et quant il oy que Jehan et pol soustenoient les poures des richesses que constance auoit laissees. il leur manda que ilz deussent aussi bien estre auec lui. comme ilz auoient este auec constantin

Et ilz respondirent. quant les glorieux empereurs constantin et constancien son filz auoient ioie et gloire destre crestiens nous seruions a eulx. Et pour ce que tu as delaissie la religion plaine de vertus nous nous sommes du tout departiz de toy et ne voulons obeyr a toy Et Julien leur manda. Jay tenu ma clergie en leglise. Et se je voulsisse je feusse venu au premier degre de leglise. mais jay considere que cest vaine chose que ensuir paresse et oysiuete si ay done mon couraige a cheualerie. et en sacrifiant aux dieux ar je eu lempire par leur aide ¶ Et dont vous qui auez este norris en salle royal ne deuez pas faillir a estre auec moy. si que je vous aye les premiers en mon palais. Et se je suy despite de vous. Je feray tant que je nen pourray estre despit. Et ilz respondirent et distrent. nous mettons dieu au deuant. Si que nous ne doubtons point tes menaces. que nous nencourres es ennemistiez du dieu pardurable. Et a ce respondi Julien se vous despisez venir a moy dedens .v. iours vous ferez par contrainte ce que vous ne voulez faire de vre gre. Et les sains lui respondirent. Estime que ces .v. iours soient passez et faiz au iourdui ce que tu menaces faire adonc auxquelz Julien respondi Cuidez vous que les crestiens vous facent martirs se vous ne vous con

sentez a moy. de vous preignray
non pas comme martirs mais
comme communs ennemis. Et dont
iehan et pol furent tous les
x. iours en aumosnes et donne
rent tous leurs biens aux po
vres. Et le xe iour terencien
fut envoie a eulx qui leur dit.
Messire julien vous envoie ce
petit ymage de jupiter. si que
vous sacrifiez a luy. ou autre
ment vous perirez tous deux
ensamble. Auquel les sains di
rent. se julien est ton seigneur
si luy garde sa paix. car nous
navons nul seigneur autre
que ihesucrist. Et dont commanda
julien que ilz feussent secrete
ment decolez. et les fist enter
rer en une maison en une fosse
et dit pour la renommee. que
il les avoit envoiez en exil.
¶ Et apres ce le filz de teren
cien fut ravy du dyable et com
menca a crier dedens la mai
son que il estoit tout ars du
dyable. Et quant terencien vit
ceste chose il se fist crestienner
et confessa sa felonnie. et son
filz fut delivre a la fosse des
sains. et il escript leur passion
Et ilz souffrirent mort environ
lan de nostre seigneur iiic. et viii
Saint gregoire racompte en
son omelie sur leuvangille.
Sy quis vult venire post me.
que une dame si hantoit sou
vent leglise de ces martirs. Et
si comme elle sen retournoit
ung iour elle trouva .ii. moy
nes en estant en habit de pele
rins. et commanda que on le

donnast laumosne. mais a
vant que laumosnier leur donnast
pour leur donner laumosne
ilz sen vindrent plus pres de
celle dame. et luy distrent tu
nous visitez maintenant. nous
te requerons au iour du iuge
ment. et te donrons ce que nous
pourrons. Et quant ilz eurent
ce dit. ilz sosterent de devant
ses yeulx. ¶ Ambroise dit
ainsi de ces martirs en son
preface. les benois martirs ie
han et pol acomplirent vraie
ment ce que david dit. Veez com
me cest bonne chose et joieuse
que habiter les freres ensam
ble. ilz habiterent ensemble par
foy de nature de naistie com
paignons dune foy conioincte
par compaignie semblees par
equalite de passion. et tousiours
glorieux en ung seul seigneur
ihesucrist

De saint leon pape

Leon fut appelle
proprement leon
car tout aussi com
me le propre leon
fait il fist. Il est voir que quant
les faons du lion naissent
ilz sont tous mors. et ne se peu
ent mouvoir. Et dont le lion
crie tant et va entour que par
le cry de luy il les vivifie et le
met la vie ou corps par la cha
leur de son alaine. Et tout au
si saint leon fist car a ceulx qui
estoient mors en peche il cria
et brait tant que par sa sainc
te conversation et predication
que il leur mist es corps lespr

nt de foy. Et les fist viure en
dieu

Si comme leon list es
miracles de la be
noite vierge. leon
pape celebroit la
messe le iour de pasques en le
glise nostre dame la maiour.
et si comme il communioit les
gens le iour de pasques vne da
me baisa sa main. et tantost
vne grant temptation de char
le prist. Et dont lomme de dieu
fut cruel vengeur en soy mesmes
et cellui iour se couppa secrete
ment la main qui lauoit eschauf
fe et la getta hors. Et entretant
grant murmure fut ou peuple
pource que le souuerain euesq
ne celebroit si comme il auoit
acoustume. Et dont le pappe
se tourna a la vierge marie
et se commist du tout en tout en
sa pourueance. Et dont elle
vint tantost a luy. et restabli
ses mains a ses sainctes mains.
et luy commanda que il alast
et fist sacrifice a son filz. Et dont
leon prescha a tout le peuple et
leur dit ce qui luy estoit adue
nu. Et monstra sa main resta
blie deuant tous. Et dont le co
cille fut celebre en calcedoine.
et ordonna leon que nulle dame
se elle nestoit vierge ne fut ve
lee en ordre. Et sy fut establi en
cellui concille. que la vierge
marie fut appellee mere de dieu.

¶ En ce mesmes temps ar
cille degastoit ytalie. Et saint
leon fut .iii. iours et .iii. nuys
en oroison en legise de saint pere
et de saint pol. Et dont dit a
ses gens. qui me vouldra suiu
si me suiue. et dont sen alla. et
si tost comme il approcha dar
cille il descendy du cheual tan
tost quil veist le benoist leon et
se mist a ses piez en depriant
que il luy demandast ce quil
vouldroit. Et il demanda quil
sen alast dytalie. et relachast
les crestiens. Et quant il fut
repris de ses gens. que luy qui
estoit seigneur et vainqueur du
monde estoit vaincu dun pres
tre. Et il respondy Jay espargne
a moy et a vous car je vey a la
destre de luy vng tresfort che
ualier qui auoit le glaiue sa
che. et me dit. Se tu nobeis a luy
tu mourras auecques toutes
tes gens.

¶ Quant le benoit
leon eust escript vne epistre a
fabien euesque de constantino
ble contre eutiche et nestorin. il
la mist sus le sepulchre de saint
pierre apostre. Et dont fut en
ieunes et en oroisons et dit ce
que jay erre en ceste epistre com
me homme. tu a qui la cure de
leglise est commise corrige la et
amende. Et quarante iours a
pres pierre apparut a cellui o
rant. et luy dit. Jay leu lepistre
et amendee. Et don leon prist
la lettre et la trouua corrigee
et amendee de la main de la
postre.

¶ Vne autre fois s.
leon fut quarante iours en ieu
nes et en oroisons ou sepulcre
de saint pere depriant que il
luy impetrast pardon de ses
pechiez. Auquel pierre apparut

et luy dit. Jay deprie nostre seigneur pour toy et toutes tes pechiez te sont pardonnez excepte de limposition des mains. tu dois estre enquis savoir se tu as mis main en aucun en bien en mal. Et il trespassa en dieu environ lan de nostre seigneur quatre cens quarante

De saint pierre apostre

Pierre sy eust triple nom Car il fut appelle symo bariona. Symon vault autant comme obeissant ou commettant tristesse. bariona est autant a dire comme filz de coulombe. Il fut obediet quant nostre seigneur lapella. car a la voix dun seul commandement il obey a nostre seigneur. Il fust mettant tristesse quant il renonca ihesucrist. car il yssy hors et plora amerement. Il fut filz de coulombe. car il servit dieu de simple entention. ¶ Secondement il fut appelle cephas qui vault autant comme chief ou pierre ou blasmant de bouche. Il fut dit chief par la raison de la primace de sa prelation. Pierre par raison de sa fermete en sa passion blasmant de bouche pour sa fermete de sa predication. ¶ Tiercement il est appelle pierre qui vault

autant comme congnoissant ou
deschaucant ou deslïant Con
gnoissant car il congneust sa
diuinite de dieu. quant il dit.
tu es crist filz de dieu le vif. Des
chaucant. car il deschauca les
piez de ses entalentemens de tou
te cuure mortelle et terrienne
quant il dit. Vez que nous de
laissons tout etc. deslïant car
il nous deslia des liens de pe
che. et ce fut par les clefz que
il print de nostreseigneur. Et il
eust .ii. surnoms. Il fut dit. Si
mon Jonata. qui est a dire sa
beaute nostreseigneur. et puis
Symon Jehan qui est autant a di
re comme a qui il est donne
¶ Tiercement il eust nom Si
mon bariona. cestadire filz de
coulombe Et par ce est il donne
a entendre que il eust beaulte
de meurs. dons de vertuz et ha
bondance de lermes. Et ce nom
pierre luy promist a mettre p
mierement quant il dit tu se
ras appelle cephas. Cestadire
pierre etc. ¶ Si comme ma
thieu dit ou .xvi. chapitre Tierce
ment il fut dit pierre et luy co
ferma quant il luy dit. tu es
pierre et sus ceste pierre ie fo
deray mon eglise. Linus. Ege
sippe et leon pape escriuent le
martire de luy.

Pierre apostre entre
ces autres et sur tous
ces autres. fut de
grigneur ardeur damour.
Car il voult congnoistre le
traitre de ihucrist. Et si come
augustin dit. sil leust sceu. il

leust desrompu aux dens. Et pour
ce ne le voult nostreseigneur nom
mer. car si comme crisostome dit.
sil leust nomme pierre se fust
tantost leue et leust desrompu. il
alla sur la mer. il fut esleu de
dieu a estre a sa transfiguration
et a susciter celle. il trouua la bi
lance ou ventre du poisson. Il
receust de nostreseigneur les clefz
du regne des cieulx. il print a
paistre les ouailles de ihucrist.
il conuertit a penthecouste .m.
hommes par sa predication Il
dit a anannie et a saphire leur
mort auant. il curra enee le pa
ralitique. il baptiza cornelien. il
suscita tabitam. lombre de son
corps guarissoit les mors. il fut
mis en chartre de herodes. mais
il fut deliure de lange. Quel
son vestement et sa viande fut
il le tesmongne ou liure saint
clement car il dit. le pain seul
auecques les oliues et poy sou
uent auecques les choux. cest
mon vsage. et iay tel vestement
comme tu vois vne cote et vng
mantel. Et quant ie lay ie ne
requier autre chose ¶ Len
dit pour certain que il portoit
tousiours son suaire en son
sain de quoy il essuioit souuet
les lermes quil ploroit Car
quant il luy souuenoit du
doulz parler et de la presence nostre
il ne pouoit tenir ses lermes
par la tresgrant doulceur da
mour. Et quant il luy souue
noit qui lauoit renie il ploroit
tresabondamment. dont
il auoit si acoustume a plorer

que toute la face luy estoit ar
se de lermes. si come saint cle
ment dit. Et dit encores q la
nuyt quant il oyoit le chant
du coq il estoit acoustume a son
lever pour orer. z aussi estoit
il acoustume de plorer. Et selo
ce quil est trouve es histoires
ecclesiastiques. que quant la
femme de pierre fut menee a
sa passion il eust tresgrant joye
z lappella par son propre nom
et luy dit. ma femme. remembre
toy de monseigneur. ¶ Une
fois si comme pierre apostre ot
envoie deux de ses disciples pr
eschier. quant ilz eurent erre .xx.
iournees. lun des .ii. mourut
z lautre sen revint a saint pier
re et luy dit ce qui luy estoit ad
venu. Et len dit que ce fut le
benoit marcial. z selon aucuns
que ce fut saint materne. Et
len list ailleurs q le premier
fut saint frauc son compaignon
qui fut mort. z que ce fut geor
ge prestre. Et dont pierre luy
bailla son baston et luy com
manda quil alast a son compai
gnon z luy mist sus luy. Et
quant il luy eust mis celluy
qui avoit ia .xl. iours mort par .xl.
iours. se leva tout vif. ¶ En
ce temps estoit en ihrlm. simon
lenchanteur. qui disoit que il
estoit la premiere verite. et il
affermoit q ceulx qui croioiet
en luy il seroit perpetuel. et
disoit que nulle chose ne luy
estoit impossible. Et si come
len list ou livre saint clement
il dit quil seroit aoure come

dieu. z q len luy donroit com
munement honneurs. et q pour
roit faire quanquil vouldroit.
Et dit encores autresfois. q
ma mere rachel me commandoit
que je allasse queillir le ble ou
champ. z je veoye la faucil mi
se. je commandoie a la faulx q
elle queillist. et elle queilloit
au double plus q les autres.
z encores adiousta il aucunes
ce que ieroime dit. Je suy paro
le de dieu. Je suis tresbel. je suy
espoux. Je suis paraclit. Je suis
tout puissant. je suis ame de
dieu. il faisoit mouvoir ser
pens darain. il faisoit rire y
mages darain z de pierres.
et faisoit les chiens chanter.
Et si comme linus dit il vouloit
disputer avecques saint pierre
z monstrer quil estoit dieu.
et fut iour establi. et pierre
vint au lieu de lestrif. et dist.
paix soit avecques vous freres
qui amez verite. Et simon luy
dit. nous navons mestier de
ta paix se paix z concorde le fai
soit. nous ne proffiterions nee
a trouver la verite. car les lar
rons ont paix entreulx. Et pour
ce ne vueil je pas paix mais
bataille. car quant .ii. se com
batent adonc est la paix quant
lun est surmonte. Et pierre dit.
Pourquoy doubtes tu a oir
paix. batailles naissent de pe
chiez. et la ou peche nest fait
il est paix. Et verite est en dis
putoisons. et en euvres droic
tures est. Et simon dit ce nest
neant q tu dis. mais je mon

strerar ma puissance de diuini
te. Je suis la premiere vertu &
puis voler par lair et faire
nouueaux arbres et muer pier
res en pain. et durer ou feu sans
lesion. et puis faire ce que je vueil
Et pierre disputoit contre lui
et desconfisoit tous ses malefi
ces. Et dont symon vit que il
ne pouoit resister contre pier
re si getta en la mer tous ses
liures dart magique que pier
re ne le demonstrast estre enchan
teur et sen alla a romme. Et quant
pierre le sceut il le suiuy a ro
me & vint a romme ou quart an
de claudien empereur et la sist
xxv ans & fist deux cardinaux
aueques lui et furent lin et
clete. Et si comme iehan beleth
dit il les ordonna lun dedens
les murs & lautre dehors. et il
entendoit a predicacion & conuer
ty moult de gens a la foy et gua
ry moult de malades. Et en
sa predication il louoit tous iours
chastete. et la mettoit auant.
Il conuerti quatre des meschi
nes du preuost agrippe. que ilz
ne vouldrent plus retourner
a lui. Dont le preuost fut cour
roucie. et queroit occasion contre
pierre. Et dont nostreseigneur
sapparut a pierre. et lui dist.
Symon et neron se pourpensent
contre toy et te donray confort
de pol mon sergent qui entrera
demain a romme. Et dont pier
re congneust que il seroit brie
fuement oste de ce siecle. si se
mist en lassemblee de ses freres
& prist clement et lordonna en

euesque & le fist siege en la chaiere
en lieu de lui Et dont apres pol
vint a romme si comme nous la
uons auant dit. et commenca a
prescher ihesucrist auecques pierre
Et symon lenchanteur estoit
tant ame de neron que il cuidoit
sans doubte que il fust garde de
sa vie & de son salu. et de toute
la cite. ¶ Et si comme leon
pape dit vng iour que symon
estoit deuant neron il muoit
soudainement sa semblance & lui
estoit aduis que il le veoit main
tenant viel. maintenant ieune.
Et neron cuidoit quil fust filz
de dieu. Et dont dit symon len
chanteur a neron empereur. pere
que tu saches que ie suis vray
filz de dieu. commande que je soie
decole. & je resusciteray au tiers
iour. Et dont commanda neron
aux bouchiers que il fust decole
et quant vng des bouchiers cui
da decoler symon il decola vng
mouton Et dont symon par
son art magique eschappa. et
queilly les membres du mou
ton & les muca et se muca par
iij iours et le sang du mouton
demoura la tout aglutiue. Et
au tiers iour il sapparut a ne
ron et lui dit. faiz torcher mon
sang qui est espandu. car veez
me cy qui ay este decole qui suis
suscite au tiers iour si comme
ie te promis. Et quant neron
le veist il fut esbahy et cuida que
il fust vray filz de dieu. ¶ Et
leon pape dit. que aucunesfois
il estoit secretement auec neron
le diable parloit au peuple de

hors en la semblance de luy. Et
en sa prison les romains le tin
drent en si grant honneur que
ilz luy fistrent une ymage et es
crivrent ce tiltre a cest ymage. Sy
mon le dieu saint. Et sicomme
leon le tesmoingne. pierres ⁊ pol
alerent a neron ⁊ luy descouvroi
ent tous les malefices. Et dit e
ncores pierre. que tout ainsi com
deux substances sont en ihesucrist
cest de dieu ⁊ domme. aussy sont
deux substances en cest enchan
teur. cest domme ⁊ de diable. Et
simon dit sicomme marcel et
leon tesmoignent. pource que ie
ne vueil pas longuement souf
frir cest ennemy. Je commande
ray a mes anges que ilz me ven
gent de luy. Auquel pierre dit
Je ne doubte tes angeles. mais
ilz me doubtent. Et dont dit
neron ne doubtes tu pas simo
qui demonstre sa divinite es
choses ⁊ la ferme. Auquel pier
re dit. se il a en luy divinite dic
moy donc que ie pense orendroit
ou que ie fais. ⁊ affin quil ne
mente. ie te diray en loreille q
ie pense. Et neron dit vien ca
et me dy en loreille que tu pen
ses. Et pierre alla a luy ⁊ luy
dit. commande q on me baille
ung pain dorge secretement.
Et quant il luy eust este baille
il le beney ⁊ le tint en sa man
che et dit. Or dye simon qui se
fait dieu que iay pense et dit et
fait. Et dont simon lenchanteur
dit. Je commande que grans chiens
viennent et que ilz le devorent
Et dont tresgrans chiens vin
drent. et fistrent ung assault co
tre pierre. ⁊ il leur offry le pain
benoit. et tantost ilz tournerent
en fuite. Et dont dit pierre a ne
ron. Je vous ay demonstre que ie
pensoie bien q il pensoit contre
moy ⁊ non pas par parolles
mais par fait. car les anges q
il avoit promis a venir contre
moy il les a demonstrez en for
me de chiens. Et sicomme il
demonstre il na pas anges di
vins mais chiennins. Et dont
dit simon entendez pierres ⁊ pol
se ie ne vous puis pri icés faire
nous yrons la ou il me convient
vous iugier. car ie vous espargne
orendroit. ¶ Et sicomme egi
sippe ⁊ lin dient. simon adonc
sosa venter que il suscitroit les
mors. Et dont advint que ung
iouvencel mourut. Et dont furent
appellez pierre et simon. et de
la volente simon ceste senten
ce fut confermee de tous q cel
tui fut occis. qui ne pourroit
resusciter le mort. Et dont quant
simon eust fait ses enchantemens
sur le mort. il sefforca de luy
mouvoir le chief. ⁊ fut advis
a tous ceulx qui la estoient q
le mort se mouvoit. Et dont
se escrierent tous ⁊ vouloient lapi
der pierre Et dont pierre impe
tra a peine quilz se teussent. et
dit se le mort est resuscite lieve
soy voise et parle. ou autrement
sachiez que cest fantosme que
le chief dun mort se meuve. Ore
soit simon oste hors du lit. si q
les faulsetez du diable soient
monstrees plainement. Et dont

symon fut separe du dit et lesfant
demoura sans soy mouvoir.
Et pierre qui estoit long fist
son oroison et lesleva de long.
Enfant lieve sus ou nom de ihe
sus de nazareth cruciffie. et tan
tost lenfant se leva et alla. Et si
comme le peuple vouloit lapi
der symon. pierre dit. ce luy est
assez grant peine que il se con
gnoist estre surmonte en ces ars
et nostre maistre si nous ensei
gna que nous rendons bien pour
mal. Et dont dit symon pierre
et pol. il ne vous est pas avenu
ce que vous convoitez. vous nestes
pas dignes de martire. lesquelz
respondirent. ce que nous convoi
tons nous adviengne. et ja ne
te soit il bien. car tu mens en que
que tu dis. Et dont sicomme dit
marcel. symon alla a sa mai
son de marcel et lia ung tresgrant
chien a luys de sa maison et dit.
Or verray je se pierre qui a acou
stume a venir a moy vendra. Et
ung peu apres vint pol et puis
pierre. Et dont fist pierre le si
gne de la croix et deslia le chien
et le chien estoit souef a tous.
et ne poursuivoit que symon seule
ment pour luy messfaire. Et dont
le prist et le getta a terre soubz
soy et le vouloit estrangler. Et
dont acourut pierre et crioit au
chien quil ne luy messeist ou
corps. mais il derompi si sa ro
be. que a bien peu quil ne de
moura tout nu. Et dont le peu
ple et mesmement les enfans cou
rurent ensemble avecques le
chien apres luy tant quilz le

chacerent hors de la cite comme
ung lou. Et dont ne peust endu
rer la honte de ce reproche. si ne
se monstra dusques dun an. Et
marcel adonc qui estoit disciple
de symon quant il vit ceste mer
veille. se joingnist avecques pier
re. Et apres symon revint et fut
derechief receu en lamitie de
neron. Et dont sicomme leon pa
pe dit symon assembla le peu
ple et leur monstra comment
il avoit este forment courrouce
des galileiens. Et pource dit il
que il vouloit delaissier ceste ci
te quil souloit garder et deffen
dre. et vouloit establir le jour q
il monteroit ou ciel. et quil ne
daignoit plus habiter en terre.
Et dont au jour que il eust es
tably sicomme lui dit. il mon
ta en une haulte tour qui es
toit ou capitole. et se getta de
couronne en couronne et com
menca a voler. Et dont dit pol
a saint pierre. Il mappartient a
orer et toy a impetrer. Et dont
dit neron cest homme sy est
vray et vous estes traitres. Et
dont pierre dit a pol. pol drece
ton chef et voy. Et quant il eust
leve le chief et il eust veu symon
volant. il dit a pierre. pierre
que actens tu. parfais ce que
tu as commencie nostreseigneur
nous appelle. Et dont dit pier
re. Je vous conjure anges du
diable qui le portez par lair ou
nom de nostreseigneur ihesucrist
que vous ne le portez plus
mais le laissiez cheoir a terre
et tantost ilz le laisserent et

cher a terre et se froissa le cervel
et morut. Et quant neron ot
quil avoit perdu tel homme si
sen dolut. et dist aux apostres
Vous laves fait ou despit de moy
Et pource je vous destruiray
par tresmauvais exemple. Et
dont les bailla a paulin ung tres
noble homme. et paulin les bail
la en garde a mamertin qui es
toit soubz la cure des chevaliers
proces et martinien. lesquelz che
valiers pierre converti a la foy
Et dont ouvrirent ilz la chartre
et les en laisserent aller tous
frans. pour laquelle chose paulin
appella proces et martinien. Et
quant il trouva quilz estoient
crestiens. ilz eurent les chiefz cop
pez. Et les freres prioient a pier
re quil sen allast dillec. et il ne
sen vouloit aller. Et en la par
fin il fut vaincu par pierre et
sen alla. Et si comme lin et leon
le tesmoignent quant il vint
a la porte qui est orendroit de
saincte marie au pas. il vit ihe
sucrist venant contre luy. et luy
dit. Sire ou vas tu. et il dit je
vois a romme estre derechief cru
cifie. Et pierre luy demanda
Sire seras tu derechief crucifie.
et il dit Oyl. Et dont dit pier
re. Sire je retourneray donc
pour estre crucifie avec toy. Et
ces choses dictes nostreseigneur
monta ou ciel voyant pierre qui
ploroit. Et quant il entendit que
ce avoit este dit pour sa passion
si retourna. Et quant il eust
ce dit a ses freres il fut pris des
ministres neron. et fut baille
au prevost agrippe. Et dont fut
sa face clere comme soleil si com
me lin dit. Et dont luy dit agrip
pe. tu es cellui qui te glorifies
ou peuple et es femmes que tu
separes du lit de leurs maris
lequel lapostre blasmoit et di
soit que il se glorifioit en la croix
nostreseigneur ihesucrist. Et dont
pierre fut commande estre cruci
fie aussi comme estrange. Et
pource que pol estoit cytoien de
romme. il fut commande a coupper
la teste. Et de ceste sentence do
nee contre eulx dit saint denis
en lepistre de tymothee en ces
paroles. O tymothee mon fre
re. se tu veisses les batailles de
la fin diceulx tu deffaulsisses
de douleur et de tristesse. qui est
cil qui ne les plorast. quant le
commandement de la sentence
fut donne contre eulx. et pier
re fut crucifie et pol fut decole
tu veisses adonc les tourbes des
juifz et des payens qui les fe
roient et les crachoient es vi
sages. Et quant lorrible terme
vint de la fin diceulx que ilz
furent departis lun de lautre
ilz lierent les colompnes du
monde. mais ce ne fut pas sans
pleur et sans cry des freres.
Et dont dit saint pol a saint
pierre. Cest union de toy
qui es fondement des eglises
et pasteur des ouailles et des ai
gneaux de ihesucrist. Et pierre luy
dit. Va en paix precheur
de bien mediateur et conduiteur
du salu des justes. Et quant ilz
eslongnerent lun de lautre je

suivir mon maistre. car ilz ne les crucifierent pas en une mesmes rue. Et c'est ce que saint denis dit. Et si comme leon et marcel tesmoingnent. quant pierre vint a la croix il dit. quant mon seigneur descendi du ciel a la terre. il fut souslevee en la croix droicte. Et moy que la croix doit rappeller de la terre au ciel doit mettre mon chief par devers terre et drecier les piez ou ciel. Et pour ce que je ne suis pas digne destre ainsi en la croix comme mon seigneur. la croix me soit tournee. Et dont tournerent ilz la croix et fichierent les piez contremont et le chief contreval. Et dont le peuple fut si forsene que ilz vouloient occire neron et le prevost et delivrer lapostre. et il les pria que ilz nempeschassent pas sa passion Et si comme leon et lin racontent. nostre seigneur ouvrir les yeulx diceulx qui la estoient et plouroient si que ilz virent les anges avecques couronnes de roses et de lis. delez pierre qui estoit en la croix avec les anges. et prenoit ung livre de ihesucrist. ou il prenoit les paroles que il disoit. Et dont pierre commenca a dire en la croix. Sire iay convoite a toy suivir. mais je nay pas voulu estre crucifie droit. Tu es tousiours droit et hault. et souverain et nous filz du premier homme qui eust le chief enclin vers terre. duquel le trebuchement si signifie la fourme de la generation humaine. Et ainsi sommes nous nez que nous sommes versez en terre par effect. et la condicion est muee. car le monde cuide que tel chose soit bonne qui est mauvaise. Sire tu es toute chose a moy. tu es tout a moy. et nulle chose nest a moy que toy seul. Graces sire te rens de tout lesperit. par quoy je vif par quoy jentens par quoy je comprens les choses. Et la sont .ii. autres choses touchees pour quoy il voulst estre crucifie droit. Et quant pierre vit que les bons crestiens veirent sa gloire en rendant graces a dieu. il mist hors lesperit. Et dont marcel et apuleus son frere qui estoient ses disciples losterent de la croix. et loingnirent de divers oingnemens et lensevelirent. Ysidoire dit ou livre de la nativite et de la mort des sains. que quant pierre ot fondee leglise dantioche soubz claudien cesar. il alla a romme contre simon lenchanteur. et la prescha levangille. Et tint leueschie .xxv. ans. et au .xxxvi. an apres la passion nostre seigneur il fut crucifie de neron le chief contreval si comme il voulst. Et ce dit ysidoire. Et selon ce que saint denis dit en la dicte epistre. frere tymothee entent le miracle et le signe du iour de leur sacrefice car je fu present au iour de la separation diceulx. et apres leur mort. je les vey ensemble main a main entrans es portes de la cite de romme aournez de vestemens de lumiere et de couronnes de clarte & de lueur. et ce dit saint denis. ¶ Et neron ne demoura pas dimpugnir. mais pour ceste maniere & pour les autres que il avoit faictes. il sescrist de sa propre main. desquelz felonnies nous mettrons aucunes briefment. ¶ Seneque son maistre si dit en une hystoire. Ja soit ce quelle soit aparisse. que si comme seneque actendoit a avoir le loyer. neron lui commanda que il esleut le rain de la ou il vouloit estre pendu. Et dit que cestoit le guerredon que il avoit de luy pour son labour. Et quant seneque lui demanda pourquoy il avoit desservy ce torment de mort. neron fist prendre une espee trenchant et la commanda a brandir fort & souvent sur la teste seneque. Et seneque tournoit la teste ca & la pour fuir au cop et doubtoit forment ce peril de mort. Et neron lui dit. Maistre pourquoy ostez vous ainsi le chief de dessoubz le glaive qui vous menace. Et seneque respondy. Je suy homme. et pource doubte je la mort. Et neron dit dont ainsi si doubte je toy encores. si comme je te acoustumay a doubter enfant. pourquoy je ne pourroie vivre seurement tant comme tu vivras. Et seneque dit. Se il convient que je meure aumoins laisse moy eslire de quelle mort je vouldray mourir. Et neron luy dit. Se tu nelliz hastivement je te feray tantost mourir. Et

dont seneque fist faire ung baing & se fist seigner des .ij. bras dedens. et par le sang qui yssy de luy il finy sa vie. Et ainsi par aucun signe pot il avoir nom seneque. qui vault autant a dire comme occiant soy. car ja soit ce que il fut constraint ainsi sescrist il de sa propre main. Et cestui seneque eust .ij. freres lun fut julien gal noble docteur. qui sescrist de sa propre main. et lautre fut mela pere de luquien le poete. lequel luquien ot coppe les vaines par le commandement neron et mourut. ¶ Et apres si comme il est leu en ladicte hystoire. neron demene par felonnesse forsennerie de pensee il commanda occire sa mere & ouvrir pour veoir comment il avoit este nourry en son ventre. Et dont les phisiciens le reprisdrent de la mort de sa mere. et luy disoient les drois deffendent tel chose. raison le deffent que le filz ne tue sa mere que elle enfanta a si grant douleur & le nourry a si grant travail et curieusement. Et neron leur dit. faictes moy concevoir enfant et puis enfanter si que je puisse savoir quelle douleur ma mere souffry. Et il avoit conceu ceste voulente den faire quant il aloit par la ville. car il avoit oy une femme qui enfantoit & crioit. Et ses medecins luy distrent. ce nest pas chose possible qui est contraire a nature ne ce nest pas chose a savoir qui nest consentaire

a raison. Et neron dit se vous
ne me faictes concevoir et enfan-
ter enfant je vous feray mo-
rir de cruelle mort. Et dont
ilz luy donnerent secretement
a boire une raine et la firent
croistre en son ventre. quil ne
pouoit soustenir choses con-
traires si senfla si que neron
cuidoit estre gros denfant. Et
ilz luy faisoient tenir diette tel-
le comme ilz savoient que elle
estoit bonne a nourrir la rai-
ne et disoient quil luy convenoit
faire telle chose pour son con-
cevement. Et en la parfin il fut
si travaillie de douleur den-
fanter que il dit aux medecins
hastez moy mon enfantement
par la douleur denfanter pour-
ce je a peine alener ne avoir mon
alaine. Et dont luy donnerent
poison pour vomir. et dont mist
hors celle raine toute entouchee
dumeurs et sanglante et hor-
rible a veoir. Et dont quant
neron vit son enfantement il en
eust horreur et se merveilloit de
ce monstre. Et dont distrent les
medecins que il avoit mis hors
si horrible enfantement pource
que il navoit pas actendu le
temps denfanter. Et dont dit il
suis je tel ne du ventre ma me-
re. et ilz distrent oyl. Et dont com-
manda il que son fruit fut nour-
ry. et il fut mis a nourrir ou
creux dune pierre. Et ceste cho-
se est bien leue en croniques
mais elles sont apocriffes. ¶
Et apres ce il se merveilla et pen-
sa que la destruction de romme

avoit este et fist mettre le feu
en romme par .vii. jours et par
vii. nuys et il le regardoit du-
ne treshaulte tour. et avoit
tresgrant joie de la beaute de la
flambe et chantoit en ung ha-
bit ensse la chancon de hosyn
de. ¶ Et si comme il est dit
en une cronique il preschoit a
ras faictes dor. il estoit si enten-
tif en chant. que il surmontoit
toutes herpes et toutes trage-
dies. cest a dire manieres de chans
il espousa ung homme pour
femme. et homme le prist pour
femme si comme orose dit les ro-
mains ne peurent plus souf-
frir sa forsennerie si firent une
envaie contre luy et le poursuivirent
hors de la cite. Et quant il vit
quil ne pouoit eschapper il prist
ung fust et laguisa aux dens
et de ce pel se trespercea parmy
le corps. et par tel mort fenit sa
vie. Et len list en ung autre lieu
que il fut devore de loups. Et
quant les romains retourne-
rent ilz trouverent la raine
en une pierre creuse et la gette-
rent hors de la cite et lardirent
Et dont celle partie de la cite
prist nom de la raine qui la la-
toit illec. Et est appellee lateran
aussi comme a laite raine.

¶ Ou temps de saint corne-
lien pape les grecs avoient em-
ble les corps des sains apostres
mais les deables qui habitoient
es ydoles. si furent contrains
par divine vertu et crioient hom-
mes de romme secourez vos
dieux que len vous oste pour

Laquelle chose les bons crestiens
entendirent que cestoient les a
postres ⁊ les payens que cestoi
ent leurs dieux. Et dont sassem
bla grant foison de crestiens ⁊
de payens et les poursuirent. Et
dont les grecs doubterent et ge
terent a chatacombes les corps et
vint puis. mais ilz en furent
apres ostez des bons crestiens
¶ Et saint gregoire si dit
en son registre. que si grant for
ce de tonnerre ⁊ de fouldres les
espoventa que ilz se departirent
⁊ les laisserent a chatacombes.
mais si comme len doubtoit
lesquelz os estoient de saint pier
re ⁊ lesquelz de saint pol. tous
les bons crestiens se mistrent
en jeunes et en oroisons. et il
leur fut respondu du ciel. les
gregneurs sont du prescheur
⁊ les mineurs du pescheur. et
ainsi separerent les os ensem
ble et les mistrent chascun en le
glise qui leur estoit edifiee. Et
les autres dient que seuestre
pape vouloit benir les eglises
si pesa en unes balances les
os grans ⁊ petis a moult grant
reuerance et mist la moitie
en une eglise et la moitie en lau
tre. ¶ Gregoire racompte
en son dyalogue. que en leglise
de saint pierre la ou son corps
repose. ung homme estoit q
auoit nom agencien et estoit
homme de grant humilite ⁊
de grant saintete. Et la vint
une pucelle qui fut longuement
en leglise et auoit le corps ⁊ les
piez perdus et se trainoit a

terre des mains par leglise. Et
quant elle eust longuement re
quis saint pierre. il sapparut
a elle en vision et lui dit. Va a
agencien mon mesnagier et il
te restablira a sante. Et donc cel
le ce commenca a trainer ca ⁊ la
par leglise et a enquerre qui es
toit agencien. Et soudainement
cellui que elle queroit luy vint
a lencontre. et elle luy dit. Je
suis peue ⁊ nourrie. et nre sain
pere le benoit apostre menuoie
a toy. si que tu me deliures de
mon enfermete. Et il lui respon
dit se tu es enuoyee de lui. lieue
toy et donc prist sa main et la
leua sus et sane. ce quil demou
rast en elle riens de maladie.
elle fut garie plainement. ¶
Et en ce mesmes liure dit gre
goire. que gallie une tresbelle
pucelle de romme fille de simmac
consule ⁊ patricien de romme fut
donnee en mariage. Et en une
seule espace de temps elle fut
faicte vefue. Et apres ce q len
entendoit pour laage et pour
les richesses dicelle le donner
a ung autre en mariage. mais
elle esleut plus a estre conioincte
aux nopces espirituelles de dieu
qui en aucuns se commencent
par pleurs et sen parviennent
aux joies pardurables que
elle ne fist aux nopces charnelz
qui commencent par leesse ⁊ de
finent par pleurs. Et adonc apres
ce pource quil apparoit en elle
que elle estoit chaulde de corps
et les mires commencerent a
dire que se elle ne retournoit

a homme que elle avoit laisse co[n]tre nature. laquelle chose advint apres. mais elle ne doubta nulle chose la laidure par dehors. car elle amoit a avoir beaute par dedens. ne pource ne desservi elle pas que elle ne fut amee de lespous du ciel. Et dont getta la robe seculiere & se donna du tout ou moustier de saint pierre & la servi a dieu plusieurs ans en simplesce en oroisons en aumosnes. Et en la parfin elle fut ferue en la mamelle dune plaie de chancre. Et tousjours .ij. candelabres estoient ardans devant son lit comme celle qui estoit tousjours amie de lumiere & ne haioit pas tant seulement les espirituelz tenebres mais & les corporelz. Si vit le benoist pierre apostre ester entre les .ij. candelabres. Et dont elle osa par amo[ur] prendre hardiesce & lui dist. Sire monseigneur quest ce me sont mes pechiez pardonnez. A laquelle il qui estoit tresdebonnaire lui octroia le chief encline & dit. Bien ilz te sont delaissez et elle lui dit. Je te pri q[ue] ... que ma sereur benoite viegne avecques moy. et elle dit non fera mais tel vendra avec toy & celle le denonca a son abbesse. Et au tiers jour elle fut morte avec lui. ¶ En ce mesmes livre dit gregoire q[ue] si comme ung prestre de grant sainctete fut venu jusques au terme de sa fin il commenca a crier a grant leesce. bien soiez vous venus messeigneurs. bien soiez vous venus. quant vous daignez estre venuz a si petit vostre sergent. Je vois je vois. je vous rens graces. Et quant ceulx qui la estoient demanderent qui ceulx estoient a qui il disoit il respondi en soy merveillant & dit. mais ne veez vous pas ici venir les sains apostres. pierre et pol. Et si comme il crioit derechief. la saincte ame lui departi de la char. ¶ Aucuns font doubte savoir mon se pierre & pol souffrirent mort en ung mesmes jour. Et dient aucuns que ce fut a ung mesmes jour lan revenu. Mais jerome & tous les sains qui traictent de ceste matiere saccordent que ce fut en ung mesmes an. et en ung jour. si comme il est contenu en une epistre de saint denis. Et si comme leon dit en ung sermon ouquel il dit ainsi. Nous ne cuidons mie que ce soit fait sans cause que en ung jour et en ung lieu ilz aient souffert la sentence dun tirant. ilz souffrirent mort en ung jour sique ilz venissent ensemble a ihucrist en ung lieu q[ue] lun et lautre ne deffaulsist a romme soubz ung persecuteur. sique egal cruaulte estraingsist lun & lautre. le jour fut pour leurs merites. le lieu fut pour leur gloire & le persecuteur fut vaincu par vertu et ce dit leon. ¶ Mais ja soit ce que en ung jour et en une heure ilz souffrissent mort. toutesvoies ce ne fut pas en ung lieu mais en divers. Et ce que dit leon que ce fut en ung lieu il dit pource que tous deux furent mors a romme. Et de ce dit ung versifieur en ses vers

Ense coronatus paulus. cruce petrus. eodem sub duce. luce loco dux nero. roma locus. C'est a dire pol fut couronne d'une espee. pierre eust la croix renversee Neron fut duc si comme le nomme. le lieu fut la cite de romme

Et ja soit ce quilz feussent mors en ung iour. sy ordonna saint gregoire pour cellui iour quant a l'office fut faicte plus especialment la solempnite de pierre et le iour ensuivant la remembrance de saint pol. tant pource que en cellui iour l'eglise fut dediee de saint pierre. tant pource que il estoit greigneur en dignite. tant pource quil fut le premier en conversion. et tint la primace de romme

Pol. vault autant a dire comme bouche de buisine ou bouche de ceulx ou esleu merveilleux ou miracle de election. Ou pol est dit de pausa. qui est a dire repos. Ou pol est dit petit en latin. Et par ce sont entendues .vj. prerogatives quil eust sur ces autres apostres. La premiere est la langue fructueuse. car il raempli de l'euvangille de iherusalem iusques en illirico. Et pource est il dit bouche de buisine. La seconde fut charite vertueuse. car il dit aucuns sont enfermes mais je ne suis point enferme. Et pource est il dit bouche diceulx. La tierce est conversion merveilleuse. et pource fut il dit esleu merveilleux. et il fut esleu et converty merveilleusement. La quarte est la main ouvrie et pource est il dit miracle de election. Car ce fut grant mira de quant il essleut quevre ses despens a ses propres mains. et preschier sans cesser. La quinte fut contemplation delicieuse et il fut ravy jusques au tiers ciel. Et pource fut il dit repos. La vi^e fut humilite vertueuse. Et pour son humilite fut il dit petit.

¶ Et .iii. oppinions sont de ce nom pol. Origenes dit que il fut tousiours de .ii. nomes. et q il fut appelle pol et saul. Et rabanus si veult que il fut avant appelle saul que pol de saul le roy orgueilleux. mais apres sa conversion il fut dit petit du petit et humble esperit q il avoit. Et en exposant son nom dison il. Je suys le tres petit des apostres. Et bede si veult que il fut dit pol de sergie pol ung consulle que il convertit a la foy et lin pape escript sa passion de saint pol

Pol apostre apres sa conversion souffrit moult de persecutions. lesquelles le benoit hylaire racompte briefment disant. pol apostre fut batu des verges de phylippe. il fut mis en chartre et ses piez fichez en ung fust. il fut lapide en listre. il fut persecute des felons en yconique et en thessalonique. il fut livre en ephesum aux bestes sauvages. ¶ En damas il fut gette hors par dessus les murs. En iherlm il fut arreste et lie et batu et espie a occire. En cesaree il fut enclos et diffame. Il vint a nager en ytalie ou il fut en peril. et de la vint a rome et fut iugie soubz neron et la fut finy. Et de ce dit hylaire. ¶ Il print a estre apostre entre les gens. En listre avoit ung contrait que il redreca et fist resusciter ung iouvencel mort. qui estoit cheut dune haulte fenestre. et fist moult dautres miracles. En lisle de milite ung serpent lassaillir et le print en sa main. mais il ne luy meffeist point. et il le bouta ou feu. ¶ Et len dit q tous ceulx de la lignee de cel homme qui receust pol en son hostel ne peuent estre bleciez de beste venimeuse. Et quant les enfans qui en yssent sont nez. les parens diceulx mettent serpe en leurs berceulx pour esprouver se ilz sont leurs filz. ¶ Il est demonstre aucunesfois q il fut moindre de pierre et aucunesfois greigneur. et aucunesfois egal. mais a la verite il fut moindre en dignite greigneur en predication. pareil en saincteté. ¶ Aymon racompte que des le chant du coq iusques a la quinte heure pol labouroit des mains et apres il estendoit a preschier. si que plusieurs fois il tenoit son sermon iusques a la nuyt. et le demourant du temps il estoit assez necessaire a menger a dormir et a orer. Et il vint a rome en ce temps q neron nestoit pas encores confermé en lempire. Et toutesfois oy neron que question estoit meue entre pol et les

Juifz de la loy des Juifz et de la
foy des crestiens. Et il ne lui en
chaloit plus moult. Et aussi pol
aloit seurement la ou il vouloit
et preschoit franchement par tout
Jeroisme ou livre des nobles
hommes dit. que .xxv. ans apres
la passion. ce fut lan second de
neron. pol fut mis en liens et en-
voie a romme et par .ij. ans en fran-
che garde. il disputa contre les
Juifz. Et apres il fut laissie aller
de neron et prescha leuvangille
es parties doccident. Et au .xiiij[e].
an de neron au iour que pierre
fut crucifie il eust trenchie le
chief. et la sagesse et la religion
de luy estoit publiee par tout
et estoit merveilleux a tous et
fist moult damis de ceulx de la
maison cesar. et les convertit a
la foy ihucrist. Et aucuns escrip-
tures dicellui furent leuz devant ce-
sar et furent merveilleusement
loez de tous. Et le senat mesmes
tenoit moult de ses auctoritez
Si advint ung iour que pol pres-
choit en ung solier. et ung iouven-
cel bouteillier de cesar et forment
ame de luy pour la multitude
des gens et pour oyr pol plus prouf-
fitablement si monta et donne-
rel sur une fenestre. et dont com-
menca a sommeillier ung peu
et cheyr a terre et mourut. Et quant
neron lor il fut moult dolant
de sa mort. Et tantost il mist
ung autre en son office. et dont
pol congneust ceste chose en es-
perit. et dit a ceulx qui la estoient
que ilz allassez la et que ilz luy
apportassent patricle amy de
cesar qui estoit mort. Et quant
il fut mort apporte pol le resusci-
ta et lenvoia a cesar avec ses com-
paignons. Et si comme neron se
complaignoit de la mort de luy
veez patricle qui venoit et estoit
ia devant la porte. Et dont quant
il oy que patricle estoit vif que il
cuidoit ung peu avant estre mort
si se doubta forment et le refusa
entrer a luy. mais a la parfin par
ladmonestement de ses amis il
luy laissa entrer. Auquel neron
dit. patricle vis tu. et il lui dit
vrayement je vif. et neron lui dit
qui te fait vivre. nostre seigneur
ihucrist roy de tous les siecles.
Et dont neron fut courroucie
et dit. dont regnera il es siecles
et destruira tous les regnes du
monde. Auquel patricle dit. ce-
sar cest voir. Et dont neron luy
donna une buffe. disant chevau-
che dorques avecques luy. Et
il dit certes je y chevaucheré. car
il ma resuscite de mort. Et dont
.v. ministres de lempereur qui
estoient a luy distrent. empereur
pourquoy fiers tu le iouvencel
sage et bien respondant. car
vrayement nous aussi chevau-
cherons avecques cellui roy non vaincu.
Et quant neron oy ce il les fist
mettre en chartre pour fort les
tourmenter ceulx quil avoit
moult amez. Et dont fist querre
tous les crestiens. et sans autre
demande leur faire il les fist
punir par tresgriefz tourmens.
Et dont entre ces autres pol fut
amene lie devant neron. Auquel
neron dit O homme sergent du

grant roy. qui mes amene ici pour quoy me soustrais tu mes chevaliers et les acquiers avec toy. Et pol luy dit. Je ne les acquiers pas seulement de ton anglet mais de toutes les parties du monde. ausquelz nostre roy pourdonnera les dons qui ja ne deffauldront. et qui mettent hors toute deffaulte. et se tu veulx estre subget a luy tu seras sauf car il est de si grant puissance quil vendra juger tout le monde et destruira la figure de ce monde par feu. Et quant neron oy ce. Il fut si embrasé de yre. et pource quil avoit dit que la figure de ce monde seroit destruite par feu. il commanda tous les chevaliers estre ars en feu Et commanda que pol eust le chief coppé comme coulpable de sa majeste. Et dont si grant compaignie de crestiens fut occise. que le peuple de romme ropi le palais a force. et sefforcerent de esmouvoir contens contre neron. quant les bons crestiens commencerent a crier. et les souvrains hommes. avec cesar oste ta maniere. attrempe ton commandement. ce sont noz gens que tu destruis. ilz deffendent lempire de romme. Et dont lempereur doubta et mua son ordonnance et commanda que nul ne touchast nul crestien devant quil en avroit plus pleinement ordonné. pour laquelle chose pol fut arriere amené et presente a neron. Et quant neron le veist il escria forment. ostez

moy ce malefice. decolez ce mauvais. ne laissiez plus vivre ce traicteur. ostez de dessus terre le decevueur des pensees le mue et lestraingeur des sens. Auquel pol dit neron. Je souffreray mort en brief temps. mais je vivray pardurablement en nostre seigneur ihesucrist. Et dont dit neron. ostez luy le chief. si que je entende que je suy plus fort que son roy qui la ra vaincu. Et dont verrons sil pourra tousjours vivre. Auquel pol dit. pource que tu saiches que apres la mort je vivray pardurablement quant le chief me aura este coppé. Je me apparoistray a toy tout vif. et dont pourras tu congnoistre que nostre seigneur est seigneur de vie. et non pas de mort. Et ces choses dictes. il fut mené au lieu de son tourment. Et si comme len le menoit .iij. chevaliers luy distrent qui le menoient. di nous pol qui est cestuy vostre roy que vous amez tant. que vous amez plus chier mourir pour luy que vivre. quel guerredon en aurez vous. Et dont pol leur prescha du regne de dieu et de la peine de feu en celle maniere quil les convertit a la foy. Et dont luy prierent quil sen alast tout quitte la ou il vouldroit. Et il leur dit. Ja ne soit ce freres que je fuie je ne suis pas fuitif. mais bon et loyal chevalier ihesucrist. Car je scay bien que par ceste vie transitoire je trespasseray a la vie pardurable Et tantost que je seray decolé. les bons crestiens

prendront mon corps en cel lieu
ou ilz le mettront et venez la de
main au matin. et vous trouue
rez delez mon sepulchre .ii. hom
mes. cest assauoir tytus et lucas
qui oreront et leur dictes la cau
se pourquoy ie vous enuoie a
eulx et vous baptizeront et vo'
feront hoirs du regne des cieulx
Et si comme ilz parloient ensemble
neron enuoia deux siens cheua
liers pour veoir sil estoit encores
ocis. Et si comme pol les vou
loit conuertir. ilz luy distrent quant
tu seras mort et resuscite dont
croirons nous ce que tu dis. Vien
ten tost et recoy ce que tu as gai
gnie. Et si comme len le me
noit au lieu de sa passion il en
contra a la porte hostiense vne
dame sa disciple. qui auoit nom
plautille. et selon saint denis el
le auoit nom lemobie. et par
aduenture eust elle deux noms
qui ploroit et se recommandoit
a ses oroisons. Et pol luy dist
va ten en paix plautille fille de
salu pardurable prestez moy
le voile de quoy tu bandes ton
chief. et ie men benderay les yeulx
et puis le te rendray apres. Et
quant elle luy eust baille les
bouchiers la mocquoient disans
pourquoy bailles tu si precieux
drap a ce mauuais enchanteur
pour le perdre. Et quant il vint
au lieu de sa passion il se tour
na vers orient. et les mains te
dues au ciel ora tres longuement
et rendy graces a dieu en sa la
gue du pays. a fermes. Et dont
commanda les freres a dieu

et se lia les yeulx du voille plau
tille. et mist les genoulx a ter
re et estendy le col et ainsy fut
decole. Et tantost comme
la teste fut saillie du col. elle co
menca a nommer en hebrieu a
clere voix ihesucrist. qui luy auoit
este tant doulx en sa vie et la
uoit nomme si souuent. Et
dit len que il lauoit nomme ihesucrist
en ses epistres par .v^c. fois.
Et de la plaie il yssy vne onde
de lait qui saully sur le vestem
dun cheualier. et puis couru
le sang apres. grant lumiere
resplendy en lair. et tres soueue
odeur yssy de son corps. De
nis en son epistre a tymothee
dit ainsy de pol. en celle heure
plaine de tristesse tres doulx
frere et amy que le bouchier dit
appareille le col. le benoit apo
stre regarda ou ciel garnissant
son front et sa poictrine du si
gne de la croix. et dit. Sire ihe
sucrist en tes mains commande
je mon esperit. Et dont sans tri
stesse et sans contrainte il tendi
le col et receust couronne de
martire. Et quant le bouchier
ferir et couppa le chief de pol. le
tres benoit homme prist le voil
le et plia au coup et recueilly
le sang et le lia et enueloppa
dedens et le rendy a celle fem
me. Et quant les bouchiers
furent retournez. plautille dit
au bouchier ou as tu laisse mon
maistre pol. Et lun des cheua
liers luy dit. il se gist la dehors
la cite auec vng compaignon
et sa face est couuerte de son

voille. Et elle respondit et dit
vray que pierre et pol entroiet
maintenant en la cite vestus
de tresnobles vestemens ⁊ avoiet
couronnes en leurs chiefz plus
resplendissans que soleil et ma
apporte mon voille tout touillie
de sang pour laquelle chose plu
sieurs crurent en nostre seigneur
⁊ furent crestiens. et ce dit et
denis. ¶ Et quant neron ot ce
qui estoit advenu il doubta for
ment ⁊ commenca a parler de tou
tes ces choses avec les philozo
phes et avec ses amis. Et ainsi
ilz parloient ensemble de ceste
chose pol vint les portes closes
⁊ s'esta devant cesar et dit. Ce
sar veez pol chevalier du roy p
durable et non vaincu. Or ces
croy que ie ne suis pas mort
mais vif. mais toy chetif mo
ras de male mort pource que tu
occis a tort les sains de dieu.
Et quant il eust ce dit il se des
apparut. Et de la grant paour
que neron eust il fut aussi co
me hors du sens ⁊ ne savoit
que faire. Et dont par le conseil
de ses amis il deslia patrocle
et barnabe avec les autres ⁊
les laissa aller la ou ilz voul
drent. et les autres chevaliers
longins et acestus vindrent au
matin au sepulchre pol ⁊ la
virent .ii. hommes orans. c'es
toit lucas et titus et ou mi
lieu pol estoit. Et quant tit'
⁊ lucas les virent ilz furent
forment espoventez et comme
cerent a fuir et pol se desap
parut et ilz crioient les chevaliers apres eulx. nous ne vous
suivons pas pource que vo' cui
dez. mais voulons estre bapti
zez de vous si comme pol no'
dit. lequel nous avons mainte
nant veu avecques vous orant.
Et quant ilz oyrent ce ilz reto
nerent ⁊ les baptizerent a grant
ioie. ¶ Le chief de pol avoit
este gette en une valee. et pour
la multitude des autres chiefz
qui avoient este gettez et occis
la il ne povoit estre trouve. len
list en celle mesmes epistre de
saint denis. que une fois que
celle fosse fut nectoiee ⁊ le chief
en fut gette hors avecques les
autres choses que len ostoit.
mais ung pastour le leva a
sa verge. ⁊ le ficha delez le toit
a ses ouailles. Et dont vit lui
et son maistre par .iii. nuis co
tinuees tres grant lumiere re
splendir dessus ce chief. Et q'nt
il l'eust dit a levesque et aux
bons crestiens ilz distrent vraie
ment c'est le chief de pol. Et dont
yssir levesque hors avec grant
multitude de peuple des cre
stiens. et en apporterent ce chief
avec eulx. ⁊ le misterent en une
table d'or et s'efforcerent a ioin
dre au corps. ausquelz le patri
arche respondit. nous savons bien
que moult de bons crestiens
sont occis. et que leurs chiefs
sont espartis par quoy ie doub
te ce chief ioindre a pol comme
le sien mais mettons lui a
ses piez et puis prions messire
omnipotent que ce c'est son chief
que le corps se retourne ⁊ il

se ioingnit a son chief. Et si come
il pleust a dieu a tous ilz misrent
ce chief aux piez de pol. Et si come
ilz oroient ilz furent tous esba
his. car le corps se tourna et se
ioingnit au chief en son lieu. Et
ainsi tous beneirent dieu ⁊ con
gneurent vrayement que cestoit
le chief de pol. ¶ Gregoire de
tours racompte que vng hom
me se desespera et appareilla le
laps a soy pendre. ⁊ toutesfois ap
pelloit il le nom de saint pol et
disoit. Saint pol aide moy. Et doi
vint la vng vmbre obscur qui
lamonnesta ⁊ dit. Bon homme
faiz ce que tu fais sans demeure
Et en appareillant le laps il di
soit tousiours saint pol aide moy
Et quant le laps fut appareille
il vint vng autre vmbre aussi
comme dun homme disant a
cellui qui hastoit comme fuy
ten maleureux que pol qui est
appelle vient. Et dont lombre
obscur sesuanouy. ⁊ lomme re
uint a soy et getta le laps ⁊ fist
digne penitance. ¶ Et ou re
gistre de gregoire sont demon
strez moult de miracles des chai
nes de saint pol. Et quant aucuns
demandent vng pou de la lymail
le des chaienes. les prestres
viennent auec la lime. Et quāt
aucun en demande en soy si tost
cōme la lyme y touche il en chet
sans demeure. Et quant il y
vient aucuns autres. len met
la lyme. mais iamais ilz nen
avoient point. Et en celle epistre
de saint denis il pleure la mort
de pol son maistre par debonnai
res paroles disant. qui donra
eaue a noz yeulx ⁊ fontaine de
lermes a noz prunelles si que
nous plorons nuyt et iour. Car
la lumiere de legl(is)e est estainte.
Qui est cil qui ne prendra pleurs
ne gemissemens. ⁊ ne se vestira de
lours vestemens et ne sesbahira
par peu les esbahis veez cy pier
re le fondement des eglises et la
gloire des sains apostres sest de
partie de nous ⁊ nous a delais
sie orphelins. Et pol debonnaire
confortour de gens nous est def
failly ⁊ ne sera plus trouue. le
quel fut pere des peres. docteur
des docteurs. pasteur des pasteurs
Abisme de sapience fretel hault
sonnant predicateur de verite. Je di
pol qui fut tresnoble apostre ⁊
non lasse. Ce fut vng homme
celestiel. vng ange terrestre y
mage ⁊ similitude de diuinite.
et delaissa tous ses espris de
laide fortune ⁊ nous souffreteux
⁊ non dignes a il laisse en ce mō
de despit et mauuais et est alle
a ihucrist son dieu son seigneur
et son amy. Las frere tymothee
amy de mon ame ou est ton pe
re amy de mon maistre dont te
saluera il plus. Veez que tu es
fait orphelin et es remaint seul
la tressaincte main ne te escripra
ia mais en disant a toy treschier
filz. Las a moy frere tymothee q
m est il aduenu de tristesse de te
nebres ⁊ de dommage car doresena
les orphelins les epistres de luy
ne te vendront plus a toy. es quelles
est escript pol petit et tres petit ser
gent de ihucrist il ne seray pl(us)

aux citez disant de toy tecrue:
mon tresame filz. frere parle les
liures des prophetes & signe des-
sus que nous nauons nul hom
me qui les expose. ne qui expose
les paraboles. ne les signifiances
des parolles diuines. Dauid le
prophete ploroit son filz et disoit
las moy pour toy filz. et ie dy
donc las moy pour toy maistre
vrayement las moy. Car desore-
auant cesse & deffault lassemblee
des disciples hemaines a rome q̄
rame toy nulz ne dira ja. mais
alons & voions noz docteurs. et
leur demandons comment il
nous couient gouuerner les
eglises commisees a nous. Et no⁹
exposeront les parolles de nr̄e
seigneur ihucrist et les para
les de dieu & les prophetes ne ne
les exposeront mon frere a ceulx
qui sont priuez de pere espiritu
el de quoy toute lassemblee est
priuee. las a nous freres qui
sommes priuez de maistres es-
pirituelz qui auoient congneu li
lentendement & la science de la
vielle & nouuelle loy et comm
dent en leurs epistres. ou est le
cours de pol & le labour des sai
piez. Ou est la bouche parlant
et la langue conseillant & lespit
bien plaisant a son dieu. Qui
est cil qui ne pleure et dolle. Car
ceulx qui desseruirent gloire &
honneur vers dieu sont mis a
la mort comme malfaicteurs.
Las moy pourre que ie regardoie
en celle heure le saint esprit e
sanglante de son sang. las a
moy mon pere maistre & docte

tu nestoies pas coulpable de tel
mort. Et ou te prai je or querre
gloire des crestiens & louenge
des bons. qui fist taire ta voix
fresle des eglises sainct sonnant
Et qui fist taire le plectre de ton
psalterion de .v. cordes. Tu es e
tre a ton dieu & seigneur q̄ tu
amoies desire et conuoite de tout
ton talent ihrlm & rome sont
malees amitiez ilz sont faictes
egal en mal ihrlm si crucifia
nr̄e seigneur ihucrist. Et rome
si a occis les apostres. Dicellui
ihrlm a seruir a cellui que il
crucifia. rome glorifie en hone
rant ceulx quelle a occis. Et
orendroit mon frere tymothee
ce sont ceulx q̄ tu amoies et de
siroies de tout ton cueur saul
le roy & ionatan et dy je ne furent
oncques separez en leur vie ne
en leur mort. Et aussi ne suis
je pas separe de mon seigne
mon maistre. fors tant comme
les tresmauuais hommes no⁹
ont separez. Et il nestoit pas
seure de ceste separation. Car
lame de luy cognoist tousiours
les ames & sains ce que ilz par
lent a luy. Ceulx qui sont ore
droit eslongnez de luy ce sont
grant douleur den estre sepa
rez ou iour de la resurrection
et ce dit saint denis ¶ Jehan
crisostome dit ou liure des
louenges saint pol & le loue
moult en disant ainsi. Cil na
de riens folie qui a lame de pol
vng personnage noble de ver
tus que langue est trouue souf
fisant es louenges de luy com

me tous les biens qui sont bo
es hommes dune seule ame po
ssiuoit 2 auoit plainement tout
assemble a soy. Et qui plus est
et des anges ne nous recordons
pas pource ceste chose que no9
ne dions bien apres. car cest ainsi
maniere de louenge que quant
habondance de oroison sur mōte
bonte 2 sa grandeur le loue. Et
aussi estre humain nous est plus
glorieuse chose que auoir sou
uent humain. Et dont prendrons
nous plus conuenablement le
commencement de ses louenges fors
de luy premierement. si q̄ no9
demonstrons quil estoit poursu
iuant tout bien. [A]bel offrit
sacrifice. et de ce fut loe. mais se
nous mettons auant le sacri
fice de cestuy il apparoistra gra
gneur. tant comme le ciel est
plus hault de la terre. car il se
sacrifioit chascun iour soy mesmes
2 offroit double sacrifice tant
en cueur comme en corps. que il
mortifioit. Il noffroit pas aul
les ne beufz mais sacrifioit
soy mesmes doublement. Et
encores ne luy souffisoit il
pas. mais sestudioit offrir a
dieu tout le monde. Car il a
uironna aussi comme en vo
lant la terre et la mer de gra
ce 2 toute la region estrange
qui est soubz le ciel 2 faisoit
des hommes anges. Et encores
plus les hommes qui estoi
ent aussi comme diables il
muoit comme anges. Qui est
cellui qui est trouue pareil
a cestui. Abel sacrifia par le
glaiue du saint esperit et loffri
a lautel qui est mis sur le ciel
mais abel fut feru par la traiso
de son frere 2 mourut. Pol fut ocis
de ceulx q̄ il vouloit retraire de
mauuaises euures. Et sen te po
uoit apeine demonstrer ses mors
car il ot autant de mors comme
il vesquit de iours. [N]oe fu ce
lui lest garda en larche luy 2 ses
enfans tant seulement. Et quant
cestui fut en trop plus cruel fleu
ue qui suronndoit par deluge de
luxure des eaues de tout le mo
de qui perissoit et non pas en
faisant arches doinctes par ioi
tures de tables. mais en faisat
epistres pour tables. Ceste ar
che quil fist auirona vng lieu
qui comprist toutes les fins
du monde ne celle ne fut pas
ointe de poix ne de glu. mais
en furent les tables ointes de
la grace du saint esperit. Et
en ce faisant il fist ceulx qui
a bien pou estoient plus folz
que bestes sans raison en sin
ceuls des anges. Et sy vainqui
cel arche. en ce que noe auoit le
corbe dedens larche 2 le mist
hors sans reuenir. Il auoit le
lou 2 si ne peust oncques muer
sa cruaulte. Cestui fist les fau
cons 2 aigles et escoufles deue
nir coulombes et osta toute le
cruaulte 2 mist en eulx la de
bonnairete du saint esperit.
[A]ucuns se merueillent
de abraham. pource que au co
mandement de dieu il laissa
son pais 2 son lignage. Mais
comment peut il estre acompara

ge a cestui qui ne laissa pas tant
seulement son pais ne son lig
gne. mais laissa tout le monde
en soy mesmes. Et en desprisant
toutes choses se prist a ihesucrist
et requeroit une seule chose pour
toutes. cestoit la charite ihesucrist.
et dit je ne vueil les choses pre
sentes ne celles avenir. mais
abraham se mist en peril et osta
le filz de son frere a ses ennemis
et pour osta tout le monde de la
puissance du deable et soustint
perilz grant nombre et acheta
aux autres grant seurete par
ses propres mors. Abraham
voulst sacrifier son filz et pour
sacrifia luy mesmes nul fois.
Et aucuns se merveillent de
la pacience ysaac. pource quil
souffroit estouper les puis
que il faisoit. et pour ne bevoit
pas les puis. mais bevoit les
[...]ces tuez et acravantez de pier
res et ne batoit pas tant seu
lement son corps. mais ceulx
de qui il souffroit peines leschau
doit il porter ou ciel. et tant
plus estoit la fontaine de luy
estouppee de tant plus sour
doient de ruisseaux de luy en es
pendant ses eaues par tout.
Lescripture se merveille
de la debonnairete et de la paci
ence iacob et quelle est celle paci
ence de pour car elle ne fut pas par
vii. ans. mais par lespace de
toute sa vie il fist service pour
lespouse de ihesucrist. il ne fut
pas tant ars du chault du jo
ur du froit de la nuyt mais
souffrir moult tempestes et fut

batu. orendroit lapide et fustre
et feru et falloit estre ces batail
les et traioit hors des mains
du deable et de sa gueulle les
oailles quil avoit mises. Et
ioseph fut ennobly de la vertu
de chastete et ie me doubte jaque
ce ne soit laide chose que de loer
pour de ce quil se cruciffioit luy
mesmes et ne desprisoit pas tant
seulement les beautez des corps
humains. mais de toutes les
choses que il veoit cleres et bel
les tout aussy comme nous des
prisons flammesches et cendres
et estoit sans mouvoir. aussi
comme le mort au mort.
Tous hommes se merveillent
de iob pource quil fut champion
merveilleux. mais pour ne le
fut pas seulement par mois
mais durant plusieurs ans en
sa ligne. tant quil a pprouvast
cler il ne tavoit point a ung
cest la pourreture de sa char
mais couvoit souvent contre
la bouche du leon ententivement
et se combatoit contre les temp
tacions et les iniures et contre
les compaignies ou il estoit
plus dur que pierre et ne sou
stenoit pas lemme de .iii. ou de
quatre ans mais de tous
lonuz crestiens et des repro
ches de ses freres soustenoit il
et estoit tenue et maudit de tous
Job si estoit grant hospitalite
et cure des povres. mais ce quil
desprendoit si estoit a soustenir
lordure de la char. Et cestui la
faisoit aux courages malades
et sa maison estoit ouverte a

tous vivans. et son ame estoit ap
pareillee pour tout le monde.
Job si avoit beufz et ouailles sans
nombre. et estoit liberal aux po
vres. et cestuy ne possidoit riens
que son corps. Et de ce administroit
il souffisamment aux besoingneux.
Et si comme il dit en aucun au
tre lieu. Ces mains ont admini
stroient a mes necessitez et a
ceulx qui avecques moy estoi
ent. et vers et pourreture faisoit
doulour es plaies de Job. mais
se tu consideres les batures de pol
la faim les chaines chartres et
perilz que il souffroit de privez
et destranges. tant pour les cal
ses comme pour les esclandres
des autres tu verras que il estoit
plus dur que nulle pierre son
ame surmontoit toute durte de
fer et dyamant. et ce que cestuy
soustint en corps. pol soustint
en pensee. Tristesse est plus mes
faisant que nul ver. degastoit
pol. Et doulces fontaines de
lermes yssoient de pol. et non pas
seulement par jours mais par
nuyt. Et il estoit plus tourmen
te que de plaies en chascun homme
pour laquelle chose il disoit.
mes filz que iay enfantez dere
chief. Moisee. sy voult estre
effacie du livre de vie pour le
salu des Juifs. et soffrir a perir
avecques les autres. mais pol
ne voult pas perir avecques les
perissans. mais pource que les
autres feussent sauvez ne vouli
il pas cheoir de gloire pardura
ble. Et moyses se combatoit a
pharaon. et pol au dyable. et
lun se combatoit pour une gent
et cestuy se combatoit pour tout
le monde. et non pas par sueur
mais par sang. Jehan men
goit locustes et miel sauvage
mais pol se tournoit tout aus
si ou milieu du monde comme
iehan faisoit ou desert mais il
ne mengoit pas locustes ne mi
el. mais estoit souffert de plus
vil vivre et de necessite. Il lais
soit aucunesfois la viande de
fourment pour lestude de prescher.
Jehan vrayement sapparut a
grant fermete devant herodie
ne. Cestui ne corriga pas ung
ne deux ne iii. mais en corriga
sans nombre qui estoient tres
grans et en tres grandes puissa
ces et trop plus cruelx tirans
que herodes. Dont appar
tient il que nous acomparagez
pol aux anges desquelz nous
preschons moult grant chose
car ilz obeissent a dieu de toute
leur cure. desquelz david se mer
veille et dit. Ilz sont poissans en
vertu et font le commandement
de cellui. Et pource que le pro
phete se merveilla des anges
dit il. cil qui fait ses anges es
peris et ses ministres feu ardant
mais tout ce povons nous bien
trouver en pol que tout aussi
comme feu et esperit couroit par
tout le monde. et en courant
se combatoit et si not pas le
ciel ceste chose merveilleuse du
tout en tout. que tel homme se
tournoit en terre qui estoit en
corps environne de char mortel.
Comment sommes nous dignes

de grant condempnation quant
en vng seul homme tous biens
sont assemblez. Et nous ne nous
estudions pas en suivir la plus
petite partie. ne il neust oncques mon
de autre chose ne autre nature
ne il neust aine dessemblee ne
il nabita en autre monde quen
cestuy. mais en cestuy mesmes
monde fut nourry et soubz ces
mesmes loix. et ces mesmes
meurs il surmonta tous les ho
mes qui sont ou ont este par
le courage de nature. ne ceste
chose nest pas merveilleuse en
luy tant seulement. car pour
labondance de la devotion quil
avoit en luy. il ne sentit pas en
une maniere les doulceurs quil
avoit pour vertu. mais recom
pensoit en luy celle vertu pour
son encrecion Et nous ne le
faisons pas pour celle vertu
ne ne proposons pas que ce soit
pour le loyer de ma bataille
laquelle il emprenoit mesme
ment sans encrecion. Et tou
tes les choses que devoit contre
lasprete de soy en perfection celle
vertu il souffroit a toute debon
nairete. mais chascun jour il se
combatoit plus ardamment
et plus haultement et par nou
velle joieusete aux peris que
len luy entendoit a faire. Et
quant il vit que sa mort appro
choit il appelloit les autres a
la communaute et au delit de sa
joie disant. faictes joie et vous
esjoissez avec moy Et certai
nement il se hastoit plus dal
ler a la confusion et aux injures
que il soustenoit pour grace de
present. que il ne faisoit a une
grant feste plaine de joie. Il
convoitoit plus le desir de mort
que de vie et de povrete que de ri
chesse. Et si convoitoit plus le
travail que aucuns ne faisoi
ent le repos. Et apres le repos il
eslisoit plus le pleur que il ne
faisoit le delit. il avoit plus bon
lentiers et plus curieusement
contre ses ennemis. que les au
tres contre leurs amis. et doub
toit forment une seulle chose
et ce nestoit pas merveille. ces
toit le courroux de Dieu. ne nul
desir dautre chose il navoit
fors de plaire a dieu. ie ne di
pas que tousjours il ne desiroit
il ne desiroit nulles des choses
presentes tant seulement. ne
ne feroit il de celles advenir
Et ne me dictes pas quil convoi
tast lonces citez chasteaux royau
mes provinces puissances. tou
tes ces choses il reputoit autai
comme fil darraignee. mais se
tu me disoies des choses qui
sont promises ou ciel dont dev
roies tu lamour de cestuy en
Jhesucrist. Car certes pour lamo
de luy il ne convoita oncques
dignitez ne danges ne darchan
ges ne de choses semblables. Et ce
que greigneur chose est Il reson
de lamour de Jhesucrist. et avec
ceste amour il cuidoit bien es
tre beneure de tous. Et sans ce
il ne convoitoit estre compai
gnon de dominacion de princes
ne dangre ne darchange. mais
convoitoit plus avecques celle

amour estre derrenier ou du no
bre des punis que sans luy est
entre les souverains et les haul
tes honneurs. et ce estoit a luy
tresgrant et singulier tourment
que de partir de ceste charite. car
a departir de celluy estoit enfer.
ceste seule chose luy estoit peine
ce luy estoit souffrir tourmens
sans fin. Et aussi comme user de
la charite ihesucrist. ce luy estoit
vie ce luy estoit monde et regne
ce luy estoit promesse. et ces biens
luy estoient sans nombre. Il des
prisoit toutes les choses que nous
doubtons comme len seult des
priser ung pou derbe pourrie
les tyrans et les peuples plains
de forsenerie il nestimoit aus
si comme pucces. il tenoit la
mort et mil tourmens aussi com
ieu denfans quant il les sou
stenoit pour ihesucrist. Il estoit
plus ennobli lie dune chaiene
que couronne dune couronne
Et quant il estoit constraint
en une chartre il habitoit ou ciel
et recevoit plus voulentiers pla
ies et bateures que les autres
victoires. et si namoit pas moins
douleurs que loyers. Et tenoit
les douleurs en lieu de guerre
dons. et les angoisses quil souf
froit il les nommoit graces. Et
ces choses qui nous sont cause
de tristesse luy faisoient grant
delict. Il estoit embrase de tres
grant pleur. pour quoy il di
soit qui est esclandre. et ie ne
suis pas ars. Et se aucun dit
aucun delict est en pleur mols
de gent sont qui sont navrez

de la mort de leurs filz. et y pre
nent aucun confort quant on
les laisse plorer et se dueillent
plus quant ilz sont destournez
de dueil faire. Et aussi pol pre
noit nuyt et iour confort de lermes
car nul ne pourroit tant plorer
ses propres maulx. comme pol
ploroit les estranges car tout
aussi cuidisses tu quil fut tor
mente comme sil plorast luy estre
perdu pour les pechiez. lequel
convoitoit estre forclos de la glo
re des cieulx. si que les autres
feussent sauvez. Car il ne cui
doit pas plus mols aigrement
receus non estre sauvez que il
mesmes estre pery. et a laquelle
des choses pourra il donc estre
acompaingnie. a quel fer a quel
aymant. et qui appareilleroit cel
le ame doree. ou qui plus est
daymant car elle estoit plus
forte de tout aymant et plus
precieuse dor et de toutes iames
et de toutes autres matieres.
surmontoit elles les forces par
fermete et par preciosete Et a
laquelle dont de ces choses pour
ra ceste ame estre acompaingnee
lesquelles sont du tout nulles
car se par adventure sommeil de
lor estoit donnee a laymant
ou de laymant a lor dont pour
roit en aucune maniere conve
nir la comparaison a lame di
celluy pol. mais pour quoy a
mene ie or et aymant a la com
paraison de pol. Car se tu met
toyes contre pol le monde et tout
si serras tu adonc le fais de len
mment iondre a la partie de

pol. Et dont disons nous q̃ pol est plus digne de monde et de toutes les choses qui y sont. Et dont se le monde nest plus di gne de luy mais par aducture le ciel. mais ceste chose est plus bas : se ce nest pas tant seule ment le ciel mais les choses q̃ sont ou ciel. si a mis arriere ma niere devant charite. Cõment ne disons no' mieulx ce qui est tant plus delonnaux de pol co me bonte surmõte malice. Cest messeigneur qui se demonstre plus estre es cieulx digne que autre sans nombre messeigne ne nous ayme pas tant cõme il est ame de no'. mais no' ay me plus habondamment tant comme parolle pourroit racon ter. Messeigneur certes ra ur cestuy es cieulx et le leua iusques au tiers ciel et ce ne fut pas sans desserte. Et se pol alat par terre se portoit ainsi en tou tes choses comme se il vsast de la compaignie des anges. Car quant il estoit encore en corps au monde si ioyssoit il de la perfection diuine. Et il qui es toit subiect a tant de fragili tez. qui nestoit plus bas en nul le chose estimoit appartoir es sou ueraines vertuz. Car tout ainsi come sil eust pennes il vola en seignant par tout le monde ? despit tous trauaulx et tous pe rilz aussi cõme sil fut non cor porel. Et tout aussi comme sil pousest ia le ciel il despisoit toutes les choses terriẽnes. Et aussi cõme se il fut ia auec les

choses non corporelz. Il veilloit par entention de bonne pensee Et certes souuent la cure de di uerses gens est cõmise aux an ges mais nul deulx na gouuer ne ainsi le peuple qui luy estoit cõmis comme pol gouuerna tout le mõde. Et tout aussi cõe vng tresamiable pere est tour mẽte pour son filz frenetiq̃ du quel tant comme il est pl' tour mẽte ? tant a il grigneur pitie et pleure. aussi pol adiousstoit gri gneur cõfort a ceulx de qui il estoit tourmẽte et en auoit pi tie. il ploroit forment pour ceulx qui le batoient cinq fois ? qui couuoitoient son sang et en a uoit grant dueil ? oroit po' eulx il estoit souuent triste et cour rouce quant il les veoit perir Et tout aussi comme le fer qui est mis ou feu deuient tout feu tout aussi pol embrase de cha rite est fait tout charite. Et tout aussi comme sil fut cõmun pere de tout le monde amoit il les hommes ? surmontoit tous en amour deshonnestes. il suiuoit les peres et tous les autres peres charnelz et esperituelz et par curieusete et par pitie. Et si cou uoitoit tous les hommes ren dre a dieu aussi comme sil eust tout le monde ẽgendre. ainsi se hastoit il les mener tous ou regne dieu. Et mettoit corps ? ame pour ceulx que il amoit Cestuy homme qui estoit non noble ? hantoit lart de faire les peaulx. si vint en si grant vertu que a peine par lespace

de .xxx. ans il fist tant que il at
tenist soubz lestat de verite. les
romains les persans les perses
les medes les partes les ethiopiens
les sauromates et les sarrazins
et qui plus est toutes manieres
de gens Et tout aussi comme le
feu boute ou fain ou es estoubles
degaste tout aussi degasta il
toutes les euvres du diable.
Car quant pol raisonnoit de
sa langue qui estoit plus luis
ne que feu. tout aussi comme
coient a soy departir toutes cho
ses et finoient les cultivemens
des diables. les menaces des
tirans et les agaitz de leurs p
vez. Et plus. car tout aussi co
me le soleil gette ses raiz les
tenebres fuient et ribaulx et
larrons se vont mucer es fos
ses et homicides et robeurs fuient
a leurs retraits et que toutes cho
ses sont faictes luisans et clers
pour les rais qui luisent dessus.
Tout aussi la ou pol semoit le
vangille estoit chacee erreur
et verite demouroit. et adoul
tere et toutes autres ordures def
failloient et estoient degastees
et par la vapeur de ce feu les pal
les perissoient et la clere flam
me de verite se esdrecoit en resplendis
sant jusques au ciel par haul
tesse et estoit mesmement sousle
vee par ceulx qui se efforcoient
de luy aggravanter. ne perilz
ne assaulx ne povoient empes
cher le progres dicelluy Et vrai
ment la condition derreur est
telle. que si tost comme elle a
aucun contraire elle envieillist

et declinet. et lestat de verite est
au contraire. qui tant plus la
reprendra lors et delitra et elle
resleuera et croistra. Et pource
que dieu a ainsi ennobli nostre
lignage. estudions nous estre
semblees a luy et ne cuidez pas
que ce soit impossible car il eust
tel corps comme nous avons et
telle ame et telle viande vng mes
mes forma luy et toy. Vestu con
gnoistre les dons de dieu en pol
Les vestemens estoient pro aux
diables. et estoient plus a mer
veiller que pol. il ne povoit estre
repris que il entrast en perilz de
prison. Il amoit ceste presente
vie pour le gaing denseigner
les gens. et si la desprisoit moult
pour la philozophie laquelle
lavoit porte a despriser le monde
Et quant vous verrez pol fuir
le monde et les perilz ne vous en
merveilliez pas plus que quant
vous le verrez choisir a soy mettre
es perilz. Car lune chose est de
force et lautre de sagesse. et quant
tu le verras dire de toy louenge
merveille toy aussi comme se
tu loes de toy mesmes. Et
aussi comme lune est chose de hu
milite. aussi est lautre de grant
volente. car il desservoit moult
mieulx estre loe en parlant de
soy que en taisant car sil neust
fait ceste chose fut plus coulpa
ble a ceulx qui ont acoustume
a soy loer desconvenable. Car
sil neust este glorifie. il eust p
du tous ceulx qui luy estoient
commis. car quant il se fut hu
milie. il les eust essauciez. et il

leur pleust plus en soy glorifiast
que ung autre en muant ses p
pres paroles. ne aucun ne proffi
ta oncques tant en celant ses me
rites comme cestuy quant il les de
monstroit. Car cest grant mal
de dire aucune grant chose de soy
et merveilleuse. Et si est parfec
te forsenerie que quant nulle ne
cessite de chose nest que lon sou
estre honnoree par force de nec
cessite de ses propres louenges.
Ce nest pas demonstrance de
parler selon dieu. mais est plus
de forsenerie. car il pert tout
le guerredon que il a acquis par
ses labours. mais dire tant seul
lement les choses qui sont nec
cessaires de la cause presente
et est le fruit de laimant. et les
remedes de monst de choses du
pourpensant. tout aussi comme
pol fit qui que il fut pris du
faulx prophete il fut contrain t
de aller a ses louenges. mesme
ment celles qui demonstroient
sa dignite. et en cela plusieurs
et les greigneurs et du je vien
dray aux visions et aux revela
tions de nostreseigneur. et le es
pargne a dire. etc. Et pol par
soit ainsi souvent a necessite ce
fist oncques aucun prophete ou a
postre ou il en estoit fait plus
humble. ¶ Cy est il demo
stre que pol fu. car cellui vivant
en telle nature peut en une ma
niere sus nature. car se il doub
ta la mort si ne la refusa il
point. Car avoir nature non
subiecte aux enfermetez. mais
servir aux enfermetez est pechie

si que cellui est merveilleux
par deffaute qui la foiblesse de
nature surmonte par vertu de
volente [illegible] Et se pol separa iehan
qui estoit dit marc de sa compa
gnie il le fist droictement pour
loffice de sa predication. Car se
aucun recoit tel office il ne con
vient point quil soit mol ou lei
mais fort et vigoureux en toutes
choses ne il ne doit en nulle ma
niere avoir nulle tache des cho
ses de belle femme sil nest ainsi
appareille mettre son ame a
mort et a destruction. car cil qui
nest de tel courage pert moult
dautres par son exemple. Car
ce seroit greigneur proffit que
il se reposast et entendist a soy
tant seulement. car cil qui a re
ceu loffice de prescher doit avoir
son ame ordonnee et appareillee
aux meschiefs a la mort sans
doubter. ne ce nest pas estrif
du tout semble a cellui du sie
cle. Car pour ung le est promis
pour guerredon et pour lautre
estre pour tourment. Et aucune
maison fut faicte entre pol et
marc. ne cuide pas que ce fut pe
chie car ce nest pas mal que
de estre esmeu se ce nest desrai
sonnablement et sans aucun iu
ste besoing. mais celle volente
nous mise en nous le dieu pro
veu pource que il esleuast et
eveillast les ames dormans
et endurcies en leurs sottes et
en leurs paresses. Et ainsi aus
si comme ung aucune aguise
de pre ou milieu de nre presse
pour en user quant il convendra

Car debonnairete nest pas tous
iours bonne. fors quant le temps
le requiert Et quant il nen est
temps elle est corrompable. ain
sy vsa pol car le courrage de luy
estoit aucuneffois meilleur ne
a ceulx qui parloient de latin
premeint. Et ceste chose estoit mi
neilleuse en luy que aucunes
batemens ⁊ plaies il estoit plus
resplendissant que il ne fut avec
une couronne aornee de pierres
⁊ vestu dun pourpre. Et quant
il fut mene hors parmy la grat
men. il se resiouissoit tout aussy co
me le lyon se menast a veoir ung
grant empire. Et quant il fut
entre en romme. il ne luy souffist
pas a estre la mais sen courut
en espaigne ne il ne passa onc
ques ung seul iour oyseux ne
a repos. mais estoit plus ardant
que feu en ardeur de prescher. ne
il ne doubta les perilz ne il not
honte des despis. Et estoit encores
greigneur merueille car il es
toit preux ⁊ hardis et aussy ex
tousiours secourre a bataille
et gettant aussy comme ung
feu de bataille. et derechief il se
demonstroit paisible et amiable
Car ilz commanderent a cellui
forsenant ⁊ eschauffe quil alast
en tarse et il ne les reffusa pas
ilz luy distrent quil conuenoit
quil fut mis hors par dessus le
mur et il le souffry. et il se fai
soit pource que il fut plus lon
guement en predication. et que
il alast de ca a lhumeust aucunes
monst de creans. Il doubtoit
pour certain q par aduenture
il ne partist de ce pour ⁊ besoigne
du salu de monst dautres. Et ains
sy comme ceulx qui se combatent
soubz ung seigneur ⁊ ilz voient
leur maistre naure et le sang
courre ⁊ ne sen part pas pourtan
de ses ennemis mais se tient for
ment brandissant sa lance et
ferant grans coups contre ses
aduersaires. et nespargne pas
du tout a sa douleur de tant or
ilz greigneur ioie ⁊ sen prisent
mieulx Et ceste chose fut faicte
de pol. car quant ses disciples
le veoient lye de chaenes et ne
autmoins preschoit il en la char
tre. ilz le veoient naure ⁊ toutef
fois senbatoit il de parolles et
les reprenoit dont pour certain
recueilloient ilz greigneur fia
ce et en signifiant ceste chose
dit il aucuns de noz freres voy
ans ⁊ considerans nous parler
habondamment sans paour la
parolle de dieu en la chartre lye
dont prenoient ilz en eulx plus
certaine doureusete et en estoient
plus hastiuement portez contre
leurs aduersaires tout aussy
comme le feu qui comprent en
diverses manieres et en plu
sieurs busches croist plus ⁊ est
plus chault. tout ainsy la lan
gue de pol a quelconques cho
se que elle fut esmeue elle se
transportoit tantost a icelles.
Et ceulx qui le reprenoient luy
estoient faiz pasture espirituel
a son feu. car la flambe de leu
uangille les acroissoit plus. et
ce dit crisostome

Des sept freres

Les sept freres furent
filz de la benoite fe
licite. Et les noms
deulz furent. Januier
phelippe. Siluain alixandre vi
tales et marcial. ceulx et tous avec
leur mere furent appellez par
le commandement de lempereur
anthoine devant publien prevost
et conseilla a la mere que elle eust
pitie de lui et de ses filz laquelle
dit ne par tes blandices tu ne
matrairas ne par tes menaces
ne me froisseras. Je sui seure
du saint esperit que iay que je
vaincre te surmonteray et si te vain
cray mieulx occise. et dont se tour
na a leur filz et leur dit mes
chiers filz veez le ciel regardez en
hault car ihesucrist nous y attent
combatez vous fermement pour lui
et vous demonstrez loyaulx en
lamour de ihesucrist. Et quant
le prevost lor si commanda que
elle fut batue de paumees. Et
si comme la mere et ses filz demou
roient tres fermes en la foy la
mere les confortoit tous et voy
ant elle ilz furent occis de di
vers tourmens. ¶ Et fait gre
goire appelle ceste benoite felici
te plus que martire. car elle
souffri viii. mors en ses sept filz.
et la huitiesme fut en son propre
corps et si dit en son omelie
la benoite felicite qui en creant
fut ancelle de messeigneur. et
fut en preschant faicte martire
de ihesucrist. Et ses sept filz que
elle doubtoit apres lui laisser
en la charnalite comme charnelz
parens seulent doubter quil

ne les euoient mors avant. Et
se espanta ceulx du saint esperit
q elle avoit enfante au monde
Et ceulx q elle savoit bien qui
estoient sa char elle ne povoit
veoir morir sans douleur. mais
cestoit force damour par dedens
qui vainquoit la douleur de sa
char. Et iay dit par droicture
ceste femme estre plus q marti
re qui desirement a este tant
de foys estainte en ses filz quat
elle a eu ce multiplie martire.
Elle vainqui la victoire de mar
tire quant pour lamour de dieu
sa seulle mort ne lui souffisoit
pas.

De saincte theodore

Theodore est dit de
theos. Cest a dire
dieu ⁊ de oroison. Et
ce vault autant a di
re comme oroison a dieu. Car el
le aoura tant ⁊ depria dieu q le
peche q elle avoit fait luy fut
pardonne

Theodore fut belle fem
me ⁊ noble en alixan
drie ou temps de neron
empereur ⁊ avoit mary riche et
doubtant dieu. Et le deable q
ot envie de la sainctete theodo
re esmeut ung moult riche ho
me a amer la ⁊ len hastoit sou
vent par messages et par dons
et requeroit que elle se consentist
a luy. mais elle refusoit les mes
sages ⁊ despisoit les dons et il
la hastoit tant q elle ne povoit
avoir repos ⁊ a bien peu q elle
ne deffailloit. Et puis envoia
il a elle ung enchanteur qui luy
pria que elle eust pitie de cel ho
me ⁊ se consentist a luy. Et qnt
elle luy dit que elle ne feroit ia
mais si grant peche en la veue
de dieu il adiousta avecques ses
parolles ⁊ luy dit ie say bien q
quant qui est fait par iour di
eu le scet. mais il est vespre et le so
leil est couche dieu ne voit riens
qui soit fait. Et dont dit la pu
celle a lenchanteur. tu ne dis pas
verite. Et cellui lui dit. Certes je
dy verite. Et dont la pucelle fu
deceue par les parolles de lench
anteur. Et dit que quant il seroit
vespre que elle luy feist venir
cel homme ⁊ elle acompliroit
sa volente. Et quat il leust dit
a lomme il fut forment esioy
et alla a celle a leure quil luy
avoit dit ⁊ se coucha avec elle
et puis sen alla theodore a de
revenant a soy plora tresame
remet ⁊ batoit sa face disant.
lasse moy. lasse jay perdu mon
ame. jay destruit le regart de
ma beaute. Et dont son mary
venoit de dehors a sa maison ⁊
veist ainsi sa femme desconfor
tee et plorant ⁊ ne savoit la cau
se. si se efforcoit de la conforter
mais elle ne vouloit prendre nul
confort. Et quant le matin vint
elle ala a ung monstier de no
nains ⁊ demanda a labbesse se
dieu povoit savoir ung grant
peche que elle avoit fait au
vespre. Et celle luy dit nulle cho
se ne peut estre muciee a dieu.
car dieu scet et voit tout ce qui
est fait a quelconques heure q
ce soit. Et dont dit elle en plo
rant amerement. Donnez moy
le livre des euvangilles si que

il sortisse de moy. Et dont ouurir
le liure 2 trouua q̄d sapsi seip
sit. Et dont retourna a lostel. et
vne foys q̄ son mary nestoit pas
a lostel. elle retourna a lostel et
print habit domme 2 senalla en
vng moustier de moynes qui est
tout loing dillec par .xviii. lieues
2 requeist que elle fu la receue
auec les moynes 2 elle le fut
Et len luy demanda son nom
et elle dit que son nom estoit
theodore. et dont faisoit moult
humblement toutes les offices
2 son seruice estoit aggreable
a tous. Et aucuns ans apres labbe
le appella frere theodore 2 luy dit
quil ioingnist les beufz 2 quil
alast apporter de luille de la cite
2 son mary ploroit moult fort 2
se doubtoit quelle ne sen fust alee
auec vng autre homme. Et dit
langel de messeigneur luy dist
lieue le matin sus 2 te tien en
la voye des martirs pierre et
pol. et celle que tu encontreras se
ra ta femme. et theodore vint a
uecques les chameux 2 vit son
mary 2 le recongneust. et dit a
soy mesmes. Lasse mon bon ma
ry que ie me trauaille que ie
soye hors du pechie que ie feis co
tre toy. Et quant ilz approche
rent elle le salua et dit dieu te
doint ioye monseigneur. et il
ne la congneust en riens. Et q̄n
il eust treslonguement acten
du 2 se tint pour decu vne voix
luy dit. celle qui te salua au ma
tin estoit ta femme. Et saincte
theodore estoit de si grande sain
tete que elle faisoit moult de

miracles. car elle osta aux bestes
sauuages vng homme tout des
rompu 2 le resuscita par ses prie
res et suiuy celle beste 2 la mau
dist. et tantost elle chey morte.
Et le diable enuiant la
saintete dicelle. si quil ne la pou
oit souffrir sapparut a elle disant
putain sur toutes autres 2 ad
voultre. tu as laissie ton mary
pour venir ci 2 pour moy despi
ter par mes vertuz a doubter q
sont tremblees. Je te esmouuray
vne bataille que se ie ne te fais
regnier le crucifie que ce soye. Je
et elle fist le signe de la croix. Et
tantost le diable se euanouy.
Vne foys si comme elle reuenoit
de la ville auecques les chameux
2 fut hostelee en vne hostellerie
vne pucelle sen vint a luy et luy
dit. Dors auecques moy ceste nuit.
Et quant elle luy eust refuse cel
le sala coucher auecques vng q
gisoit en lostel. Et quant le ven
tre luy leua 2 len luy demanda
de qui elle auoit conceu. elle dit
ce moyne theodore dormy auec
moy. Et quant lenfant fut ne
il lenuoya a labbe de ce moustier
ou elle estoit 2 labbe blasma theo
dore. et elle prioit que il luy fust
pardonne. il luy mist lenfant e
tre les bras 2 le bouta hors du
moustier. vii. ans 2 nourrissoit
lenfant du laict des bestes. Et
le diable eust enuie de la grant
pacience dicelle. 2 se transfigura
en la forme de son mary. et luy
dit. que fais tu cy madame. Je
languis pour toy ne je nay nul
confort. vieng ten auec moy ma

luxure car se tu as jeu avecques
ung autre homme ie le te pardon
ne. Et elle qui cuida que ce fust son
mary luy dit. Je ne seray plus
avecques toy car le filz de iehan le
chevalier a couché avecques moy
et je en vueil faire ma penitance
pource que jay peché en toy. Et donc
se print a orer et tantost le dyable
sesvanouyt et donc congneust
que cestoit le dyable. Une
autre fois le dyable la vouloit
espoventer car les dyables vin
drent a elle en semblance de bes
tes sauvages et ung homme les
admonnestoit et disoit mangez
la putain. Et donc elle ora et ilz
sesvanouyrent. Une autre
fois grant multitude de cheva
liers venoit a elle et le prince a
loit devant et chascun deulz laou
roit. Et donc dirent les cheva
liers a theodore. lieve sus et aore
nostre prince et elle dit. Je aore nostre
seigneur dieu. Et quant ilz len
rent dit au prince il commanda
que elle fust amenee et tant tor
mentee que len la cuidast estre
morte et donc toute celle tour
be sesvanouyt. Derechief el
le vit une autre fois illec grant
ment dor et donc se seigna et se
fouyt et se commanda a dieu
Une autre fois elle vit illec
ung panier plain de toutes
manieres de viandes que ung
homme portoit et luy disoit nostre
prince qui te batit dit que tu
en prengnes et en mengues car
tu feis ce comme non sachante
et celle donc se seigna et il ses
vanouyt. Et quant les vii. ans

furent acomplis. labbe considera
la pacience de cestuy frere sy le re
concilia et mist ou monstier avec
son filz. Et quant elle ot acom
ply loyalment .ii. ans apres elle
print lenfant et lenclouist avec
luy en sa celle. Et quant len leust
dit a labbe il envoya la aucuns
moynes pour escouter plus di
ligemment que elle luy diroit.
Et donc celle acola lenfant et
le baisa et dit mon filz tresdoulx
le temps de ma vie est venu. Je te
laisse a dieu qui te soit pere et
aideur. filz soyes en jeunes et
en oroisons et sers les freres de
votement. Et ence disant elle
mist hors lesperit et sendormi
en nostre seigneur environ les ans
de nostre seigneur .iiii.c. lxx. Et
quant lenfant vit ceste chose il
commenca forment a plorer. Et
celle nuyt une vision fut mon
stree a labbe en ceste maniere
unes grant nopces estoient ap
pareillees et la venoient ordres
dangeles et de prophetes de mar
tirs et de tous sains. Et ou mi
lieu deulx estoit une seule fem
me avironnee de si grant gloi
re que nul ne le savoit dire et vit
iusques aux nopces et sassist
sus le lit et tous ceulx denviron
laouroient. Et donc vint une
voix qui dit. Abbe cest theodore
qui fut faulsement accusee de
lenfant. les temps sont muez
sur elle car elle est chastiee pour
ce que elle avoit conchie le lit
son mary. Et donc labbe sesveil
la et sen alla tout esmeu a la
celle de celle avecques ses freres

⁊ la trouua la morte et dont entrerent et la descouurirent ⁊ trouuerent quelle estoit femme. Et dont enuoya labbe querir le pere de la fille qui lauoit diffamee et lui dit. Lomme de ta fille est mort. et dont osta le vestement ⁊ dit que cestoit femme. et dont fut grant paour a tous ceulx qui oyrent ceste chose. et lange de nostreseigneur parla a labbe et luy dit. lieue sus hastiuement ⁊ monte sus ton cheual. et vien en la cite et se tu encontres aucun homme pren le et lamaine Et si comme il y aloit ung homme acouroit qui lencontra ⁊ labbe luy demanda ou il couroit. Et il dit ie vois veoir ma femme qui est morte. Et dont prist labbe le mary theodore sur son cheual ⁊ vindrent la et plorerent forment et lensevelirent a moult de louenges Et dont le mary theodore prist la celle dicelle ⁊ demoura la Et en la parfin il sendormi en nostreseigneur. Et dont lenfant de theodore ensuiuir la nourreture de bonnes meurs et resplendy donneste. Si que quant labbe fut mort il fut esleu de tous a estre abbe.

De saincte marguerite

Marguerite a nom dune pierre precieuse qui a nom marguerite qui est blanche ⁊ petite et vertueuse Aussy la benoite marguerite fut blache par virginite. petite par humilite. ⁊ vertueuse par euures de miracles. Et la vertu de celle pierre est contre effusion de sang. cōtre passion de cueur et conforte lesperit. Ainsy la benoite marguerite eust vertu contre leffusion de son sang par fermete. car elle se tint tresfermement en son martire contre la passion du cueur contre la temptation du diable par victoire car elle le surmonta et conforter lesperit par doctrine. car elle cōforta les courages de plusieurs. et les conuertir a la foy de ihucrist. Et theotimus ung sage homme escript sa legende

Marguerite fut de la ci
te dantioche. fille de theo
dosien ung patriarche
payen. elle fut baillee
a nourrice. Et quant elle vint en
aage parfait elle fut baptizee. et
pource estoit elle moult haye de
son pere. Et ung iour que elle avoit
la xv^e ans. et que elle gardoit a
vec les autres vierges les ouailles
de sa nourrice le prevost olibri
us passoit par illec et considera la
mour de la pucelle et fut tantost
espris de son amour. Et tantost
envoia tout esmeu ses messages
et leur dit allez et prenez. et se el
le est franche ie la prendray a fem
me. et se elle est ancelle ien feray
ma concubine. Et quant elle fu
mise devant luy. il luy enquist
de son lignage et de son nom et de
sa religion. Et elle respondy que
elle estoit noble par lignage et
avoit nom marguerite. et estoit
de la religion crestienne. Et le pre
vost luy dit. les ii. premieres cho
ses tappartiennent droictement car
tu es amable et noble et es esprou
vee estre tresbelle marguerite
Mais la tierce chose ne tappar
tient pas. que pucelle si belle et
si noble ait dieu crucifie. Auquel
elle dit. dont scez tu que dieu fut
crucifie. et il dit par les livres des
crestiens. Auquel marguerite dit.
Quelle honte est a nous quant
il est leu illec la puissance et la
gloire de luy. si que tu croys lune
chose et lautre renyes. Et si comme
marguerite affermoit que de son
gre il avoit este crucifie pour
nostre redempcion. le prevost com
manda que elle fut mise en char
tre. Et le iour ensuivant il la fist
appeller devant soy et luy dit.
Vaine et vaude pucelle aies pitie
de ta beaulte et aoure noz dieux
Auquel elle dit. Je aoure celluy
qui la terre tramble la mer doub
te et les vens et toutes creatures
craignent. A laquelle le prevost
dit. se tu ne te consens a moy. je fe
ray desrompre ton corps. auquel
marguerite dit. Jhesucrist bailla
soy mesmes a mort pour moy. et
pource ne doubte ie pas a mou
rir pour ihesucrist. Et dont le prevost
commanda que elle fut estendue ou
tourment deculee et que elle fut
si fort batue que le sang decou
rust ainsi de son corps comme
dune fontaine tresplaine. Et ceulx
qui la estoient ploroient. et di
soient. marguerite vrayement
nous te plaignons moult pource
que nous veons si laidement
desrompre et detrencher ton corps
helas quelle beaute as tu perdue
pour ta mescreandise. croy au moins
orendroit si vivras tu. Ausquelz
elle dit. hee mauvais conseillers
partez vous de cy et vous en allez
ce tourment de char est sauvement
de lame. Et dont dit elle au pre
vost. chien desvergonde et non
saoulable. tu as bien puissance
en la char. mais dieu garde la
me. et le prevost couvroit sa fa
ce de son mantel que il ne pou
oit veoir si grant effusion de
sang. Et apres ce il la fist oster
et enclorre en chartre et merveil
leuse clarte resplendy dedens.
Et quant elle fut en la chartre

elle depria nostreseigneur que il
luy demonstrast visiblement cel-
luy qui se combatoit a elle. Et
dont vint ung tresgrant dragon
et sapparut illec. Et sicomme il
lassailloit pour devorer elle fist
le signe de la croix et il sesva-
nouir. Ou sicomme il est leu ail-
leurs il luy mist la bouche soubz
la teste et la langue soubz les
piez et lenglouti tantost. mais quant
il la voulut engloutir elle fist
le signe de la croix et le dragon
creva tantost et la vierge sen yssi
toute saine. Et dont le dyable
derechief vint a elle et se mua
en forme domme pour la decevoir
Et quant elle le veit elle se mist
en oroison. Et quant elle se fut
levee le dyable vint a elle et la
prist par la main et luy dit cesse
toy de ma personne et te suffise
ce que tu as fait. Et dont le prist
elle par les cheveulx et le getta
a terre et luy mist le pie destre
dessus le hasterel et luy dit estans
toy ennemy dessoubz les piez du-
ne femme et le batoit et le dya-
ble crioit la benoite marguerite
je suis surmonte se ung jouven-
cel meust batu ne me chaulsist
mais je suis surmonte dune
pucelle tendre. Et pource me
dueil je plus que son pere et sa
mere ont este mes amis. Et de-
ce contraint elle tant que il luy
dit pourquoy il temptoit si sou-
vent les crestiens. et il respondy
car il avoit si naturel hayne
contre les hommes plains de ver-
tu. Et jasoit ce que il soit souvent
de louste deulz. si les enclinet il
toutesfois pour desir de les dece-
voir. Et pource quil a envie du
bien de lomme pour la beneur-
te quil perdy si ne la peut recou-
vrer si la cuide il tousjours os-
ter aux autres. Et encores dit il
que salomon avoit enclos en ung
vaissel de voirre trop grant mul-
titude de dyables mais apres
sa mort les dyables mettoient
hors feu de ce vaissel. si que les
hommes cuiderent que il eust
illec grant tresor. si froisserent
le vaissel et les dyables sen yssi-
rent et emplirent lair. Et quant
elle eust ce dit la vierge leva son
pie en disant fuy ten chetif. et tan-
tost le dyable sesvanouir. Et dont
fut elle seure. car qui a vaincu
le prince sans doubte peut il bien
surmonter le ministre. Et le jour
ensuivant le peuple sassembla
et elle fut presentee au juge. et
dont ne voulst elle sacrifier a ses
dieux et le corps delle fut brule
de brandons ardans. si que tous
sesmerveillerent comment si
tendre pucelle povoit souffrir
tant de tourmens. Et apres ce il
la fist mettre en ung vaissel
plain deaue et lier. si que pour
le muement des peines la force
de la douleur creust. Et tantost
et tantost soudainement la ter-
re trembla et fist tresfort tonnerre
et la vierge en yssy sans lesion
Et dont v. mil hommes creurent
en dieu et furent decolez pour
le nom ihesucrist. Et dont le pre-
vost se doubta que les autres ne
se convertissent et fist hastive-
ment decoler la benoite la be-

rite. Et elle requist espace de orer
pour elle & pour ses persecuteurs
et pour tous ceulx qui feroient
memoire delle et la reclameroi
ent devotement. Et si ora mout
doulcement & dit que quelconque
femme qui la requerroit en pe
ril denfantement que elle mist
hors sa ligne sans nulle blecu
re & demourast la femme toute
saine. Et son oroison finee une
voix du ciel vint & dit que elle es
toit oye en ses oroisons. Et dit
qui decoleur fiert prens ton glai
ue & fier. Et dont fier et luy osta
le chief a ung cop et ainsi receut
couronne de martire. Et elle souf
fry mort en la .xiii.e kalende de
juillet. Et ung saint homme dit
ainsi de ceste vierge. la benoite
marguerite fut ferme de la pao
de dieu enoblie de religion aor
nee de compunction arrousee don
nestete louable par singuliere pacien
ce. Et en elle not riens trouve co
traire a sa religion & piennne hor
neuse a son pere & amie a nostre
ihucrist

De saint alexis

Alexis vault autant a
dire comme yssant de
la loy que il yssy de la
loy de mariage pour
tenir virginite a dieu & renonca
du tout a la loy mondaine pour
tenir pourete

Alexis fut filz dung tres
noble homme appel
le eufemien qui estoit
le premier en la salle de lempe
reur. Et avoit soubz luy .iii.m
jouvenceaux qui estoient caints
de ceintures dor & estoient vestus
de soye. et ledit eufemien estoit
moult piteux. et chascun jour a
voit .iii. tables en sa maison pour
povres orphelins pour pelerins
& pour veufues lesquelz il servoit
noblement & a heure de nonne
il prenoit viande avecques les
religieux en la paour de dieu
Et sa femme qui avoit nom a
glaes estoit de ce propos & de cel
le region. Et si comme ilz navoi
ent nulz filz. toutesfois nostre
seur donna ung filz par leurs
prieres et dont ilz vouerent de vi
ure apres en chastete Et dont
lenfant fut mis aux ars libe
raux & fut ennobly en tous les
ars de philozophie et vint en
aage parfait. Et dont luy es
leust len une pucelle de la mai
son a lempereur & luy fut don
nee en femme. Et dont la nuit
vint que il fut avecques les
pousee paisiblement en secret
dont le saint jouvencel comen
ca a enseigner sa femme en la
paour de dieu & a luy actraire
a lonneur et a la chastete et
virginite et luy bailla a gar
der son annel et ses aornemens
que il avoit et luy dit prens
ces choses & les garde tant co
me il plaira a dieu et nostre sr
soit avec nous. ¶ Et apres
ce il prist de ses biens et se mist
secretement en une nef et sen
alla en laodice. et de la vint
en la cite de edisse en sirie. la ou
lymage de nostre seigneur ihucrist
est faicte en ung sydoine sans
nulle euvre humaine. Et quant

il vint la. il rendy tout quanque
il auoit porte et le donna aux po
ures. et prist vilz vestemens sala
seoir aueques les autres poures
ou porche de leglise de la benoite
vierge marie mere de dieu. Et
des aumosnes q̃ len luy donnoit
il retenoit ce qui luy souffisoit
et ce qui luy demouroit il don
noit aux poures. Et son pere es
toit moult triste de la departie de
son filz et enuoya messages par
tout le monde pour le querir di
ligemment. Et quant aucuns deulx
vindrent en edisse la cite ilz fi
rent bien comment de luy. mais
ilz ne le congneurent mie et luy
donnerent de laumosne auec
ces autres poures et il la prist
et rendy graces a dieu et dit.
Sire je te rens graces pource q
tu mas fait receuoir laumos
ne de mes serges. Et dont retour
nerent les messages et rendrent
au pere et luy dirent que ilz
ne le pouoient trouuer en nul
lieu. Et dont la mere des le io
que il partit mist vng sac en
lieu de lit sus le pauement ou
elle ploroit et crioit disant. Je
demouray tousiours ev en ple
tant que ie auray recouure
mon filz. Et son espouse dit au
pere de son mary. Je demou
ray auec toy seule comme turtre
tant que je oye nouuelle de mo
tres doulx espoux. Et quãt
alexis eust este xvii ans en les
tre deuant dit ou seruice de
dieu. en la parfin limage de
la benoite vierge marie dit a
celluy qui gardoit leglise. Fais
entrer lomme de dieu dedens
car il est digne du regne des
cieulx. et lesperit de dieu repose
auecques luy. car loroison de
luy monte deuant dieu aussi
comme encens. Et celluy luy demã
da duquel elle disoit qui ne le
congnoissoit point. elle luy dit cest
cil qui se siet hors en lestre. Et don
cil yssy hastiuement et le mist de
dens leglise. Et quant chascun sceut
ce fait si que il estoit honnore
de tous. il fouy la gloire humai
ne et se party de la et vint en lao
dicee et monta en vne nef et cui
doit aller en tharse de cilice. la
nef par la voulente de dieu fut
deboutee des vens et vint au port
de romme. Et quant alexis veist
ce il dist je demouray mescon
gneu en la maison de mon pere
ne ne greueray autre. et dont en
contra son pere reuenant du palais
auironne de grant multitude
de serges. Et adonc commenca a cri
er apres son pere. sergent de dieu
commande que je soye receu en ta
maison et que je soie soustenu
comme pelerin et estranger des
miettes de ta table. si que dieu
daigne auoir pitie du tien pele
rin. Et quant son pere oy ce il
commanda quil fut receu pour
lamour de son filz et luy bailla
luy propre en sa maison et luy
establi viande de sa table et ce
donna pour son propre minis
tre. et il perseueroit en oroison
et amegrissoit son corps par
jeunes et par vigilles. Et les
varletz de lostel se mocquoient
moult de luy. et luy gettoient son

nent les lameures sur le chef.
mais il estoit moult pacient
a tout. tant quil demoura mes-
congneu en sa maison de son pe-
re .xvii. ans. Et dont quant il
congneust en esperit que le temps
de sa fin approuchoit il requist
avoir du parchemin et de lencre
et escript par ordre toute sa vie
Et ung dimenche apres la solen-
nite des messes une voix du ciel
vint qui dit venez a moy tous
qui labourez et estes chargiez et
je vous refectiray. Et quant ilz oi-
rent ce ilz furent tous espouven-
tez et cheurent les faces a terre.
Et dont dit secondement la voix
priez lomme de dieu. si quil pri-
pour romme. Et ilz le quistrent
et ne le trouverent point. Et du-
leur fut dit derechief. querez le
en la maison eufemien. Et dont
les empereurs archadien et ho-
nore avecques leuesque innocent
vindrent en la maison de eufe-
mien. Et dont le ministre a le-
xis vint a son seigneur et dit
sire garde que ce ne soit le pe-
lerin car il est homme de bo-
ne vie et de grant pacience. Et
dont courut eufemien a luy
et le trouva mort. et avoit le
vout de luy aussi cler comme
ung ange. Et dont voult eufe-
mien prendre lescript en sa main
mais il ne le peust avoir. Et
dont partist de la et le dit aux
empereurs et au pape. et ilz vin-
drent a luy et luy distrent. Ja
soit ce que nous soyons pecheurs
toutesfois avons nous le gou-
vernement du regne. et cestui

a la cure du gouvernement du
peuple comme pasteur. donne
nous cest escript. si que nous sa-
chons quil a dedens. Et dont a-
la le pape et prist lescript en sa
main et il luy laissa tantost.
et dont le fist lire devant tout le
peuple. Et quant eufemien son
pere loy il eust tresgrant paour
et sesbahir et fut aussi comme mort
et perdir toute sa force et chey a
terre. Et quant il fut retourne
a soy il desrompist ses vestemens
et prist a esrachier ses cheveux
et sa barbe et se desrompit tout
et crioit sur son filz et disoit las
filz. pourquoy mas tu tant cour-
rouce et mas fait avoir tant
de pleurs et tant de douleurs
si long temps. las chetif quant
je te voy gesir mort et si estoies
garde de ma viellesse et ne par-
les point a moy. quel conseil
pourray je avoir desoremais
Et quant la mere de luy loy.
tout aussi comme une leonesse
rompit la roiz. aussi rompi elle
ses vestemens. et tiroit ses cheveux
et levoit les mains aux cieulx
Et pource quelle ne povoit aller
au corps saint pour la grant mul-
titude des gens. elle crioit di-
sant. ha hommes donnez moy
entree que je voye mon filz le con-
fort de mon ame qui a alaicta-
mes mamelles. Et quant elle
vint au corps elle se coucha des-
sus et crioit. lasse tresdoulx filz. la
lumiere de mes yeulx. pourquoy
nous as tu ce fait. pourquoy as
tu este si cruel envers nous. Tu
voyoies ton chetif pere et mere

plorans et ne te mostroies point a nous. tes sergens te fausoient injure et tu la soustenoies et se laissoit cheoir et recheoir sus le corps et maintenant elle estendoit ses bras sus lui et manioit a ses mains le visage de lui semblable a ange et le baisoit et crioit plorez avec moy tous qui cy estes. Lasse je l'ay eu par xvii ans en ma maison et ne congnoissoie point que ce fust mon seul filz. ses sergens mesmes le ledengoient et le feroient de buces. lasse qui donra a mes yeulx fontaine de lermes si que je pleure nuit et jour. Et sa femme qui estoit vestue d'une vesture de dueil couroit la criant. lasse moy car je suy desolee au jour d'ui et en l'estat de vesve. lasse je n'ay qui je ose regarder au jour d'ui ne contre qui je lieve mes yeulx. Or est mon miroir rompu et m'esperance est perie. Or m'est commenciee la doleur qui la n'a nulle fin. et le peuple qui ooit ces choses ploroit a lermes. Et dont les papes et les empereurs mistrent le corps en une biere honnorable et le menerent ou milieu de la cite. et distrent au peuple que l'omme de dieu estoit trouve celui que toute la cite queroit. et tous aloient contre lui. Et se aucun malade atouchoit au corps et il estoit tantost gari. Les mors recevoient vie. les demoniacles y estoient delivrez. Et tous malades de quelque maladie que ce fust qui atouchoient le corps estoient garis. Et dont le pape et les empereurs qui veoient tant de merveilles commencerent a porter la biere tout par eulx si que ilz fussent sanctifiez de cel saint corps. Et commanderent que l'en gettast parmi les places habondance d'or et d'argent si que la gent feussent ententifz a cueillir les pecunes et laissassent le corps estre porte a l'eglise. mais le peuple laissa l'amour des pecunes et venoient plus et plus atouchier le saint corps. Et ainsi a grant peine le menerent ilz jusques a l'eglise de saint Boniface martir. Et la furent sept jours es louenges de nostre seigneur et firent faire ung monument d'or et de pierres precieuses. ou quel ilz mistrent le tres saint corps a grant honneur ou xvije jour de juillet. Et si tres douce oudeur yssoit du monument qu'il sembloit a tous estre plain de precieux oignemens. Et il trespassa en l'an xvije kalendem en l'an de nostre seigneur ccc iiijxx xviij

De saincte praxede

Praxede vierge fut seur de saincte potencienne et furent ses ii. seurs de saint novat et de saint thimotee qui fut endoctrines des apostres en la foy. Et quant la persecution des crestiens estoit. ilz ensevelirent moult de corps des crestiens. et donnerent leurs biens aux povres. Et en la fin ilz s'endormirent en paix en l'an. C. lx soubz marc antonin neron *

De marie magdelene

Marie vault autant
a dire comme mer
amer ou elumina-
resse ou eluminee
Et par ces .iij. choses sont entendues
iij. bonnes parties que elle esleut
Cest assavoir partie de penitance
partie de contemplation par dedens
et partie de gloire celestiel. Et de
ceste tripple partie est entendu
ce q nostreseigneur dit. Marie a es
leu la meilleur partie qui ne luy
sera point ostee. la premiere par
tie ne luy est point ostee. Cest fin
qui est eslumant la beatitude.
la seconde par raison de continue
ce. Car la contemplation de sa
voie est continuee avecques la co
templation de son pays. la tierce
ce par la raison de sa pardura
blete. Et en tant comme elle es
leut la meilleur partie de peni
tance est elle dicte mer amer.
Car en ce eust elle moult de a
mertume. Car il appert en ce
que elle espendit tant de lermes

que elle en lava les piez nostres[eigneur].
En tant comme elle esleust la par
tie de contemplation par dedens
fut elle dicte elumineresse. car
la elle prist gloutement ce que el
le espandy apres habondamment
elle prist la lumiere de quoy el
le elumina les autres apres
En tant comme elle esleut la meil
leur partie de la gloire celestiel
est elle dicte eluminee de lumie
re de parfaicte congnoissance
en pensee et sera enluminee de
lumiere ou corps. Elle fut
dicte magdaleine qui est a dire
autant comme demourant
coulpable ou garnie ou louee
par quoy il est demonstre avant
sa conversion. et quelle apres. car
avant sa conversion elle fut
demourant coulpable. car elle
estoit obligee a peine pardura
ble. Et en sa conversion elle fut
garnie par armeure de peni
tance car tant come elle eust en
soy de delitz tant fist elle de
soy sacrifices. Et apres la con
version elle fut loee par sur[h]a
bondance de grace. car la ou le
peche estoit habonde grace sur
abonda.

Marie magdelene fut
surnommee de ma
gdalon le chastel. et
fut nee de tresno
bles parens qui estoient desce
dus de royal ligne. Et son pe
re eust nom Syrus et sa mere
Eucharie. Et ceste et le ladre son
frere et marthe sa seur possi
doient magdalon le chastel q
est a .ij. lieues de genezareth

⁊ bethanie qui est pres de ihrl'z
et grant partie de ihrlm̃ Et
deuiserent toutes ces choses e
ntre eulx en telle maniere q̃ ma
rie ot magdalon dont elle fut
surnommee. Et le ladre eust la
partie de la cite de ihrlm Et
marthe possidit bethanie Et
quant la magdalene se fut mi
se a toutes ses delices du corps
⁊ le ladre entendoit plus a la
cheualerie. Marthe qui estoit
sage si gouuernoit noblement
la partie du frere et de la seur
et administroit aux cheualiers
aux sergens ⁊ aux poures les
necessitez. Et ilz vendirent tou
tes ces choses apres lascencion
nostre seigneur et en mistrent la pecu
ne aux piez des apostres. Et
la magdalene habondoit en gran
richesses. Et pource q̃ delit est co
paignon a habondance de choses
de tant comme elle resplendis
soit plus en beaute et en riches
ses de tant soubzmettoit elle plus
son corps a delices. Et pource
perdy elle son propre nom et fut
acoustumee a estre appellee pe
cheresse. ¶ Et quant nostre seigneur
preschoit illec et ailleurs. elle
fut inspiree de la grace de dieu
et sen alla en la maison de si
mon le lepreux et nostre seigneur
y disnoit dont elle ne losa pas
comme pecheresse apparoir en
tre les iustes. mais demoura
derriere aux piez nostre seigneur
et la lui laua ses piez de ses
lermes ⁊ les essuia de ses che
ueulx. et lui oingnist dun p̃
cieulx ongnement. Car les

habitans de celle region vsoient
de baings ⁊ dongnemens pour
la tresgrant ardeur du soleil
Et pource q̃ simon pensa en
soy mesmes que se nostre seigneur fust
vray prophete il ne se fust pas
laissé atoucher a vne pecheres
se. Et dont nostre seigneur le reprist de
droicture orgueilleuse ⁊ delais
sa a la femme tous ses pechiez.
¶ Et ceste est ceste marie mag
delene a laquelle nostre seigneur
donna si tresgrans dons ⁊ de
monstra a icelle si grant signe
damour q̃ il osta a icelle sept
dyables il lembrasa du tout
en son amour. il la fist tres fa
miliere de luy. il voult que
elle fust son hostesse ⁊ sa procure
resse. il voult que elle fust auec
lui en son voiage il lexcusa to
iours doulcement. car il lexcu
sa contre le pharisien qui di
soit que elle nestoit pas nette
et contre sa seur qui disoit q̃
elle estoit oyseuse ⁊ vers iudas
qui disoit que elle estoit de
gasteresse de biens. Et quãt
il la veist plorer il ne peust te
nir ses lermes. Et pour lamo
delle il suscita son frere le la
dre qui auoit este ia quatre
iours mort. et si gary sa seur
du flux de sang qui lauoit te
nue. vij. ans. et par les merites
delle il fist estre digne mar
celle chamberiere de marthe
laquelle dit ce tres doulz ⁊ be
noit mot benoit soit le ventre
qui te porta ⁊ les mamelles
que tu alaictas. Mais selon
ambroise ce fut marthe qui

le dit. Et ceste fut sa chamberiere. ¶ Ceste marie ce dit il est celle qui lava les piez de nostre seigneur et les torcha de ses cheveulx et les oingnit dun precieux oingnement et fist solennel penitance ou temps de grace toute la premiere qui esleut la tresbonne partie. Qui sist aux piez de nostre seigneur et oy ses parolles. qui luy oingnit le chief. qui a sa passion fut delez sa croix. qui appareilla les oingnemens et voulst oindre son corps et ne se partit du monument. et les disciples sen partirent. a laquelle ihesucrist apparut le premier quant il ressuscita et fut compaigne des apostres.

¶ Dont apres lascension nostre seigneur en lan. xiiii.e de sa passion que les iuifz avoient precacies saint estienne et avoient gette hors les autres disciples des contrees de iudee. les disciples alerent en diverses contrees de gent et la semoient la parolle de dieu. Et dont saint maximin estoit avecques les apostres lun des lxxii. disciples de nostre seigneur. Auquel marie magdaleine avoit este recommandee du benoit pierre Et adonc quant les disciples se departirent. saint maximin marie magdeleine le ladre son frere. marthe sa seur et marcelle la chamberiere de marthe et saint cedoine qui avoit este aveugle des sa nativite mais nostre seigneur lavoit eslumine. Tous ceulx ensemble et plusieurs autres crestiens furent pris des mescreans et mis en une nef en mer sans gouvernail affin quilz feussent tous noyez mais par la voulente de dieu ilz vindrent a marseille. et la ne peurent trouver qui les voulsist recevoir en son hostel. Ilz demourerent soubz ung porche qui estoit devant ung temple de la gent de celle terre. Et quant la benoite marie magdeleine vit la gent assemblee a ce temple pour sacrifier aux ydoles elle se leva paisiblement a lie face et a langue discrete et bien parlant et prist a preschier ihesucrist et a les retraire du cultivement des ydoles. Et dont furent tous merveillez de la beaulte de la raison et du beau parler dicelle. Et ce nestoit pas merveille se la bouche qui si debonnairement et si bonnement avoit baisie les piez nostre seigneur espiroit de la parolle de dieu plus que ces autres.

¶ Et apres ce advint que le prince de provence sacrifioit aux ydoles luy et sa femme pour avoir lignee. Et marie magdaleine luy prescha ihesucrist et luy contredit les sacrifices. Et apres ung pou de temps marie magdeleine sapparut a celle dame en vision. disant. pourquoy quant tu as tant de richesses laisses tu les povres de nostre seigneur mourir de fain et de froit. Et elle se doubta a demonstrer a son seigneur celle vision. Et la seconde nuyt elle sapparust a icelle. et luy dit ainsi et adiousta

auec menaces se elle ne lamonest
toit a son mary. si que elle confor
tast la mesaise des poures. mais
encores ne se voulst elle dire a son
mary. Et dont sapparut tierce
fois par nuyt obscure a icelle et
a son mary froncant ⁊ iree et a
visaige de feu et dit dors tu tirant
et membre de ton pere le dyable
auec ta femme la serpent qui
ne ta voulu dire mes parolles
reposes tu ennemy de la croix
qui as la gloutonnie de ton ven
tre plaine de diuerses viandes. et
si laisses perir de fain les sains
de dieu. Tu gis tu en ton palais
enueloppe de draps de soye ⁊ tu les
vois sans hostel desconfortez et
passez oultre. tu neschapperas pas
ainsi felon ne tu ne ten partiras
pas sans punir de ce. que tu as
tant actendu et ainsi parla et
sen party. Et dont la dame sesuei
lla ⁊ souspiroit et le mary sous
piroit aussi pour celle mesmes
cause ⁊ trambloit et elle dit. Si
re as tu veu le songe que iay veu
Je lay veu dit il ⁊ men suy mer
ueillie et en ay paour quen ferons
nous. Et la femme dit. cest plus
proffitable chose de luy obeir
que encourre en lire de son dieu quelle
elle presche. pour laquelle chose
ilz les receurent en leur hostel
et leur administrerent leurs
necessitez ¶ Si comme la be
noite marie magdalene pres
choit. vne fois ledit prince luy
dit cuides tu que tu puisses def
fendre la foy que tu presches. Et
elle dit. Certes. Je suis preste de
la deffendre comme celle qui est

confermee chascun iour par mira
cles ⁊ par la predication de mon
maistre saint pierre qui siet ou
siege de romme. A laquelle le prince
dit. Moy et ma femme sommes
prestz dobeir a toy en toutes cho
ses se tu nous impetres vng filz
auoir de par ton dieu que tu pres
ches. Et dont dit la magdelene
pource ne demourra pas. et dont
la benoite marie magdelene de
pria nostreseigneur pour eulx quil
leur daignast donner vng filz
et nostreseigneur oy ses prieres. et
celle dame concut. Et dont son
mary voult aler a saint pierre
pour esprouuer se la verite est
toute telle de ihesucrist comme ma
rie magdalene preschoit. Et dont
sa femme luy dit. quest ce sire
cuides tu y aller sans moy ne
nil. quant tu partiras Je parti
ray. Et quant tu reuendras ie
reuendray. et quant tu reposeras
ie reposeray. A laquelle son ma
ry dit. dame ainsi ne sera il pas
car tu es grosse. Et les perilz sont
en mer sans nombre tu pour
roies perir de legier tu reposeras
a lostel ⁊ prendras garde de noz
possessions. Et celle femme esta
noit comme feme. ne ne muoit
pas ses meurs femenins ⁊ sa
genoulla plorant a ses piez. et
en la parfin luy octroya ce quelle
requeroit. Et dont marie leur
mist le signe de la croix sur les
espaules. si que le felon ennemy
ne les peust empeschier de leur
oirre. Et dont chargerent moult
habondamment vne nef de tou
tes leurs necessitez et delaiss

serent toutes ces autres choses
en la garde marie magdalene
et sen alerent. Et tantost comme
ilz eurent fait le cours dun jor
et dune nuyt la mer se leva trop
et le vent creust. si que tous et
mesmement la dame qui estoit
grosse et feble eurent moult dan
goisse de si grant seurondement
de mer. Et tant quil print a la
dame douleur denfanter soudai
nement. Et entre les grans
angoisses de son ventre et la
force du temps. elle enfanta ung
filz et se mourust. Et quant len
fant fut nez il barbetoit pour
avoir le confort des mamelles
de sa mere et donnoit ploreuse
voix. En quel douleur lenfant
fut nez et fut homicide de sa
mere et si le convenoit mourir
car il navoit qui le nourrist
Hee que fera le pelerin qui veoit
sa femme morte et lenfant brai
ant a voix ploreuse et querant
les mamelles de sa mere. Et
le pelerin ploroit forment et
disoit las chetif que feras tu
tu avoies desire a avoir ung
filz tu as perdu la mere et le
filz. Et les mariniers crioient
disant. ce corps cy soit gette en
la mer avant que nous perissons
tous ensemble. car tant comme
il sera avec nous ceste tempeste
ne cessera. Et quant ilz eurent
pris le corps pour getter en la
mer. le pelerin dit souffrez vous
souffrez. et se vous ne voulez es
pargner a moy et a ma femme
espargnez au moins au petit qui
braet. attendez ung petit pour sa

voir se la femme est pasmee de
la douleur. et se elle pourra estre
respiree. Et dont une montai
gne apparut non pas moult
loing de la nef Et quant ilz la
veirent il cuida bien que ce fust
la plus proffitable chose de por
ter le corps et lenfant la que a
le getter en la mer pour estre de
vore des bestes de mer. Et tou
tesfois fist il tant par prieres
et par dons aux mariniers
quilz appliquerent la et porte
rent le corps. Et quant ilz vei
rent quilz ne povoient fouir
la terre pour la durte de la ro
che. ilz mistrent le corps ou plus
secret lieu de la montaigne
couvert dun mantel. Et dont
mist le petit lenfant a la ma
melle de la mere et dit en plo
rant. Marie magdelene. comme
tu venis a marseille a ma grant
male adventure. las maleureux
pourquoy empris je ceste euvre.
par ton amonition requeras
tu a dieu que ma femme enfan
tast pour perir elle conceust et
mourust en lenfantement. Et si
comment que ce quelle conceust
qui est ne perisse car il nest nul
qui le nourrisse cest que jay
eu par ta priere Je le commande
a toy a qui jay commande toutes
mes choses et le commande
a ton dieu sil est puissant que
il luy remembre de lame de
la mere et que par ta priere il
ait pitie de lenfant que il ne
perisse. Et dont couvrit tout en
tour le corps et lenfant de son
mantel et se mist en la nef

Et quant il fut venu a saint
pierre saint pierre luy vint a
lencontre. Et quant il veist le
signe de la croix sus ses espau
les. il luy demanda qui il estoit
& dont il venoit et il luy dist
tout par ordre. Et pierre luy
dit. Paix soit avec toy tu es
bien venu & as cru bon conseil
et ne soies pas triste se ta fem
me se dort et se le petit ne se
repose avec elle. Car nostre sire est
tout puissant de donner a q
qui il veult et doster ce quil a
donne & de restablir ce quil a
oste et de tourner ton pleur en
joie. Et dont pierre le mena
en ihrlm & luy demonstra tous
les lieux ou ihucrist prescha
et les lieux ou il souffri mort
et ou il monta es cieulx. Et quant
il fut bien introduit de pierre en
la foy. que ij ans furent ja pas
sez. il monta en une nef pour
retourner en son pays. Et si comme
ilz nagoient ilz vindrent par
lordonnance de dieu par de lez
la roche ou le corps de sa fem
me & de lenfant avoient este
mis. Et dont fist tant par dons
& par prieres que ilz applique
rent la. Et lenfant avoit tous
iours este garde illec de la be
noite marie magdelene et a
loit souvent a la rive de la mer
Et si comme enfans font il se
jouoit des pierres sus la rive
de la mer si comme il avoit
acoustume. Et dont se mer
veilla moult qui il estoit. &
dont yssi de la nef. Et quant
lenfant le vit qui navoit on

ques veu telle chose. si eust pro
& courut seurement aux acou
stumees mamelles de sa mere.
et se tapissoit soubz le mantel
Et dont le pelerin alla la pour
veoir plus appertement la cho
se. & veist lenfant qui estoit tres
bel sucant les mamelles de
sa mere et dont prist lenfant
et dit. O benoite marie magde
leine comme ie feusse beneurex et
toutes choses me venissent a
bien se ma femme respirast
& sen peust venir avec moy au
pays. Je scay certainement et croy
sans doubte que toy qui mas
donne lenfant & las peu par ij
ans en ceste roche pourras bien
sa mere par ta priere restablir
a sa premiere sante. Et a ces
parolles sa femme respira et
dit tout aussi comme se elle
se esveillast de dormir. benoite
marie magdelene tres digne
merite & es glorieuse car entre
les douleurs de mon enfante
ment tu me fus ventriere et
en toutes mes necessitez tu
mas acompli service de cham
beriere. Et quant le pelerin
oy ceste chose. il se merveilla
et dit. Vis tu ma tres chiere et
amee femme. Auquel elle dit.
Certes je vis & suis venu pre
mierement du pelerinage dont
tu viens. Et tout ainsi come
le benoit pierre te mena en
ihrlm & te monstra tous les
lieux ou nostreseigneur souffri
et fut mort et enseveli et au
tres plusieurs lieux. Je fu a
vec vous. et fu la magdelene

ma compaigne ⁊ ma menerresse
et par tous les lieux et mis en
mon memoire. Et dont racompta
plainement les lieux ⁊ les mi
racles q̃ son maistre auoit faiz et
ne fornoit aucques en nul article
Et dont le prescheur receust sa fe
me ⁊ son enfant et monta tout
ioieux en sa nef. et vng pou apres
ilz vindrent au port de marseil
le. ⁊ trouuerent la benoite marie
magdelene preschant aueques
ses disciples. Et dont sagenouil
lerent aux piez dicelle ⁊ racomp
terent tout ce qui estoit aduenu
⁊ receurent baptesme de saint ma
ximin. Et dont destruirent ilz to9
les temples des ydoles en la cite
de marseille ⁊ firent eglises de
ihucrist. et esleurent dun accord
le benoit ladre pour estre euesq̃
dicelle cite. Et en la parfin ilz vi
drent par la voulente de dieu en
la cite daix. ⁊ par monstre de mira
cles amenerent le peuple a la
foy de dieu. et la fut saint maxi
min ordonne en euesque. Entre
tant la benoite marie magde
lene sy fut conuoiteuse en sano
souueraine. et quist vng tresas
pre desert et fut en vng lieu qui
lui fut ordonne par la main des
anges ⁊ la demoura .xxx. ans
sans congnoissance de nul. ¶
Ou quel lieu il nauoit ne cours
deaues ne confort darbres ne der
bes. Et fut pource que il fut
manifeste clerement que nr̃e
redempteur lauoit ordonne a
refection des celestielz viandes.
⁊ non pas terriennes. ¶ Et
chun iour a chune heure cano

nial elle estoit leuee en hault
des anges ⁊ oit les glorieux chãs
des celestielz compaignies a oreil
les corporelz dont elle estoit chun
iour saoulee de ses tressouefues
viandes. Et dont estoit raportee de
ses anges a son propre lieu sy q̃
elle nauoit mestier de corporelz
nourrissemens. ¶ Si aduint
q̃ vng prestre qui desiroit mener
vie solitaire sy prist vne celle po
lui aussy comme a .xii. toises
pres de son lieu. Et vng iour nr̃e
seigneur ouurit les yeulx dicel
lui prestre. et vit de ses yeulx cor
porelz en quelle maniere les a
ges descendoient audit lieu ou
la benoite marie magdelene de
mouroit. et comment ilz la leuoi
ent en lair et puis apres par
lespace dune heure ilz la rame
noient aueques louenges diui
nes a cellui lieu. Et dont le p̃
stre sy voult congnoistre la verite
de celle merueilleuse vision. Sy
commanda par ses prieres a son
createur ⁊ sen alla seurement
a grant deuocion au deuant dit
lieu. Et quant il en approucha
au iet dune pierre. les cuisses
luy commencerent a estre engour
dies comme silz feussent liees
Et ses entrailles commencerent
dedens luy a halleter de paour
Et sy tost comme il retournoit
il auoit les cuisses ⁊ les piez
prestz daler. mais quant il sef
forcoit daller audit lieu tout
son corps estoit elangoureux. et
ne se pouoit mouuoir. Et dont
entendi il sans doubte que ces
toit vng secret lieu celestiel. au

quel nul homme humain ne
pouoit aller. Et dont appella
le nom ihesucrist ⁊ lesclaira. Je te
conniure par nostre seigneur que se tu es
homme ou autre creature rai
sonnable qui habites en celle
fosse que me respondes et me
dy la verite de toy. Et quant il
eust ce dit .iii. fois. la benoite ma
rie magdeleine respondy. Vien
plus pres ⁊ ton ame saura la ve
rite que elle desire. Et dont celui
vint tremblant iusques a la
moitie de la voye. Et elle lui dit.
Te souvient il de levvangille
de marie celle tresrenommee pe
cheresse qui arrousa ⁊ lava les
piez du sauveur de ses lermes
⁊ torcha de ses cheveux et desser
uir pardon de ses pechiez. Et le p
stre dit. je men recorde bien et il
a ia plus de .xxx. ans passez que
saincte eglise croit et confesse que
ce a este fait. Et dont dit elle
Ce suis je qui par lespace de .xxx.
ans ay este sans congnoissance
de nul. Et si comme il te fut hier
souffert a veoir, aussi suis je
chascun iour esleuee par la main
des anges en lair. Et ay desser
uy a oyr de mes oreilles corpo
relz chascun iour .vii. fois le tres
souef chant des compaignies ce
lestielz. Et pource quil mest re
uele de nostre seigneur que je doy
trespasser de ce siecle. Va ten a
saint maximin ⁊ lui dy que le
plus prochain iour de la resur
rection nostre seigneur au temps
que il a acoustume a lever a
matines que il entre tout seul
en son oratoire et que par le

stere ⁊ service des anges me trou
vera la. Et le prestre ooit la
voix dicelle aussi comme la voix
dun ange. mais il ne veoit ame.
Et dont ala tantost a saint ma
ximin ⁊ lui compta tout par
ordre. Et dont saint maximin
fut rempli de grant ioye et ren
dy tresgrans graces a dieu. Et
au iour ⁊ a leure quil lui fust
dit. il entra en loratoire et veist
la benoite marie magdeleine
qui sestoit encores ou milieu en la
compaignie des anges qui lui
avoient amenee ⁊ estoit eslevee
de terre par lespace de deux cou
tes. ⁊ oroit a nostre seigneur les
mains estendues. Et si comme
saint maximin doubtoit aller
a elle. elle se retourna vers lui
⁊ lui dit. Vien ca mon propre pe
re et ne fui pas ta fille. Et dont
quant il sapprocha. si comme
len list es livres de celui maxi
min. il veist que pour la conti
nuee vision des anges chascun
iour le vout de la dame resple
dissoit aussi comme se ce feus
sent rays de soleil. Et dont tous
les apostres furent appellez
et le prestre ⁊ marie magdeleine
receut le corps ⁊ le sang nostre
seigneur de levesque a grant
habondance de lermes. Et apres
elle estendy son corps devant
lautel. et sa tressaincte ame sen
passa en nostre seigneur. Et apres
son yssue fist grant oudeur de
souefuete. ⁊ remaint illec que
elle fut sentue par lespace de
sept iours des entrans la. Et
le benoit maximin oingnit le

corps dicelle de diuers oingnemens. et lensevelir honnorablement et puis commanda estre ensevely delez elle apres sa mort. ¶ Egesippe selon aucuns livres et iosephus saccordent assez avec ladicte histoire. Et Josephus en ung sien traictie que marie magdelene apres lassencion nre seigneur pour lardeur de la charite ihucrist pour lennuy et le desconfort que elle avoit ne vouloit veoir nul homme. mais puis quelle vint en la terre daix elle sen ala ou desert et demoura la .xxx. ans sans congnoissance de nul. Et dit que chascun iour aux .vii. heures canoniaux elle estoit des anges eslevee en lair. mais il dit que quant le prestre vint a elle. il la trouva enclose en sa celle et luy requist ung vestement. et elle luy bailla et il se vestit et sen alla avec luy a leglise et la receust communion et dont se mist en oroison les mains ioinctes et reposa en paix. Ou temps de charles le grant. en lan de nre seigneur .lxix. siconme le duc de bourgongne ne povoit avoir nul enfant de sa femme si donnoit largement de ses biens aux povres et fondoit moult deglises et moult de monstiers. Et quant il eust fait labbaye de zeliazeuse luy et labbe de ce monstier envoierent a aix pour apporter des reliques de la magdelene ung moyne avec souffisant compaignie. Et quant ce moyne vint a ladicte cite il la trouva toute destruicte de paiens

Et dont daventure il trouva le sepulchre. car le sepulchre de marbre demonstroit que le corps de la benoite marie magdelene reposoit illec. et lystoire estoit entaillee merveilleusement en celluy sepulchre. Et dont ce moyne louvrit par nuyt. et prist les reliques. et les apporta a son hostel Et en celle nuyt marie magdelene apparut a ce moyne disant Ne te doubtes mais parfais ton euvre. Et dont sen vint iusques a demie lieue de son monstier. mais il ne peust en nulle maniere mouvoir les reliques dillec tant que labbe et les moynes y vindrent a processions. et les receurent honnestement. ¶ Ung chevalier qui chascun an avoit acoustume a aller au corps de la benoite marie magdelene fut occis en bataille. Et si comme ses amis le ploroient en la biere. ilz disoient par doulces complaintes a la magdelene dame pourquoy as tu laissie le tien devot mourir sans confession et sans penitance. Et dont cil qui avoit este mort resuscita soudainement devant tous et fist appeller le prestre a soy et se confessa a grant devocion et receust son sacrement et tantost reposa en paix. ¶ Une nef si estoit chargiee dommes et de femmes qui estoient au noyer en la mer. Et la estoit une femme grosse qui estoit au noyer et reclamoit la magdelene tant comme elle povoit en vouant que se par les me

ntes elle eschappoit. et elle a
uoit filz elle le donnoit a son
monstier Et tantost comme
elle se eust voue une femme
dabit ⁊ de beaute honnorable
sapparut a elle et la prist par
le menton ⁊ la ramena a riuere
hors de leaue toute seine et les
autres perirent. Et apres elle
enfanta ung filz ⁊ acomplit son
veu hommement. Aucuns dient
q marie magdelene fut espou
see de saint iehan levangeliste
que il avoit espousee adonc
quant messeigneur le rapella
des nopces et elle eust desdaing
que il avoit oste son espoux
Et dont sen alla ⁊ se donna a
tout delict. mais pource quil
nestoit pas chose convenable
que lappellement de iesu fust
occasion de la dampnation di
celle messeigneur la converti
piteusement a penitence Et
pource q il lavoit ostee de sou
verain delit charnel il la re
plist de souverain delit espiri
tuel devant tous autres. Cest
de lamour de dieu Et de ce di
ent il quil le ennobli devat
tous autres de la doulceur de
la familiarite pource que il
avoit oste du devant dit de
lict. ¶ Ung homme qui estoit
aveugle des yeulx si se fist
mener au monstier de la be
noite marie magdelene po[r]
cause de visiter son corps son
meneur luy dit que il veoit
ia leglise Et cil sescria a haulte
voix. hia benoite marie mag
delene que deservie ie une fois

a veoir ton eglise ⁊ tantost ses
yeulx sont ouvers ¶ Ung
homme escript ses pechez en
une cedulle ⁊ les mist soubz
la couverture de lautel de la
magdelene en priant la q elle
luy impetrast pardon. Et de
ung pou apres il prist la cedu
le et trouva tous ses pechiez
effaciez. ¶ Ung homme estoit
tenu en fers pour pecune et
appelloit en son aide la benoite
marie magdelene moult sou
vent. Une nuyt sapparut une
belle femme a luy qui rompy
ses fers et defferma luys et
commanda quil sen allast. et
quant il se vit deslie il sen fuy
incontinent ¶ Ung clerc
de flandres nomme estienne
estoit monte en si grant desor
donnance de felonnie que il fai
soit tous pechiez. et ce qui ap
tenoit a salu ne vouloit il pas
oyr. toutesfois il avoit grant
devocion en la magdelene et
ieunoit sa vigille et honnoroit
sa feste. Et si comme il visitoit
une fois son tombel que il ne
dormoit du tout ne ne veilloit
marie magdelene sapparut
a luy comme moult belle femme
soustenue de .ij. anges a dextre
⁊ a senestre et luy dit en regar
dant orgueilleusement Estien
ne pourquoy reputes tu les
faiz de mes merites non di
gnes pourquoy a linstance
de mes prieres ne peuz tu est[re]
esmeu a nulle repentance des
que tu commencas a avoir de
uocion en moy Jay tousiours

par dieu pour toy fermement sicomme fus et si te recepvras. Et je ne te laisseray pas devant que tu seras reconsilie a dieu. Et dont il sentit si grant grace estre espandue en luy que il renonca au siecle et entra en religion et fut de tres parfaicte vie. Et a la mort de luy la magdeleine fut veue ester empres sa biere avec les anges et emporter es cieulx a ses anges lame de luy aussi comme une coulombe blanche.

De saint apolinaire

Apolinaire est dit de apolens ce est a dire dissant de vertus ou il est dit de apolo, c'est a dire merveilleux et de naris qui est discretion. C'est aussi comme homme merveilleux par discretion. Ou il est dit de a qui est a dire sens et de polis vice et de aire vertu, c'est autant a dire come vertueux sans pollution de vices.

Apolinaire fut disciple de saint pierre apostre et fut envoie de romme a ravenne et la garir la femme du juge et la baptiza avec son mary et toute sa mesnie. Et dont fut nonce au provost. Et apolinaire fut appelle devant luy et fut mene au temple jupiter pour sacrifier et il dit au prestre des ydoles que lor et largent qui estoit es ydoles vaulsist mieulx estre donne aux povres que estre ainsi despendu devant les dyables. Et dont fut pris et tant batu de fustz que il fut laissie tout pour mort. Et dont fut recueilli de ses disciples et fut refait et nourry six moys en lostel dune femme vesve. Et de la vint en la cite de classe et la gari ung noble homme qui estoit muet. Et si comme il entroit en la maison dune pucelle ung homme qui avoit le malin esperit se escria et dit. Parten de cy sergent de dieu ou je te feray traynes les piez liez hors de la cite. Et apolinaire le blasma et le commanda yssir de lui. Et quant il appelloit le nom nostre seigneur contre cest ennemy plus de v. cens personnes creurent en dieu. Et les payens le batoient de fustz et luy deffendoient quil ne nommast ihesucrist. Et la ou il gisoit a terre crioit il ce est pource quil est vray dieu. Et dont le firent ilz ester tout nu piez sur les charbons ardans. Et quant il preschoit encores ihesucrist tresfermement ilz le getterent hors de la cite. En ce temps rufus patricien duc de ravenne avoit une fille malade si appella apolinaire pour la garir. Et tantost comme il entra en la maison elle fut morte. Et dont luy dit rufus je ne voulsisse pas que tu feusses entre en ma maison car les grans dieux sont courroucez et nont voulu garir ma fille que luy peuz tu faire. Et apolinaire dit ne te doubte pas. Jure moy tant seulement que se la pucelle resuscite tu ne luy deffendras pas

a suir son createur. Et quant il
leust fait apolinaire fist son orai
son & confessa le nom ihesucrist &
receut baptesme luy et sa mere
et grant foison de peuple et de
moura dieu. Et quant cesar
oy ceste chose il escript au prevost
du jugement que il fist sacrifier
apolinaire ou quil le envoiast
en exil. Et quant il ne voult sa
crifier le prevost le fist batre
de fus & puis estendre ou torment
deculee et estre tourmente. Et si
comme il preschoit le nom de
dieu treffermement il comman
da quon luy getast sur ses plaies
qui estoient nouvelles eaue
boullant & puis fut lie de pesan
tes chaines et le vouloit ainsi e
nvoier en exil. Et quant les cre
stiens virent si grant felonie
et furent embrasez de couraige
& coururent sur les paiens et
en occistrent plus de .ii.c. et le p
revost le muca et mist apolinai
re en une destroicte chartre. Et
apres ce il le mist tout enchaine
en une nef et lenvoia en exil a
necquees .iii. clers qui le suivoi
ent et la eschaperent tant seulement
de la tempeste de mer avec .ii.
clers et .ii. chevaliers. Et apres
retourna en ravenne et fut pris
des paiens et mene au temple
dapolin. Et quant il vit ce faulx
ymage il le maudist et il tre
bucha soudainement. Et quant
les evesques virent ce ilz le p
senterent a thaurus leur juge
et il enlumina son filz qui estoit
aveugle. Et le juge creut en dieu
& le fist quatre ans demourer

en sa garde. Et dont les evesques
des ydoles laccuserent a vaspasien
Et il commanda que quiconques fe
roit iniure aux dieux que tantost
il sacrifiast sans demeure ou
il seroit prive de la cite. car cest
droit ce dit il que nous vengons
nos dieux. et eulx mesmes silz
se courroucent se pourront bien
vengier de leurs ennemis. Et dont
demostenes quant il ne voult
sacrifier le bailla a ung centu
rion xpien. et par la priere de luy
ilz alerent en la rue des mesiaux
pour fouir la rage la forse
nerie des juifz & des paiens. Et
dont fut suivy des paiens et fu
batu jusques a la mort. et la
vesqui .vii. jours en amonestant
ses disciples et puis rendi lesp
erit a dieu et fut honnorable
ment enterre des crestiens envi
ron lan de nre seigneur .lxx. soubz
vaspasien. Et de ce martir
dit saint ambroise en son preface.
Apolinaire tresdigne evesque
fut envoie en ravenne de pierre
apostre pour denoncer aux mes
creans le nom ihesucrist. Et sicom
il leur donnoit merveilleu
sement des vertus a ceulx qui croi
oient ihesucrist il fut souvent de
boute par cruelles bateures &
flaiaulx. Et son corps la viel
fut desrompu par felonie & par
doubtez tourmens. Mais mie
que les bons crestiens ne trem
blassent de ses travaulx il par
fist en la vertu du nom ihesucrist
les signes des apostres. car apres les tor
mens il resuscita une pucelle
morte il rendi veue aux aveu

gles et restabli la parolle au muet. Il purga les demoniacles et nettoia les lepreux. Il gari les enfermes de mortel maladie il destruit lydole avecques le temple. O tres digne evesque de merveilleuse louenge qui desservis avoir dignite et puissance dappostre avec la dignite devesque. O tres fort champion de nostre seigneur qui estoies desirans dy perir aage eschauffe par peines presentes forment es tormens ihesucrist sauveur du monde.

De saincte xpine

Crestine est a dire autant comme ointe de cresme. Elle ot le basme de bonne odeur en conversation et lueille de devocion en sa pensee et la beneicon de gloire. Crestine fut nee de tres nobles parens en tir dytalie et la mist son pere en une tour avec xii chamberieres et avoit avec lui les dieux dor et dargent. Et pource que elle estoit tres belle elle estoit de plusieurs requise a femme et ses parens ne le vouloient octroier. mais vouloient quelle demourast a honorer les dieux. mais elle qui estoit introduite du saint esperit doubtoit les sacrifices des ydoles et mucoit lencens de quoy on sacrifioit en une fenestre. Et quant son pere vint une fois la. ses chamberieres lui dirent. Ta fille qui est nostre dame ne

veult sacrifier aux dieux. auquel
elle dit ne mapelle point ta
fille mais fille de celluy a qui
sacrifice de louenge appartient.
Car je offre sacrifice au dieu
du ciel ⁊ non pas aux dieux
mortelz. Et le pere lui dit. ma
fille noffre pas sacrifice a vng
dieu tant seulement que les au
tres ne se courroucent a toy. Et
elle lui dit. tu as sainement
parle qui es non sachant de la
verite car je offre sacrifice a
dieu du ciel au pere au filz et
au saint esprit. Et le pere lui
dit. Se tu aoures iii dieux pour
quoy naoures tu les autres
Auquel elle dit Ces iii sont vne
seule verite. Et dont le pere sen par
ty ⁊ cristine froissa tous les dieux
et donna lor ⁊ largent aux pou
ures. Et dont le pere retourna
pour aorer les dieux. mais il
ne les trouua pas. mais les che
ualiers lui distrent ce quelle
en auoit fait. Dont commanda
son pere quelle fut despouillee
⁊ batue de .xii hommes tant
quilz feussent tous lassez. Et
dont dit cristine a son pere. cest
abhominable chose a toy ⁊ sans
honneur ⁊ sans bien deuant
dieu que ceulx qui me batent def
faillent. requiers a tes dieux
quilz leur donnent vertuz. Et
dont commanda il quelle fut en
chainee ⁊ mise en la prison Et
quant la mere de la vierge en
tendit ceste chose. elle desromp
ses vestemens et couurit a la
chartre ⁊ se laissa cheoir a ses
piez et lui dit fille cristine la
lumiere de mes yeulx ayes pi
tie de moy. Et elle lui dit pour
quoy mapelles tu ta fille. ne
scez tu bien que iay le nom de
mon dieu. Et quant elle ne
peust riens faire. elle reuint
a son mary et lui dit ce quelle
auoit respondu. Et dont le pe
re commanda quelle fut menee
deuant lui en jugement. et lui
dit sacrifie aux dieux. ou se ce
non tu seras tourmentee de
moult de tourmens. et ne seras
pas apellee ma fille. Tu mas
donne grant grace. car tu ne
mapelleras ia plus fille du
diable car qui est ne du diable
est diable ⁊ tu es pere de sathan
Et dont commanda il que sa
char lui fut rese aux ongles
⁊ que ses tendres membres feus
sent desrompus. Et dont cri
stine prist de sa char plain poing
⁊ la getta a son pere et dit pren
tirant et mengeue la char que tu
as engendree. Et dont la mist
le pere sus vne roe ⁊ mist des
soubz feu ⁊ huille mais vne
flambe en saillit qui occist mil
et .vc. hommes et son pere attri
buoit tout aux ars magique.
si la fist mettre derechief en
la chartre et commanda a ses
sergens que quant il seroit nuyt
que ilz lui liassent vne grant
pierre au col et la trebuchassent
en la mer Et quant ilz eurent
ce fait tantost les anges la
prindrent et ihesucrist descendi a
elle. et la baptisa en la mer
disant. Je te baptize ou nom de
dieu mon pere et ou mien nom

ihucrist son filz et ou saint esprit.
Et puis la commist a michiel ar
change qui la ramena a terre
Et quant son pere lov il se fery
ou front et dit. par quelz male
fices fais tu telz choses. qui fais
ces malefices en la mer. Et elle
respondi maleureux iay receu ceste
grace de ihucrist. Et dont la fist
mettre derechief en la chartre
et dit quelle seroit decolee au ma
tin. Et celle nuit Urbain son pe
re fut trouve mort. Et dont vint
apres lui ung felon iuge qui
avoit nom dion. lequel fist ap
pareillier une cuve de fer et met
tre dedens huile resine et poix
Et quant tout fut ardant il
fist getter xpine dedens et fai
soit mouvoir la cuve a quatre
hommes pour la faire ainsi de
gaster. Et dont xpine loua ihe
sucrist pour ce quelle qui avoit
este regeneree de nouvel il vou
loit que elle fust berciee comme en
fant ou berceul. Et dont le iuge
lui fist reze le chief et la fist
mener toute nue par la cite ius
ques au temple dappolin et la
commanda a lydole que elle ne
buchast et il chiet et devint poul
dre. Et quant le iuge loy il eust
paour et mourut. Et a cestui suc
ceda iulien et fist embraser une
fournaise et fist getter aussi me
dedens. et la fut par .v. iours
chantant avecques les anges
et sen yssi sans lesion. Et quant
iulien congneust ceste chose il
tint tout a enchantement et lui
fist assaillir par .ij. couleuvres .ij.
guivres et .ij. aspides. mais ces

serpens alechoient ses piez. les
aspides lui pendoient aux ma
melles sans lui nuire. et les
couleuvres tournoient entour
son col et lechoient la sueur. Et
dont dit iulien a son enchante
res tu pues enchanteur esmeuz
ces bestes. Et tantost comme
il les esmeut les serpens firent
ung assault contre lui. et locci
rent tantost. Et dont elle mesme
commanda aux serpens quilz
alassent en lieu desert et re
suscita lomme mort. Et dont
commanda iulien que elle eust
les mamelles trenchees. et il
en yssir lait pour sang. Et apres
ce il lui fist trencher la langue
mais elle nen perdi oncques
la parolle. mais prist ce qui en
fut tranchie et le getta au visai
ge de iulien et lui creva les
yeulx. Et dont fut courrouce
iulien et lui transfit .ij. saiettes
dedens le cueur et une ou coste.
Et quant elle fut ferue elle ren
dy lesperit a dieu environ lan
de misericorde .ij.c. iiij.xx. et vij.
soubz dioclecien. et le corps re
pose en ung chastel qui a nom
bulsenum entre orbevete et
viterbe et ce qui estoit de coste
le chastel fut tantost du tout
en tout destruit

De saint Jaques apostre

www.ingramcontent.com/pod-product-compliance
Lightning Source LLC
Chambersburg PA
CBHW071902230426
43671CB00010B/1440

* 9 7 8 2 0 1 2 5 2 1 1 8 6 *